W0213489

VILLE DE TOUS LES POSSIBLES

Au beau milieu du désert, surgit tel un mirage, Dubaï la magnifique. Comment ne pas se laisser bluffer par cette ville sans limites, innovante, électrique et éclectique, visionnaire et magnétique, dont le gigantisme de verre et d'acier semble tout droit sorti d'un film de science-fiction ? Dubaï s'érige en mégapole incontournable, futuriste à souhait comme le serait une capitale au 3e millénaire. Son *downtown* aux gratte-ciel vertigineux avec Burj Khalifa qui s'élance vers l'infini laisse sans voix, ses plages aux eaux chaudes et cristallines sont déconcertantes de beauté, ses malls disséminés de-ci de-là sonnent l'heure du divertissement à foison, sa cuisine du monde est à se damner les papilles. Et comment ne pas se laisser charmer par ce vieux Dubaï qui respire l'authenticité orientale, la route des épices et de l'Oud ? On se fond dans cette mosaïque humaine de 3 millions d'habitants, issus de 200 nationalités différentes. Certes les lois sont exigeantes, certes ce n'est pas une démocratie mais Dubaï et les Émirats en général ont réussi à faire rimer pluralité et unité, chacun gardant ses traditions, patchwork qui au lieu de diviser crée une mosaïque pacifique. La ville hyper connectée est facile à vivre : administration en ligne, peu de police dans les rues, aucune criminalité ou presque. En 2021, les Émirats vont fêter leur cinquante ans et accueillir pour la première fois au Moyen-Orient l'Exposition universelle. C'est un fantastique bain d'énergie sous le ciel de Dubaï. Ils nous ont promis que, durant ces 173 jours, ce serait le plus grand spectacle du monde et on les croit aisément car ici l'impossible n'existe pas. Non, vous ne rêvez pas, vous êtes à Dubaï. C'est le moment historique d'un peuple aux premiers soleils de son âge d'or. Bienvenue au XXIe siècle !

PEFC
10-31-1895
Certifié PEFC
Ce produit est issu de forêts gérées durablement et de sources contrôlées.
pefc-france.org

OFFERT
CE GUIDE
au format numérique
Retrouvez cette offre en page 178

SOMMAIRE

© OLARTY - ISTOCKPHOTO.COM

© NIKADA-ISTOCKPHOTO.COM

© PLAMEN GALABOV - SHUTTERSTOCK.COM

143 (SE) FAIRE PLAISIR

© PAMELAJOEMCFARLANE - ISTOCKPHOTO.COM

Immense centre commercial ou souk centenaire, magasins de souvenirs et grandes enseignes, Dubaï est le paradis du shopping surtout pendant les soldes !

© DUSAN PETKOVIC-SHUTTERSTOCK.COM

155 BOUGER & BULLER

Sports nautiques, virées dans le désert ou découvrir la ville depuis le ciel pour un peu d'adrénaline. Plages privées, publiques ou spas, tout est là aussi pour la détente.

© DELMAINE DONSON-ISTOCKPHOTO.COM

167 SORTIR

Dubaï est une fête : les possibilités de sortie sont multiples à en faire perdre la tête. Il y en a pour tous les goûts depuis l'Opéra jusqu'aux discothèques !

© DTCM DUBAI

175 ESCAPADES

On vous emmène dans les oasis, dans le désert et vers la capitale ! Vous n'allez regretter qu'une seule chose, c'est de ne pas rester plus longtemps !

© STEFAN TOMIC - ISTOCKPHOTO.COM

239 ORGANISER SON SÉJOUR

A seulement 6 heures de l'Europe, et avec peu de décalage horaire, Dubaï est une destination courue. Tous les conseils pour se loger et ce qu'il faut réserver à l'avance !

QUAND Y ALLER

JANVIER

12° / 23°

OMEGA DUBAI DESERT CLASSIC

Depuis 1989, ce tournoi de golf voit les meilleurs joueurs du monde entier se disputer le titre.

FESTIVAL DU SHOPPING DE DUBAI

Depuis 1996, le Dubai Shopping Festival est devenu, très rapidement, l'événement absolu pour tous les amoureux de shopping.

FÉVRIER

14° / 24°

LE FESTIVAL GASTRONOMIQUE DE DUBAÏ

Pendant plusieurs semaines, Dubaï célèbre la diversité culinaire. Un événement populaire et familial !

MARS

16° / 27°

DUBAÏ WORLD CUP

L'apothéose de la saison des courses hippiques est la très courue Dubaï World Cup qui se tient à l'hippodrome de Meydan.

JUILLET

28° / 38°

AOÛT

28° / 39°

LES SURPRISES DE L'ÉTÉ À DUBAÏ

Festival familial lancé il y a près de vingt ans pour attirer des touristes l'été, le pendant estival du Dubaï Shopping Festival.

SEPTEMBRE

25° / 37°

Pendant les fêtes de fin d'année, la ville ne désemplit pas ! Même tendance lors des fêtes (Aïd à la fin du Ramadan), et pendant les vacances scolaires de la Toussaint, février et Pâques. Si pendant longtemps, la ville était désertée l'été, ce n'est plus tout à fait exact à l'heure actuelle. Au cœur du Ramadan, en revanche, le tourisme ralentit et la ville n'accueille que très peu de monde. Dommage, car c'est un moment propice pour découvrir un autre Dubaï, proche des traditions.

AVRIL

18° / 30°

RAMADAN
Durant ce mois d'effervescence, on peut vivre l'hospitalité légendaire des habitants et il marque le paroxysme de la vie sociale.

MAI

22° / 34°

JUIN

25° / 36°

OCTOBRE

22° / 33°

EXPO DUBAI 2020

© DTCM DUBAI

180 pavillons représentant autant de pays sont attendus pour célébrer la culture, la collaboration et l'innovation.

NOVEMBRE

18° / 31°

SEMAINE DU DESIGN DE DUBAI
C'est le festival le plus important autour du design de la région et elle offre une plate-forme pour différents secteurs.

DÉCEMBRE

14° / 26°

FETE NATIONALE DES EMIRATS ARABES UNIS
La fête nationale commémore l'indépendance des Émirats arabes unis, acquise en 1971, et a lieu le 2 décembre.

LES BONNES RAISONS D'Y ALLER

© PATRYK KOSMIDER

DES DISTRACTIONS SANS FIN

Spectacles, parcs thématiques, représentations, Dubaï est toujours en fête !

LE PARADIS DU SHOPPING

Entre souks abordables et enseignes prestigieuses, Dubaï est une vraie caverne d'Ali Baba.

© HEIDIJPIX - ISTOCKPHOTO.COM

UN ACCUEIL CHALEUREUX

Une qualité de service irréprochable et une hospitalité légendaire.

LA VILLE OÙ LES ENFANTS SONT ROIS

Tout est fait pour que le séjour des familles avec petits ou adolescents soit mémorable.

UN HUB POUR UNE CLIENTÈLE BRANCHÉE

Hôtels, restaurants et bars très tendance avec une clientèle cosmopolite et branchée.

DU SOLEIL TOUTE L'ANNÉE

Du soleil toute l'année. 6 heures d'avion depuis l'Europe avec un décalage horaire minimum.

© RASTO SK - SHUTTERSTOCK.COM

UNE HALLUCINATION URBAINE

L'urbanisme de Dubaï époustoufle tout visiteur et est un must pour tout amoureux d'architecture.

LES BONNES RAISONS D'Y ALLER

DU SPORT ET DE L'ADRÉNALINE

Sur l'eau, dans le désert ou dans les airs, amateurs de sport et d'aventures sont gâtés.

© EMMANUELLE JOURDEUIL

© CUSTOT GALLERY DUBAI

TRADITIONS, ART ET CULTURE

Musées, artisanat et héritage culturel et aussi galeries d'art d'une région mal connue.

SÉCURITÉ ET PROPRETÉ

Sécurité et propreté sont légendaires dans cet émirat où la criminalité est anecdotique.

LES 12 MOTS-CLÉS

#ABAYA ET DISHDASH

Ces vêtements sont les signes visibles de l'identité émirienne. Version long manteau noir pour madame, l'abaya est parfois discrètement ornée de fils d'or et de broderies. Pour monsieur, la dishdash ou kandura est une robe longue en coton d'un blanc immaculé et qui se décline parfois en couleur l'hiver. Monsieur se change près de 4 fois par jour.

#BRUNCH

C'est une institution à Dubaï le vendredi midi et un sujet intarissable sur les réseaux sociaux. Tous les restaurants ou presque le proposent. Certains sont plus festifs, d'autres plus familiaux. Version sans alcool ou à volonté, les expatriées s'endimanchent et se perchent sur de hauts talons pour déambuler devant les buffets pantagruéliques.

#BURJ

Mot signifiant la « Tour » en arabe. La Burj Al Arab, hôtel voile, est devenue le premier emblème de la ville avant de se faire détrôner par la Burj Khalifa, plus haute tour du monde qui culmine à 828 mètres de haut. Paradis pour les amoureux d'architecture, ses innombrables tours font de Dubaï la 4e ville au monde avec le plus de gratte-ciel.

© DVOEVNORE - SHUTTERSTOCK.COM

#CREEK

Quartier historique de Dubaï qui désigne un bras de mer naturel qui a permis l'essor économique de Dubaï autour du commerce des perles et des épices. Grâce aux abras, embarcations traditionnelles en bois munies d'un moteur, on peut la traverser pour rejoindre les souks entre Bur Dubai et Deira. Entre musées et souks, le dépaysement est garanti.

#DÉSERT

Ville aux portes du désert. C'est en quittant la ville à bord d'une 4X4 que l'on s'aperçoit à quel point le désert est proche. Coucher de soleil, *desert safari*, camp bédouin reconstitué, démonstration de fauconnerie.. D'octobre à mai, locaux, expatriés et touristes s'y retrouvent en grand nombre le temps d'une demi-journée.

© FOKKE BAARSSEN - SHUTTERSTOCK.COM

#INNOVATION

Dubaï se situe parmi les 20 villes les plus innovantes au monde. Tout est mis en œuvre pour créer un écosystème qui accueille et aide l'implantation des investisseurs autour des nouvelles technologies afin de devenir l'une des villes leaders de la quatrième révolution industrielle. Le musée du futur qui sera inauguré en 2021 en sera l'emblème.

#LADIES' NIGHT

Les « Ladies night » sont une institution de la vie sociale dubaïote. Pour résumer, certains bars permettent aux femmes de boire à l'œil. A l'origine c'était tous les mardis et le succès est tel que l'on peut en trouver presque tous les jours de la semaine. Un site web permet de s'informer où quand et comment en profiter: www.ladiesnightdubai.com

#LA PALM

Ile artificielle iconique de la ville et en forme de palmier. Elle est le symbole qu'à Dubaï rien n'est impossible. Aucun autre projet n'a suscité autant de reportages, de critiques, et de fantasmes. Il n'a fallu que 6 ans pour construire cette île sur 560 hectares comprenant un tronc et 16 branches et abritant résidences, hôtels et restaurants.

#RAMADAN

Même les non-musulmans se réjouissent de ce mois à part où la configuration de la ville change. La ville est recueillie pendant la journée et festive dès la tombée de la nuit. Toute la population se rend aux multiples *iftars* (repas qui cassent le jeûne) et *suhoor* organisés soit dans les familles soit dans les tentes dressées par les hôtels.

© ZURIJETA - ISTOCKPHOTO.COM

#SHEIKH ZAYED ROAD

C'est La route de Dubaï dont le diminutif SZR se retrouve partout. Partie intégrante de l'autoroute E11 qui traverse tous les émirats, c'est l'artère principale incontournable qui permet de traverser la ville à près de 120 km/h et d'apercevoir tous les bâtiments emblématiques de la ville. Elle peut être aussi parcourue en métro sans encombre.

#SHEIKH MO

Diminutif affectueux utilisé par la population de Dubaï pour nommer Sheikh Mohammed Bin Rashid Al Maktoum, souverain de Dubaï depuis 2006, mais aussi Premier ministre et Vice-Président des Émirats arabes unis. Il a converti Dubaï en une mégalopole moderne. Plus largement, le Sheikh désigne le chef de tribu et se traduit par Maître ou Sage.

#TOLÉRANCE

Dans cette ville où cohabitent plus de 200 nationalités, elle est le maître mot au point qu'un ministère lui est consacré. En 2019, l'année de la Tolérance est inaugurée par le Pape François venu pour signer le document sur la fraternité humaine avec l'iman d'Al-Azhar. Les accords d'Abraham en 2020 établissent la paix entre le pays et Israël.

VOUS ÊTES D'ICI, SI...

- Vous parlez toujours avec respect de la famille royale, de la religion, des traditions et de la culture du pays.
- Vous parlez toujours en acronyme et tout le monde vous comprend.
- Vous ne stressez jamais pour une place de parking, car il y a toujours un voiturier.
- Vous appelez tous vos copains à un feu rouge tant l'attente est interminable.
- Vous avez froid dès que la température descend à 25 °C.
- Vous ne vous étonnez pas que les écoles ferment dès qu'il y a un orage.
- Vous omettez de fermer la voiture et la porte de la maison ou vous laissez le sac ouvert tout le temps et vous ne voyez pas où est le problème.
- Vous rentrez dans les hôtels 5 étoiles comme dans un bistrot, car une grande partie de la vie sociale dubaïote tourne autour de ces établissements de luxe.
- Vous demandez instinctivement la nationalité d'une personne lorsque vous la rencontrez pour la première fois et que vous ne vous étonnez plus de travailler avec au moins 10 nationalités différentes au bureau.

MON DUBAÏ

Par Anne-Sophie Kramer

© DR

Interview

Diplômée de l'Ecole hôtelière de Lausanne, Anne-Sophie va travailler dans l'hôtellerie de luxe pendant 13 ans aux Etats-Unis et à Barcelone. Elle rejoint le Qatar en 2010. C'est un coup de foudre. Une fois arrivée aux Emirats arabes unis, elle passe ses licences pour devenir guide pour les villes d'Abu Dhabi, Sharjah, Dubaï et le Louvre Abu Dhabi. Elle écrit pour partager son amour de la région.

TOP 10

À VOIR / À FAIRE

Dubaï est le paradis du shopping et des centre commerciaux, point final ! Faux. Voyez ces propositions aussi diverses que riches de visites culturelles, de lieux pittoresques et inattendus, du quartier perse aux galeries d'art ultra tendance, des aquariums géants aux plages élégamment aménagées, des gratte-ciel aux tours à vent. Cette cité du troisième millénaire plaît aussi bien aux petits qu'aux grands, aux amoureux d'architecture comme aux fous de shopping et elle ne laisse personne indifférent. Vous allez regretter de ne pas rester plus longtemps.

© ISMAIL NOOR - SHUTTERSTOCK.COM

102

ALSERKAL AVENUE

Epicentre de la vie artistique, cet arrondissement culturel vous permet de découvrir des galeries d'art avant-gardistes !

© CHARLOTTE FICHEUX

100

LES FONTAINES DANSANTES DE LA BURJ KHALIFA

Fascinant spectacle à la nuit tombée de ces fontaines qui, au son de célèbres airs, se mettent à danser dans la lumière.

BURJ KHALIFA

Monter en haut de la plus haute tour du monde pour admirer Dubaï sur une plateforme d'observation au 125e étage : vertigineux !

© DTCM DUBAI

98

© CATHYLINE DAIRIN

94

MOSQUÉE JUMEIRAH

Une visite pour tout comprendre sur les fondements de l'Islam et ses traditions et pour poser sans tabou toutes les questions !

MUSÉE AL SHINDAGHA

Ce petit musée est consacré à l'histoire de la ville. A voir absolument : Le petit film qui explique l'histoire de la ville !

SOUK DES EPICES & DU PARFUM

Un labyrinthe de boutiques proposant des épices venues d'Iran et des effluves d'Oud vont vous transporter sur les routes d'antan !

LES PLAGES LE LONG DU LITTORAL

Un sentier pédestre longe le littoral sur 14 km de plages publiques, de quartiers résidentiels et de petits ports de pêche.

THE DUBAI MALL - SOUK AL BAHAR

Voici le plus grand mall du monde et le bâtiment le plus visité au monde depuis plusieurs années. Comment ne pas y entrer ?

QUARTIER HISTORIQUE AL-FAHIDI [BASTAKIYA]

Quartier perse, pittoresque et historique pour une balade dans un dédale de ruelles ! Nombreuses maisons abritant des tours à vent.

THE LOST CHAMBERS AQUARIUM

Dans un dédale de galeries obscures au décor mystérieux, on déambule parmi les 65 000 poissons de cet immense aquarium. Envoûtant !

TOP 10

SE RÉGALER

Tout est là, à portée de bouches et de papilles. On dirait que le monde s'est donné rendez-vous dans ce petit coin de la péninsule arabique. Quelques rares restaurants émiriens vous feront découvrir leurs spécialités locales sinon c'est la gastronomie mondiale au menu du jour. Nous avons fait le grand écart pour vous proposer cette liste de coups de cœur entre les restaurants établis il y a plus de 40 ans et les plus branchés, entre la vue sur mer ou sur les gratte-ciel, entre les restaurant d'hôtels et ceux des quartiers, entre le bon plan et celui à l'addition stratosphérique.

3 FILS

Un restaurant dans un petit port de pêcheurs méconnu des touristes mais adoré des habitants. Cuisine asiatique fusion. Délicieux !

NOBU

Ce restaurant japonais reconnu mondialement a choisi l'hôtel Atlantis pour nous ravir les papilles dans une déco ethno-design.

SONARA CAMP

Dans le désert, ce super camp offre une décoration épurée et zen, une juste sophistication, et un haut niveau de gastronomie !

ARABIAN TEA HOUSE

Ce restaurant propose une cuisine émiratie et traditionnelle dans le quartier historique d'Al Fahidi. Charmant et pittoresque.

© PHILIP LANGE - SHUTTERSTOCK.COM

127 **GAIA**

Un restaurant grec, sophistiqué, au cœur du quartier financier. Des plats à partager. Aussi bien au déjeuner qu'au dîner.

128 **SHANGHAI ME**

L'art déco version asiatique, l'ambiance est électrique, la musique divine et la carte revoit la cuisine asiatique avec brio.

120 **ALICI**

Un restaurant de la côte amalfitaine à Dubaï et une vue magnifique sur la Marina depuis la terrasse. Tout un art de vivre !

108 **AL USTAD SPECIAL KEBAB**

Un restaurant qui propose les meilleurs kebabs de la ville. Une institution à Dubaï depuis 1978 dans le quartier historique.

206 **SALT**

Food truck proposant des burgers gourmands et des milk shakes délicieux en plein centre de la ville d'Abu Dhabi.

129 **ZETA RESTAURANT & LOUNGE**

Une vue panoramique sur les fontaines et la Burj Khalifa à l'écart de la foule. Le plus beau spot de Downtown pour un dîner.

TOP 5

SE FAIRE PLAISIR

Dubaï a fondé une partie de sa renommée sur le shopping et notamment à travers deux festivals qui ont lieu après les fêtes de Noël et au début de l'été. La ville compte 96 centres commerciaux, mais le shopping, c'est aussi dans les souks, au cœur du vieux Dubaï, où l'on peut marchander.

SOUK AL NAÏF

Le souk idéal pour les amoureux des belles étoffes, des merceries. Des milliers de références à des prix imbattables.

152

© SIRTRAVELALOT - SHUTTERSTOCK.COM

© TOP PHOTO CORPORATION - SHUTTERSTOCK.COM

150

BATEEL

Le leader incontesté de la datte dans tout le Golfe ! Fourrées ou nature, vous trouverez datte à votre goût dans ce temple.

© EGI – STOCK.ADOBE.COM

151

BOUGUESSA

Faiza est une française dont le succès est grandissant dans la région. Elle allie l'extravagance orientale à l'élégance française.

SOUK DES EPICES & DU PARFUM

Un labyrinthe de boutiques proposant des épices venues d'Iran et des effluves d'Oud vont vous transporter sur les routes d'antan !

© NIKADA-ISTOCKPHOTO.COM

148

© FABIO NODARI - SHUTTERSTOCK.COM

147

THE DUBAI MALL - SOUK AL BAHAR

1 200 boutiques vous attendent dans le plus grand mall du monde. Aéré, ludique, incontournable : Une ville dans la ville.

TOP 5

BOUGER ET BULLER

Sur terre, en l'air ou dans l'eau on peut tout faire ! Au menu : la nature pour une échappée dans le désert, le ciel pour un maximum d'adrénaline, le sable en mode farniente les pieds en éventail sur la plage ou encore, à l'aube, en jet ski pour découvrir autrement les gratte-ciel.

BALLOON ADVENTURES

La façon la plus originale de découvrir le désert : Une expérience riche en émotions et inoubliable à bord de ce ballon dirigeable.

AQUAVENTURE WATERPARK

Le parc aquatique de l'Atlantis est un incontournable pour les enfants. Une journée entre toboggans et mammifères marins

SAFARI-DINER PRIVÉ

Une soirée exclusive sous le ciel étoilé dans une réserve naturelle et protégée. Un moment unique avec un prestataire de qualité.

PLATINUM HERITAGE SAFARIS

Une escapade à la rencontre de la faune et des traditions bédouines dans une réserve protégée et sans la foule. Une sortie unique.

SEAWINGS

Un survol tout en douceur de la ville et du littoral ! Une expérience magnifique et fascinante pour découvrir la ville depuis le ciel.

TOP 5

SORTIR

Dubaï est un temple de la fête. Vous n'en croirez pas vos yeux car tous les clubs, spectacles et lounges rivalisent d'ingéniosité pour être les meilleurs du monde, que ce soit au niveau de la programmation ou de la déco. Ici, on joue dans la cour des grands, s'amuser est un art consommé.

© EMMANUELLE JOURDEUIL

136 MERCURY LOUNGE

Une des plus belles vues sur la Skyline de la ville sans provoquer de vertiges. Un lieu idéal pour prendre un dernier verre !

170 LA PERLE BY DRAGONE

Premier grand spectacle permanent de la ville de Dubaï. Transposition musicale d'une histoire liée à la culture locale. Un SHOW !

173 SKY 2.0

LA discothèque de Dubaï, installée à Dubai Design District. Un festival entre la déco, le public et la musique : étourdissant !

174 WHITE

Une discothèque en plein air, une vue exceptionnelle sur la ville ! Une foule chic s'y presse pour faire la fête sous les étoiles.

170 OPÉRA DE DUBAÏ

Acoustique exceptionnelle pour ce magnifique édifice où l'on n'assiste pas qu'à des opéras, mais aussi à des spectacles très divers.

ALLO ?

Pour appeler les Emirats de France : composer le code d'accès à l'international 00 + le préfixe du pays 971 + le code régional de l'émirat sans le 0 (4 pour Dubai) + les 7 chiffres du numéro local (exemple : 00 971 2 1234567).

Pour téléphoner à l'étranger depuis les Emirats : faire le code de l'international 00 + le préfixe du pays (par exemple 33 pour la France) + le code régional sans le 0 + le numéro du correspondant.

Pour les appels locaux : pour appeler Dubaï à partir d'un autre émirat, composer le code régional de Dubai 04, suivi des 7 chiffres du numéro local.

A l'intérieur d'un émirat, si vous appelez sur un fixe il sera précédé du code interurbain (02 pour Abu Dhabi, 03 pour Al Aïn, 04 pour Dubaï...) et s'il s'agit d'un portable il sera précédé de 050, 055, 056.

Vous pouvez vous procurer une carte SIM prépayée auprès d'Etisalat (www.etisalat.ae) ou de DU (www.du.ae). Les sites sont en anglais. La délivrance d'une carte auprès d'une boutique nécessite la présentation de votre passeport et l'empreinte digitale de votre pouce. Des forfaits, 7, 14 ou 30 jours sont disponibles avec accès internet. Les points de vente sont présents à la sortie de l'aéroport et dans tous les centres commerciaux.

Il est illégal d'utiliser les applications même téléchargées en Europe pour passer des appels téléphoniques gratuitement. Le service est bloqué. Il est aussi interdit d'utiliser un VPN. En revanche les services de messagerie instantanée sont autorisés.

ACCESSIBILITÉ

Les Emirats accordent une grande importance pour accueillir dans les meilleures conditions les personnes présentant un handicap. Accueil spécial à l'aéroport, coupe-file, chaises roulantes disponibles partout, rampes d'accès aux plages. Tous les hôtels proposent des chambres et les espaces publics adaptés. De nombreuses réductions sont proposées dans les parcs thématiques. Aux Emirats, les personnes avec un handicap sont appelées: *People of Determination*.

Parents avec poussette: Dès l'arrivée à l'aéroport, des poussettes sont disponibles gratuitement pour un usage au sein de l'aéroport. Les familles passent par des coupe-file au contrôle des passeports. Tous les grands centres commerciaux proposent aussi des poussettes gratuitement comme à Dubaï Mall.

Les personnes âgées comme les enfants sont rois aux Emirats. Certains musées offrent la gratuité à partir de 60 ans. Si l'attente est longue, n'hésitez pas à vous approcher du personnel afin qu'ils vous permettent d'utiliser un coupe-file.

© HANDRII - ISTOCKPHOTO.COM

SANTÉ

L'eau du robinet est déconseillée, car elle est désalinisée et si elle ne représente aucun danger particulier pour une consommation accidentelle il vaut mieux l'éviter. En revanche, tous les hôtels proposent des petites bouteilles d'eau gratuites pour son usage en chambre.

Frais de Santé: Renseignez-vous avant de partir auprès de votre mutuelle et demandez s'ils ont des hôpitaux partenaires à Dubai. Si ce n'est pas le cas, demandez les conditions de remboursement. Si vous possédez une carte bancaire avec laquelle vous avez payé votre voyage, renseignez-vous auprès de ces organismes, car dans la plupart des cas vous bénéficiez automatiquement d'une assurance médicale et d'une assistance rapatriement sanitaire. Si vous n'êtes pas couvert, n'oubliez surtout pas de souscrire à une assistance médicale avant de partir. Les frais d'hospitalisation sont très onéreux.

Médecins parlant français: Le système hospitalier aux Émirats arabes unis est moderne. Des médecins français ou francophones exercent dans de nombreux centres médicaux ou hospitaliers dont les coordonnées peuvent être fournies, en cas de besoin, par l'ambassade de France à Abou Dabi. N'hésitez pas à vous rendre sur www.diplomatie.gouv.fr onglet conseil aux voyageurs Émirats arabes unis pour suivre les dernières recommandations sanitaires.

Vaccinations
Aucune vaccination n'est obligatoire, mais certaines vaccinations sont recommandées ; assurez-vous d'être à jour dans vos vaccinations habituelles et renseignez-vous sur le site de la diplomatie française avant de partir pour les derniers changements de législation.

URGENCES SUR PLACE

Le 999 est le numéro pour toute urgence. Le 998 pour une ambulance et le 997 pour les pompiers en cas de feu. Dans tous les cas, les conversations se font soit en anglais soit en arabe.

SÉCURITÉ

Peu ou pas de problèmes de délinquance à Dubaï où les délits sont réprimés sévèrement. On peut déambuler seul en toute sécurité en centre-ville, y compris le soir. Il existe aussi un grand respect pour les femmes et le harcèlement de rue est pratiquement inexistant. Si toutefois vous avez un souci, vous pouvez utiliser le 901 si vous avez été victime d'un vol, de la perte d'un document officiel. Cette ligne est à utiliser aussi pour toute femme qui serait victime d'un abus. La langue à utiliser est l'anglais ou l'arabe.

La consommation, l'importation ou la détention de stupéfiants à Dubaï sont strictement interdites et condamnées sévèrement par un emprisonnement et de simples traces sur un vêtement même infinitésimales terminent par une interpellation. Attention, la codéine est considérée comme stupéfiant, mais aussi les cigarettes électroniques contenant des huiles CBD.
Les personnes prenant des médicaments contenant des substances interdites doivent impérativement se munir d'un certificat médical à leur nom, établi par un spécialiste, et dûment daté, certifiant le traitement d'une maladie. Les quantités emportées doivent être proportionnées aux prescriptions du médecin.

LGBTQ

L'homosexualité tombe sous le coup de la loi. Ce qui signifie que l'on ne peut pas s'afficher ni le déclamer. Aucun trouble particulier pour voyager à partir du moment où, comme les hétérosexuels, on évite tous les signes d'affection en public.

AMBASSADE ET CONSULATS

L'ambassade des émirats se trouve à Abou Dabi et le consulat à Dubaï. Il est fortement recommandé de consulter leur page avant de s'y rendre pour lire les dernières recommandations et les changements de législation. Pour avoir les numéros de téléphone en cas d'urgence ou pour toute demande de renseignement, la page web www.dubai.consulfrance.org est un allié précieux. Le numéro du consulat est le 04 408 4900 et la ligne est ouverte du dimanche au jeudi inclus.

POSTE

Amoureux des cartes postales, il n'est pas si facile de trouver des timbres et de les poster. Un seul conseil, donnez vos cartes à la conciergerie de l'hôtel et pour les timbres, vous les trouverez en général dans les boutiques de souvenirs, mais pas toujours. Il faut compter entre 8 à 10 jours pour un envoi en Europe et le timbre coûte 3 AED pour une carte postale, donc un peu moins de 1 €.

Créez des histoires à raconter
Que vous soyez avide d'aventure ou de culture, nous partageons avec vous le même engouement pour de nouvelles expériences. Parcourez les dunes de la Dubai Desert Conservation Reserve en 4x4 et campez sous le ciel étoilé ou mettez les voiles au clair de lune à bord d'un boutre. Depuis votre accueil jusqu'à votre départ, nous sommes à vos côtés à toutes les étapes.
Réservez dès maintenant et rejoignez-nous pour une aventure arabe inoubliable.
Arabian Adventures

MÉDIAS LOCAUX

- **Trois grands quotidiens nationaux** émiratis sont présents en langue anglaise : *The National* publié à Abou Dabi, *Khaleej times* et *Gulf News* sont publiés à Dubaï. *Le petit journal* est le journal des Français à l'étranger et aussi des francophones et propose sa version dubaïote sur www.lepetitjournal/dubai.com
- **Sites Web et Applications à télécharger :** Visit Dubaï est disponible en langue française. C'est le sitc officiel de l'office du tourisme. Disponible aussi sur www.visitdubai.es elle contient toutes les informations indispensables lors de votre visite dans la ville. Dubai Calendar donne les dates de tous les évènements et manifestations en anglais et arabe. Disponible aussi sur Facebook et Instagram. Dubaï Bonjour est un site en français et anglais d'actualités commerciales, culturelles et d'art de vivre dédié avant tout aux expatriés, mais aussi aux touristes en quête d'informations pratiques avant et pendant leur séjour. www.dubaibonjour.com

LES PHRASES CLÉS

Bonjour, mon téléphone ne fonctionne pas, pouvez-vous m'aider s'il vous plait ?
مرحبا، هاتفي لا يعمل، هل يمكنك مساعدتي من فضلك؟

Je ne me sens pas bien, pouvez-vous m'amener à l'hôpital le plus proche ?
أشعر أنني لست بخير، هل يمكنك اصطحابي إلى أقرب مستشفى؟

Est-ce que vous avez un médecin qui parle français ?
هل يوجد طبيب يتحدث الفرنسية؟

Je viens de me faire voler mes papiers, où est le poste de Police le plus proche ?
لقد سرق جواز سفري للتو، أين يوجد أقرب مركز شرطة؟

Est-ce un quartier dangereux ou je peux y aller sans crainte ?
هل هذه المنطقة خطرة أو هل أستطيع التجول فيها بدون قلق؟

Avez-vous des timbres pour une carte postale à envoyer en France ? C'est combien ?
هل لديك اي اختام طابع بريدي لفرنسا؟ كم سعره؟

DÉCOUVRIR

C'est la ville de tous les possibles. En moins de 72 heures, on peut parcourir le quartier historique et découvrir un passé riche et méconnu dans un des musées avant de traverser la Creek en abra et se perdre dans les souks. Prendre un bain de mer, foncer en 4X4 vintage pour un safari rétro dans les dunes. Le lendemain, survoler le désert en montgolfière avant un tour en jet ski face à la Burj al Arab. Au coucher du soleil, se retrouver au sommet de la Burj Khalifa, ébahi devant cette ville sortie du sable, avant de fumer une shisha face au son et lumière des fontaines dansantes. C'est aussi comprendre la culture et les traditions en échangeant avec des locaux, déambuler dans les galeries d'art à Alserkal. Puis se jeter en parachute au-dessus de la Palm. S'émerveiller des nouvelles technologies au Musée du Futur avant de savourer le mérou local dans les petits ports. Le grand écart entre Tradition et Futurisme. Vous êtes bien à Dubaï.

EXPO 2020 : LE PLUS GRAND SPECTACLE DU MONDE

Dubaï s'est fait connaître par ses prouesses architecturales et sa capacité à braver les adversités et aujourd'hui toute l'énergie de l'émirat est désormais déployée en vue de ces 6 mois durant lesquels Dubaï deviendra la vitrine des nouvelles technologies, de l'innovation et des opportunités, un festival célébrant l'ingéniosité humaine. L'EXPO 2020, repoussée en 2021 pour cause de crise sanitaire liée à la COVID-19 aura lieu entre le 1er octobre 2021 et le 31 mars 2022. C'est la première fois qu'un pays de la région MENA organise une exposition universelle. Dispersés sur plus de 430 hectares, plus de 190 pavillons ont confirmé leur participation faisant de cette expo la plus inclusive jamais organisée. Jadis, carrefour maritime des routes du cuivre et de l'encens, aujourd'hui sur la route de l'or noir et des connexions aériennes, elle est une nouvelle Babel où s'affairent 200 nationalités et se retrouve au centre des échanges... humains.

Quel est le thème ?

« Connecter les Esprits, Construire le Futur » est le thème central, plateforme pour favoriser la créativité, l'innovation et la collaboration à l'échelle mondiale qui permettra de trouver des solutions innovantes pour répondre aux défis de demain. Trois sous-thèmes permettent d'explorer en profondeur et répondent aux urgences d'aujourd'hui :

- **Opportunité** : il explore les moyens de libérer le potentiel des individus et des communautés et questionne les possibilités d'offrir une éducation équitable et de qualité, une croissance inclusive tout en permettant la réduction des inégalités.
Il met en avant l'espoir que suscitent les nouvelles industries et le défi d'une bonne gouvernance dans le monde de demain.

- **Mobilité** : ce thème réfléchit sur les connexions matérielles et virtuelles entre les biens, les personnes et les idées. Non seulement on explore les nouveaux transports, les voyages de demain, mais aussi la connectivité numérique et tout ce qui est lié à la logistique.

- **Durabilité** : grand domaine de discussions actuelles entre scientifiques, gouvernements et ONG, il trouve naturellement sa place dans cette expo. Ressources, changement climatique, croissance verte, écosystèmes, mais aussi villes vertes et habitats durables sont autant de pistes explorées.

Le site a donc pour ambition de mettre en avant les plus grands défis de la planète dans les années à venir en réfléchissant à de nouvelles méthodes, idées et collaborations pour les résoudre.

Comment s'articule le site ?

Il faut s'imaginer une fleur à 3 pétales. Chaque pétale représente un quartier et abrite l'un des 3 sous-thèmes. Au centre de la fleur se trouve le cœur de l'Expo baptisé l'Al Wasl Plaza, ce qui signifie « connexion » en arabe, lieu de rencontres, de spectacles et d'échanges. Chacun des 3 quartiers illustre à travers un pavillon un des 3 sous-thèmes à savoir, Opportunité, Mobilité et Durabilité . On pourra passer d'un pétale à l'autre sans retourner au centre grâce à un chemin circulaire chevauchant les trois pétales symbolisant ainsi l'importance de la réflexion intersectorielle et du décloisonnement. Quant aux pays participant à l'Expo, ils ont pu choisir dans quel pétale installer leur pavillon en fonction du thème qu'ils avaient décidé de mettre en avant.

Quels sont les événements prévus autour de l'Expo 2020 ?

Durant chacun des 173 jours sont prévus plus de 60 spectacles, du concert au théâtre numérique, d'artisans itinérants aux défilés de mode, en passant par la déclamation de poésie, du folklore venu du bout du monde avec la participation aussi de danseurs, d'acrobates, de musiciens, d'artistes locaux et de stars de renommée internationale. À la tombée de la nuit, des spectacles pyrotechniques et des concerts sont prévus sur l'ensemble du site. En plus des spectacles, chaque semaine mettra à l'honneur un thème avec des intervenants reconnus pour participer à des conférences du type « Ted talks », des expositions, des forums et des ateliers. Si le calendrier n'est pas arrêté, les thèmes le sont et les voici : Semaine sur le climat, sur le développement urbain et les villes, sur les voyages et l'exploration, sur les objectifs de développement durable des Nations Unies, sur la santé et le bien-être, sur l'innovation, sur l'agriculture et le développement de l'habitat, sur les femmes et les jeunes filles, sur l'eau. De façon symbolique, les pays participants ont choisi de désigner un jour pour célébrer chacun à leur tour leur fête nationale. Sans oublier que le 2 décembre 2021, les Émirats arabes unis promettent une immense célébration pour fêter le 50e anniversaire de leur indépendance.

Et côté gastronomie ?

Plus de 200 points de vente. Mais pas que et pas n'importe comment. En effet, L'Expo 2020 a mis en place une charte baptisée « Food Ethos » et qui regroupe un ensemble de valeurs visant à promouvoir l'éthique culinaire dans l'ensemble de l'industrie. Tous les restaurants et bars doivent favoriser des plats équilibrés, en offrant des options véganes, en ayant utilisé des ressources locales et biologiques à chaque fois que c'est possible, le tout présenté dans un emballage durable et à des prix abordables. Autour de ces points de vente, attendez-vous à un show culinaire. En effet, si de nombreux restaurants émiratis mettent en valeur l'hospitalité et les plats traditionnels du pays, on attend aussi de nombreux chefs de renommée internationale et la mise en place d'ateliers pour explorer comment la robotique, la réalité augmentée et virtuelle modifieront dans le futur nos habitudes alimentaires depuis la commande jusqu'à la dégustation.

Quels sont les pavillons à explorer ?

Voici parmi les 130 pavillons une sélection de certains d'entre eux.

Wasl Plaza : C'est le cœur de l'Expo, le bijou de la couronne ! Conçu par le cabinet américain Adrian Smith & Gordon Gill Architecture, le dôme fait 130 mètres de diamètre et 67 mètres de haut. Son architecture s'inspire du logo de l'Expo, une bague ancienne de 4 000 ans retrouvée sur le site archéologique de Saruq Al Hadeed dans le désert de Dubaï. La structure composée d'un treillis en fer cache 200 projecteurs et offre la plus grande surface de projection au monde. 360° pour une expérience immersive, visible de l'intérieur comme de l'extérieur et qui est une vraie prouesse technologique. C'est là qu'auront lieu l'inauguration de l'Expo, mais aussi les concerts et plusieurs manifestations.

Le pavillon de la Mobilité, conçu par le célèbre cabinet d'architectes Foster+Partners, abrite le plus grand ascenseur au monde, qui pourra accueillir plus de 160 personnes à la fois. Le pavillon est également doté d'un chemin de 340 mètres mi-enterré, mi-ouvert sur lequel vous pourrez observer des engins en pleine action. À l'intérieur du pavillon, après avoir exploré l'histoire de la mobilité à travers les inventeurs des moyens de transport sur terre et dans l'espace, le visiteur sera amené à explorer les villes de demain avec l'utilisation de l'intelligence artificielle, du big data, de la robotique et des véhicules autonomes. Plusieurs ateliers permettront de concevoir son vaisseau spatial ou son robot, de découvrir une capsule de l'hyperloop en mouvement ou un tricycle solaire.

© DTCM DUBAI

Vue à proximité du pavillon de la durabilité.

Le pavillon de l'Opportunité. Le thème est ambitieux, car il se penche sur les possibilités de libérer le potentiel des individus et des communautés pour créer un monde meilleur. Conçu par AGi Architects, il s'inspire de la riche histoire urbaine des places publiques et de leur signification universelle : un lieu pour rassembler les gens de tous les âges, de toutes les langues et de toutes les cultures. Réalisé avec des matériaux naturels, il est composé entre autres de 2 500 tonnes de pierres et 111 kilomètres de cordes. À l'intérieur, 3 temps forts. Le premier est de suivre 3 mentors, Abel, Mama et Fatma, dont leurs gestes ont eu un impact fort sur leurs communautés dans les domaines de l'alimentation, de l'eau et de l'énergie. Un autre vous permettra de participer à une mission internationale et le dernier à explorer les mille et une façons de créer un avenir meilleur. Ainsi, le visiteur pourra se rendre compte que chaque action compte, que les 8 milliards d'êtres humains sont connectés et que même les plus petits gestes peuvent faire une différence. Le pavillon veut aussi mettre la lumière sur les 17 objectifs des Nations Unies comme l'éducation, l'accès à l'eau, l'égalité des genres.

Le pavillon de la Durabilité. Nous l'avons visité ! Terra – Le pavillon Durabilité a été conçu par la société britannique Grimshaw Architects et vise à obtenir le plus haut niveau d'accréditation disponible en matière d'architecture durable, la certification LEED Platinum. Il se présente sous la forme d'une immense canopée large de 130 mètres, couverte de 1 055 panneaux solaires qui peuvent produire jusqu'à 4 gigawatts par an.

À l'intérieur de ce magnifique édifice, vous pourrez vous plonger dans deux univers : sous les océans et sous la forêt. Une expérience immersive ponctuée de données scientifiques permettant de comprendre très concrètement l'équilibre fragile de notre terre. Les deux univers se rejoignent dans un espace qui explore plusieurs pistes de réflexion pour un monde différent. Très pédagogique, le pavillon fourmille d'idées, nous interroge sur notre façon de vivre, de consommer de nous comporter. Sous la canopée, trois artistes émiratis renommés, Mohamed Ahmed Ibrahim, Zainab Al-Hashemi et Mohamed Kazem, ont représenté à travers leur art l'interaction entre l'homme et la nature. Un pavillon que les enfants vont beaucoup apprécier.

Le Pavillon des Émirats arabes unis : imaginé par l'architecte Santiago Calatrava, sa forme représente celui d'un faucon au moment de son envol dont les ailes mobiles se mettront en mouvement à certains moments de la journée. Il présentera l'histoire du pays à travers les pères fondateurs, mais aussi comment il est devenu un hub mondial. Il présentera sa vision à l'extérieur, un poème évolue en permanence, généré par une intelligence artificielle et les contributions des visiteurs nouvelles technologies.

Les autres pavillons : pour vous y retrouver et savoir dans quel quartier il se trouve, téléchargez l'application de l'Expo2020 pour vous y retrouver. Voici quelques suggestions, pour vous donner l'envie d'aller explorer plus loin. La liste n'est pas exhaustive bien sûr, mais elle reflète la diversité des pays représentés.

Dans le quartier de la mobilité : la France a choisi « Lumière Lumière » comme thème à son pavillon. Spectacles de lumières, héritage culturel, philosophes du XVIIIe siècle, progrès sont au programme. C'est une arche pour le pavillon de la Belgique qui sera recouvert d'une végétation luxuriante. Il a été conçu pour produire plus d'énergie qu'il n'en consomme. Les visiteurs pourront interagir avec de nombreuses innovations belges tout en goûtant les spécialités culinaires, comme ses frites. La République de Corée offre un pavillon futuriste formé de cubes rotatifs et avec un espace en spirale courant le long de l'intérieur et de l'extérieur du bâtiment et offrant des vues panoramiques.

Quartier de l'opportunité ou Mission Possible : la Suisse propose une architecture cubique rappelant les tentes bédouines. De la tradition à l'innovation, le visiteur pourra faire l'expérience de visiter les paysages helvètes lors d'une immersion dans une mer de nuages. Au Royaume-Uni, l'architecture extérieure dévoile un poème qui évolue en permanence et généré par une intelligence artificielle et les contributions des visiteurs. Il met en avant aussi le secteur spatial. Le pavillon de l'Arabie Saoudite est aussi grand que deux camps de football et retrace l'histoire de ce royaume et les changements profonds qu'ils espèrent. Pour le pavillon de l'Inde, l'ambition est d'illustrer l'ambition d'un pays grâce à ses « Cinq T » – Talent, Transaction, Tradition, Tourisme et Technologie.

Vous pourrez profiter des festivals gastronomiques, des spectacles littéraires, des musiques et des danses reflétant la diversité culturelle de l'Inde

Quartier de la Durabilité : dans le pavillon de Singapour, il sera difficile de faire la différence entre la nature et l'architecture. Un des points forts est l'installation d'une forêt tropicale zéro émission alimentée par un écosystème auto-

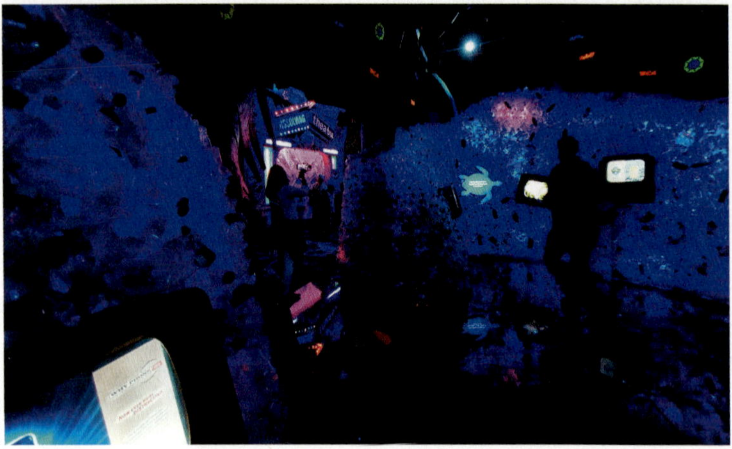
© MO AZIZI - SHUTTERSTOCK.COM

Exposition sur les océans, pavillon de la Durabilité.

© PE DRA - SHUTTERSTOCK.COM

Dubaï Expo 2020.

suffisant. Pour celui du Brésil, c'est l'eau qui est au cœur de son pavillon. Reproduisant le bassin amazonien, sa riche biodiversité et son potentiel en matière de production durable, les visiteurs pourront marcher en s'imprégnant du décor, des sons et des senteurs des berges brésiliennes. Pour la Norvège, c'est un voyage interactif sur plus de 680 mètres carrés d'exposition pour découvrir l'héritage marin de la Norvège.
En tout plus de 90 pays ont construit leur propre pavillon. Pour les autres pays participants qui n'ont pas eu les moyens financiers de construire leur propre espace Expo2020 leur a fourni des pavillons clé en main. Mais chaque pays aura son pavillon.

Ce qui nous a impressionnés

Au-delà des pavillons ce sont les artistes, architectes et les designers qui ont, par leurs talents, créé un site exceptionnel de design et d'attention au détail. Citons le célèbre architecte britannique Asif Khan qui a dessiné les sublimes portes de l'Expo 2020, fabriquées en fibre de carbone et résine filées en brins très fins. Une véritable œuvre architecturale. 50 bancs inspirés par la calligraphie arabe sont le résultat d'une collaboration entre Asif Khan et la typographe Lara Captan. Chaque banc représente un mot en 3D. Ce sont aussi les différents matériaux qui composent le sol du parc de l'expo, ou le design des toits des passages ombragés, l'illumination le soir avec des réverbères dont la silhouette s'inspire de l'artisanat du Sadu et la lumière projetée dessine sur le sol l'ombre de métiers à tisser. On se promène parmi des milliers d'arbres, qui pour la plupart sont des essences locales et qui ont été plantés grâce à une pépinière installée aux abords du site. Aux heures les plus chaudes, 75 % du site est à l'ombre grâce au superbe passage ombragé qui sillonne le site. Il existe de nombreux endroits pour se reposer et se détendre. De la musique diffusée sur tout le site contribue à une atmosphère vraiment zen.

Et quand tout sera fini ?

Quant à la pérennité du site, c'est une des grandes forces du projet. Suite à l'Expo 2020, il intégrera un nouveau quartier baptisé District 2020. Le centre des congrès de Dubaï se déplacera du centre vers le site. Les districts thématiques continueront à vivre à travers un projet de développement commercial et résidentiel dynamique. Parmi les 130 édifices, 121 ont été construits pour obtenir une certification LEED. 80 % du parc restera pour s'intégrer à District 2020. Par exemple, le pavillon de la Durabilité sera transformé en un centre scientifique pour la jeunesse. Celui de la mobilité deviendra le siège de coopération entre des entreprises internationales et Wasl Plaza deviendra un lieu de concerts. Pour le reste, 75 % des constructions temporaires seront redéployées ailleurs ou recyclées. C'est avec un regard optimiste que Expo2020 veut affronter les défis de demain. Le visiteur va pouvoir découvrir des pratiques durables, les technologies de la 5G à l'IA en passant par la technologie verte, et les nouveaux modèles économiques qui révolutionnent l'ingénierie. La création et la construction des villes du futur seront aussi un sujet passionnant. Débats et rencontres sont aussi au cœur de cette Exposition Universelle. Lors de la première Exposition Universelle en 1851, Londres célébrait les innovations issues de la Révolution industrielle. Avec l'Expo 2020, Dubaï veut offrir à la Révolution 4.0. Le monde a un rendez-vous avec Dubaï en 2021 !

LA FAUCONNERIE

La fauconnerie se définit comme une activité traditionnelle consistant à garder et à entraîner les faucons pour prendre du gibier dans son état naturel. L'interaction entre le faucon et sa proie forme la trame d'une scène qui remonte à la nuit des temps. La tâche du fauconnier est de ramener ensemble ces acteurs. Pratiquée depuis plus de 4 000 ans, la fauconnerie était déjà présente durant la préhistoire, l'Antiquité et le Moyen Âge et est largement documentée dans de nombreux endroits du monde. Elle s'est probablement développée dans les steppes d'Asie, et s'est répandue dans les autres pays par le biais de liens culturels et commerciaux. Les endroits où se pratique la fauconnerie sont liés aux routes de migration suivies par les rapaces depuis des milliers d'années. La fauconnerie est pratiquée dans plus de soixante pays. En 2016, elle a été inscrite dans l'inventaire du patrimoine culturel immatériel de l'UNESCO.

Mais comment cette pratique s'est-elle développée selon les zones géographiques ?

L'environnement exerce une grande influence sur la fauconnerie et façonne les variantes locales de la pratique traditionnelle. Par exemple, dans les déserts d'Arabie, le terrain découvert permet de faire voler des faucons qui parcourent de longues distances, et les steppes d'Asie permettent de faire voler à la fois des faucons et des grands aigles. En revanche, dans les régions boisées et les terres cultivées semi-découvertes, comme celles de la majeure partie de l'Europe, du Japon, de quelques parties de la Chine et de la République de Corée, l'usage des oiseaux de bas vol, à l'instar des vautours et des éperviers, est préféré.

La communauté des fauconniers

Un lien d'*almkhuwa* (fraternité, EAU) ou *al-shareek* (éthique liée à la notion de partenariat, Arabie saoudite) gouverne la conduite des fauconniers. *Almkhuwa* signifie le lien de compagnonnage et de partage égalitaire des tâches, du coût et des responsabilités pendant une partie de chasse. Il s'agit habituellement de groupes de six à douze fauconniers partant en excursion pour une période d'une à trois semaines. Après un jour de chasse, ils se rassemblent autour d'un feu de camp et racontent des histoires ou des anecdotes sur le jour qui vient de s'écouler, en composant souvent des poèmes. Pour le groupe de l'almkhuwa, la fauconnerie est un moyen de savourer une tradition culturelle qui célèbre l'esprit de camaraderie dans le désert.

Dans la fauconnerie arabe, le fauconnier prononce le nom de Dieu devant l'oiseau ou l'animal pris par son faucon. Les fauconniers emmènent leurs enfants dans le désert et leur enseignent la manière de maîtriser le faucon et d'élaborer une relation de confiance avec un oiseau qui fait souvent partie de la famille. C'est un long processus qui amène le faucon à reconnaître la voix du fauconnier. Ce processus comporte également l'approfondissement de savoir-faire comme l'art de nourrir et porter son faucon sur le poing, ou d'appeler le faucon en faisant tourner un leurre.

© MACSNAP - ISTOCKPHOTO.COM

Les faucons

Les faucons font partie de la famille des falconidés. À l'état sauvage, ils peuvent vivre jusqu'à 20 ans, et un peu moins en captivité. Les variétés prisées par les fauconniers sont des « chasseurs » et leur choix dépend de la proie qui est visée. Aux Émirats, ce sont surtout les faucons pèlerins qui migrent dès la fin de l'été depuis la Sibérie vers la péninsule arabique et qui étaient dressés pour chasser entre autres l'outarde houbara. Les faucons sont munis de grandes ailes effilées, ils sont rapides et capables d'effectuer de longs vols de poursuite en altitude : ils sont utilisés pour cela dans la chasse de haut vol. Dans celle-ci, la pratique du vol consiste pour le fauconnier à lancer son faucon sur une proie déjà dans les airs, ce qui donne lieu à de

© KATIEKK - SHUTTERSTOCK.COM

La fauconnerie est pratiquée depuis plus de 4000 ans.

spectaculaires poursuites dans le ciel notamment lorsque la proie cherchant à se réfugier au sol, le faucon fond sur elle en piqué à plus de 300 km/heure pour les faucons pèlerins. Le rapace peut aussi se saisir de sa proie en vol ou la projeter au sol en la heurtant violemment de ses serres. Sa vitesse et son habilité sont sans pareil. Les faucons sauvages font face aujourd'hui à de nouveaux périls tels les pesticides, les fils électriques non isolés, la dégradation et la perte de leur habitat, ce qui réduit leur population. Les fauconniers s'efforcent d'assurer le maintien de ces populations au niveau national et international. Ainsi, le programme Sheikh Zayed pour la mise en liberté des oiseaux, lancé en 1995, poursuivra son entreprise de réintroduction des faucons dans leur environnement naturel en Asie. Le programme a déjà permis la libération de plus de 2 000 faucons. En Mongolie, un programme de nidification artificielle à grande échelle pour les faucons pèlerins, qui soutiendra également les communautés pastorales, est mis en place avec l'aide des EAU et l'accord de CITES.

La place de la fauconnerie dans la société

Les citoyens de Gand (Belgique) continuent leur tradition de célébrer chaque octobre le saint patron des fauconniers, saint Bavon (environs de l'an 600), dans la cathédrale. Des fauconniers portent des faucons sur leur poing, et sont revêtus de leur habit traditionnel. Ils sont activement impliqués dans la messe, qui est également considérée comme le début de la saison de chasse. De multiples groupes de souffleurs de cors de chasse habillés dans leur costume traditionnel ainsi que le chœur de la cathédrale produisent des intermèdes musicaux. C'est un événement très populaire et la cathédrale est pleine. Après la célébration, une procession se dirige vers la place du marché où chaque membre de la communauté est invité à célébrer l'événement.

La fauconnerie aux Émirats Arabes Unis

Depuis 1978, la chasse est interdite dans le pays, et il est illégal d'attraper des faucons en liberté. On estime que 20 % de la population locale possède un faucon. Ceux-ci proviennent tous d'élevages en Espagne, Allemagne, Canada, pour n'en citer que quelques-uns. Dès l'automne, au moment du début de la saison de la chasse ; les voyages s'organisent en dehors du territoire vers l'Azerbaïdjan, la Mongolie, l'Afghanistan, le Maroc. Les Émirats furent d'ailleurs le premier pays au monde à créer un passeport pour les faucons, à les laisser voyager en cabine avec un siège aménagé et à fonder le premier hôpital dédié au rapace qui reste le plus grand au monde. Aujourd'hui, c'est devenu un véritable sport national encouragé par les souverains. À Dubaï, des compétitions sont organisées régulièrement, tel le populaire *Fazza Championships for Falconry* avec ses courses de faucons. Comme tous les sportifs, les rapaces subissent un entraînement de plusieurs mois avant de pouvoir y participer.

Chez les Émiratis, le faucon est associé aux valeurs de la camaraderie et du courage. La pratique de ce sport leur permet de faire vivre l'héritage et les traditions de leurs pères dans un pays qui a été propulsé en quelques années vers la richesse et le monde moderne. Le faucon est présent dans toutes les interactions du quotidien : Billets de banque, en-tête des ministères, cartouches des numéros d'autoroute, sur les permis de conduire et sur chaque page des passeports émiratis. La fauconnerie, loin de s'éteindre, vit un âge d'or.

HISTOIRE

Il y a 125 000 ans, les premiers êtres humains vont migrer depuis la corne de l'Afrique vers la Péninsule Arabique. Depuis l'âge de pierre, de nombreux échanges ont lieu entre les émirats et les pays du Golfe, de la Mésopotamie, de l'Inde et même de la Chine. Lors des luttes entre les puissances européennes pour le contrôle des routes maritimes entre l'Asie et l'Europe, les émirats vont subir l'occupation de plusieurs forces étrangères. Malgré cela l'industrie perlière est à son apogée du XIXe siècle jusqu'en 1930 qui en marque le déclin. En 1966, le pétrole est découvert et la ville de Dubaï fait un bond en avant puis 1971, marque la création des Émirats arabes unis. Depuis 2005, Cheikh Mohammed bin Rashid, a propulsé Dubaï sur la scène internationale. Le 1er octobre 2021, la ville de Dubaï organisera l'Exposition Universelle. Loin des clichés selon lesquels Dubaï n'aurait pas d'histoire, voici le résumé des époques marquantes.

125 000 AV. J.-C

Les origines

Apparitions des premières traces humaines à Jebel Faya dans l'émirat de Sharjah. Les hommes se nourrissent essentiellement de la cueillette et de la chasse. Des vestiges fossiles et des outils de pierre témoignent de leur présence.

3 000 AV. J.-C

Le site archéologique Hili à Al Aïn, révèle aux archéologues français la domestication des caprinés et la présence du sorgho. Naissance des palmeraies agricoles et nécropole de Jebel Hafit à Al Aïn.

2 500-1300 AV. J.-C

L'âge de bronze est une période importante pour cette région. La période Umm al-Nar emprunte son nom aux tombes circulaires communes, dont la meilleure reconstitution se trouve à Hili, au nord d'Al Aïn. Elles recelaient, enserrés dans des boîtes de pierre tendre, des objets (peignes, bracelets) de différente facture, ce qui confirme l'hypothèse de nombreux contacts avec la Mésopotamie, mais aussi avec l'Iran, la vallée de l'Indus (Pakistan) et la Bactriane (Afghanistan). Cette péninsule devient aussi le principal pourvoyeur en cuivre de la Mésopotamie, extrait des monts Hajjar et exporté par voie maritime sous forme de lingots et d'objets manufacturés. Non loin de Dubaï, le site archéologique de Saruq al Hadeed porte la trace de cette période prospère. C'est à la fin de la période du Néolithique que la région connaît un réchauffement climatique.

© PHILIP LANGE - SHUTTERSTOCK.COM

Parc archéologique de Hili.

DÉCOUVRIR

1 300-0 AV. J.-C

Âge de Fer : Paradoxalement, l'importance du fer dans la région se voit reléguée au second plan par l'arrivée de trois facteurs prééminents dans l'organisation du mode de vie des habitants. Tout d'abord, la découverte d'un nouveau principe d'irrigation, le falaj, permettant l'adduction d'eau par canaux artificiels, souterrains ou non, depuis la montagne jusqu'aux cultures, provoque une croissance inespérée des ressources. Parallèlement, la domestication du dromadaire apporte un nouveau moyen de transport et favorise les contacts marchands. Ayant repoussé toute domination étrangère, la région se trouve désormais libérée du joug perse, imposé par Darius le Grand à la fin du Ve siècle av. J.-C., et victorieuse des tentatives de domination gréco-romaines menées par Alexandre le Grand et ses successeurs.

0 – 250

Période Ed-Dur : Le territoire des émirats est alors déjà un grand centre de pêche perlière. À partir du Ier siècle, les renseignements sur la période Ed-Dur sont plus précis, grâce à quelques écrits qui apparaissent et qui concernent la région. Ainsi, Pline le Jeune évoque, dans son Histoire naturelle, la présence de nombreux villages dans la zone correspondant aujourd'hui aux Émirats et évoque un peuple nomade vivant tantôt de la pêche sur le littoral, tantôt des ressources du désert.

550-632

Les chrétiens de l'église assyrienne animent la communauté monastique nestorienne de Sir Bani Yas Island. Ils organisent le commerce de la perle et prélèvent les impôts.

632-1448

La période islamique : Tandis qu'au cours des premiers siècles s'affirme l'influence perse et que coexistent plusieurs courants religieux (paganisme arabe, christianisme nestorien…), l'arrivée dans la région des disciples du prophète Mahomet, mort en 632, sonne la conversion des habitants des émirats à l'islam. De nombreuses tribus nomades tentent de résister, mais les Al-Julanda, aidés par le successeur de Mahomet, le premier calife Abu Bakr, remportent une victoire décisive à Dibba (10 000 morts) et s'implantent dans la région pour longtemps.

1448-1657

La domination portugaise : En 1448, les Portugais, après avoir pris le contrôle de plusieurs îles situées sur la route des épices, s'emparent du territoire jusqu'alors sous la tutelle d'Ormuz, afin d'étendre leur puissance commerciale jusqu'en Inde et s'attribuer le monopole des échanges entre l'Europe et l'océan Indien. Les Bédouins de la tribu Bani Yas occupent l'oasis de Liwa et le joaillier Gasparo Balbi évoque l'île de Dalma dans son récit de voyage.

MILIEU DU XVIIE

Au milieu du XVIIe siècle, les Portugais sont chassés de toutes leurs positions par les Anglais et les Hollandais. Ils laissent en revanche le souvenir d'une domination parfois cruelle à l'égard de la population. Et leur présence, qui a duré près d'un siècle et demi, aura eu pour conséquence de resserrer le tissu de certaines tribus locales.

1761-1791

Originaire d'Arabie saoudite, la grande tribu bédouine des Bani Yas s'implante d'abord dans l'oasis de Liwa, où elle fonde une entité villageoise qui englobe une quarantaine de hameaux et qui constitue un pôle social et économique important pour la région depuis le XVIe siècle. De type confédéral, la tribu des Bani Yas compte une vingtaine de clans. Des différences dans le mode de vie apparaissent entre eux selon qu'ils pratiquent la pêche ou la culture, mais ils se côtoient, s'entraident et se mélangent constamment, assurant à la tribu une parfaite cohésion. En 1761, le clan des Al-Nahyan fonde Abu Dhabi, dont l'importance, à partir de 1791, devient telle que le chef politique de tous les groupes Bani Yas (cheikh Shakbut) quitte Liwa pour s'y installer. En 1790, la première pierre du fort Al Fahidi dans la Creek de Dubaï est posée.

1791-1853

Les États de la Trêve : alors que les grandes puissances européennes (Hollande, France et surtout Grande-Bretagne) convoitent logiquement la région après le départ des Portugais, de nombreux affrontements opposent les équipages des navires affrétés par les cheikhs locaux à ceux des vaisseaux anglais. Une tribu originaire de Ras al-Khaïmah, les Qawassim, s'emploie à affirmer sa puissance navale et devient une menace sérieuse pour la flotte britannique. Les luttes entre Qawassim et Britanniques semblent prendre fin en 1820, lorsqu'un accord de paix est signé entre la Grande-Bretagne et les sept cheikhs de la côte d'Oman, dont les Britanniques reconnaissent désormais l'indépendance et qu'on appelle les « États de la Trêve ». Une trêve temporaire est décidée durant la saison des perles et reconduite chaque année, puis pour une période de dix ans. Il faudra attendre 1853 pour que la signature d'un traité de paix permanent permette enfin aux émirats de retrouver un contexte apaisé, favorable au redémarrage de leur commerce maritime et de leur économie.

1833

En 1833, les membres du clan Al-Bu Falah d'Abu Dhabi, dont descend directement la famille Maktoum actuellement au pouvoir, s'établissent dans la crique de Dubaï.

XIXE SIÈCLE

L'industrie perlière est en plein essor. La future ville n'est encore qu'un modeste village de pêcheurs, sous protection britannique, mais Dubaï profite déjà d'une situation privilégiée au bord d'un long bras de mer favorable aux échanges commerciaux. Son développement commence par le quartier de Shindagha, où accostent les navires et où les habitants sont essentiellement de souche arabe. Le négoce se développant logiquement sur la même rive, le fort Al Fahidi et la Grande Mosquée deviennent le centre de la cité, où une importante communauté indienne est recensée.

© CLIMBER 1959 - SHUTTERSTOCK.COM

Le fort Al Fahidi.

Les États de la Trêve sont frappés de plein fouet par la guerre, qui met un coup d'arrêt brutal. La partie de Deira, sur la rive opposée, devient la plus peuplée au début du XXe siècle, avec l'arrivée de Persans et d'Indiens baloutches. À cette époque, Dubaï présente déjà une communauté multinationale, tournée vers l'industrie perlière et le commerce. On estime que, parmi les ports de la côte de la Trêve, Dubaï possédait le plus grand nombre d'hommes travaillant sur des embarcations perlières et que, au lieu de retourner dans le désert à la fin de la saison, les équipages ont commencé à résider sur la côte toute l'année, ce qui constituait un début de sédentarisation.

1902-1929

En 1902, alors que Cheikh Maktoum Bin Hacher, libéral et visionnaire, dirige la ville, un événement marquant vient précipiter l'essor croissant de la cité : des taxes très élevées sur le transit de marchandises viennent frapper les ports de la côte persane, ce qui a pour conséquence directe le report de tous les échanges, entre l'Inde et la côte de la Trêve, sur le port de Dubaï. En 1920, alors que les taxes se durcissent dans les ports persans, Cheikh Saïd Bin Maktoum propose aux marchands durement ponctionnés de venir s'installer définitivement à Dubaï, non loin du fort. Originaires pour la plupart de Bastak, ces marchands s'établissent avec leurs familles dans la zone qui correspond à l'actuel quartier de Bastakiya. Ils apportent avec eux leur savoir-faire en matière d'architecture et introduisent la tour à vent dans le paysage de la ville, désormais ouverte à de nouvelles influences socioculturelles. Dubaï connaît alors une période glorieuse de croissance économique.

1930-1935

Le déclin de l'industrie perlière : la prospérité des émirats reposant essentiellement sur le commerce des perles, à la fin des années 1930, aux échanges commerciaux. À quoi s'ajoutent également la concurrence du marché perlier japonais et le contexte de crise économique qui secoue le monde depuis 1929. Malgré le développement d'un commerce parallèle à celui des perles, les Émirats voient inéluctablement leurs échanges se raréfier et la population souffre de la faim. Le riz, le sucre et le thé manquent, et la Grande-Bretagne se trouve dans l'obligation de fournir des rations aux pays des États de la Trêve. Les plongeurs pêcheurs de perles tentent de se reconvertir en manœuvres pour le déchargement des bateaux.

1935-1968

La quête de l'or noir : alors que des études sur les ressources pétrolières du pays sont déjà en cours depuis quelques années, en 1935, Cheikh Saïd bin Maktoum de Dubaï est le premier à passer un accord avec la compagnie Petroleum Development, bientôt suivi par l'émir d'Abu Dhabi, Cheikh Shakbut. Cheikh Saïd bin Maktoum et son fils Rashid lancent Dubaï dans un vaste programme de réaménagement de la Creek. Grâce à l'émission de bons vendus aux marchands et à un prêt concédé par le Kuwait, des travaux de désensablement de la Creek sont financés dès 1958 et des navires de gros tonnage parviennent aisément à circuler et trouver refuge à l'intérieur du bras de mer dès 1963, faisant passer le volume du commerce de 2 000 tonnes en 1951 à 20 000 tonnes en 1963, quelles que soient les marées. Dubaï prend ainsi l'avantage sur Sharjah, le port concurrent, fief des Qawassim, les « patrons » du nord. En 1958, Cheikh Saïd meurt et Cheikh Rachid devient le souverain. Le développement de la ville nécessite l'ouverture d'un bureau d'architecture pour la planification de l'urbanisme. John Harris, un Britannique, va devenir un des conseillers les plus proches du souverain et va présenter deux plans urbanistiques magistraux pour le développement de Dubaï en 1960 puis en 1971, il devient urgent d'élargir les rues, d'organiser l'approvisionnement en eau et de poursuivre les travaux d'aménagement des rives de la Creek pour le chargement des marchandises. En 1959, une piste d'atterrissage en pierre saline est construite pour accueillir les appareils de plus en plus nombreux des compagnies étrangères. En 1963, un premier pont baptisé Al Maktoum bridge est construit au-dessus de la Creek et est ouvert aux automobilistes qui évitent ainsi un long détour. Ce n'est qu'en 1966 que le pétrole est découvert à Dubaï et lorsque l'exportation du pétrole devient imminente, la création d'un nouveau port en eau profonde devient nécessaire d'autant que la Creek est saturée. Port Rashid est inauguré en 1970.

1968

En 1968, les Britanniques annoncent leur intention de se retirer trois ans plus tard. Devant la perspective de cette future indépendance, Cheikh Zayed, le numéro un d'Abu Dhabi, rallie aussitôt les dirigeants des autres émirats, qu'il invite à former une fédération solide.

LE 2 DÉCEMBRE 1971

Proclamation des Émirats Arabes Unis

Rassemblant Abu Dhabi, Dubaï, Sharjah, Ajman, Umm al-Quwaïn et Fujaïrah. Sheikh Zayed est élu président de ce nouveau pays. Quelques semaines plus tard, Ras-Al-Kaïmah les rejoint.

1971-1979

Les changements économiques intervenus après le choc pétrolier de 1973 et l'accroissement des ressources pétrolières aboutissent à la prise de conscience de la nécessité de diversifier les guichets de revenus, vers l'industrie pour Dubaï. L'émirat diversifie son économie à partir de Jebel Ali, zone franche située à 30 kilomètres du centre, sur le littoral. En 1975, une année avant l'ouverture du premier hôtel de luxe de Dubaï (Intercontinental), Harris propose la construction du premier gratte-ciel pour abriter le premier centre des congrès de la ville. Le World Trade Center sera inauguré par la reine Elizabeth et Cheikh Rashid en 1979, devenant le plus haut gratte-ciel du Moyen-Orient. Il figure fièrement sur tous les billets de 100 AED.

1979-2004

L'émirat de Dubaï se lance dans des projets gigantesques à l'initiative de Cheikh Rashid, convaincu très tôt qu'une grande part des revenus pétroliers doit être consacrée à la préparation de l'après-pétrole.

Après les événements survenus en Iran en 1978-1979, la conscience politique s'accroît dans le pays et, le 19 février 1979, le CNF se réunit pour décider du regroupement des forces armées, de l'abolition des frontières intérieures, de la planification globale de l'immigration dans le pays, ainsi que de la répartition des richesses par le contrôle fédéral. En 1981, c'est la création du Conseil de coopération du Golfe (CCEAG), comprenant les Émirats arabes unis, l'Arabie saoudite, Bahreïn, le Koweït, Oman, le Qatar. Le mauvais état de santé de Cheikh Rashid, jusqu'à sa mort en 1990, ralentit les réalisations pendant quelques années. Il faut attendre le début des années 90 et l'arrivée de son frère Cheikh Maktoum pour constater l'émergence de nouveaux projets.

2004

Mort du père fondateur des Émirats à l'âge de 86 ans. Sheikh Khalifa, son fils, devient à sa suite le deuxième président des Émirats arabes unis et émir d'Abu Dhabi.

2006

À la mort de son oncle, Cheikh Mohammed bin Rashid al Maktoum devient souverain de Dubaï, vice-président et Premier ministre. Cheikh Mohammed de Dubaï entreprend des projets architecturaux gigantesques qui voient le jour et font parler d'eux dans le monde entier (Burj al-Arab, la Marina, la Palm et Burj Khalifa). Dubaï apparaît comme un pôle financier et commercial, incontournable dans toute la péninsule et dans le Moyen-Orient.

2009

La dette globale de Dubaï est estimée à 80 milliards de dollars. Abu Dhabi prête 10 milliards pour éviter la faillite.

2010 Ouverture de la Burj Khalifa, la plus haute tour du monde.

2011 Les EAU participent pour la première fois au G20, sur invitation de la France.

2014-2015 Depuis, la menace islamiste grandissante dans les pays de la région a obligé les EAU à se mobiliser par crainte que l'instabilité ne se répande chez eux. Ils ont participé à différentes frappes aériennes : en 2014 en Libye contre des militants islamistes ainsi qu'en Syrie contre Daech, et en 2015 au Yémen contre les rebelles houthistes. En mars 2014, pour la première fois, des tensions importantes conduisent les EAU, aux côtés de Bahreïn et de l'Arabie saoudite, à tenir tête publiquement au Qatar dont ils réprouvent le soutien au mouvement islamiste.

2017 Les Émirats arabes unis coupent leurs relations avec le Qatar. Crise du Golfe.

2019 Présence historique du pape François invité à Abu Dhabi dans le cadre de l'année de la Tolérance. Signature entre le Pape François et le Grand Imam d'Al-Azhar du document sur la fraternité humaine pour la paix dans le monde et la coexistence commune.

2020 En août, normalisation totale des relations entre les Émirats arabes unis et Israël avec la signature des accords d'Abraham.

2021 En janvier, rétablissement des relations avec le Qatar. Organisation de l'Exposition Universelle par la ville de Dubaï, entre le 1er octobre 2021 et le 31 mars 2022.

DÉCOUVRIR

© DTCM DUBAI

Al Wasl Plaza.

ARCHITECTURE

Difficile de distinguer l'émirat de sa capitale tant, au fil des ans, Dubaï-Ville est devenue la vitrine de cette riche parcelle de désert. Cette petite bourgade de pêcheurs aux habitations traditionnelles de palmier est aujourd'hui une super métropole dont les tours tutoient les cieux avec fierté. Dubaï est une cité en construction cherchant à conquérir un environnement hostile, entre îles artificielles gagnées sur la mer et bâtiments imaginés pour supporter tempêtes de sable et températures arides. C'est d'ailleurs cet environnement qui a transformé Dubaï en laboratoire architectural. Un visage qu'elle présentera fièrement lors de l'Exposition Universelle où les plus grands architectes imagineront l'architecture de demain. Mais à l'ombre de ces géants de verre et d'acier, Dubaï abrite aussi les trésors de son passé, à découvrir en déambulant dans les ruelles de ses quartiers historiques. Un voyage architectural à nul autre pareil vous attend !

Dubaï avant Dubaï

Au XIXe siècle, Dubaï était une bourgade de pêcheurs à l'architecture modeste, certes, mais déjà très élaborée. Pour découvrir cet étonnant passé, rendez-vous dans le quartier de Shindagha et d'Al Fahidi et à Deira, les plus anciens quartiers de la ville, qui ont conservé leur tissu urbain traditionnel fait d'étroites ruelles permettant de lutter contre les contraintes du vent et de la chaleur, car protégées par la très forte densité de maisons alentour. Pour leur habitat traditionnel, les Dubaïotes ont depuis toujours privilégié matériaux et constructions permettant une parfaite gestion de la température et de l'aération. Ainsi les nomades utilisaient pour l'hiver des tentes portatives de forme pyramidale avec un mât central soutenant la structure, elle-même recouverte de peaux d'animaux ; tandis que l'été, surtout dans les palmeraies, ils construisaient des maisons de type « arish » très aérées et entièrement tissées en feuilles de palmier.

© FARHAN ABDUL JASEEL - SHUTTERSTOCK.COM

Sheikh Zayed Road.

Les tentes bédouines sont appelées aussi Bait Al Shaar. Elles servaient de maisons dans le désert et pendant l'hiver, et leur nom peut être littéralement traduit par la « maison des poils ». Elles sont traditionnellement tissées avec les poils des chèvres. Aux Émirats elles sont à larges bandes blanches et noires et la toile est soutenue par des pieux dont le nombre plus ou moins important était un signe de richesse. La couleur blanche et noire est obtenue sans teinture, car elle est la couleur des pelages des animaux. Une fois tissées pendant de longs mois, les pièces sont cousues entre elles. Les poils de chèvre sont naturellement imperméables et donc parfaitement adaptés aux averses en hiver.

Pour les maisons en dur, les mélanges de matériaux étaient privilégiés : dans les zones côtières, les murs des maisons étaient réalisés à base de corail fossilisé coupé en blocs, collé avec un mélange d'argile et de fumier combiné avec du plâtre ; tandis qu'au cœur des villes, les maisons étaient réalisées avec des pierres faites de boue transformées en blocs. D'un point de vue de la structure, ces maisons sont régies par deux points clés : le respect de l'intimité et la ventilation. Elles disposent ainsi de peu d'ouvertures sur l'extérieur et s'organisent autour d'une cour centrale intérieure sur laquelle donnent l'ensemble des pièces. La cuisine et les équipements fonctionnels sont concentrés par mesure de sécurité dans une partie de la cour. Pour la ventilation, en plus d'une toiture aérée réalisée en poutres et feuilles de palmier, de nombreuses maisons possédaient une tour à vent, ingénieux système de ventilation ressemblant à une cheminée à quatre faces, dotée à son sommet de fentes verticales permettant de capter le vent, son intérieur étant séparé en différents conduits permettant de séparer courants ascendants et descendants et, par un jeu de pression, d'évacuer l'air chaud et de faire pénétrer l'air frais. La tour à vent est l'ancêtre

© TOMASZ CZAJKOWSKI - SHUTTERSTOCK.COM

Quartier historique d'Al-Fahidi, aussi appelé Bastakya.

de la climatisation. Importée par les Perses, on la retrouve dans le quartier Al Fahidi de Dubaï. On en comptait près de 1 500 au milieu du XXe siècle dans la capitale dubaïote .Elle consiste en une tour qui s'élève à plus de cinq mètres audessus de la chambre à coucher ou du majlis et ressemblant a de grandes cheminées, capteur de vent, en général situé à l'opposé des vents du désert pour éviter que le sable ne pénètre à l'intérieur des maisons. En captant l'air plus haut, elle crée une ventilation pour la pièce située directement en dessous. En l'absence de vent, l'air contenu dans la tour, chauffée par le soleil, se réchauffe. Du fait de la convection, l'air monte, s'échappe de la tour par le haut et crée un appel d'air qui ventile les pièces. L'espace le plus important de ces maisons est le majlis, dont le nom signifie littéralement « endroit pour s'asseoir ». Il s'agit d'un espace culturel et social où l'on reçoit les invités. Le reste des pièces est destiné uniquement à l'usage de la famille, c'est le cas notamment de la galerie ou porche (al-liwan) donnant sur la cour intérieure qui, elle-même, apporte lumière et aération à l'ensemble des pièces de la maison. En matière de décoration, l'élégance est de mise avec des tapis de sol colorés, des treillis en bois complexes aux fenêtres et des portes en bois sculptés selon des motifs empruntés au vocabulaire islamique. Parmi les plus beaux exemples de cette architecture vernaculaire, notons l'Heritage House, la Sheikh Saeed Al Maktoum House (en rénovation). Au cœur de ces quartiers historiques se trouve un autre élément incontournable de l'urbanisme islamique : le souk, sorte de ville dans la ville, avec d'étroites rues flanquées de boutiques regroupées en branches commerçantes, et possédant souvent une haute charpente de bois permettant de protéger des rayons du soleil. Parmi les plus beaux souks à ne pas manquer : **le Souk Al Kabeer** (p.152) avec ses arches de bois ajourées, le Souk de Bur-Dubai ou bien encore **le Souk Naif de Deira** (p.152). Mais avant même de devenir une véritable ville, Dubaï était déjà une zone très convoitée, ce qui explique la présence de nombreuses fortifications. Le **Fort Al Fahidi** (p.87) fut ainsi érigé en 1787 pour protéger la zone des invasions étrangères. Ses murs sont faits d'un mélange de pierres de corail, coquillages et sable, son plafond est en troncs de palmier et ses tours répondent toutes à des fonctions précises (stockage, plateforme de tir…) Au cœur d'Al Fahidi, il est également possible d'apercevoir des vestiges du mur d'enceinte qui protégeait Dubaï au XIXe siècle. Dans la première partie du XXe siècle, Dubaï continue de se doter d'ouvrages fortifiés, comme le Fort Naif de Deira en gypse et corail ou la Tour de Guet de Shindagha avec créneaux et mâchicoulis.

Effervescence architecturale

Il faut attendre les années 1940-1950 et la découverte du pétrole pour que la ville connaisse sa première grande phase de développement. L'essor de la ville est tel qu'elle doit se doter d'un bureau d'architecture en charge de sa planification. Ses terrains constructibles sont déjà très convoités, alors l'enjeu est de taille, mais les constructions de l'époque sont encore assez modestes comme en témoigne le Municipality Museum qui abrita le premier hôtel de ville de Dubaï. Avec la création des zones portuaires de Port Rashid et Jebel Ali dans les années 70-80, la ville continue son expansion. Malheureusement, cette dernière se fait au détriment des quartiers historiques qui perdent leur rôle de noyau central, la ville s'organisant désormais de façon multipolaire.

Cependant, la ville possède un élément structurant : la Sheikh Zayed Road, tout à la fois artère principale de la ville et autoroute reliant les Émirats arabes unis entre eux. Elle fut inaugurée en 1980, mais sa forme actuelle date des années 90. C'est elle qui donne à la ville sa lisibilité. Et c'est elle qui accueille les premières grandes tours de la ville. Rivalisant d'audace, ces tours participent, partout dans la ville, à une forme de mise en scène de l'espace urbain. Il semble loin le temps du World Trade Center, « simple » tour de béton datant de 1979. Désormais, le verre et l'acier se plient aux imaginations débordantes des architectes. Les tours se comptent par centaines… Mais quelques-unes sont devenues au fil du temps les emblèmes de la ville : le Burj Al Arab (p.92) qui se dresse telle une voile blanche gonflée par le vent ; les tours panoramiques de la Marina de Dubaï, plus grande marina artificielle du monde ; les différentes tours du quartier de Jumeirah, celles des Emirates Towers, deux tours symétriques où domine la forme du triangle emprunté aux motifs islamiques, revêtues d'un habillage de verre et de métal argenté qui élancent vers le ciel leur élégante silhouette profilée de plus de 300 m ; ou bien encore l'Infinity Tower dont les 73 étages tournent sur eux-mêmes en s'élevant, les étages les plus hauts étant ainsi décalés de 90 degrés par rapport au sol et représentant alors… l'ADN ! Et n'oublions pas bien sûr la désormais légendaire Burj Khalifa (p.98), pièce maîtresse du Downtown Dubai, qui culmine à 828 m. Tutoyant les cieux, ces tours tentent malgré tout de concilier gigantisme et échelle humaine en repensant leur base, les ouvrant aux commerces et créant de vastes esplanades. Mais Dubaï n'est pas faite que de tours ! La ville propose aussi une relecture contemporaine des édifices traditionnels de la culture islamique. La Mosquée de Jumeirah (p.94), la plus importante de la ville, est, avec ses deux minarets et sa grande coupole centrale en pierre calcaire, une réinterprétation des mosquées fatimides où hautes arcatures et riches motifs décoratifs prévalaient. Quant à la Mosquée Al-Farooq, surnommée la « mosquée bleue », elle se veut une copie de la célèbre mosquée stambouliote du même nom. Elle impressionne par ses 4 minarets de 65 m, son dôme de 30 m de haut et ses vitraux laissant pénétrer la lumière. Le Souk Madinat Jumeirah (p.95) a été entièrement pensé sur le modèle des marchés traditionnels avec ses longues allées surplombées d'une charpente en bois aux arches ajourées. Même les malls, ces gigantesques centres commerciaux, reprennent les codes de cet urbanisme marchand, comme dans le Wafi Mall et le Souk Khan Murjan.

Dubaï demain

Terre d'infinies possibilités, Dubaï est très vite devenue une terre d'expérimentations architecturales, dont certaines relèvent presque de la science-fiction ! Comme la Dubai Media City dont la planification urbaine a été réalisée à l'aide d'algorithmes et autres QR Codes déterminant l'implantation la plus adaptée pour les rues, places, parcs et blocs résidentiels la composant. Cette Smart City se donne aussi des ambitions écologiques et durables, en cherchant notamment à améliorer les solutions de mobilité, un enjeu de taille dans une Dubaï tentaculaire. Des questionnements qui seront au cœur de l'Exposition Universelle qui se tiendra en 2021-2022. L'événement s'organise autour de trois thématiques phares : opportunité, mobilité et durabilité. C'est ici que va s'imaginer l'architecture de demain ! De grands noms de l'architecture y révéleront leurs pavillons : la célèbre agence Grimshaw Architects a imaginé le pavillon Durabilité comme une sorte d'expérience holistique convoquant tous les sens et s'organisant autour d'un parcours paysager ; Norman Foster a réalisé le pavillon Mobilité avec pour objectif l'excellence en matière d'architecture verte ; Santiago Calatrava, lui, a réalisé le pavillon des Émirats arabes unis dont la forme reprend celle d'un faucon prenant son envol… et il y aura encore bien d'autres trésors d'architecture à découvrir ! En marge de l'exposition, la ville va dévoiler d'autres étonnants projets comme le vaste projet de réaménagement du quartier de Creek Harbour que la municipalité souhaite transformer en « Riviera du Moyen-Orient ». L'Exposition Universelle est aussi l'occasion pour la ville de développer son réseau de transports urbains, en ajoutant notamment de nouvelles stations de métro, une manière de tenter de décongestionner la ville, tout en resserrant son tissu urbain. En parallèle de l'effervescence suscitée par l'Exposition, Dubaï continue à mettre en lumière architectes et créateurs via son Dubai Design District, également appelé d3, qui lui a permis de rentrer dans le grand réseau des villes créatives de l'UNESCO. Ce hub de l'innovation et de la création porte l'empreinte de Norman Foster qui a participé à la planification du quartier, créé de nombreux studios et ateliers et imaginé le Dubai Institute of Design and Innovation. Pour vous remettre de toutes ces émotions architecturales, n'hésitez pas à poser vos valises au ME Dubai, seul hôtel au monde entièrement conçu par Zaha Hadid et dont la silhouette de bloc de glace fondant ne vous laissera pas indifférent ! Fière de son statut d'eldorado pour architectes audacieux, Dubaï n'en est pas moins consciente du besoin de freiner quelque peu cette frénésie de constructions et a décidé d'en limiter le nombre à partir de 2020. Une décision qui s'inscrit dans le Plan Dubai 2021 pour une ville plus humaine, intelligente et durable, tournée vers la créativité et l'excellence. Ambitions réalisables ou rêve pieux ? L'avenir nous le dira !

BEAUX-ARTS

Depuis une vingtaine d'années, la vie culturelle dubaïote connaît un tel essor que l'on peut parler de phénomène. La métropole de tous les possibles s'est imposée en un temps record comme un acteur incontournable du marché de l'art. Son statut unique repose sur trois piliers : les galeries d'art, les ventes aux enchères et les manifestations culturelles, en particulier la foire Art Dubai. Les visiteurs se laisseront surprendre par la richesse de la scène culturelle, mais aussi par l'absence manifeste de barrières. Toutes les tendances cohabitent à Dubaï. Plus qu'un carrefour, la ville représente un monde de tous les possibles pour les artistes contemporains. Toutes tendances confondues, ils accourent pour travailler sur place, ou exposer dans l'une des nombreuses galeries. Trois quartiers font office de pôles de la vie artistique locale. Ses lieux d'exposition, au rayonnement international, apparaissent comme les nouvelles escales shopping en vogue.

Un envol inédit

La production locale et régionale est en plein boum, cela depuis 2005. Parmi les artistes à suivre, la jeune photographe Farah Al Qassimi, la princesse peintre et photographe Lateefa Bint Maktoum, le photographe d'origine palestinienne Tarek Al Ghoussein, le très célèbre et regretté Hassan Sharif fondateur de la Flying House (décédé en 2016), les artistes de son entourage Abdullah Al Saadi, Mohammed Ahmed Ibrahim, présenté à la Biennale de Venise, Mohammed Kazem, la photographe dubaïote Reem Al Ghaith et l'auteur des compositions abstraites Abdul Rahim Salem sont des valeurs connues ou montantes. Si les thèmes abordés par ces artistes sont parfois assez prosaïques, un véritable engouement semble se dessiner en faveur de l'art abstrait et conceptuel. De plus en plus de galeries d'art contemporain ouvrent leurs portes et présentent les travaux d'artistes de la région. On estime que le marché moyen-oriental de l'art pèse 10 milliards de dollars. 10 galeries en 2008, Dubaï compte aujourd'hui une quarantaine de galeries réparties dans plusieurs quartiers et veut atteindre 95 galeries en 2020. Dans le quartier d'Al Fahidi. Ne pas manquer la XVA Gallery pour voir des grands noms de l'art régional et s'offrir une œuvre par des artistes locaux à la Majlis Gallery. Au DIFC (Dubai International Financial Centre), les galeries, ainsi que les deux maisons de ventes aux enchères côtoient les bureaux d'avocats et de banquiers : The Empty Quarter, galerie de photographies fondée par une princesse et artiste saoudienne et réputée pour ses choix de photographies ambitieux ; Ayyam Gallery qui a un espace aussi à Alserkal Avenue . En poussant un peu plus loin, jusqu'aux Damac Park Towers, on peut acquérir des œuvres d'artistes d'Asie centrale à l'Andakulova Gallery. Dans la friche industrielle d'Al-Qhoz, à Alserkal Avenue, une trentaine de galeries d'art, installées dans d'anciens entrepôts, entourent un immense bâtiment d'exposition en béton, « Concrete », réalisé par Rem Koolhaas.

© THE EMPTY QUARTER

The Empty Quarter.

Parmi ces galeries, qui valent le déplacement, vous pourrez visiter celle d'Isabelle van den Eynde pour voir de l'art conceptuel régional, la galerie Lawrie Shabibi qui soutient l'art africain et est la représentante de Mohammed Ahmed Ibrahim et aussi d'artistes iraniens, la galerie The Third Line, qui présente des artistes internationalement reconnus et d'autres très prometteurs.
Signalons la Galerie Zawyeh, fondée à Ramallah en Palestine, en 2013, avec une seconde adresse ouverte à Alserkal Avenue depuis juin 2020. Son principal objectif est de promouvoir les artistes palestiniens, de Palestine et d'ailleurs, à travers des expositions thématiques locales et itinérantes. L'art palestinien moderne et contemporain est ainsi montré dans le monde entier à l'occasion de foires et de projets culturels.
Cap sur l'Asie à présent avec la Fondation Ishara, toujours sur Alserkal Avenue. Sur deux étages, elle présente de l'art du sud de l'Asie, terme entendu au sens large. On découvre dans cet espace aussi bien des œuvres venues d'Inde, du Pakistan, du Sri Lanka ou du Népal. Que les expositions soient individuelles ou collectives, la plupart voyagent à travers le monde pour porter la voix des artistes de ces pays dans d'autres contrées.
Un peu plus loin dans Al-Qhoz, à seulement 5 km d'Aserkal Avenue, surtout ne pas manquer Meem Gallery, qui défend des œuvres d'artistes de la région, tels que Sohrab Sepehri, Parviz Tanavoli, Mahmoud Obaidi, Kamal Boullata, Dia Azzawi. À l'est de Downtown, le centre d'art contemporain Tashkeel, rassemble de nombreux ateliers et des résidences d'artistes. Petit bâtiment perdu dans le quartier de Nad Al-Sheba, près du champ de courses, Tashkeel est un véritable creuset de la scène artistique des Émirats où se rassemblent les futurs grands artistes de la région. Ses modestes expositions méritent une visite, ne serait-ce que pour se faire une idée claire de l'art contemporain local. Des artistes comme Nasir Nasrallah, El Seed et Ammar Al Attar sont passés par Tashkeel.
Dubai Design District, plus connu sous l'acronyme D3, s'est développé à très grande vitesse et s'agrandit encore. Lancé en 2013, ce nouveau quartier est dédié à la promotion de nouveaux talents, à la créativité dans le design, le luxe et la mode. Il comprend des restaurants, des galeries, des boutiques de détails et des bureaux. Il est très agréable de se balader dans ses allées ombragées avec un mobilier urbain unique. Dans les années à venir, D3 devrait comprendre des zones résidentielles, des boutiques-hôtels internationaux, un amphithéâtre.

La foire internationale d'Art Dubai

Dubaï n'est pas qu'un centre d'affaires, c'est aussi un pôle de l'art contemporain ! La forte fréquentation des salons Art Dubai et Design Week, qui ont lieu chaque année, ne fait que confirmer cette tendance. Dubaï figure désormais parmi les villes majeures du marché de l'art. Lancé en 2006, Art Dubai est né de la fusion entre DIFC et Gulf Events. La première année, c'était le chaos, les visiteurs demandaient si les œuvres étaient bien à vendre ! En 2008, la foire reçoit 12 000 visiteurs et 68 galeries du Moyen-Orient, d'Inde et d'Afrique du Nord. En 10 ans, le nombre de galeries et de visiteurs n'a cessé d'augmenter (en 2018, 105 galeries de 48 pays et 28 000 visiteurs). Aujourd'hui, la foire est le premier carrefour international du Moyen-Orient, pas seulement à travers les galeries participantes (certaines viennent d'Islande, d'Éthiopie ou du Kazakhstan), mais aussi à travers les artistes présents. Lors de la foire, un programme, le « Global Art Forum » ouvre des discussions pour définir certaines notions artistiques. L'innovation de 2014 est la création d'un second espace d'exposition dédié à l'art moderne, l'art du XXe siècle du Moyen-Orient, de l'Asie du Sud et de l'Afrique du Nord, de qualité muséale.

DÉCOUVRIR

© IMAGE COURTESY OF MEEM GALLERY

Meem Gallery.

© EMMANUELLE JOURDEUIL

Faucon : Art mural dans le quartier de Satwa.

Et en 2018 Art Dubai lance un nouveau programme, « Résidents ». Onze artistes sont invités à créer aux Émirats pendant quatre à huit semaines. Leurs œuvres sont exposées lors de la foire à côté de celles des artistes internationaux. En 10 ans, Art Dubai a acquis une vocation éducative et est devenu l'un des plus importants évènements culturels des Émirats, un acteur incontournable du monde de l'art contemporain au-delà de l'Europe et de l'Amérique, visité par les conservateurs des plus grands musées, le MET, le LACMA, le Victoria and Albert Museum, le musée du Louvre, etc.

Street art

La même folie des grandeurs anime l'art urbain. Les murs de la ville se recouvrent de peintures multicolores à toute allure. Comme pour les autres formes artistiques, les graffitis sont ici de haut vol, bien qu'un peu policés. Façades d'immeubles, parkings et piliers du métro accueillent des fresques signées de grands noms du genre. Ne cherchez pas de tags ou de graffitis à la sauvette, vous n'avez que peu de chances d'en dénicher. En revanche, un projet officiel a chargé les artistes urbains de redécorer le métro. De quoi égayer vos déplacements. Voici quelques repères supplémentaires pour guider vos explorations à travers Dubaï.

- **City Walk.** Une large variété d'œuvres publiques se déploie le long de City Walk. Toutes de dimensions et de facture impressionnantes. Sur d'imposantes façades, se déploient deux oiseaux multicolores, une girafe qui semble jaillir d'un mur le long de l'escalier d'un parc, un enfant qui tend son parapluie sous une averse arc-en-ciel ou encore des méduses barbotant sur les piliers d'un pont. Des artistes du monde entier, tels que Rone ou Nick Walker ont uni leurs pinceaux et leurs bombes pour colorer la longue artère.

- **Quartier de Satwa.** Un projet financé par le gouvernement a réuni 16 street artistes pour embellir le Quartier de Satwa : un vieil homme à bord d'une barque, des enfants galopant dans la rue, entre autres. Le Lituanien Ernest Zacharevic a collaboré avec le Tunisien The Inkman, connu pour ses fresques calligraphiques. Le thème de cette galerie à ciel ouvert est le patrimoine et l'histoire des Émirats arabes. Calligraphie, portraits royaux, d*allah* dorée, jeux d'enfants composent ce bel album d'images traditionnelles. Pas moins de 16 façades le long de 2nd December street témoignent d'une explosion de créativité.

L'artiste émirati Ashwaq Abdullah a exécuté une fresque en hommage aux fondateurs des Émirats arabes unis, les cheikhs Rached Al Maktoum et Zayed Al Nahyane. « L'art mural parle à tout le monde, quelle que soit l'origine sociale », observe-t-elle. « C'était l'occasion, pour moi, d'exprimer mon amour pour mon pays. Avec l'espoir qu'il se répande à travers les rues de Dubaï ».

- **D3.** Myneandyours a choisi les murs de Dubaï comme terrain de jeu de prédilection. Ses nuages souriants, et ses multiples touches d'originalité atteignent leur apogée dans l'entrée d'un parking de D3. Ce cadre autrefois morose est à présent transformé en voie lactée truffée de planètes fluorescentes et d'astronautes hors du commun.

On retrouve Myneandyours à JBR, dans une installation érigée au cœur d'un rond-point. Trois structures cylindriques, dont la plus haute mesure quatre mètres, décorées de formes géométriques aux couleurs vives.

- **Karama.** Adresse incontournable pour les fans de street art, Karama héberge des fresques à couper le souffle. Ses immeubles dévoilent requins, faucons, lions tout le long de 18b street, pour la plus grande fierté des habitants.

MUSIQUES ET SCÈNES

Jusqu'à il y a quelques années, on avait surtout un folklore ancestral dont les codes sont le même dans tout le golf. Les instruments et les danses étaient traditionnels et l'on pouvait les découvrir lors des célébrations publiques et privées. Mais les choses tendent à changer. Notamment depuis l'inauguration de son Opéra, lieu à la mesure de ses ambitions au travers duquel Dubaï indique ses intentions de coudoyer les grandes capitales culturelles mondiales. Il semble loin le temps où Dubaï était un petit port de pêche aux portes du désert. Le boom économique de la ville a attiré des ressortissants du monde entier et ce cosmopolitisme dégorge dans le dynamisme culturel de la ville. Beaucoup d'artistes voient désormais Dubaï comme un tremplin et les groupes locaux de jazz, pop, rock, hip-hop ou électro côtoient des stars internationales sur les scènes (de plus en plus nombreuses) de la ville.

La musique traditionnelle

Aux Émirats arabes unis – et particulièrement à Dubaï, ville cosmopolite – on trouve dans les pratiques musicales traditionnelles nombre d'influences des voisins, de la région ou des différentes vagues d'immigration qui ont traversé le pays. On entend par exemple du bandari, musique envoûtante originaire du sud de l'Iran, dérivée du mot persan *bandar* qui signifie « port » et qui se joue avec une sorte de cornemuse en peau de chèvre, le *habban*. Également très populaire dans l'ensemble du Golfe et aux Émirats arabes unis, la musique *liwa* (ou « leiwah », « leywah ») présente dans son rythme de base quelques traces de ses origines est-africaines. Autrefois rite de possession thérapeutique, il est devenu avec le temps une pratique profane à caractère festif. Chanté et dansé en cercle d'hommes, le liwa invite des instruments clés du Golfe et du pays.

Les danses Al-Ayyala et Al-Rafza sont quant à elles inscrites au patrimoine culturel immatériel de l'humanité.

En général, la plupart des instruments traditionnels que l'on croise à Dubaï et dans le pays sont peu ou prou les mêmes – mais souvent nommés différemment – que ceux utilisés dans le reste du golfe Persique. C'est le cas de l'oud, l'un des principaux instruments arabes, assez proche d'une mandoline ou du *habban*, la cornemuse en peau de chèvre mentionnée précédemment. Parmi les percussions, une des plus fréquentes est le *manior*, une ceinture en coton ornée de sabots de chèvre produisant des cliquetis au gré des mouvements du danseur ou encore le *taba*, un tambour dont les tailles et formes varient.

Étant donné que la musique traditionnelle est très populaire dans le pays, le genre compte quelques stars comme Mehad Hamad, apprécié pour ses chansons sur le désert et ses chants patriotiques ou Hussain Al Jassmi, un des chanteurs émiratis les plus connus dans le monde qui a grandement contribué à propager la culture musicale de son pays dans tout le Moyen-Orient (et même le monde arabe).

Plus pop, Ahlam est adorée des Émiratis, surtout depuis qu'elle intervient en tant que juge pour des émissions telles qu'Arab Idol. Tous jouent – ou ont joué – du *khaliji*, une musique contemporaine très populaire dans le Golfe persique et même le monde arabe. Ce trait d'union entre musique traditionnelle et pop est riche en oud et violon et mélange beaucoup d'éléments de musiques africaine, indienne, iranienne et locale (dont le liwa). Toujours populaire, le khaliji est modernisé par les jeunes générations, comme Shamma Hamdan – chanteuse célèbre pour avoir été la première femme émiratie à être finaliste dans une saison d'*Arabs' Got Talent* – qui propose une version plutôt R&B ou Fayez Al Saeed, dont le plus grand fan n'est autre que Cheikh Hamdan bin Mohammed, prince héritier de Dubaï (Al Saeed est son compositeur officiel).

La musique classique

Si, un temps, la musique classique (sous son acception occidentale) servait essentiellement de tapisserie sonore luxueuse, les choses ont beaucoup changé dans le pays depuis la création du Festival de musique classique, à Abu Dhabi en 2004. La musique classique est désormais prise très au sérieux dans le pays, chose qui se remarque à Dubaï par la majesté de son Opéra. Scène emblématique de la ville, l'Opéra de Dubaï (p.170) est un théâtre lyrique à sa mesure. Installé aux pieds du Burj Khalifa (p.98), l'édifice se distingue par son architecture (pensée par Janus Rostock) s'inspirant du boutre, embarcation de bois emblématique du pays. Depuis son inauguration fin août 2016 (avec Placido Domingo pour le coup d'envoi) l'Opéra de Dubaï cultive les affiches prestigieuses (le légendaire ténor José Carreras était star de la première saison), la ville cherchant à installer sa scène parmi les plus importantes du monde. Une excellente réputation que l'Opéra doit également à sa taille moyenne (2 000 places) et son acoustique exceptionnelle. L'Opéra n'accueille pas que du classique mais aussi des stars internationales.

Musiciens dubaïotes.

Le jazz

S'il n'y a pas à proprement parler de grands ensembles émiratis de jazz, le pays inspire (et invite souvent) quelques-uns des grands talents du genre. C'est notamment le cas du pianiste libanais Tarek Yamani, dont le troisième album *Peninsular* marie musique khaliji et jazz et convie des musiciens locaux comme le percussionniste Wahid Mubarak ou Adil Abdallah, chanteur yéménite installé à Dubaï. Dans le même esprit, le joueur d'oud et guitariste jordanien Kamal Musallam, installé à Dubaï, travaille énormément sur la fusion entre jazz et influences arabes. Une réussite puisque ses albums se retrouvent régulièrement très bien classés dans les ventes émiratis et l'ont amené à collaborer avec des musiciens de renom comme Sting. Sting que l'on a d'ailleurs déjà vu à l'affiche du Emirates Airline Dubai Jazz Festival, grand rendez-vous annuel où pendant trois jours le gratin du jazz (et même du blues ou du rock) se bouscule dans une programmation ébouriffante. Un des immanquables de Dubaï.

Les musiques actuelles

Capitale culturelle toujours plus dynamique, Dubaï abrite sans surprise des scènes pop, rock, hip-hop ou électroniques très vivantes et alimentées par l'immigration des pays de la région. Parmi les artistes locaux les plus connus, le Libano-Canadien Karl Wolf (longtemps résident de Dubaï) est une des pop-stars les plus en vue du pays avec son R&B qui bat des records de vente à chaque sortie. Très populaire également, le chanteur de soul Hamdan Al-Abri est une des valeurs montantes de la ville tout comme le groupe de rock Juliana Down, première signature émiratie chez une major (en l'occurrence Sony). Le duo house Hollaphonic a été quant à lui le premier groupe électro du Moyen-Orient à être signé dans un label international (Universal cette fois-ci). Côté hip-hop, le grand nom local est le MC libano-syrien Wissam Khodur, plus connu en tant qu'Eslam Jawaad, collaborateur à de nombreuses reprises de Damon Albarn sur des albums de Gorillaz. Plus intimiste, le groupe As Per Casper emmené par la chanteuse et compositrice syro-palestinienne Carla Saad, est un des groupes de pop les plus en vue de Dubaï.

L'incontournable en ville pour voir le meilleur de la scène locale est sans aucun doute The Fridge. Installé dans la très branchée « Alserkal Avenue », The Fridge défend par tous les moyens (notamment une agence de booking) les talents locaux. Sinon, niché dans le Majestic Hotel, The Music Room est une des meilleures scènes de musique live en ville. Autre adresse particulièrement courue, The Musichall est à la jonction entre la salle de spectacle et la boîte de nuit. Un lieu unique à Dubaï, imaginé par deux frères libanais et devenu très rapidement une institution sur place.

LITTÉRATURE

En quelques années, la capitale éponyme est devenue vitrine d'une architecture où les plus grands érigent des édifices spectaculaires et incroyable lieu de villégiature ou lieu de résidence pour une population en pleine expansion. Symbole de la globalisation, l'émirat est résolument tourné vers les technologies du futur, et l'on imagine difficilement que la littérature puisse trouver sa place. Pourtant, Dubaï et plus largement les Émirats arabes unis se font forts de la mettre en avant, avec force librairies et bibliothèques publiques et gratuites, ou organisant des résidences artistiques où sont conviés des auteurs étrangers, multipliant les festivals du livre et les traductions. Les échanges se font pour l'heure quasiment à sens unique, mais Dubaï a l'art de surprendre et avec l'émergence d'une jeunesse émirati toujours plus cultivée, on devrait voir l'émergence d'une nouvelle génération d'écrivains.

La poésie au cœur

La ville du désert a tout d'un mirage. Si le visiteur s'en tient à ce qui se dessine devant ses yeux, il lui sera difficile de concevoir qu'il y a quelques décennies encore Dubaï n'était rien d'autre qu'un village vivant de la pêche aux perles, image d'Épinal qu'évoquait déjà le Vénitien Gaspero Balbi au XVIe siècle dans le récit de son périple oriental. Le territoire, plutôt inhospitalier, aurait accueilli des tribus en fuite, il se dit qu'alors la littérature était de tradition orale, parfois rythmée par le son des tambours, et qu'elle servait de réconfort aux pêcheurs et aux chameliers. Ainsi, la région est celle qui a vu naître la poésie Nabati, héritage des Bédouins de la péninsule arabique et mentionnée, peut-être pour la première fois, par l'érudit Ibn Khaldun dans *Al Muqaddimah*.

Dans une langue intelligible par tous, simple et claire plutôt que formelle et classique, se racontaient des histoires chevaleresques qui prônaient la solidarité, l'amour du clan et celui du désert. C'est à l'un des plus célèbres poètes nabatéens, Mubarak Al Oqaili, né en Arabie saoudite, mais immigré à Dubaï à la fin du XIXe siècle, que l'on peut rendre hommage dans le quartier de Deira où se découvre encore la maison qu'il se fit construire en 1923. Nul doute que la visite de ce bijou patrimonial offrira une autre facette, bien moins attendue, de la cité.

Le Tagrooda est une forme de poésie chantée bédouine. Il est inscrit sur la liste des biens culturels immatériels de l'UNESCO. Il s'agit de poésies de 7 vers ou moins qui sont répétés en échos par deux groupes d'hommes. Ils étaient chantés lors des traversées à dos de dromadaires pour encourager les hommes, mais aussi les bêtes. En général le premier vers est chanté par le chef du groupe et répété par le reste de la troupe. Ce sont des messages à ceux qu'on aime, aux dromadaires, aux chefs des tribus. Depuis on enregistre et répertorie ces héritages, car ils sont un témoignage de faits historiques.

De nos jours, Dubaï, à l'image de son grand frère Abu Dhabi, voit naître un regain d'intérêt pour ce genre littéraire qui est même devenu l'objet de concours télévisés. Le Cheikh Mohammed Al Maktoum, émir ayant pris d'importantes fonctions politiques et né en 1949 à Dubaï, s'y exerce depuis son adolescence, tout en pratiquant la poésie arabe d'obédience plus classique. Il a en 1998 créé une fondation portant le nom de Mohammed ben Rashid qui a pour mission de promouvoir auprès des visiteurs, et des natifs, la culture locale.

Autre nom, autre renommée, celle de Khalid Albudoor qui vit le jour au cœur de l'Émirat en avril 1961, et commença à publier dès 1980. Avec simplicité, pour toucher toutes les âmes, sa poésie se dédie aux actes de la vie quotidienne qui se parent pourtant d'une once de spiritualité. Homme public - il fut présentateur à la radio et à la télévision, ainsi que documentariste - la reconnaissance lui fut offerte avec la distinction du Prix Youssef Al Khal qui lui fut remise au Liban en 1991. Ses principaux recueils, *Night* et *Jabr Wa Ghazal*, publiés respectivement en 1992 et 1999, ne sont pour l'heure malheureusement pas disponibles dans notre langue.

Khalid Albudoor a par ailleurs contribué à la préservation du patrimoine culturel de son pays en publiant une anthologie en cinq volumes de poèmes Nabati, et en collectant contes et chants folkloriques.

Enfin, un jeune poète, né en 1977, symbolise Dubaï dans sa multiplicité ethnique, c'est en effet la Tunisie que Walid Amri a décidé de quitter pour venir travailler dans l'Émirat où il a intégré une banque privée. Outre son talent pour la peinture qu'il a démontré en exposant dans de prestigieuses galeries américaines, il a développé celui de l'écriture qui se découvre cette fois en français aux éditions de L'Harmattan. Ses *Poèmes fractals* parus en septembre 2016 se présentent comme un « essai de physique poétique, un vadémécum de chimie mystique ».

La maison du poète Al Oqaili.

La production éditoriale

Si la poésie est intrinsèque à l'âme dubaïote, et plus largement à celle du Golfe, les autres genres littéraires n'ont véritablement fait leur apparition et trouvé leur public qu'au tout début du XXe siècle, à la faveur, sans doute, du Prix Nobel de Littérature décerné à l'écrivain égyptien Naguib Mahfouz (1911-2006) en 1988. Aujourd'hui, rares sont encore les auteurs à se prêter à l'exercice de la prose, citons néanmoins Mohammad Al Murr, né à Dubaï en 1955, qui a publié une quinzaine de recueils de nouvelles et a tout particulièrement rencontré le succès avec *The Wink of an Eye* et *Bleeding Heart*. Dans la sphère publique, il a par ailleurs dirigé le Dubai Cultural Council qui a fusionné avec le Dubai Culture & Arts Authority, et participé comme juré à The International Priz for Arabic Fiction en 2009.

Si les auteurs se montrent toujours timorés, ou si leur réputation peine à franchir les frontières, fussent-elles numériques, une Union des écrivains émiratis a néanmoins été créée dès 1984 et compte quelques centaines de membres, une dizaine de plus chaque année, une évolution plutôt lente qu'il faut mettre en regard avec la création en 2009 de l'Association des éditeurs des Émirats arabes unis. La production locale concentre pour l'instant ses efforts sur la littérature jeunesse, et les auteurs sont rarement traduits en langue anglais mais cette optique bénéficie d'un essor important et donc d'une tendance à s'ouvrir à d'autres perspectives. Toujours est-il que le milieu éditorial se porte de mieux en mieux, car il est encouragé par le nombre important de traductions de livres étrangers vers l'arabe, en guise d'exemple il faut saluer l'initiative Tarjem, portée par la Fondation Mohammed ben Rashid, qui a permis en 2008 de financer 1 000 projets en ce sens, laissant portes ouvertes aux best-sellers écrits dans différentes langues. À noter que c'est également grâce à ce mécénat qu'a été publiée une Encyclopédie de la narration arabe, une première qui permet d'appréhender toute la richesse d'une culture trop souvent méconnue.

Un autre vecteur d'ouverture est bien sûr l'organisation de festivités littéraires qui accueillent des acteurs internationaux du monde du livre, à l'instar de l'Emirates Airlines Festival of Literature qui lors de sa première édition avait reçu 65 écrivains de tous horizons et en 2019 avait triplé la jauge. Plus régulièrement, des organismes tels que l'Institut français accueillent des écrivains en résidence et organisent des rencontres notamment avec les élèves dubaïotes. Enfin, signe que les centres commerciaux ne sont pas incompatibles avec la culture, le Dubai Mall héberge l'immense librairie Kinokuniya. Les francophones, pour leur part, pourront se réjouir d'apprendre que sur la place Al Nasr se situe une librairie française, Culture & Co, qui possède une belle sélection de livres en français. Une adresse à retenir en cas de dépannage de dernière minute !

TOP 10

LECTURE

N'en déplaise aux préjugés qui font de Dubaï le centre de la frivolité et de l'ultra-consommation, le pays tente également de développer sa politique culturelle et œuvre pour que la lecture devienne un passe-temps prisé. Hélas, pour le moment les traductions se font encore trop souvent à sens unique.

UN MONDE EN TOC

La journaliste s'offre un tour du monde des plus grands centres commerciaux, une réflexion intéressante sur l'ultra-consommation qui la mènera à Dubaï.
Rinny Gremaud, *Éditions Seuil.*

OUGARIT

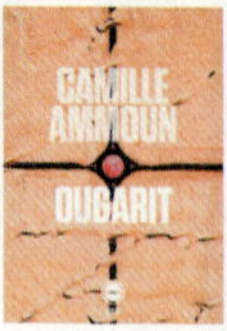

© EDITIONS INCULTE

Un urbanologue est envoyé à Dubaï pour insuffler une âme à une ville jugée trop moderne. Un grand texte politique et érudit.
Camille Ammoun, *Éditions Inculte.*

SUR LES AILES DU DRAGON

© EDITIONS BABEL

L'auteur quitte sa chère Afrique pour rejoindre la Chine, un voyage au cœur de la mondialisation galopante.
Joris Lieve, *Éditions Babel.*

GHOST MONEY

Nouvelles technologies, secret bancaire, terrorisme… et au milieu une jeune héritière dubaïote bien décidé à ne pas se laisser faire.
Thierry Smolderen et Dominique Bertail, *Éditions Dargaud.*

DUBAI SHOW

© EDITIONS AVRIL

Durant 20 ans, Philippe Robin a mitraillé Dubaï, il en a tiré un livre dont les magnifiques photographies vont au-delà des clichés.
Philippe Robin, *Éditions Avril.*

SOLEIL AMER DU DÉSERT OUBLIÉ

© EDITIONS PRESSES LITTÉRAIRES

Dubaï réfléchit à l'après-pétrole et étudie les possibilités offertes par l'Intelligence Artificielle. Clara, neurologue française, est embauchée pour creuser la question.
Gérald Müller, *Éditions Presses littéraires.*

LES MEILLEURES INTENTIONS DU MONDE

En croisière sur le détroit d'Ormuz, les passagers vont assister à une catastrophe qui va durablement marquer le paysage, et leur destinée.
Gabriel Malika, *Éditions Intervalles.*

LE STADE DUBAÏ DU CAPITALISME

© EDITIONS LES PRAIRIES ORDINAIRES

Anthropologue urbain et intellectuel, l'auteur se penche sur un pays dont les façades rutilantes cachent parfois une misère sordide.
Mike Davis, *Éditions Les Prairies ordinaires.*

L'HOMME SANS MALADIE

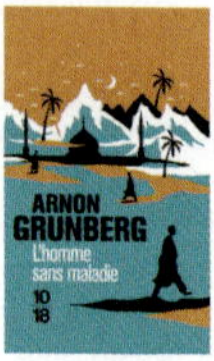

© EDITIONS 10/18

Un architecte zurichois d'origine indienne se rend à Dubaï pour y construire la Bibliothèque nationale, les autorités en place semblent prêtes à le tourmenter.
Arnon Grunberg, *Éditions 10-18.*

LE PRIVILÈGE OCCIDENTAL

Sociologue au CNRS, Amél Le Renard a interrogé une centaine de Dubaïotes, natifs ou expatriés, pour comprendre la hiérarchie insidieusement instaurée.
Amélie Le Renard, *Éditions Les Presses de Sciences Po.*

À L'ÉCRAN

Le jeune cinéma émirien a su trouver le chemin des écrans depuis plusieurs années. Parmi les producteurs locaux, quelques noms sont à retenir et tout laisse à penser qu'il faudra compter sur eux dans les années à venir et ils participent de plus en plus aux festivals. Dubaï a également souhaité l'installation de structures industrielles, à l'image du pôle Dubai Media City. Cette zone franche créée en 2000 est consacrée aux technologies de l'information et des médias. En plus de films produits par des Dubaïotes, il faut aussi mentionner les longs-métrages ayant pour décor la ville de Dubaï ou le désert. Car entre son architecture incroyable, son littoral et le désert aride, il y a de quoi susciter l'envie de tourner les scénarios les plus rocambolesques. Entre son économie, ses jeunes talents et sa situation géographique si particulière, comment ne pas imaginer Dubaï vouloir également s'imposer dans le 7e art dans un futur proche ?

Les producteurs locaux

On compte une dizaine de réalisateurs qui se démarquent à Dubaï. À commencer par Nayla Al Khaja, productrice de documentaires, publicités et vidéos commerciales. Elle a surtout tourné deux documentaires salués par la critique et qui témoignent de la volonté de se tourner vers des productions engagées : *Malal* (2010) sur les mariages arrangés, ou *Arabana* (2007) sur la maltraitance des enfants. À savoir qu'elle est également la fondatrice de la société de production D-Seven Motion Pictures. Autre réalisateur à suivre, le Britanno-Émirien Ali Mostafa, qui, à travers ses longs-métrages, a pour sa part cherché à faire évoluer les stéréotypes sur son pays. Très populaire, il a notamment réalisé *City of Light* en 2009, portrait de la vie multiculturelle de Dubaï, et *From A to B* en 2016. Saeed Salmeen Al Murry, qui a signé *Bint Mariam* et *Sundress*, a lui eu l'honneur de voir son film *Fan de Amoora* nominé dans plus de six festivals internationaux. L'histoire du film est celle d'un jeune Émirien, fan de football, et de son parcours pour devenir joueur professionnel. Le film *Zinzana* (*La cellule*) de Majid al Ansari est le premier film émirien à avoir été proposé sur la plateforme Netflix en 2016. Il raconte l'aventure d'un homme emprisonné dans un petit commissariat et qui devient la proie d'un dangereux psychopathe le forçant à entrer dans un jeu de manipulation psychologique. Enfin, le jeune réalisateur émirien Abdulla Al Kaab, originaire de Fujairah, est un autre nom à suivre. Désormais installé à Paris, il est notamment connu pour avoir tourné un court-métrage, *The Philosopher* (2010) avec l'acteur français Jean Reno.

Dubaï comme décor de cinéma

Réalisé en 2005, le film *Syriana*, de Stephan Gaghan, a vu ses principales scènes de désert tournées autour de Dubaï. Les stars américaines Matt Damon et George Clooney font partie de ceux qui ont foulé le sable des dunes à l'occasion du tournage.

Dubaï, c'est aussi ses incroyables buildings, d'une hauteur phénoménale ou à l'architecture futuriste, à l'image du Burj Khalifa (p.98). C'est cette dernière qui a vu Tom Cruise en personne s'y suspendre à l'occasion du tournage de *Mission Impossible : Protocole Fantôme*, en 2011. Le quatrième épisode de la saga est en outre le film au plus important budget à avoir été tourné dans la ville.

Des expériences cinématographiques originales

Dubaï cherche également à offrir des expériences cinéma exceptionnelles aux spectateurs. Ainsi, L'Urban Outdoor Cinema du Habtoor Grand Resort propose aux locaux et aux visiteurs de s'installer en extérieur sur une chaise longue ou dans un fauteuil, avec pour arrière-plan, les hautes tours de la ville. Et, fidèle à sa réputation de cité luxueuse, Dubaï permet à ceux qui le souhaitent, et le peuvent, le visionnage d'un film avec un service très haut de gamme.

le cinéma d'art et d'essai au charme rétro

Cinema Akil est situé à Alserkal et propose un éventail de films sans censure venus du monde entier autour de sujets engagés, sociaux, mais aussi autour des minorités et du féminisme. Un partenariat avec l'Institut français, l'ambassade de Belgique et du Luxembourg permet une programmation riche. En 2020 durant l'été, une rétrospective autour du travail d'Agnès Varda eut un grand succès.

GASTRONOMIE

Carrefour entre le golfe Persique et la mer d'Arabie, Dubaï a depuis longtemps été une plaque tournante du commerce de perle, attirant ainsi des marchands du monde entier et notamment d'Inde et du Moyen-Orient apportant avec eux de multiples traditions culinaires qui, en se mêlant au savoir-faire local, ont façonné la cuisine de l'émirat. Une tendance qui n'a fait que se renforcer dans cette ville cosmopolite et vibrante où l'on retrouve aussi bien des restaurants indiens et libanais que des établissements proposant de la cuisine thaïe, française, chinoise, japonaise ou italienne dans un cadre international. L'agneau, le poulet et les produits de la mer sont généralement préparés avec une foule d'épices et de fruits secs alors que le riz sert de base à de nombreuses recettes traditionnelles. Les desserts font un usage généreux de sirop de datte, de cardamome et d'eau de rose, à déguster absolument avec un café arabe bien infusé.

Produits et habitudes alimentaires

Le dattier est de loin la plante la plus adaptée au climat brûlant de la région. On dénombre d'ailleurs pas moins de 120 variétés de dattes. S'y ajoutent concombre, courge, oignon, citron, grenade, melon et quelques variétés de céréales résistant à la chaleur intense. Malgré la modernisation de l'agriculture et la désalinisation de l'eau permettant quelques cultures irriguées le long des zones côtières et des oasis, une immense majorité des denrées alimentaires est importée.

La chèvre, le mouton, la volaille (autrefois les oiseaux sauvages, aujourd'hui le poulet), les poissons et les fruits de mer étaient initialement les sources de protéines les plus communes. Grâce au commerce perlier d'ampleur régionale, les échanges terre-mer étaient nombreux. Séchée et compactée, la chair des poissons était livrée loin dans l'intérieur des oasis. On ne touche pas ou peu au dromadaire qui offre le lait, les poils à tisser, les déjections combustibles et surtout un moyen de transport. On retrouve rarement du dromadaire entier rôti, en méchoui. Le café, rite essentiel, venait de la Corne de l'Afrique ou du Yémen.

Les fermes verticales sont en immense développement aux Emirats et un ministère de la Sécurité alimentaire vise à diminuer de façon très significative cette dépendance. De nombreux hôtels n'importent plus ni les salades ni les légumes et dans tous les supermarchés on peut trouver des légumes des Emirats. Une ferme de saumons norvégiens et beaucoup de piscicultures sont en développement aux Emirats. La viande de dromadaire est utilisée dans les burgers, pour les mariages et se retrouve de plus en plus sur les cartes des hôtels et restaurants. On retrouve aussi les glaces au lait de chamelle, en plein essor.

Même si les tables de salle à manger ont remplacé les nattes en palmier tressé, les Emiriens aiment renouer avec la tradition et partager avec leurs invités, dès qu'ils le peuvent, un plat traditionnel, assis par terre sur des tapis et des coussins. On mange avec sa main droite, même si pour le poisson on conçoit parfaitement que les deux mains soient utilisées. On commence le repas en disant les mots *Bism Illah* (« *Je commence par le nom de Dieu* ») et on le conclut avec les paroles *Al Hamdu Lillah* (« *Louange est à Allah* »).

En effet, l'Islam tient une place centrale dans le quotidien des Dubaïotes. Le Coran est très strict en ce qui concerne l'alimentation autorisée aux musulmans. De nombreuses denrées sont ainsi considérées comme « *haram* », c'est-à-dire impropres à la consommation. On pense notamment au porc et à l'alcool, bien que l'on puisse trouver ces deux produits dans des magasins spécialisés pour les non-musulmans. Par ailleurs, toutes les viandes consommées par les locaux doivent être « *halal* », c'est-à-dire autorisées par l'islam et préparées d'une façon bien précise, l'animal étant notamment tourné vers La Mecque lorsqu'on le saigne.

Le Ramadan ou « *jeûne* » est le quatrième pilier de l'islam. Fixé au neuvième mois du calendrier lunaire islamique, il dépend donc des cycles de la lune, ainsi sa date change chaque année. Durant le mois du Ramadan, tout musulman en bonne santé est supposé jeûner du lever au coucher du soleil. Il doit également s'abstenir de boire, d'inhaler des substances (parfums), d'absorber des médicaments ou nutriments oraux non essentiels et d'avoir des relations sexuelles. Seuls les femmes enceintes, les malades ainsi que les personnes âgées ne sont pas tenus d'observer le jeûne. Toutefois, cette politique est beaucoup plus souple concernant les touristes et les non-musulmans et il est possible de se restaurer sans problème durant la journée notamment dans les grands établissements internationaux.

Des influences variées

Grâce à sa position commerciale stratégique, Dubaï a longtemps été une ville marchande importante dans la région. Un statut qui s'est d'autant plus renforcé avec le boom pétrolier qu'ont connu les Émirats arabes unis dès les années 1970. Les nombreux marchands et travailleurs venant du Moyen-Orient et d'Asie du Sud ont apporté des recettes et des produits qui ont enrichi la cuisine du pays, initialement assez pauvre, du fait de son climat peu propice à l'agriculture.

La cuisine indienne est la première cuisine internationale à être arrivée aux Émirats pour des raisons historiques. En plus des marchands indiens venant commercer il y a plusieurs siècles, les travailleurs modernes venant aussi bien d'Inde que du Pakistan et du Bangladesh ont initié les Dubaïotes aux saveurs d'Asie du Sud. Biryanis, tandooris et currys sont devenus des plats locaux à part entière dans l'émirat. La cuisine libanaise est au moins tout aussi populaire. Présente dans tous les quartiers de la ville, elle convient à toutes les bourses. Sa version sur le pouce est le shawarma, un pain pita rempli de viande grillée à la broche et/ou de légumes relevés de sauce. On savourera aussi des falafels, des boulettes de pâte de pois chiches ou de fèves. On peut également s'attabler autour d'un plat de mezze, ces fameuses tapas arabes composées d'une multitude d'entrées chaudes ou froides servies en petites portions à grignoter. On y trouve de nombreuses tartinades comme le houmous à base de pois chiches, le *baba ganoush* (une sorte de caviar d'aubergine appelé moutabal s'il contient du yaourt) ou encore le taboulé libanais généreusement garni de persil et de menthe. En plat de résistance on commandera généralement un *mixed grill* avec du kebab (pièces de viande ou poisson grillées à la broche) ou des keftas (brochettes d'agneau haché, grillées et épicées).

Autre cuisine orientale très représentée à Dubaï, la gastronomie iranienne mélange des saveurs venant à la fois du Monde arabe et de l'Inde. Le riz en est un élément incontournable, servi avec du poulet, de l'agneau, des légumes et des fruits secs divers. Le safran est l'épice la plus commune. Le tahdig, un riz croustillant est un must. Le terme *khoresh* désigne en persan différents types de ragoûts aussi bien parfumés avec aubergines, des pruneaux que du jus de grenade. Ne pas manquer non plus les kebabs, finement épicés.

Les classiques de la cuisine émiratie

En raison de son cosmopolitisme, Dubaï est à même de proposer au visiteur tous les types de cuisines. Néanmoins, la cuisine des Émirats arabes unis possède de nombreuses spécialités délicieuses qu'il ne faudrait pas manquer de découvrir.

Au petit déjeuner, on accommode une sorte de crêpe avec des œufs ou du sirop de dates appelé *bidis*. La *khamir* est une crêpe gonflée aux graines de nigelle, alors que la *chibab* se présente sous la forme d'une crêpe spongieuse parfumée à la cardamome façon pancake. La *rigag* ressemblerait plus à une fine crêpe de froment. Le déjeuner est le repas principal de la journée, servi entre 13h et 14h. On sert généralement de la viande ou du poisson avec du riz. Le dîner est normalement un repas plus léger.

Lors des grandes célébrations, on cuisine le *ghuzi* également connu sous le nom de shuwaa, un agneau entier, que l'on aura farci au préalable avec des noix, des amandes, des raisins secs et des épices présentés sur un lit de riz.

© ZURIJETA - SHUTTERSTOCK.COM

Repas typique dubaïote.

© MUMTAZ PHOTOGRAPHY - SHUTTERSTOCK.COM

Les petits beignets ronds appelés lukeimat.

L'agneau est généralement cuit à l'étouffée pendant des heures, lui donnant une tendreté incomparable. En plus de l'agneau entier, on retrouve d'autres plats comme le *majboos* ou *kebsa*, à base de poulet ou d'agneau cuit à l'étouffé avec du riz, des oignons, de la tomate et une foule d'épices. Sinon on peut aussi déguster le *saloona*, un pot-au-feu très aromatique qui mélange poulet, agneau ou poisson avec des légumes, des tomates et des épices. Assez proche, le *fareed* est un ragoût d'agneau et de pomme de terre longuement mijotés. Plus rustique, le *harees* est une sorte de bouillie obtenue par la cuisson très lente de viande mélangée avec de la semoule de blé jusqu'à ce qu'elle devienne une pâte nourrissante que l'on sert communément pour l'Aid ou le Ramadan. Bien que d'origine indienne, le *biryani* fait partie intégrante de la cuisine dubaïote. C'est une recette de riz parfumé garni d'agneau et/ou de poulet, agrémenté de fruits secs, d'amandes et de pistaches.

Desserts et boissons

Les douceurs que l'on retrouve aux Émirats arabes unis sont proches de ce qui se fait dans le reste du Moyen-Orient avec une touche indienne indéniable. Ainsi on peut savourer les très populaires *luqaimat*, des petits beignets ronds imbibés de sirop de datte tiède et de miel, qui ne sont pas sans rappeler les *gulab jamun* indiens. Autre classique – originaire d'Égypte, mais très apprécié à Dubaï – le *umm ali* est pudding de pain perdu avec de la noix de coco et des raisins secs. Le *balaleet* est un entremets assez surprenant, car il se présente sous la forme d'une omelette garnie de vermicelles sucrés et parfumés de cannelle et d'eau de rose. Le *batheetha* lui se compose de semoule cuite parsemée de dattes confites et de sirop. Assez proche, la *khabees* est une purée de semoule cuite avec de l'eau, du sucre, du safran, de la cardamome et de l'eau de rose, souvent servie pendant l'Aid. Enfin, le *mehalabiya*, flan à l'eau de rose et aux pistaches, est connu sous le nom de *mouhallabié* au Liban d'où il est originaire.

Ces douceurs sont parfois accompagnées d'un café arabe. C'est la boisson nationale, celle qui tient une place significative et de choix dans la culture traditionnelle. Toujours aromatisé d'un soupçon d'épices (généralement de la cannelle ou de la cardamome), le café arabe est servi noir et sans sucre, accompagné de quelques dattes pour en réduire l'amertume. C'est la boisson que les Émiratis proposent systématiquement à leurs hôtes, en signe de respect et de bienvenue, et cette offre s'accompagne toujours d'un rituel qu'il convient de respecter. Généralement, il convient d'en boire trois – petites – tasses. Le thé, comme le café, occupe une place importante dans la culture arabe. Il est donc également consommé et proposé très régulièrement à Dubaï. On y savoure notamment le chai karak, du thé noir agrémenté de lait, de cardamome et de safran.

Bien que normalement interdite aux musulmans, la consommation d'alcool jouit d'une certaine souplesse à Dubaï, notamment dans les bars et restaurants d'hôtels internationaux. Sinon désaltérez-vous avec de savoureux jus de fruits. Pour une touche libanaise, cherchez au rayon frais le Lime&Mint de la marque dubaïote *Barakat*, un divin mélange de citron et de menthe comme on le prépare à Beyrouth. Nous vous invitons à découvrir encore les shooters *Zadina* de pur jus de datte.

SE REPÉRER / SE DÉPLACER

Les artères tentaculaires de Dubaï peuvent effrayer. L'étendue de la ville aussi avec ses 50 km le long du littoral et 18 km entre la mer et le désert. Pourtant on peut dompter la ville et se repérer plus facilement qu'il n'en paraît. Il faut s'imaginer un rectangle partagé en son milieu par la fameuse Sheikh Zayed Road. A l'est le désert, à l'ouest le littoral. En partant de l'aéroport, on traverse les quartiers historiques, puis Downtown et la Burj Khalifa. Côté mer, c'est le littoral avec les quartiers de Jumeirah et Umm Suqueim. A l'est, on passe alors devant le quartier industriel d'Al Quoz avant d'atteindre Al Barsha. A l'ouest on devine la célèbre silhouette du Burj Al Arab. Du même côté se détachent les gratte-ciel de la Marina tout près de la Palm. Dubaï c'est aussi un excellent service de métro, bus, tramway, monorail, bateaux et des taxis qui rendent les déplacements dans Dubaï relativement aisés et bon marché.

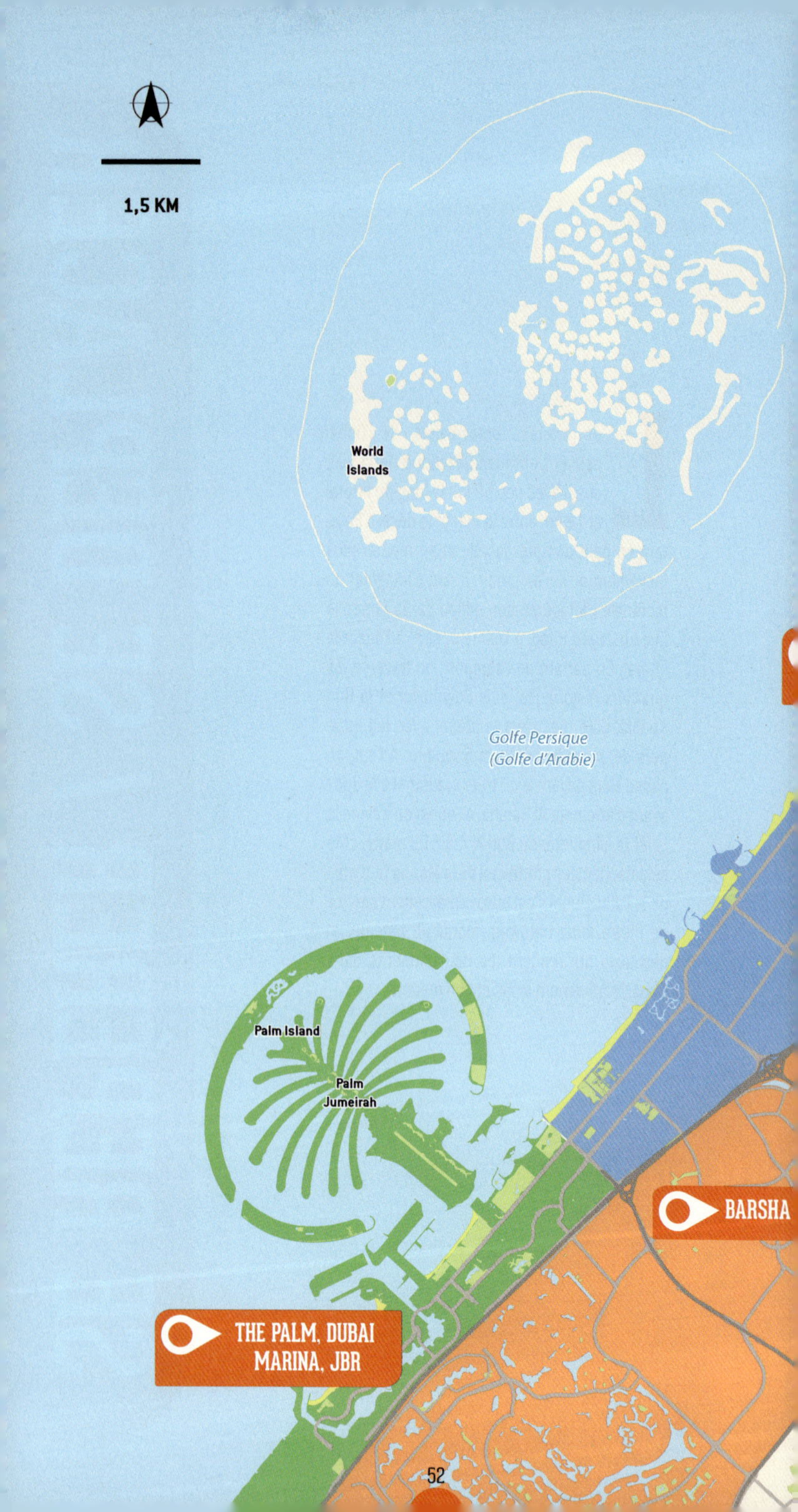
1,5 KM
World Islands
Golfe Persique
(Golfe d'Arabie)
Palm Island
Palm Jumeirah
BARSHA
THE PALM, DUBAI MARINA, JBR

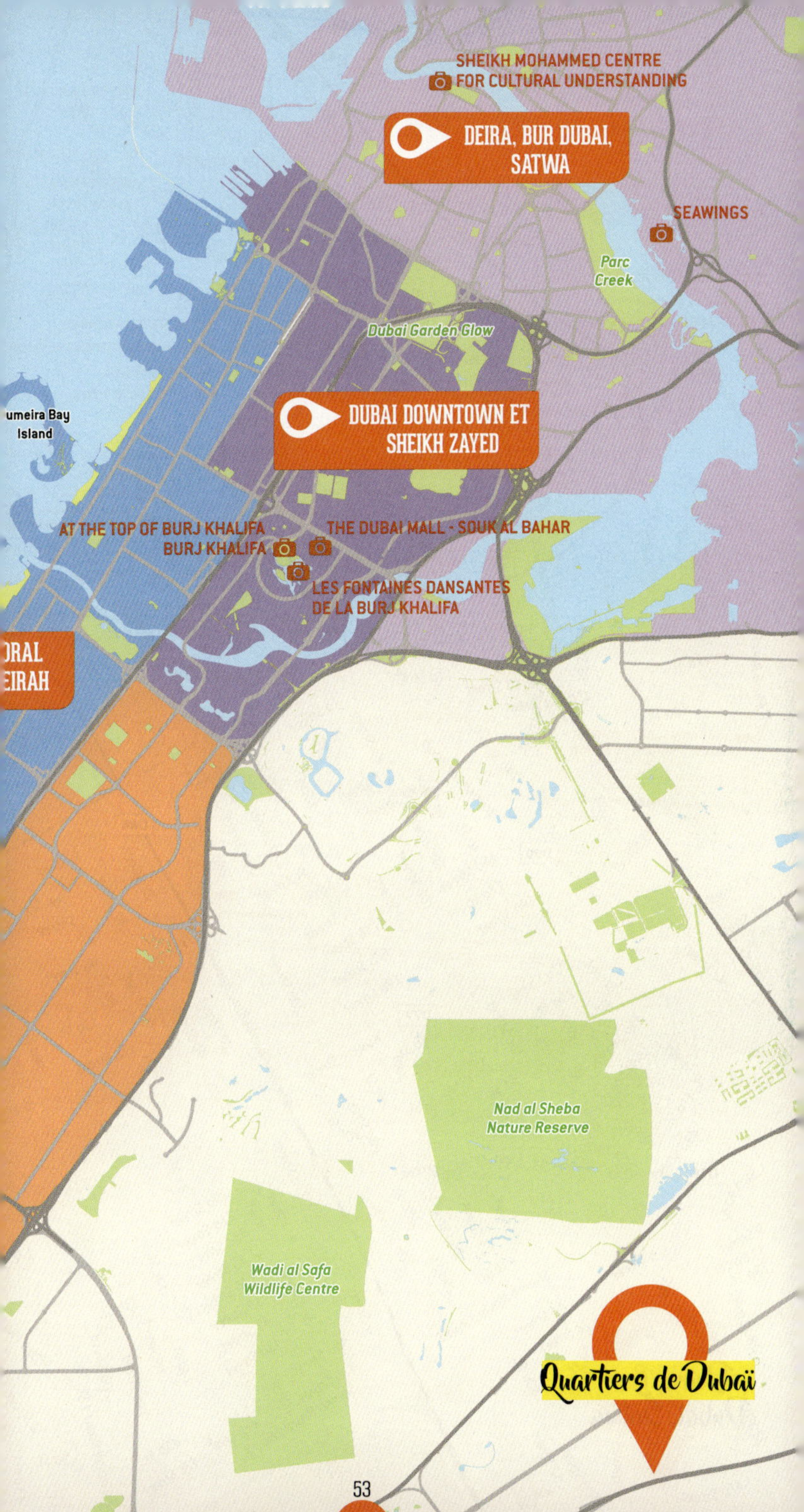
SHEIKH MOHAMMED CENTRE FOR CULTURAL UNDERSTANDING
DEIRA, BUR DUBAI, SATWA
SEAWINGS
Parc Creek
Dubai Garden Glow
DUBAI DOWNTOWN ET SHEIKH ZAYED
umeira Bay Island
AT THE TOP OF BURJ KHALIFA
BURJ KHALIFA
THE DUBAI MALL - SOUK AL BAHAR
LES FONTAINES DANSANTES DE LA BURJ KHALIFA
ORAL
EIRAH
Nad al Sheba Nature Reserve
Wadi al Safa Wildlife Centre
Quartiers de Dubaï

MUSEE DU PARFUM
QUARTIER HISTORIQUE DE SHINDAGHA
MUSÉE AL SHINDAGHA
MAISON CHEIKH SAEED AL MAKTOUM
Port Rashid
D92
D85
Al Khaleej Rd.
10 St.
8 Street
Al Khor Street
12 Street
Al Sabkha Road
16 Street
19 Street
30c St.
NAIF FORT & MUSEUM
MUSEE DE LA FEMME
40 St.
Naif Road
32a St.
DELHI DARBAR
6a Street
SOUK AL NAIF
107 Road
109 Street
ANAS CAFETERIA
Al Borj Street
21 Street
12 St.
38a St.
AHMEDIA HERITAGE GUESTHOUSE
18c Street
18 St.
Baniyas Metro
14 Street
BARJEEL HERITAGE GUESTHOUSE
BARJEEL AL-ARAB
MUSÉE DU POÈTE AL OQAILI
MUSEE DE LA VILLE
Baniyas Road
18 Street
MUSÉE SARUQ AL-HADID
SPICE & GOLD SOUK
SOUK DES EPICES & DU PARFUM
MUSÉE DE LA MONNAIE
FORT AL-FAHIDI
QUARTIER HISTORIQUE AL-FAHIDI
Al Khaleej Road
BAYT AL WAKEEL
XVA ART HOTEL
MAKE ART CAFE
51 Road
HAMAD KHALFAN
XVA CAFE
ORIENT GUEST HOUSE
BLUE BARJEEL
CHUK PALU RUGS SHOW ROOM
Al Hamriya Cemetery
MAISON DE LA CALLIGRAPHIE
MAZMI CAFÉ
AL SEE
MAZMI CASA
ARABIAN TEA HOUSE
ARABIAN COURTYARD
MAISONS N°19 ET N°20
SHEIKH MOHAMMED CE
CULTURAL UNDERSTAN
Al Ghubaiba Road
12 Street
16 Street
21a Street
Al Raffa St.
Al Nahdha Street
30 Street
VASHU
25c St.
27e St.
Al Mussallah Road
4a St.
MUSÉE DU CAFÉ
33c St.
12a St.
9 Street
12b St.
KAVA &
MUSEE DES ILL
AL USTAD SPECIAL KEBAB
2c St.
6 Street
13a Street
16 Street
18a St.
3 Street
7a St.
10a St.
3c Street
18 Street
26 Street
7e St.
9b Street
11a St.
11d Street
Al Mina Road
13 Street
ANTIQUE BAZAAR
20 Street
2 Street
Al Rolla Street
17a St.
17b Street
OMAN AIR
1a Street
FOUR POINTS SHERATON
BATEAUX D
THE CANVAS HOTEL DUBAI M GALLERY HOTEL COLLECTION
24b Street
3a St.
8a Street
Mankhool Road
1b Street
6 Street
Al Rafaa Cemetery
7 Street
16a Street
18 Street
3b St.
4a Street
9a Street
Al Refaa Cemetery
D88
25 Street
4b St.
8b Street
D90
22a Street
26a Street
28a Street
1 Street
15a Street
10b Street
11b Street
9c Street
2a Street
29 Street
17a Street
12a Street
13c Street
BURJUMAN ARJAAN BY ROTANA
4a Street
8a Street
5 Street
31 Street
19a Street
15b Street
11 Street
20c St.
24c Street
17b Street
Sheikh Khalifa Bin Zayed Road
9a Street
2a Street
23a Street
19b Street
28b Street
8b St.
6a Street
BETAWI CAFÉ
25a St.
D77
13b St.
35a Street
10c Street
23b Street
Kuwait Street
2b Street
4b Street
9 Street
8c Street
17a Street
18a Street
2b Street
37a Street
27 Street
26c St.
21 St.
31 St.
20a Street
41a St.
Al Mankhool Park
29 St.
MALABAR PARIS
28c Street
30a St.
AL REEF LEBAN
43a Street
10d St.
12c Street
27a Street
1 St.
D75
33 Street
35b Street
14a St.
29a Street
8 c St.
9 Street
20 Street
24 Street
26d Street
28d St.
30b Street
4c Street
6b St.
31a Street
11 Street
33a Street
27c S
13a St.
43b St.
28a St.
35 Street
14c St.
3 Street
38a
37b Street
18a Street
Sheikh Rashid Road
6c Street
39 Street
33b St.
2c Street
44 Street
41 Street
7c Street
46 St.
43a Street
16 Street
Umm Hur
45a Street
14d St.
20b Street
50a St.
10e St.
18b Street
47a Street
Sheikh Rashid Road
2 Street
22 St.
47b Street
45b St.
Za'abeel Road 1 St.
52 Street
13a St.
Street
50b Street
47c Street
4 Street
31b Street
29c St.
Za'abeel Park
Deira, Bur Dubai, Satwa

CORAL DEIRA HOTEL
QWAIDER AL NABULSI
IBIS AL RIGGA
AL SAMADI
JOOD PALACE HOTEL DUBAI
AL SAFADI
MIRAN ERBIL IRAQI
HILTON DUBAI CREEK
AL BANDAR ROTANA & AL BANDAR ARJAAN
GUSTO
MARRIOTT EXECUTIVE APARTMENTS DUBAI CREEK
DOCKS À BOUTRES
CANOPY BY HILTON DUBAI AL SEEF
FLY DUBAI
AIR FRANCE-KLM
ROVE CITY CENTER
Deira City Centre
GULF AIR
IBIS DEIRA CITY CENTER
NOVOTEL DEIRA CITY CENTER
COPTHORNE HOTEL
MIZMAH EMIRATI RESTAURANT
PULLMAN DUBAI CREEK CITY CENTRE
PULLMAN DUBAI CREEK CITY CENTRE RESIDENCES
SHISHA LOUNGE
THE THAI KITCHEN
PARK HYATT
NOÉPE
DUBAI CREEK GOLF AND YACHT CLUB
DUBAI CREEK GOLF & YACHT CLUB
CIELO SKY LOUNGE
Hor Alanz Park
Rigga Al Buteen Park
Creek Park
Quays 2 & 3
Quays 4 & 5
Quays 6 & 7
Salahuddin Road
Al Maktoum Road
Al Maktoum Bridge
Al Ittihad Street
Baniyas Street
Abu Baker Al Siddique Road
Oud Metha Road
Al Riyadh Street
Dubai Creek Club Street
Al Muteena Street
D80
D88
D78
D85
D74
D81
D79
300 M

Le littoral de Jumeirah (Nord)
500 M
Arabian Gulf
KEY WEST BAR & GRILL
NIKKI BEACH DUBAI
NIKKI BEACH RESORT & SPA DUBAI
MOSQUÉE JUMEIRAH
MERCURY LOUNGE
SAUCE
CLUB BOUDOIR DUBAI
DUBAI MARINE BEACH RESORT & SPA
SHO CHO
SIKKA CAFE
APRONS AND HAMMERS
THE LIME TREE CAFE
SENSASIA
STARBUCKS RESERVE
MER
THE DUCHESS
COMPTOIR 102
WATERSPORTS BY FIRST YACHT
ROVE LA MER BEACH HOTEL
MERCATO
TASCA PAR JOSE AVILLEZ
MANDARIN ORIENTAL
GREEN PLANET
VILLE
JUMEIRAH
LOOKUP
WALNUT GROVE
FARZI CAFÉ
SUGAR FACTORY
NICO ROMITO
Jumeira Bay Island
BVLGARI RESORT AND RESIDENCES DUBAI
SEVEN YACHTS
THE BULGARI YACHT CLUB
3 FILS
ART HOUSE DUBAI
BOX PARK
FOUR SEASONS JUMEIRAH
COYA
NUSR-ET
VERDE
NAMMOS
AL FAMALAMANKI
SITE ARCHÉOLOGIQUE DE JUMEIRAH
D90
D94
D92
Al Hudaiba Street
Al Hudaiba St.
Al Wasl Road
Al Satwa Road
Jumeirah Street
Jumeira Rd.
Al Urouba Road
Umm Ama

Le littoral de Jumeirah (Sud)
500 M
Arabian Gulf
Al Safa Park
THE BAY
BEACHCOMBERS
SHIMMERS
JUMEIRAH BEACH HOTEL
UPTOWN BAR
MAJLIS GHORFAT UM AL SHEIF
DUBAI OFFSHORE SAILING CLUB
AL FAROOQ OMAR BIN AL KHATTAB MOSQUE
AFRICAN EASTERN
SEAVIEW RESTAURANT
MIRAJ ISLAMIC CENTER
MADO
SALT
KITE BEACH
DUBAI KITEFLY CLUB
OLA
AL JALBOOT
NEMO WATER SPORTS
BU QTAIR
BURJ AL ARAB
SKY VIEW BAR
AL MAHARA
DUBAI TURTLE
ABILITATION PROJECT
EIRAH AL NASEEM
RI BAR
EIRAH MINA A'SALAM
NG HE'S
THE MEAT AND CO
PUBLIQUE
BELGIAN BEER CAFÉ
TRADER VIC'S
PIERCHIC
PAI THAI
VILLA BEACH
WILD WADI
BLACK TAP
SOUK MADINAT JUMEIRAH
AL MAKAN RESTAURANT
I LOVE DUBAI
JUMEIRAH AL QASR
JUMEIRAH DAR AL MASYAF ET MALAKIYA VILLAS
Al Athar Road
Al Wasl Br.
Al Wasl Road
Jumeriah Street
Al Manara Street
Al Thanyah Street
Sheikh Zayed Road
Latifa Bint Hamdan Street
Umm Suqeim Road
Al Sabt Street
Al Darmeet Street
Al Suffaar Street
D92
D65
E11

SOFITEL THE PALM
PORTERHOUSE STEAKS & GRILLS
SEAYOU
DOLPHIN BAY & SEA LION POINT
AQUAVENTURE WATERPARK
THE LOST CHAMBERS AQUARIUM
BREAD STREET KITCHEN & BAR
Palm Island
NOBU
OSSIANO
W DUBAI THE PALM
Palm Jumeira Road
Palm Jumeira Road
Al Khanezi
Frond g Street
Frond f Street
Frond E Street
RUE ROYALE
Frond I Street
Palm Jumeira Road
ANANTARA THE PALM DUBAI RESORT
ATLANTIS THE PALM
MEKONG
BUSHMAN'S
Frond j Street
STAY BY YANNICK ALLENO
Palm Jumeirah
Frond k Street
Frond l Street
Frond m Street
Frond o Street
Frond p Street
ZEST
ONE&ONLY THE PALM
TORNO SUBITO
101 DINING & L
JUMEIRAH ZABEEL SARAY
Palm Jumeira Road

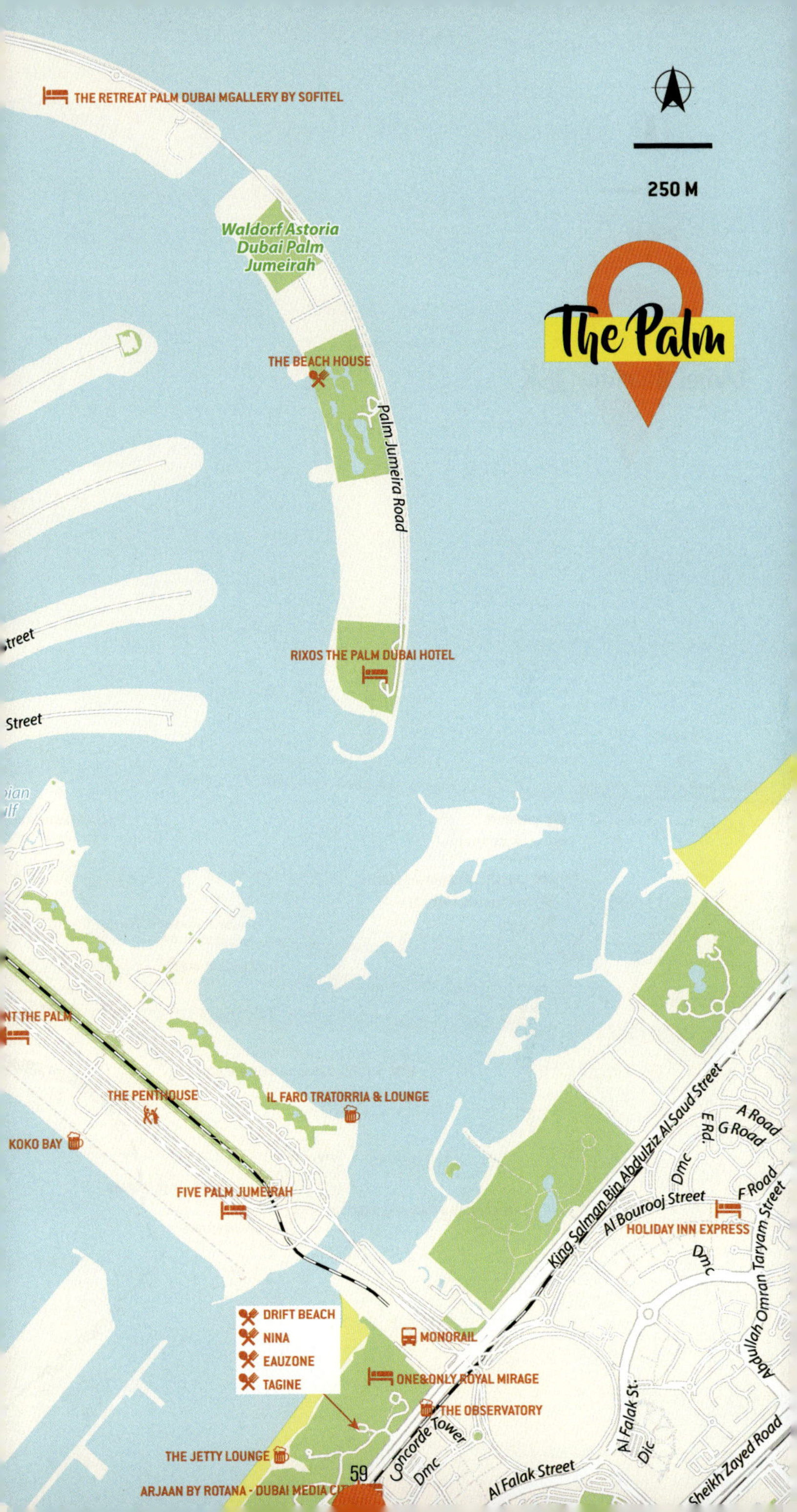
The Palm
250 M
THE RETREAT PALM DUBAI MGALLERY BY SOFITEL
Waldorf Astoria Dubai Palm Jumeirah
THE BEACH HOUSE
Palm Jumeira Road
RIXOS THE PALM DUBAI HOTEL
Street
NT THE PALM
THE PENTHOUSE
IL FARO TRATORRIA & LOUNGE
KOKO BAY
FIVE PALM JUMEIRAH
DRIFT BEACH
NINA
EAUZONE
TAGINE
MONORAIL
ONE&ONLY ROYAL MIRAGE
THE OBSERVATORY
THE JETTY LOUNGE
ARJAAN BY ROTANA - DUBAI MEDIA CITY
King Salman Bin Abdulziz Al Saud Street
Al Bourooj Street
HOLIDAY INN EXPRESS
A Road
G Road
E Rd.
F Road
Dmc
Abdullah Omran Taryam Street
Concorde Tower
Al Falak St.
Al Falak Street
Dic
Sheikh Zayed Road

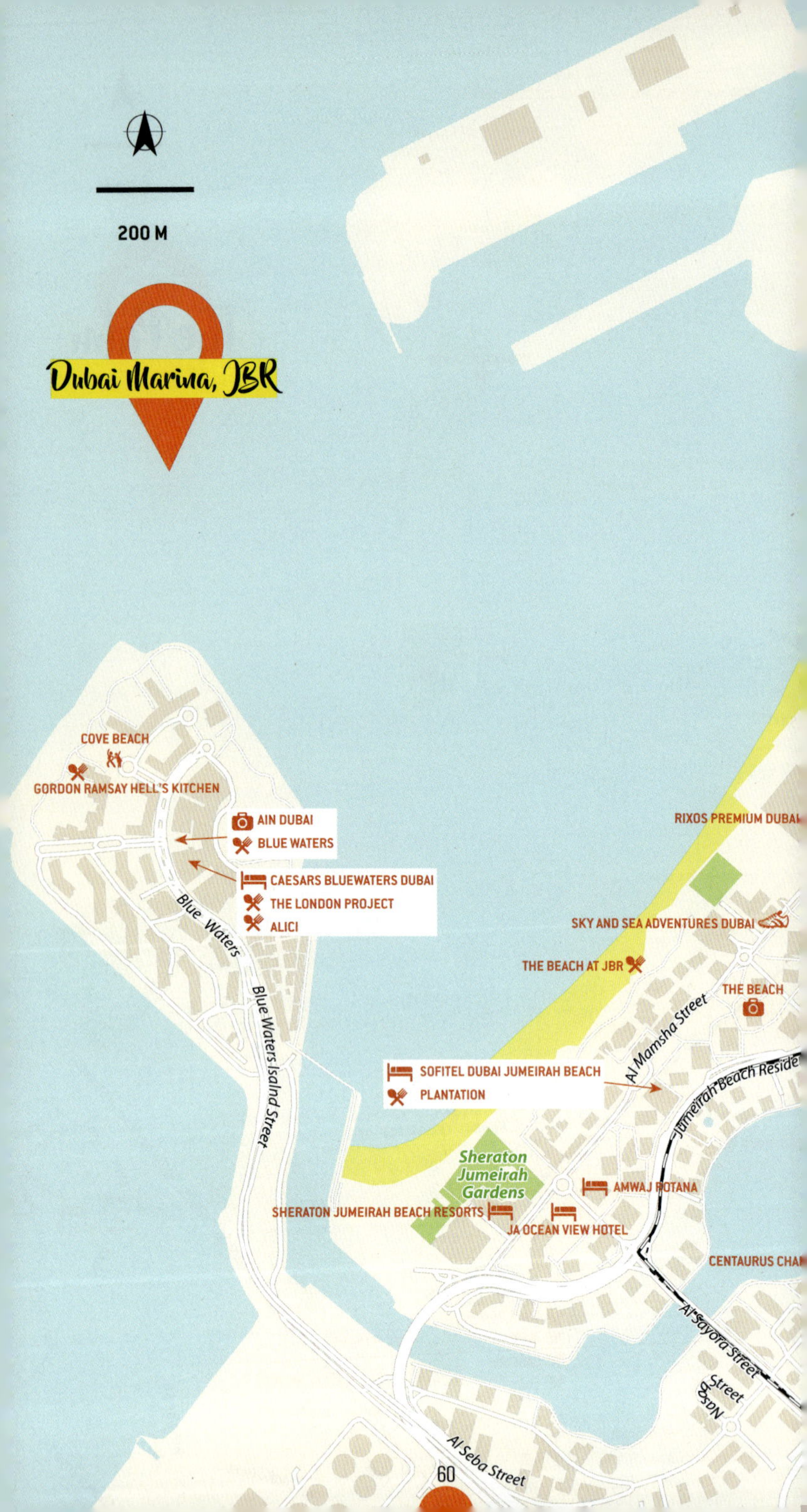

200 M
Dubai Marina, JBR
COVE BEACH
GORDON RAMSAY HELL'S KITCHEN
AIN DUBAI
BLUE WATERS
CAESARS BLUEWATERS DUBAI
THE LONDON PROJECT
ALICI
Blue Waters
Blue Waters Isalnd Street
RIXOS PREMIUM DUBAI
SKY AND SEA ADVENTURES DUBAI
THE BEACH AT JBR
THE BEACH
Al Mamsha Street
SOFITEL DUBAI JUMEIRAH BEACH
PLANTATION
Jumeirah Beach Reside
Sheraton Jumeirah Gardens
AMWAJ ROTANA
SHERATON JUMEIRAH BEACH RESORTS
JA OCEAN VIEW HOTEL
CENTAURUS CHA
Al Sayora Street
Nasaq Street
Al Seba Street

Arabian Gulf
DUBAI THE PALM
BUSSOLA
WESTIN MINA SEYAHI
BARASTI
EL SUR
DUBAI MEDIA CITY AMPHITHEATRE
Dmc Lake
Dmc
Cnn
MERIDIEN MINA SEYAHI BEACH RESORT & MARINA
Al Seyahi Street
Al Seyahi St.
Al Nujoom Street
Al Naseem Street
Al Falak Street
A'thra' St.
Al Sharta Street
MEDIA ONE HOTEL
1a St.
Al Jowzaa' St.
ERO GRAVITY
PARC CALISTHENIC
Al Khayay Street
Ghiaadha St.
Al Khayay St.
HABTOOR GRAND RESORT AUTOGRAPH COLLECTION
SIDDHARTA LOUNGE BY BUDDHA-BAR
THE YELLOW BOATS
Mesk
GROSVENOR HOUSE
TORO TORO
BUDDHA BAR
BAR 44
Al Haif Street
ROYAL MERIDIEN
Al Falea' street
SAROUJA
HE RITZ CARLTON JBR
Elemreef Street
Al Tarres Street
Dubai Marina
Al Suwayeb Street
Al Marsa Street
Braih Street
M
BISTRO DES ARTS
XLINE
Cluster
Jumeirah Lake
Cluster
E11
Al Sarayat Street
Jumeirah Lakes Towers
MAMA ZONIA
XCLUSIVE CRUISE
ASIA ASIA
9 Street
11 Street
10 Street
13 Street
12 Street
D86
6 Street
7 Street
4b Street
Cluster E
Al Sahel Street
2 Street
First Al Khail Street
8 St.
9 Street
1 Street
11 Street
3 Street
15 Street
VIETNAMESE FOODIES
Al Thanyah 4 Park
12 Street
16 Street
Jumeirah Lakes Towers
Cluster I

Arabian Gulf
D94
D92
D90
E11
D86
Al Bada'a Park
Al Wasl Park
Satwa Park
Al Khazzan Park
Burj Park
Jumeriah Street
Al Wasl Road
Al Satwa Road
Al Safa Street
Sheikh Zayed Road
Al Mustaqbal Street
Al Raya St.
Al Badaa St.
308 Road
Al I'mlat Street
Doha St.
Financial C
Happiness St
Bvd. Wlk. 2
Al Khaleej Al Tejari 1 St.
Al A'amal Street
Al Abraj Street
Al Alam Street
Burj Khalifa Street
Happiness Street
LEVEL 43 ROOFTOP LOUNGE & BAR
ZARO
AVIS
THE RITZ-CA
COCA-COLA ARENA DUBAI
SHANGRI-LA
ZAATAR W ZEIT
PETITE MAISON
GAIA
DIFC
SHAKESPEARE AND CO
CÉ LA VIE SKY BAR
THE ADDRESS BOULEVARD
SOFITEL DUBAI DOWNTOWN
INKA
LIBRAIRIE KINOKUNI
AT.MOSPHERE
ARMANI PRIVÉ
ARMANI AMAL
ARMANI DELI
AQUARIUM & UNDER
BURJ KHALIFA
FONTAINES D
DE LA BUR.
KOHANTEI
OPÉRA DE DUBAÏ
AL RIFAI
KORABA
SOUK AL BA
RESTAURA
VILLA ROTANA SUITES
BILLIONAIRE MANSION
RAMADA DOWNTOWN
FAI
THE PALACE DOWNTOWN
MANZIL DOWNTOWN
ARMANI HOTEL
VIDA HOTEL
VAULT
MEZCALERIA
MAGIC ARABIA
THE BACKYARD
1 OAK
PRIME 68 STEAKHOUSE
BABIOLE
PERLE BY DRAGONE
HABTOOR PALACE DUBAI
V HOTEL CURIO
COLLECTION BY HILTON
RENAISSANCE DOWNTOWN
SIX SENSES SPA
BLEU BLANC

Dubai Downtown et Sheikh Zayed
350 M
SWISS
DUBAI GARDEN GLOW
Za'abeel Park
13b St.
6 Street
14 Street
9b Street
ROVE DOWNTOWN DUBAI
Trade Bridge
10 Street
5 Street
312 Road
2nd Za'abeel Street
IBIS ONE CENTRAL
NOVOTEL WORLD TRADE CENTRE
5 Street
1 Street
7 Street
SEUM OF THE FUTURE
UMEIRAH EMIRATES TOWERS
AL NAFOORAH
CANTINE DU FAUBOURG
NINIVE
THE EMPTY QUARTER
TABARI ART SPACE
DIFC RESTAURANTS
MINA BRASSERIE
24a Street
D73
34 Street
Al Asayel Street
UR SEASONS DIFC
15 Street
17 Street
22a Street
21a Street
23 Street
16a St.
25 Street
26 Street
29b St.
33b St.
18 Street
22b Street
24b Street
37b St.
39a St.
37c Street
39b Street
43 Street
12 Street
D72
Al Asayel Street
Dubai Creek
ENTRECÔTE CAFE DE PARIS
KIDZANIA
WAFI GOURMET
OE'S CAFE
ATALY
ATEEL
TO
HE DUBAI MALL - SOUK AL BAHAR
L MAJILIS COFFEE SHOP
ETA RESTAURANT & LOUNGE
EOS
HE ADDRESS DOWNTOWN
ERRE BISTRO & BOULANGERIE
DDRESS DUBAI MALL
D79
Business Bay
BOUGUESSA
Bussines 3 Park
SEMAINE DU DESIGN DE DUBAI
PARAMOUNT HOTEL DUBAI
Marasi Drive Street
BASE
E44

Barsha et Al Qhoz
Waldorf Astoria Dubai Palm Jumeirah
Palm Jumeira Road
Al Hilali
Frond b St.
Al Fardh
Arabian Gulf
PALM JUMEIRAH
Palm Jumeira Road
King Salman Bin Abdulziz Al Saud Street
Al Rejeeb Street
Al Shoula St.
MALL OF THE
VIRGIN MEGA
SKI DUBAÏ
SALMONTINI
SALERO TAPAS & BODEGA
KEMPINSKI HOTEL
SUITE NOVOTEL MALL OF THE EMIRATES
IBIS MALL OF THE EM
GOLDEN TULIP
NOVOTEL DUBAI AL BARSHA
Esfri St.
Abdullah Omran Taryam Street
Hessa Street
Palma Spring
IBIS DUBAI AL BARSHA
Al Thowima Street
46 Street
48 Street
41 Street
50 St.
316 R
59 St.
19a St
21a Street
Al Na'ayat Street
A Rd.
D Rd.
Abdullah Omran Taryam Street
Al Bourooj St.
Dmc
ATANA HOTEL
MEDIA ROTANA
Hessa St.
316 Road
C4 Street
6b St.
31a St.
10b Street
27a Stre
12c Street
14b St.
16c Street
18c Stre
Al Fosool St.
AL DENTE
Al Rabee'a 1 St.
14b Road
D61
Abdullah Omran Taryam Street
Dic
Al Falak St.
Dic
Dmc
Dmc
Sheikh Zayed Rd.
Sheikh Zayed Road
1 Street
2 St.
7 St.
3 St.
4 Street
5 Street
6 St.
King Salman Bin Abdulziz Al Saud Street
Al Asad Street
EMIRATES GOLF CLUB
OMEGA DUBAI DESERT CLASSIC
CARINE
Jebel Ali Race Course
5 St.
2 Street
3 Street
Al Marsa Street
Al Sarayat Street
Al Naseem St.
REFORM SOCIAL & GRILL
Zulal
Hattan
D86
Jumeirah Lakes Towers
First Al Khail Street
9 Street
Al Tellal St.
Zaafaran St.
2 St.
Yasmeen 3 Street
Nisreen Street
Al Khamila Street
13 Street
10 St.
2 St.
3 St.
1 Street
Al Sohool Street
MONTGOMERIE GOLF CLUB
NINETEEN
Lailak 1 Street
Al Sahel Street
4b St.
8 St.
2 Street
6 St.
Al Tellal Street
Lailak 2 Street
Azhar St.
Corniche 2 Street
THE ADDRESS MONTGOMERIE

THE COURTYARD PLAYHOUSE
CASSETTE
CINEMA AKIL
SHOWCASE GALLERY
CHILL OUT ICE LOUNGE
NIGHTJAR
ALSERKAL AVENUE
THE THIRD LINE
GULF PHOTO PLUS
CARBON 12
LAWRIE SHABIBI
WILD & THE MOON
GREEN ART GALLERY
EL SEED STUDIO
GALERIE CUSTOT DUBAI
LEILA HELLER GALLERY
JEAN-PAUL NAJAR FOUNDATION
A4 SPACE & APPETITE CAFÉ
1X1 ART GALLERY
PROJECT CHAIWALA
ELMARSA
GREY NOISE
ROSELEAF CAFE
GOLD AND DIAMOND PARK
MILLENIUM PLACE BARSHA HEIGHTS
CAFE RIDER
MEEM GALLERY
GIGI CONCEPT STORE
Al Barsha Pond Park
Sheikh Zayed Road
Al Wasl Road
Al Thanyah Street
First Al Khail Street
Umm Suqeim Road
Al Seedaf1 Street
316 Road
329 Road
Al Asayel Street
Al Khail Road
Hessa Street
Dana Road
D63
E44
B10
500 M

DE L'AÉROPORT AU CENTRE-VILLE

Vous pourrez vous y rendre soit en métro soit en taxi. Quoi qu'il en soit les tarifs sont raisonnables.

- **Le Métro :** Ligne rouge Terminal 1 et 3. Vous pourrez vous procurer un titre de transport au guichet de la station de métro. Le métro est automatique, très propre et file à plus de 90 km/h. Il est automatique, extrêmement propre, dispose de la climatisation. 1 seul bagage par personne. A la descente du métro, des taxis et des bus permettent de continuer le trajet jusqu'à votre hébergement.
- **Le Taxi :** Les taxis (tous avec compteur) sont disponibles en très grand nombre et dès la sortie de l'aéroport. Ils ne roulent pas le touriste. Ils parlent tous anglais et sont généralement très aimables. Il existe même des taxis au toit rose, conduits par des femmes et destinés à celles qui les préfèrent. Petit avertissement ! La plupart des taxis n'ont pas de GPS et à moins qu'il ne s'agisse d'un hôtel connu, il faut avoir des directions claires pour les guider dans les villes : Quartier, partie de la ville, proximité d'un monument et nous conseillons de télécharger le trajet sur googlemaps et de garder le numéro de téléphone de l'hébergement pour que votre taxi les appelle s'il se perd.
- **Uber et Careem :** Si vous préférez utiliser l'application, des panneaux vous indiqueront où rejoindre votre chauffeur dès la sortie du terminal. Careem est la version locale d'Uber et permet aussi de réserver les taxis avec compteur. L'avantage est qu'ils possèdent un GPS. Les prix sont raisonnables aussi.

ARRIVÉE EN BATEAU

Tous les bateaux de croisière arrivent au port Rashid situé non loin du centre-ville. Dans les années qui viennent, un nouveau port permettra aux bateaux d'accoster près de la Palm Jumeirah.

TRANSPORTS EN COMMUN

Les transports à Dubaï comprennent le métro, le réseau de bus, le tramway, les bus maritimes, les Abras et le Monorail de la Palm. Pour tous les transports en commun sauf pour les Abras et pour le monorail de la Palm, une seule carte à acheter : la NOL card. Elle s'achète à toutes les stations de métro et dans certains Abribus. En téléchargeant l'application Shail, vous pourrez trouver tous les tarifs, les trajets et les différents modes de transports d'un point à l'autre.

- Le Métro : lancé en 2009, il a accueilli depuis plus d'un milliard de passagers. Le métro aérien automatique de Dubaï compte deux lignes distinctes, la rouge et la verte pour un total de près de 90 km, soit le plus long système ferroviaire sans conducteur du monde. La réalisation est japonaise et le pilotage électronique français *by* Thalès. Chaque train emporte au maximum

© DEEJPILOT - ISTOCKPHOTO.COM

Skyline de Dubaï.

642 passagers assis et debout à une vitesse de pointe de 90 km/h, avec trois catégories de confort, Silver Economie, Gold Première et Femmes&Enfants. Bien sûr ces dames sont autorisées à monter dans les wagons « normaux ». 2 lignes sont ouvertes pour l'instant qui offrent des trains toutes les 4 minutes en heures de pointe et toutes les 7 minutes en heures creuses. On ne peut pas manger ni boire dans le métro. Le wifi est disponible.

- Les bus :. les bus sont modernes, bien équipés, tous climatisés comme les Abribus, mais souvent lents à cause des embouteillages. Wifi disponible aussi.

- Le Tramway : le tramway lancé fin 2014 dessert 11 stations sur 11 km et seulement disponibles dans le quartier de la Marina. Il permet aussi de faire une liaison entre le métro et le monorail de la Palm.

- Les Ferries : d'une capacité de 98 personnes et sans pont extérieur, ils couvrent 6 routes qui permettent de découvrir les sites historiques, le canal, la Palm et de relier cette dernière au vieux Dubaï.

- Les bateaux-bus : appelés Water Bus, ils opèrent exclusivement dans le quartier de la Marina. Ils permettent dans des embarcations climatisées et très modernes de réaliser 4 arrêts pour un prix très raisonnable. Ces 4 arrêts se situent dans la zone des gratte-ciel et offrent donc un point de vue panoramique.

- Les Abras : les bras sont des petites embarcations en bois traditionnels et motorisés qui permettent de traverser la Creek entre Bur Dubaï et Deira.

- Le monorail : le monorail permet de voir la Palm tout en prenant un peu de hauteur. Il parcourt tout le tronc et s'arrête après 4 stations à l'hôtel Atlantis. Ce moyen de transport est presque exclusivement utilisé par les touristes.

VÉLO, TROTTINETTE & CO

- **Les trottinettes** en libre-service avaient été interdites pendant deux ans. Depuis peu, des circuits dans le quartier de la Marina sont à l'étude. Les trottinettes doivent être utilisées dans les parcours spécifiques.

- **Les bicyclettes :** il suffit de télécharger l'application *Careem Bike* pour accéder au parc de vélos électriques facilement reconnaissables de couleur vert-pomme. Il existe encore peu de pistes cyclables dans Dubaï et il est compliqué de passer d'un quartier à un autre en toute sécurité, mais depuis quelque temps le réseau s'étend rapidement. En attendant, prudence, car les automobilistes ne sont pas habitués aux deux-roues donc il est recommandé de se limiter aux pistes cyclables.

AVEC UN CHAUFFEUR

- **Uber et Careem:** Careem est la version locale d'Uber qui a d'ailleurs été rachetée par ce dernier. Il permet aussi de réserver les taxis avec compteur, van. L'avantage est qu'ils possèdent un GPS. Les prix sont raisonnables aussi.

EN VOITURE

- Trafic : Dubaï est une ville tentaculaire avec un excellent réseau routier et de multiples échangeurs. La circulation peut être très dense, mais c'est surtout se repérer qui peut-être angoissant pour ceux qui arrivent pour la première fois. Les GPS de la voiture ne sont pas suffisants, car souvent ils ne peuvent pas refléter les derniers changements. Le mieux c'est de télécharger les applications et donc d'avoir du wifi. Les taxis étant bon marché, nous recommandons de ne pas conduire dans la ville. Attention, il est interdit de boire et conduire. Zéro tolérance et en cas d'accident vous vous retrouveriez en garde à vue.

- Parking : le parking est payant à Dubaï en extérieur. 3 façons de régler l'horodateur : Soit avec la carte NOL qui s'acquiert dans les stations de métro et est rechargeable, soit avec des pièces soit en téléchargeant l'application RTA et en enregistrant la plaque de la voiture et en procurant le numéro d'une carte bancaire. A chaque parking extérieur, un panneau orange indique quelle borne sélectionner dans l'application pour payer. Seul inconvénient pour cette dernière option, avoir du wifi pour payer.

- Salik : des bornes de péage chevauchent à plusieurs endroits de la ville la Sheikh Zayed Road. A chaque passage, 4 AED sont prélevés sur le badge Salik installé dans le véhicule.

ACCESSIBILITÉ

Tous les transports en commun sont aménagés pour les personnes en situation de handicap et pour les familles avec des poussettes d'enfants. En revanche, on ne marche pas beaucoup à Dubaï et donc les trottoirs ne sont pas toujours aménagés et il est parfois difficile de trouver un passage piéton.

LES ATTRAPE-TOURISTES

A Dubaï, il n'y a pas ou peu d'attrape-touristes. Tout est réglementé, contrôlé et sévèrement puni si des abus sont constatés.

LES PHRASES CLÉS

Bonjour, comment puis-je me rendre à…
مرحباً، كيف يمكنني الذهاب إلى...

Est-ce loin à pied ? Y a-t-il le métro ou un bus… pour y aller ?
هل المكان بعيد سيراً على الأقدام؟ هل توجد محطة مترو أو حافلة للذهاب إلى هناك؟

Pouvez-vous me montrer cet endroit sur la carte s'il vous plait ?
هل يمكنك تحديد هذا المكان على الخريطة من فضلك؟

Où puis-je acheter les tickets de transport ? Est-ce que je peux payer en carte de crédit ?
أين يمكنني شراء تذاكر سفر؟ هل يمكنني الدفع باستخدام بطاقة الائتمان؟

Où est la sortie ? A gauche, à droite ou tout droit ?
أين المخرج؟ - يساراً أو يميناً أو مباشرة أمامي؟

Je suis perdu et je suis en retard, s'il vous plait, aidez-moi ! Merci beaucoup !
من فضلك أنا تائه وتأخرت عن موعدي، هل يمكنك مساعدتي؟ شكراً جزيلاً!

QUARTIERS

Dubaï s'étire sur plus de 50 km entre Sharjah et la frontière avec l'émirat d'Abu Dhabi, et sur près de 15 km d'est en ouest. Alors, pour mieux comprendre cette ville tentaculaire, nous avons choisi de vous la présenter en 5 quartiers.

Deira, Bur Dubai, Satwa

Bur Dubai, Deira, Satwa, dans le tourment congestionné de la circulation, des souks affairés, des immeubles seventies peu avenants, du quartier perse retapé, des quais de la Creek ; des quartiers cosmopolites aux multiples restaurants. On y trouve les musées, de jolies maisons anciennes, les boutres de descendants de Sindbad, des rivières d'or jaune, de l'art urbain à Satwa et un superbe éden hôtelier. Afin de mieux comprendre la structure de ce quartier qui est divisé en 3, voici un petit lexique pour s'y retrouver :

- Deira. Signifie la « forme ronde ». Il s'agit de la partie de Dubaï collée à l'aéroport et qui est séparée de Bur Dubai par la Creek. Il s'agit d'une des plus anciennes parties de la ville et dont la partie nord-est est limitrophe avec l'émirat de Sharjah. C'est dans ce quartier des souks de l'or, des épices et du textile que se trouvaient aussi les quartiers d'affaires.

- Bur Dubai. Elle comprend les quartiers de Mina et du port Rashid (port des croisières) et les quartiers historiques de Shindagha, Fahidi (anciennement Bastakiya), et Al Seef.

- Satwa. Calé entre Bur Dubai, Jumeirah et limitrophe avec Sheikh Zayed et Downtown, Satwa est le quartier babélique aux langues vernaculaires, un lieu plein de vie, loin du bling bling. On peut aussi se balader pour découvrir l'art urbain qui s'invite sur la rue 2nd of December. Satwa est flanqué côté littoral par Etihad Museum pour se terminer sur Cheikh Zayed Road.

Le littoral de Jumeirah

Le littoral de Jumeirah est la partie balnéaire de Dubaï et elle englobe les quartiers de Jumeirah (1, 2 et 3) puis ceux de Umm Suqueim (1, 2, 3) pour se terminer vers le Burj al Arab et le souk de Madinat Jumeirah. C'est un quartier résidentiel qu'affectionnent tout particulièrement les Émiriens et les expatriés occidentaux. Il s'étend sur 16 kilomètres et offre de nombreuses plages aménagées. De façon plus précise, le quartier commence à Etihad Museum en direction de Jebel Ali. Deux rues parallèles s'étirent elles aussi le long de ce littoral : Jumeirah Road en deuxième ligne de mer et Wasl Road plus près de Sheikh Zayed Road. Au milieu, entre Wasl et Sheikh Zayed, on découvre City Walk, quartier piétonnier, très fréquenté par les Émiriens dès la nuit tombée. Retour sur Jumeirah road, direction Burj al Arab. Après avoir dépassé quelques prestigieux complexes hôteliers, on passera au-dessus du canal et ses ponts emblématiques comme celui de la Tolérance. Ensuite c'est une succession de mosquées et de nombreuses villas individuelles appartenant à des locaux ou louées par des expatriés. On découvre enfin la Burj al Arab et la zone d'Al Sufouh qui comprend surtout de luxueux hôtels de bord de mer : Jumeirah Al Naseem, le Mina A'Salam et l'Al Qasr font partie du complexe de Madinat Jumeirah et du groupe hôtelier qui possède également l'emblématique hôtel Burj Al Arab. Ils sont repérables de très loin, formant la silhouette d'une cité arabe antique totalement reconstituée, avec ses tours à vent marron-ocre et ses palmiers. Le Souk Madinat est un mall particulièrement réussi, restituant la structure et l'atmosphère des vieux souks. Enrichi de promenades, de terrasses de restaurants, d'un amphithéâtre et d'un théâtre, c'est un endroit enchanteur à la nuit tombée, lorsque l'artifice est gommé par l'obscurité et l'esthétisme sublimé par les éclairages.

© ANASTASIOS71 - SHUTTERSTOCK.COM

Promenade dans les étroites ruelles du quartier historique.

The Palm, Dubai Marina, JBR

Dubai Marina, le quartier de JBR, ainsi que l'emblématique Palm Jumeirah, avec le profil connu de l'Atlantis en son centre : le quartier est connu pour ses hôtels de luxe, ses plages, ses promenades en bateau dans la Marina. Un quartier à visiter surtout en soirée. En venant du littoral de Jumeirah, après le souk de Madinat Jumeirah et le long de King Salman Bin Abdulaziz Al Saud Street, voici Knowledge Village sur la gauche, le village du savoir, qui abrite des institutions d'enseignement supérieur, des universités internationales. Dans le prolongement, voici Internet City et Media City, zone franche où de nombreuses entreprises étrangères (dont certaines spécialisées dans les médias), ont implanté leurs bureaux. De l'autre côté se trouve le pont qui mène à la Palm Jumeirah. Celle-ci fait partie de l'incroyable projet des îles artificielles de Dubaï. En laissant la Palm sur la droite, on reste sur King Salman Bin Abdulaziz Al Saud Street. On peut apercevoir, à droite, l'entrée du prestigieux hôtel One&Only Royal Mirage ainsi que l'imposante façade du Westin.

De l'autre côté, on longe encore quelques bâtiments modernes avant d'atteindre les immenses tours de la Marina. Ce quartier est un ensemble de buildings commerciaux et résidentiels, construits autour d'un canal artificiel où a été déviée l'eau de mer pour permettre la création d'un port de tourisme avec deux points d'entrée au nord et au sud. La promenade déambule sur les quais le long du canal, pour admirer les yachts de luxe amarrés dans le port. C'est époustouflant de nuit quand les tours se réveillent, un magnifique spectacle de lumière ! Entre le littoral et la Marina a été aménagé un espace résidentiel, appelé Jumeirah Beach Residence (JBR), qui comprend une quarantaine de tours toutes similaires et réunies dans un même et seul bloc. Une longue artère longe le quartier de JBR. Cette rue est un lieu très fréquenté pour se balader, pour dîner en plein air, admirer les voitures de luxe qui circulent sur la voie pavée, faire son shopping au Beach Mall ou faire son jogging. La Marina et JBR sont réunis par le tramway, très pratique pour aller du métro à la plage. Au-delà de la Marina, la nouvelle île de Bluewaters accueille la plus grande roue du monde : Ain Dubai. Ensuite, il ne reste qu'une petite étendue de sable avant de passer devant le gigantesque mall d'Ibn Battuta, sur la gauche, et d'arriver à la zone industrielle et commerciale de Jebel Ali, sur la droite. La Sheikh Zayed file ensuite sur Abu Dhabi à travers le désert.

Dubai Downtown et Sheikh Zayed

Le Dubaï des magazines branchés design, une sorte de friche post-moderne plantée de tours vertigineuses ! On y trouve le fameux Burj Khalifa, le DIFC des traders, des malls immenses, le tout traversé par la fameuse Sheikh Zayed Road. C'est un mix urbain à la new-yorkaise, entre galeries d'art contemporain, business centers, lounges VIP et boutiques siglées. Artère principale de la ville, la Sheikh Zayed Road n'est pas seulement une autoroute qui relie Dubaï à Abu Dhabi. En raison de la densité urbaine de ses contre-allées et de son architecture ultramoderne, elle est devenue un important quartier économique, commercial, résidentiel et touristique. Fragmentée en sections par des échangeurs, la Sheikh Zayed Road commence au World Trade Center, le premier et le plus ancien building construit en 1979, quand le quartier n'était encore qu'une vaste étendue de sable. On reconnaît aisément cette tour blanche de béton déjà vieillotte, car elle est l'une des seules à ne pas être de verre et d'acier. En partant du World Trade Center vers l'échangeur n° 1, on passera devant plusieurs gratte-ciel; les tours prismatiques d'Emirates Towers et le musée du futur, le Dusit en forme de mains jointes sur la gauche. Entre Emirates Towers et l'hôtel Dusit, on aperçoit, un peu en retrait, le DIFC (Dubai International Financial Centre) avec son arche massive (The Gate), place financière off-shore en pleine croissance, siège du Nasdaq-Dubaï. Située sur la gauche, Burj Khalifa se dresse à près de 828 mètres, décrochant ainsi le record mondial de la tour la plus haute ! La flèche est flanquée du Dubaï Mall qui comprend 1 200 boutiques et un aquarium géant, l'ensemble formant avec le lac, les fontaines musicales, l'Opéra et le Souk Al Bahar ce que l'on appelle Downtown. En continuant sur SZR (Sheikh Zayed Road), on découvre le canal qui serpente le long de Business Bay, de nombreux complexes hôteliers et des bâtiments emblématiques comme la tour sculpturale O-14, l'Opus de Zaha Hadid, la tour U-Bora.

Barsha et Al Qhoz

Barsha et Al Qhoz s'étendent du côté est de la Sheikh Zayed Road avec d'un côté le quartier industriel, et de l'autre un large quartier résidentiel en devenir. Moins fréquenté par les touristes de passage, c'est un quartier à découvrir avec ses restaurants ethniques et ses hôtels modernes, et accessibles à toutes les bourses. La vaste zone industrielle d'Al Qhoz est composée principalement d'entrepôts métalliques, de cimenteries et d'usines de fabrication, de concessionnaires et de garagistes. Zone sans trottoir et zone dortoir qui ne paraît pas très touristique à première vue. Pourtant Al Qhoz recèle de nombreux trésors cachés, tels que des galeries d'art contemporain, des cafés branchés et des boutiques aménagées dans d'anciens entrepôts. Cette zone industrielle est en plein boom et se métamorphose à toute vitesse ! En progressant sur l'axe principal, on aperçoit sur la gauche le fameux Mall of the Emirates (MOE) avec son enseigne Carrefour et surtout sa piste de ski indoor enserrée dans un immense tube métallique aplati et aisément repérable.

AÉROPORT DE DUBAI

Deira
✆ +971 4 224 5555
www.dubaiairports.ae

Traversé par près de 90 millions de passagers par an, l'aéroport de Dubaï est l'un des plus compétitifs du globe. Son immense zone de duty free ainsi que les performances d'Emirates Airlines lui ont donné sa réputation. Situé en pleine ville, à quelques kilomètres seulement des quartiers historiques, et à une dizaine de kilomètres du front de mer, les terminaux abritent des agences de location de voitures, des comptoirs de groupes hôteliers, des bureaux de change, des bars, des centaines de boutiques et des espaces de restauration.

AIR FRANCE-KLM

Al-Ittihad Road
✆ +971 4 602 5400
www.airfrance.ae

Réseau mondial via Paris et Amsterdam. Des vols direct quotidiens vers Dubaï

12 vols par semaine desservent Dubaï. Vols de jour et de nuit permettent de rejoindre Dubaï à moins que vous ne fassiez escale à Amsterdam. Pour ceux qui n'habitent pas Paris, c'est un avantage d'utiliser la compagnie tricolore, car le réseau Air France permet de relier les villes de Province à la capitale sans le casse-tête des connexions ratées et sans avoir à récupérer les bagages lors du transfert. Le temps de vol est d'environ 6h30. Autre avantage, le vol au départ de Paris à l'heure du déjeuner permet de ne pas arriver trop tard à Dubaï dans la soirée.

DROGUE = DANGER

La récurrence des arrestations de ressortissants français pour détention de produits stupéfiants doit conduire les voyageurs à accorder la plus grande importance aux conseils suivants : l'importation, la consommation, la production ou la détention de stupéfiants ou de substances considérées comme stupéfiants (un précédent avec un médicament contenant de la codéine), même en quantité infinitésimale sont totalement interdites et sévèrement punies.

Les personnes prenant des médicaments comprenant ces substances doivent impérativement se munir d'un certificat médical afin de pouvoir justifier que les médicaments emportés aux EAU sont nécessaires au traitement d'une infection.

Les ressortissants français résidents, mais également en transit, aux aéroports de Dubaï et d'Abu Dhabi peuvent être arrêtés par la police émirienne anti-drogue. La garde à vue est d'un minimum de 48 heures.

La police spéciale émirienne anti-drogue défère inéluctablement les prévenus à la justice sous une inculpation de nature criminelle, le trafic de drogue étant un crime placé dans la hiérarchie des infractions au même rang que le meurtre, le vol et le viol. Les pénalités légales sont appliquées avec une très grande rigueur : le fait de consommer ou de détenir sur soi des produits stupéfiants quels qu'ils soient et quelle que soit la quantité détenue, entraîne une peine de quatre à dix ans d'emprisonnement pouvant être portée à quinze ans pour circonstances aggravantes ou récidive.

Source : www.diplomatie.gouv.fr

EMIRATES AIRLINES

✆ 600 555 555
www.emirates.com

Des vols quotidiens vers la France : Paris, Nice, Lyon. Vers la Suisse : Genève et Zürich. Vers Bruxelles et Toronto.

Lancée en 1985 sur la ligne de Karachi, la compagnie de l'émirat de Dubaï est aujourd'hui un transporteur d'excellence desservant plus de 157 destinations et opère plus de 270 avions. Emirates Airlines a transporté en 2019 plus de 58 millions de passagers. Elle permet aussi le check-in depuis l'hôtel ou la maison sur demande et opère un terminal dédié à la 1re classe et la classe Affaires. Emirates a gagné 14 années de suite le prix de la meilleure compagnie aérienne pour ses programmes de divertissement en vol décerné par Skytrax World Airline Awards.

ETIHAD AIRWAYS

Mazaya Shopping Centre
✆ 600 555 666
www.etihadairways.com

Vols vers Paris, Genève, Zürich, Bruxelles. Navettes gratuites depuis et pour Dubaï.

Avec des standards très élevés, la compagnie nationale des Émirats arabes unis a été lancée en 2003 avec un vol inaugural Al Ain-Beyrouth. À ce jour, elle dessert plus de 84 destinations dans 49 pays et possède une flotte de plus de 100 avions. Etihad Airways dont le nom signifie « union » remporte aussi chaque année de nombreux prix qui récompensent son service. Elle opère uniquement de l'aéroport d'Abu Dhabi et il faut donc prendre une navette gratuite pour se rendre à Dubaï. Les clients de la classe Affaires disposent, eux, d'un service de chauffeur gracieux.

FLY DUBAI

ENI Saphhire Tower, bureau n°6
✆ +971 600 544 445
Plus de 95 destinations.

Des escales inédites pour ce low cost de très bon niveau qui fonctionne en synergie avec Emirates. La compagnie appartient au gouvernement du petit émirat et opère uniquement depuis le Terminal 2 situé aux portes de Sharjah. Elle dessert 95 destinations surtout au Moyen-Orient et en Asie, mais elle commence à se développer en Afrique et en Europe même si aucune destination francophone n'est pour l'instant concernée. Fly Dubai est pour ceux qui voudraient prolonger le voyage de Dubaï vers une autre destination une option sans se ruiner.

GULF AIR

Al Qasimi Building
✆ +971 4 271 3222
www.gulfair.com
Vols Bahrain- Dubai et Abu Dhabi tous les jours.

Gulf Air est la compagnie nationale du Royaume de Bahreïn et vient de fêter ses 70 ans. Ce fut l'une des premières compagnies aériennes au Moyen-Orient. Dès les années 1950, elle reliait Bahreïn à Abu Dhabi, Sharjah et même l'oasis d'Al Aïn. En 1974, l'émirat d'Abu Dhabi était propriétaire de Gulf Air à hauteur de 25 % à égalité avec Oman, le Qatar et Bahreïn et s'est retiré en 2005. Elle dessert 49 villes dans plus de 27 pays, dont la France et les Emirats arabes unis. La compagnie est le sponsor officiel du Grand Prix de Formule 1 du Bahreïn.

OMAN AIR

Al Rais Shopping Centre
✆ +971 4 351 8080
www.omanair.com
Depuis Mascate, vols quotidiens vers l'Europe et vers Dubaï.

Oman Air est la compagnie nationale du Sultanat Oman et fut fondée en 1993. Elle propose des vols internationaux depuis 2007. La compagnie dessert 50 destinations dans 27 pays. La compagnie a obtenu de nombreuses distinctions depuis sa création en récompense de la qualité de ses services et de son hospitalité légendaire, dont celle de « Meilleure Compagnie du Moyen-Orient en classe économique et classe Affaires » lors de l'édition 2018 des World Travels Awards et pour la 4e année consécutive. Vol quotidien entre Paris et Mascate.

SWISS

World Trade Center
✆ +971 4 3816111
www.swiss.com
Dubaï via Zürich et Genève

La compagnie helvétique qui opère depuis 2002 dessert plus d'une centaine de destinations. Elle assure plusieurs vols hebdomadaires vers Dubaï depuis Genève via Zurich en moins de 9 heures, mais aussi depuis Milan via Zurich. Elle peut s'avérer une bonne option pour tous les frontaliers francophones. La durée du vol est d'environ 6h30 pour une distance d'un peu plus de 4 900 kilomètres. Swiss fait partie du groupe Lufthansa et est membre de Star Alliance. Plus de 42 chefs reconnus contribuent à établir les menus servis à bord de ses avions.

BUS

www.rta.ae
Les tarifs et les catégories de carte sont les mêmes que pour le métro. Se munir de la carte NOL.

Plus de 115 routes sillonnent la ville et transportent plus de 350 000 passagers par jour. Les bus sont modernes, bien équipés, tous climatisés comme les Abribus. Mais ils sont aussi lents à cause des embouteillages. Les bus de couleur bleue sont ceux qui permettent une connexion avec le métro. C'est un jeu d'enfant si on a pris garde de bien télécharger l'application Shail pour savoir à quelle heure passe le bus, le temps de trajet et où descendre. C'est une autre façon de découvrir la ville et de se rendre compte de la diversité culturelle de Dubaï.

DUBAI FERRY

✆ 800 9090
www.dubai-ferry.com
50 AED en classe Silver et 75 AED pour la classe Gold. 210 AED pour 2 adultes avec 2 enfants. Horaires sur le Web.

Ce ferry est plus une balade touristique qu'un moyen de transport. D'une capacité de 98 personnes, très confortable les balades durent, selon le trajet, entre 1 heure et 1 heure et demie. A l'intérieur vous pourrez profiter d'un kiosque, et de toilettes. La classe Gold est à l'avant du ferry et donc dispose d'une meilleure vue. Un petit pont à l'arrière permet de rester à l'air libre. Parmi les trajets recommandés, celui qui part de la Marina et qui permet de découvrir la Palm et le fameux hôtel Atlantis. Les horaires changent souvent donc mieux vaut consulter.

RMC
DÉCOUVERTE

PLUS FORT QUE LA FICTION

CANAL 24 DE LA TNT

WATER TAXI ET WATER BUS

✆ 800 9090

www.rta.ae

Taxi : 400 AED/heure. Ouvert de 10h à 19h. Bus : 10 AED/personne. Deux départs par jour depuis Jadaf et Dubai Canal.

C'est la version futuriste du taxi maritime. Ultra modernes et confortables, ils peuvent accueillir jusqu'à 10 personnes et sont climatisés. Un petit pont extérieur permet tout de même d'être à l'air libre. Ils desservent plus de 44 stations entre la Creek et le Canal, puis autour de la Palm et de la Marina. Les Water bus ont une capacité de 20 personnes et permettent une visite panoramique de Business Bay, le départ est depuis la Station de Jadaf vers l'embouchure du canal ou vice-versa et s'arrête à 5 stations maritimes. Ces services sont en pleine expansion.

DIAMONDLEASE CAR RENTAL

Habtoor Grand Main Hotel

✆ +971 4 399 5049

www.diamondlease.com

Ouvert tous les jours de 8h à 18h.

Diamaonlease fait partie du prestigieux groupe émirati Al Habtoor Group. Etablie en 1996, cette société émiratie loue des véhicules de petite et moyenne taille, mais aussi des 4X4. La location s'accompagne d'un service d'assistance dépannage disponible 24 heures sur 24. La société de location dispose de 13 agences réparties sur tout le pays à Dubai, Abu Dhabi, Sharjah, Fujairah et Ras al Khaimah. Leur parc de voitures leur permet de louer jusqu'à 150 véhicules par jour. Locations à la journée, à la semaine et au mois sont possibles.

AVIS

86 Sheikh Zayed Road

✆ 800 2847

www.avis.ae

Avec plus de 5 000 agences dans le monde entier et une vaste gamme de véhicules à louer, la réputation d'Avis n'est plus à faire. A Dubaï, la compagnie dispose de quatre comptoirs/agences : à l'aéroport, à l'hôtel Fairmont sur la Sheikh Zayed Road, sur le Walk dans le quartier de JBR et à l'hôtel Courtyard Marriott à Green Community. Possibilité de surclassement pour les clients habituels d'Avis qui bénéficient de primes de fidélité. Pour réserver et gérer la location de votre véhicule facilement, télécharger l'application Avis sur votre smartphone.

EUROPCAR

Dubai International Airport T1

✆ +971 4 506 3030

www.europcar.com

Europcar est leader mondial de la location de voitures et d'utilitaires, Europcar est une société française bien implantée à Dubaï. Sur place, elle compte plusieurs antennes, réparties dans des hôtels de Dubaï, et dans chacun des terminaux de l'aéroport de la ville. Comme toujours, Europcar offre une large gamme de véhicules de qualité et garantit le meilleur prix du marché lors de la réservation, pour une voiture compacte ou un véhicule de luxe. Les différents modèles sont présentés sur le site web et la réservation en ligne est possible.

BUDGET

✆ +971 4 884 0022

www.budget-uae.com

Budget possède de multiples agences à travers le monde. Les réservations peuvent se faire sur leur site, qui propose également des promotions temporaires. En agence, vous trouverez le véhicule de la catégorie choisie (citadine, ludospace économique, ou monospace familial...) avec un faible kilométrage équipé des options réservées (siège bébé, porte-skis, GPS...). Budget est présent dans les émirats d'Abu Dhabi, Sharjah et Dubaï, et dans ce dernier la société est présente dans 4 lieux dont l'aéroport et Dubaï Marina au cœur de la ville.

FAST RENT A CAR

Al Kuthban Building

✆ +971 4 224 5040

www.fastuae.com

Fast Rent a Car est une compagnie de location de véhicules établie en 1990 dans la capitale Abu Dhabi. Elle fait partie du groupe Emirates National Group. Présents à Al Aïn, Sharjah, Fujairah, Ras al Khaimah et bien sûr Dubaï. Depuis ils sont devenus la première entreprise de location du pays et ils disposent de plus de 5 000 véhicules dans toutes les catégories. S'ils ne sont pas encore présents à l'aéroport, ils livrent gratuitement le véhicule à votre lieu d'hébergement. Réservation possible sur leur site web ou par téléphone.

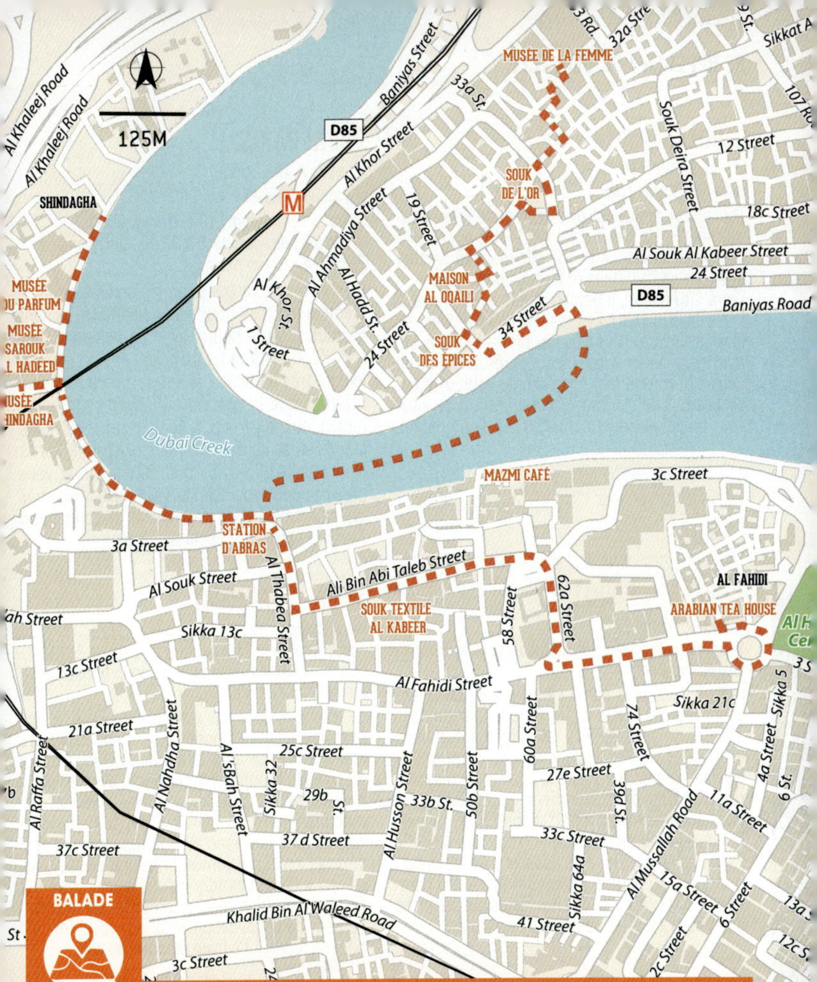

DÉCOUVERTE DU VIEUX DUBAÏ

Six heures de balade avec les visites de musée, trois heures sans. Nous vous la recommandons soit le matin en hiver soit en milieu d'après-midi à la saison chaude. Vous pourrez retrouver les explications en détail dans le chapitre A voir, A faire.

Départ dans le quartier de Shindagha. C'est là qu'a commencé le développement de Dubaï, le long de ce bras de mer. La famille Al Maktoum occupait ces maisons cossues qui ont été rénovées depuis. On peut visiter les musées de Shindagha, du parfum et de Sarouk al Hadeed.

À pied vous pourrez rejoindre la station d'abras et monter dans une de ces embarcations traditionnelles pour rejoindre le souk des épices et de l'or, visiter la maison du poète Al Oqaili et le musée de la femme. Retour en bateau. Cette fois-ci engouffrez-vous dans le souk du textile Al Kabeer. À la fin de l'allée, prenez à gauche pour vous rendre sur la terrasse au bord de l'eau de Mazmi Café. Retour sur vos pas en direction du Fort Al Fahidi. Fermé pour rénovation, ce fort fut érigé en 1787 pour protéger la ville des invasions étrangères. En le dépassant, vous tournerez à gauche pour rejoindre quelques mètres plus loin le quartier historique d'Al Fahidi (anciennement appelé Bastakiya). La visite peut se terminer par un déjeuner à Arabian Tea House.

© PETIT FUTÉ

THRIFTY

✆ +971 8004770

www.thriftyuae.com

Thrifty car rental est une entreprise internationale dotée de pas moins de 1 300 agences à travers le monde. A Dubaï, elle dispose de cinq agences : A l'aéroport et à tous les terminaux, à Deira City Center, à Golden Sands à But Dubai, à Dubai Mall, Al Quoz. Les réservations peuvent se faire en ligne et sont très flexibles – location à la journée, à la semaine, à l'heure près et au lieu de votre choix. Une large gamme de véhicules est proposée à des tarifs très compétitifs. Bon à savoir : on ne paie aucun frais en cas d'annulation.

CAREEM ET UBER

www.uber.com

Pour connaître les tarifs, télécharger l'application Careem ou Uber.

Careem est une compagnie locale qui a été absorbée par Uber, mais fonctionne sur une plateforme séparée. Elle est largement utilisée à Dubaï et d'ailleurs c'est le nom qu'on utilise pour se référer aux VTC. Elle permet de réserver des voitures avec chauffeur, mais aussi des taxis et des 2 roues pour transporter un paquet. Comme la plupart des taxis n'ont pas de GPS, l'application permet de s'assurer d'arriver à bon port sans se perdre. L'une comme l'autre compagnie ont une flotte de chauffeurs qui sont très aimables et ont les voitures très propres.

DUBAI METRO

✆ +971 4 284 4444

www.rta.ae

Pass journée valide sur tout le réseau : 20 AED normal/40 AED 1ère classe. Sinon, prix calculé en fonction du trajet.

Lancé en 2009, le métro automatique offre 90 km de réseau. Très propre, il passe toutes les 4 minutes en heures de pointe et toutes les 7 minutes en heures creuses. 3 catégories de confort : Silver (économie), Gold (première classe) et Femmes & Enfants. La ligne verte est essentiellement souterraine et relie les vieux quartiers de Dubaï entre Union Metro Station et Bus Juman. La ligne rouge est essentiellement aérienne et longe la Sheikh Zayed Road de Deira à Jebel Ali. Une extension de la rouge permettra de rejoindre le site de l'Exposition Universelle.

DUBAI TAXIS

✆ +971 4 208 0000

www.dubaitaxi.ae

La course minimum : 12 AED, et de 25 AED si l'on part de l'aéroport. 1,82 AED par kilomètre. Péage : 4 AED par passage.

Crème à toit rouge pour les taxis normaux, crème à toit rose pour les Ladies Taxis, ils sont partout, à toute heure, avec un compteur. Les chauffeurs parlent tous anglais et sont généralement très aimables. Avant d'embarquer, assurez-vous que le chauffeur connaît votre destination, ou soyez prêt à donner des indications claires sinon ce n'est pas toujours gagné, car ils n'ont pas de GPS embarqué. Pour réserver, vous pouvez appeler ou télécharger l'application Shail qui permet aussi de réserver et de connaître à l'avance le prix de la course.

DUBAI TRAMWAY

www.rta.ae

Passe journée valide sur tout le réseau : 20 AED normal/40 AED 1ère classe. Sinon, prix calculé en fonction du trajet.

Le tramway de Dubaï inauguré en 2014, forme une boucle qui comprend 11 stations sur 11 km. Il est limité au quartier de la Marina allant jusqu'à Al-Sufouh. Il est connecté avec le métro à deux endroits : Jumeirah Lake Towers et Damac Properties. La station Palm Jumeirah permet de faire la liaison avec le monorail qui dessert la Palm. Le tramway offre une classe Gold, située à l'avant tandis qu'une autre rame est réservée aux femmes et enfants. Le téléchargement de l'application Shail est recommandé pour se repérer. Le tram dispose du wifi.

MONORAIL

Gateway station

9h à 21h45. Les trains toutes les 15 minutes. Aller simple : 20 AED et aller-retour : 30 AED. Paiement en espèces.

Le monorail permet de voir la Palm en prenant un peu de hauteur sans se ruiner et sans polluer. Il parcourt tout le tronc et s'arrête après 5 stations à l'Atlantis. On peut alors descendre pour aller prendre quelques photos souvenirs et rentrer. Ce moyen de transport est exclusivement (ou presque) utilisé par les touristes et il offre une vue panoramique de la Palm. A l'aller ou au retour vous pourrez vous arrêter à la Pointe pour faire une petite pause, prendre quelques très belles photos ou aller admirer les fontaines dès 19h.

À VOIR / À FAIRE

Dubaï=shopping ! Faux ! Et vous allez être étonnés. Etes-vous plutôt Art et Culture ? Bienvenue dans ces musées intimistes, offrez-vous un tour architectural et vive les galeries ultra tendances d'Al Quoz et de DIFC. Préférez-vous découvrir la ville à pied ? Alors les promenades à pied ou à vélo le long du littoral vous feront aimer Dubaï autrement. Aimeriez-vous rencontrer la population locale et mieux comprendre leur culture ? Rendez-vous à la mosquée ou dans le centre d'Al Fahidi pour partager un repas autour de questions-réponses sans tabou. Etes-vous venus en famille ? Vous aurez un choix immense entre parcs aquatiques, thématiques et attractions sans fin. Envie de farniente ? A vous les plages, les piscines d'hôtel, les Spas et le désert. Un spectacle ? Direction l'Opéra, le spectacle permanent de la Perle ou les fontaines dansantes. Finalement la question n'est pas que faire à Dubaï, mais comment tout faire !

PRATIQUE

A VOIR / A FAIRE

HORAIRES

Horaires : il n'y a aucune règle pour Dubaï, mais on peut dire quand même qu'en général tout commence à partir de 10h et ferme relativement tard. Attention, certains endroits ouvrent plus tard le vendredi. Mais aucune règle précise.

Affluence : l'affluence dépend du mois de l'année avec le pic de la saison entre novembre et janvier.

A RÉSERVER

Mieux vaut réserver en avance pour monter en haut de la Burj Khalifa, pour les tours en hélicoptères et les visites organisées par Sheikh Mohammed for Cultural Understanding.

BUDGET / BONS PLANS

Avant tout télécharger l'application Visit Dubaï, disponible en français aussi. C'est l'application officielle de l'Office du Tourisme. Toutes les dernières nouveautés, prix, horaires y sont.

Abordables : tous les musées sont très abordables à Dubaï. Dans les vieux quartiers, la somme est même symbolique et certains sont gratuits.

Raisonnables : les visites guidées dans le vieux Dubaï avec des locaux dans le quartier d'Al Fahidi. Les guides francophones listés dans notre guide pratiquent des prix raisonnables, mais ils sont peu nombreux.

Chers : tous les parcs d'attractions de la ville et les monuments emblématiques sont chers et demandent un certain budget.

Pass : pour contrôler ses dépenses, Dubaï propose des pass avec plusieurs activités incluses. Visiter www.dubaipass.ae

LES ÉVÉNEMENTS

Téléchargez l'application : Dubai Calendar pour connaître les derniers événements.

Octobre 2021-mars 2022 : Exposition Universelle de Dubaï. 6 mois où Dubaï veut accueillir le monde et proposer la plus grande exposition universelle jamais organisée.

En décembre et janvier : début décembre, c'est la fête nationale. Danses traditionnelles, Décorations aux couleurs du drapeau, feu d'artifice marquent les trois jours de célébration. Fin décembre, c'est Dubaï Shopping Festival, ou la période des soldes qui commencent fin décembre et s'étend jusqu'à la fin janvier. C'est aussi la période des fêtes de fin d'année qui est marquée par le feu d'artifice légendaire du 31 décembre.

Le Ramadan : horaires modifiés pendant la journée, mais grande effervescence dans toute la ville après le coucher du soleil. La fin du Ramadan ouvre une période de soldes et de bons plans.

Juillet et août : Dubaï Summer Suprises: Période de soldes estivales avec des réductions aussi dans les attractions.

© PAJOR PAWEL - SHUTTERSTOCK.COM

Feux d'artifice sur la Marina.

VISITES GUIDÉES

- **Bus touristiques** : 3 routes permettent de découvrir la ville en montant et descendant à plus de 38 arrêts.
- **Visites guidées dans le quartier historique Al Fahidi** : elles permettent de se balader dans le quartier historique avec un guide local.
- **Déjeuner Questions-Réponses** : autour d'un petit déjeuner, d'un brunch ou d'un déjeuner typiquement émirati, un jeu de questions-réponses sans tabou permet aux visiteurs de poser toutes les questions aux habitants du pays.
- **Visite commentée à la mosquée de Jumeirah** : un échange sans tabou qui commence par un petit déjeuner autour des questions relatives à l'Islam.
- **Visites atypiques** : découverte gastronomique du street food dans les vieux quartiers de Dubaï. Dépaysement garanti et découvertes gastronomiques. Tour architectural de la ville.

FUMEURS

Fumer est autorisé à Dubaï sauf : A l'intérieur ou à proximité des écoles, universités et des bâtiments gouvernementaux. A l'intérieur des centres commerciaux. Les restaurants ont, en général, des sections fumeurs et non-fumeurs.

LES ATTRAPE-TOURISTES

La réglementation est telle à Dubaï que les attrape-touristes sont peu fréquents. Quelques attractions ou dîners croisière peuvent l'être pour certains, mais c'est une appréciation personnelle.

C'EST TRÈS LOCAL

Dubaï est très ouvert et n'impose pas de dress code sauf dans les mosquées, et dans le quartier historique de la ville où une tenue plus conservatrice est conseillée. Il est interdit de porter des T-shirts qui contiennent un slogan politique ou contenant des injures. Le bikini est autorisé, mais pas le monokini, et les tenues de plage sont autorisées exclusivement dans les piscines et sur le sable. En revanche, pendant le mois du Ramadan, on adopte une tenue plus conservatrice et pour se rendre aux iftars et Suhoor, les robes longues avec des manches longues sont plus adéquates.

LES PHRASES CLÉS

Bonjour, puis-je avoir deux entrées adultes et un enfant s'il vous plait ?
مرحبا، هل يمكنني الحصول على تذكرتين للبالغين وتذكرتين لطفلين من فضلك؟

Le tarif enfant est jusqu'à quel âge ? Et pour les seniors, est-ce qu'il y a une réduction ?
ما الحد العمري لتذكرة الأطفال؟ هل يوجد خصم للمسنين على المعاش؟

Est-ce qu'il y a des visites guidées en français ou un audioguide ?
هل توجد جولة إرشادية باللغة الفرنسية أو دليل صوتي؟

Combien de temps faut-il pour faire la visite ?
كم تبلغ مدة الزيارة؟

J'ai du mal à monter les escaliers, avez-vous un ascenseur ?
لا أستطيع صعود السلالم، هل يوجد مصعد من فضلك؟

Excusez-moi, pouvez-vous me dire où sont les toilettes ? Merci beaucoup.
لو سمحت، هل يمكنك إخباري أين توجد دورة المياه؟ شكرا جزيلاً.

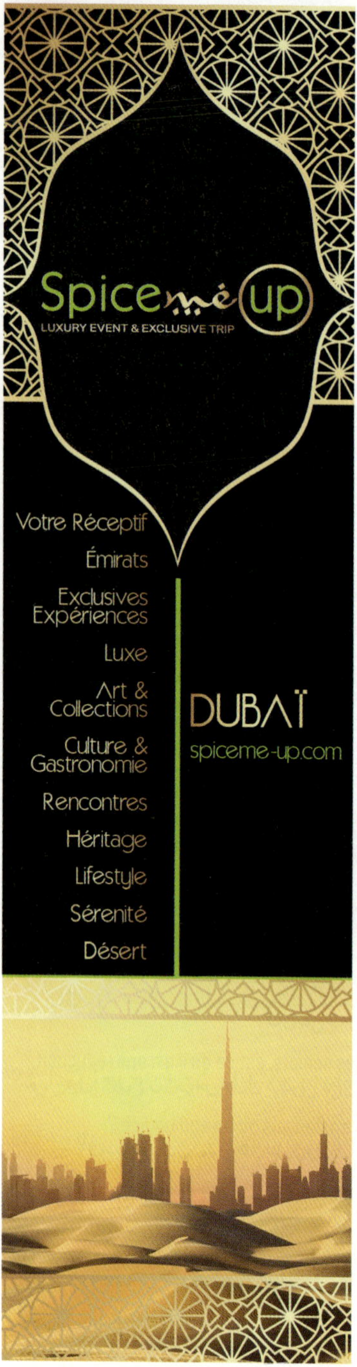

ARABIAN ADVENTURES

✆ +971 800 272 2426

www.arabian-adventures.com

C'est une compagnie comme on les aime : suffisamment importante pour proposer un vaste panel d'activités quotidiennes (très bons *City Tours* et safaris-dîners privés dans le désert notamment), mais assez spécialisée pour épauler le client individuel. Riche d'une trentaine d'années d'expérience, solidement implantée à Dubaï et dans les Emirats où elle est une référence, Arabian Adventures gère aussi bien les groupes que les couples, pour lesquels elle crée des circuits et activités sur mesure dans toutes les fourchettes de prix. Bien entendu, on parle le français.

MAGIC ARABIA

Marasi Drive

✆ + 971 4 437 8884

Journée guide avec chauffeur : Entre 920 & 1000 AED/personne. Demie-journée, avec guide & chauffeur : 500 AED/ personne.

Magic Arabia est un réceptif francophone, bien établi et présent dans la région depuis 1985. Ils disposent d'un service d'assistance joignable 7 jours sur 7 et 24 heures sur 24. Ils proposent des tours dans le vieux Dubaï, de découverte de l'architecture, du Dubaï moderne, des tours des galeries d'art, des escapades vers les autres émirats. Dans le désert, ils disposent de leur propre camp. Ils peuvent aussi mettre en place une série d'excursions hors des sentiers battus. Les programmes sont personnalisés et sur mesure s'adaptant à tous les budgets.

SPICE ME UP

✆ +971 50 800 3496

www.spiceme-up.com

Spice me Up est un réceptif et une agence événementielle créée en France il y a plus de 12 ans. Ils ont des bureaux à Paris, sur la Côte d'Azur et à Dubaï. Depuis quelques années, ils organisent des voyages au Moyen-Orient pour le compte de musées reconnus mondialement, mais aussi pour l'organisation de voyages incentives et de séminaires. Ils planifient des séjours haut de gamme pour des groupes recherchant l'exclusivité et des expériences uniques. Des visites autour de la gastronomie, de l'héritage culturel, de l'art, de la nature, mais aussi des rencontres.

PLATINUM HERITAGE

Control Tower ✆ +971 4 440 9827
www.platinum-heritage.com

Palette d'excursions et de tarifs dont des tours à la carte. A partir de 133 € par adulte le Safari Heritage par ex...

Soucieux de préserver la culture des Emirats et de favoriser la meilleure immersion possible, Platinum Heritage privilégie les circuits et sorties en petits groupes ou tours privés au sein des différents écosystèmes dubaïotes : montagnes, lacs et désert. Son catalogue comprend de nombreuses excursions d'une qualité unique et notamment des sorties dans la Dubai Desert Conservation Reserve en Land Rover décapotables des années 1950. Chaque escapade est toujours l'occasion de découvrir la beauté d'un biotope, mais aussi sa faune et les coutumes de ses habitants.

CITY SIGHTSEEING DUBAI ★★

✆ +971 800 273 8224

www.citysightseeing-dubai.com

Activité fermée au moment du bouclage, reprise fin 2021. Plusieurs circuits au choix dont un de nuit.

On apprécie le concept de ces bus à impériale qui permettent, au fil des parcours, de se déplacer partout dans la ville pour en découvrir les principales facettes : du Dubaï historique aux quartiers modernes, en passant par le tracé aux portes du désert. On monte et descend au gré de ses envies, assis sous la clim ou nez au vent sur le toit, attentif aux explications divulguées dans les casques audio en onze langues, dont le français. Forfaits variés de 24h à 7 jours, incluant plusieurs activités - marches guidées, balade en boutre, accès à plusieurs musées...

© CITY SIGHTSEEING DUBAÏ

© CITY SIGHTSEEING DUBAÏ

BIG BUS TOURS DUBAI ★★

✆ +971 4 340 7709

www.bigbustours.com

Départs de 8h50 à 18h. Ligne rouge « Dubaï Historique » en 2h20. Ligne verte « Dubaï Plage » en 2h20.

Retrouvez le modèle de bus londonien, en version décapotée, pour un circuit à volonté puisque vous montez et descendez quand vous le souhaitez durant la période de validité du billet. Avec la carte disponible en ligne ou au guichet, choisissez votre point d'embarquement ! Cette visite, avec commentaires en français (casques fournis), permet de découvrir la ville dans sa globalité sans se fatiguer à conduire et surtout sans se perdre. On conseille vivement le Big Bus pour un premier contact avec Dubaï. Le ticket donne également droit à une multitude d'avantages

FRYING PAN ADVENTURES ★★

Tamani Arts Office Tower ✆ +971 56 471 8244

www.fryingpanadventures.com

Excursions gastronomiques. Durée : 4h-4h30. Petits groupes 6-8 personnes. Prix/personne : 425 AED.

Arva était déjà une blogueuse reconnue quand lui est venue l'idée de lancer des tours gastronomiques dans les ruelles du vieux Dubaï. Il existe 3 circuits qui durent environ 4 heures, autour des souks, de l'Inde et du Moyen-Orient nécessitent de marcher entre 1,5 et 3 km et de comprendre l'anglais. Loin des adresses léchées et souvent chères des quartiers du nouveau Dubaï. Un tour gastronomique avec Frying Pan Adventure est une expérience hors des sentiers battus à ne pas rater ! Mais attention : il faut réserver bien à l'avance pour s'assurer d'avoir de la place.

HELIDUBAI

✆ +971 4 208 1455

www.helidubaibooking.com

Vol à partir de 646 AED par personne pour 12 minutes, 814 AED pour 17 minutes, 1045 AED pour 22 minutes.

Pas très écolo, assez cher, mais cela reste vraiment la meilleure façon de découvrir Dubaï, sa position si particulière entre mer et désert et ses projets pharaoniques ! Une sortie mémorable, et la ville s'y prête très bien. On découvre ainsi le dessin parfait de la Palme, on plonge parmi les tours de Downtown et de la Marina et l'on se rend compte de la hauteur incroyable de Burj Khalifa... Non loin, le désert apparaît ce qui rappelle à tout à chacun que Dubaï sort du sable. Probablement une des villes dont le survol mérite vraiment un tour en hélicoptère !

HERO EXPERIENCES GROUP OF COMPANIES

✆ +971 4 440 9827 -
www.hero-experiences.com

Vaste palette d'expériences et activités plutôt haut de gamme.

Hero Experiences est un groupe de compagnies proposant des activités air-terre-mer uniques et inspirantes, dans le souci constant d'un tourisme durable. Le catalogue comprend de nombreux tours originaux et chics de très grande qualité : survol des dunes en montgolfière avec Balloon Adventures, découverte du littoral en bateau à conduire soi-même avec Hero OdySea, sorties dans la Dubai Desert Conservation Reserve à bord de Land Rover vintage avec Platinum Heritage. Guides francophones.

MY TOUR STUDIO

Aspin Commercial Tower
✆ +971 58 522 0807
www.mytourstudio-dubai.com

Les prix dépendent du tour, de la durée et du nombre de personnes.

Nathalie van de Vrede dirige brillamment et avec passion cette structure francophone à taille humaine. Tout est sur mesure pour mieux s'adapter à la personnalité et au style du client. C'est de la haute couture et son travail fera de votre voyage une expérience inoubliable. Capable d'organiser des voyages inventifs enrichis de toutes les activités adaptées, Nathalie et son équipe savent séduire les plus exigeants grâce aux prestataires de qualité avec lesquels elle travaille. Un réceptif sérieux et créatif ! Une vraie adresse futée.

CONNECTEZ-VOUS sur
petitfute.com

et partagez
VOS AVIS et BONS PLANS

DUBAI CITY TOUR

✆ +971 800 272 2426
www.arabian-adventures.com

A partir de 195 AED par personne le tour en groupe et de 1 242 AED le tour privé pour 2 avec guide francophone.

Par l'un des meilleurs réceptifs de Dubaï, cette visite guidée de la ville est un combiné, en 6h, de deux des circuits les plus plébiscités par les voyageurs : passé et présent, ou même passé et futur serait-on tenté de dire tant Dubaï semble dessiner le monde urbanistique de demain. En route donc pour le dédale des vieux quartiers (souks, Creek, abras...) et les lieux et bâtiments emblématiques des quartiers plus récents (Palm Jumeirah, Burj el Arab, Burj Khalifa...), en mode découverte et pauses-photos notamment dans le cadre géant de The Dubai Frame. Un must !

© ARABIAN ADVENTURES, CITY TOUR

© ARABIAN ADVENTURES, CITY TOUR

JOSETTE GHAZAL - GUIDE FRANCOPHONE

✆ +971 55 228 9624

Vaste palette de prestations et tours à la carte. Tarifs sur mesure, à la demande.

Implantée à Dubaï depuis des années et grande amoureuse de cette partie du monde, Josette, sympathique guide française, emmène les voyageurs curieux à la découverte des bonnes adresses de Dubaï. Elle concocte des programmes de visite sur mesure, centrés sur la ville moderne et ses gratte-ciel étonnants et/ou sur les quartiers plus traditionnels avec leurs souks et leur identité architecturale. Coup de cœur du *Petit Futé* : la balade à pied dans le vieux Dubaï et ses petites et grandes découvertes à chaque coin de rue. Plus atypiques : les journées ou demi-journées d'excursion sur le thème des animaux des Emirats (visite appréciée des plus jeunes et très sympa à faire en famille) ou celles des galeries d'art qui sont de plus en plus nombreuses à Dubaï. Autres balades appréciées : celles en yacht ou en limousine – souvenirs XXL ! Le circuit *Découverte du désert* propose une balade dans les environs de Dubaï afin d'observer les fabuleux paysages de dunes. Il est aussi possible d'opter pour la formule petit déjeuner, apéro ou dîner dans un « mini-camp » privé et privatisé – une façon d'apprécier le calme et la beauté du désert, mais aussi le privilège unique d'une sortie totalement exclusive. Josette est une guide de confiance qui s'appuie sur une petite équipe à taille humaine capable d'imaginer des offres sur mesure pour que chaque voyageur ait la sensation et le plaisir de visiter « son » Dubaï. Cerise sur le gâteau : les tarifs sont raisonnables.

SHEIKH MOHAMMED CENTRE FOR CULTURAL UNDERSTANDING ★★★★

Fahidi Historical District ✆ +971 4 353 6666

www.cultures.ae

Entre 100 AED et 315 AED par personne selon les visites du quartier. Repas avec Questions/Réponses entre 120 et 150 AED.

Nous vous conseillons vivement ce centre. Il a été créé afin de faciliter la compréhension interculturelle. On peut poser toutes les questions sans aucun tabou. Animés par des femmes et hommes émirats, tous bénévoles, qui prennent à cœur de répondre aux interrogations que les touristes peuvent avoir sur la culture locale, les traditions, le rôle de la femme, la politique, ou la religion. Tout est en anglais.

© GLEN BERLIN - SHUTTERSTOCK.COM

Sheikh Mohammed Centre for Cultural understanding.

SEAWINGS ★★★

✆ +971 4 807 0708

www.seawings.ae

r940 AED par adulte le survol de 20 minutes, 1 680 AED celui de 45 minutes.

Quoi de plus impressionnant que de voir une ville d'en haut et d'en saisir ainsi l'agencement global, la topographie urbaine, les principaux monuments ? Quoi de plus fun que d'ajouter à ce survol un décollage de l'eau ? Seawings est la seule compagnie à proposer cette expérience unique au sein de son hydravion de 9 places tout confort - nuisance sonore minimale, cabine climatisée, une fenêtre par passager. Si le survol de 20 minutes permet d'avoir un bon panorama de l'essentiel, nous conseillons celui de 45 minutes pour une vision globale des délires dubaïotes !

© SEAWINGS

© SEAWINGS

UNVEIL ARABIA

✆ +971 55 388 6460

www.unveilarabia.com

Création de packages (sans vol) avec résa d'hôtels, visites guidées et encadrement complet selon budget et intérêts.

Fondée par une équipe d'universitaires belges francophones, Unveil Arabia est un réceptif à taille humaine, spécialisé dans les voyages thématiques et éducatifs pour les clients exigeants (familles, groupes d'étudiants ou de professionnels) via des circuits à la carte d'un jour à une semaine ou plus. Passionnée et très pro, l'agence a créé une palette de *journeys* : tours et excursions inédits qui permettent de découvrir les faces cachées des différents émirats en mettent l'accent sur leurs richesses naturelles, historiques, culturelles et architecturales.

© UNVEIL ARABIA

© UNVEIL ARABIA

BALADE

L'ART URBAIN À SATWA

Compter 1 heure de visite.

Première étape : Satwa. En novembre 2016, le gouvernement de Dubaï ouvre une campagne de décoration pour rafraîchir Al Diyafah Street, ou rue de l'Hospitalité. 12 artistes internationaux et 3 artistes émiriens œuvrent pendant un an sur les façades résidentielles et commerciales sur le thème de l'histoire du pays, et de ses racines. En remontant la rue de l'Etihad Museum (musée de l'Union) jusqu'au rond-point de Satwa, voici une petite sélection : Hamdan Buti Al Shamsi, La Danse des hommes Al Ayala.

Maisoon Al Saleh, *Échanges commerciaux*. Sur le mur côté sud de la rue, souvenirs de l'explosion du paquebot Dara le 8 avril 1961 dans le golfe Arabique.

Case Maclaim, *Le Café*. Ashwaq Abdullah, *Cheikh Zayed Al Nayan et Cheikh Rashid al Maktoum,* sur le mur sud en face. Zach, *Sept Enfants jouant ou les sept émirats*, sur le mur sud de la rue. Seth, *Deux Enfants à la fenêtre*.

Martin Whatson, *La Récolte de dattes. Les feuilles de l'arbre disent « Love » et « Peace »*. Hua Tunan, *Faucon*.Sur le rond-point de Satwa : Julia Volchkova, *Homme en abra ou Le Passé*. Ashwaq Abdullah, *Cheikh Rashid lisant un livre à Cheikh Mohammed.* Pour rejoindre la deuxième étape, prendre un taxi.

AL AHMADIYA SCHOOL ★★

Al Ahmadiyah Street
✆ 80033222
www.dubaiculture.gov.ae
Ouvrira courant 2021.

L'école Al Ahmadiya fut le premier établissement scolaire de l'émirat. La visite de l'école est rapide mais intéressante. La cour intérieure servait de cour de récréation, de salle de sports et d'espace ouvert pour la déclamation des poésies. La salle de stockage de l'eau montre toute son importance ici. La salle de classe, traditionnelle, de structure allongée avec des tables alignées de manière austère, était réservée aux cours magistraux. La bibliothèque expose de vieilles pages de manuscrits et d'anciens objets scolaires, comme le porte-plume ou le sifflet.

ETIHAD MUSEUM ★★

Jumeirah Road ✆ 80033222
etihadmuseum.dubaiculture.ae
Ouvert tous les jours de 10h à 20h. 25 AED pour les adultes et 10 AED pour les jeunes de 5 à 24 ans.

Inauguré le 2 décembre 2016, ce musée a été édifié sur le site même où fut signé le décret qui donna naissance aux EAU. Le musée explique au pèlerin émirien ou au visiteur curieux, combien le charisme de Cheikh Rashid al Maktoum et de Cheikh Zayed al Nayhan furent déterminants pour fédérer les petits émirats. On découvre aussi les portraits des autres souverains ainsi que les objets leur ayant appartenu. Un guide peut aussi vous faire visiter les bâtiments de l'époque et vous raconter l'histoire de la création de leurs pays. Muséologie épurée et très ludique.

© GLEN BERLIN - SHUTTERSTOCK.COM

Al Ahmadiya School.

À VOIR / À FAIRE

DOCKS À BOUTRES ★

Baniyas Road

Spectacle anachronique que ces vieux navires de bois amarrés sur plusieurs centaines de mètres, avec leur cargaison hétéroclite empilée à quai : tissus, hi-fi, électroménager, pneus. Les caisses de marchandises s'entassent interminablement, parfois encore déchargées à dos d'homme. Ils gardent la marque du passé, quand, venant d'Inde ou de Perse, ils accostaient pour approvisionner les différents souks. Aujourd'hui encore, l'activité des souks de Deira et de Bur Dubaï reste importante : ce sont des tonnes de marchandises qui transitent chaque jour à cet endroit.

FORT AL-FAHIDI ★★

Al-Fahidi Street
✆ +971 4 353 1862
www.dubaiculture.gov.ae
Le musée est fermé pour rénovation. Pas de date de réouverture

En attendant sa réouverture, on peut admirer de l'extérieur le fort historique de Dubaï érigé entre le souk Al Kabir et le quartier d'Al Fahidi. Érigé en 1787 pour protéger la ville des invasions étrangères, il est un magnifique exemple d'architecture traditionnel d'édifices défensifs de la région. On aperçoit le mur réalisé avec des coraux, éponges et coquillages non loin de la porte principale. A l'extérieur trône un magnifique Dhow, bateau utilisé pour la pêche à la perle. Plus tard, le fort servit d'arsenal et de prison. Il fut ouvert au public en 1971.

JAMEEL ARTS CENTRE

✆ +971 4 323 3652
www.jameelartscenter.org
Ouvert de 10h à 18h du samedi au mercredi et de midi à 20h les jeudis et vendredis. Fermé les mardis.

Art Jameel signifie « Beaux-Arts ». Ouvert depuis 2018, le Jameel Arts Centre est l'un des premiers instituts d'art contemporain à but non lucratif de Dubaï. Le complexe de 10 000 mètres carrés construit par « Serie architects » est un espace pluridisciplinaire dédié à l'exposition, la promotion et la création d'art à travers le Moyen-Orient et au-delà, offrant des expositions commissariées, avec des œuvres provenant de la Jameel Art Collection. Les jardins sont l'œuvre du paysagiste Anouk Vogel. Une très bonne librairie vient compléter cet espace unique.

MAISONS N°19 ET N°20 AL FAHIDI

19 et 20 Al Fahidi Neighborhood
Entrée libre.

Ces maisons sont un exemple de l'architecture importée par les Perses, avec leurs tours à vent, leurs murs de gypse et leurs ornements intérieurs sculptés. Les maisons consistent en une cour intérieure autour de laquelle s'articulent les différentes pièces. Elles appartenaient probablement à un marchand de la région de Bastakiya. Si vous rentrez dans la maison n° 19 en semaine, vous pourrez observer le matin des femmes qui s'adonnent à l'artisanat traditionnel.

MAISON CHEIKH SAEED AL MAKTOUM ★★

Al Shindagha area
✆ +971 4 393 7139
www.dubaiculture.gov.ae
Fermé pour rénovation. Pas de date de réouverture pour l'instant.

La maison est un exemple raffiné de l'architecture de la fin du XIXe siècle. Plafonds en poutres et feuilles de palmier tressées, embrasures voûtées, fenêtres et treilles sculptées délicatement caractérisent cet édifice. La maison fut le siège du gouvernement local et la résidence privée du grand-père de l'actuel souverain de Dubaï. Exposition intéressante sur les différents stades de croissance de la ville, maquettes de bateaux et éclairage sur la famille fondatrice de Dubaï.

MUSÉE AL SHINDAGHA

Al Shindagha
✆ +800 33222
Ouvert de 10h à 17h. Prix les plus de 24 ans : 15 AED. Entre 5 & 24 ans : 5 AED.

Si l'on ne devait aller que dans un musée pour comprendre l'histoire de Dubaï, ce serait celui-ci. Petit, mais très bien fait, il permet d'abord de comprendre l'histoire de la région à travers plusieurs cartes qui situent la ville et ses relations avec le reste du monde. Un petit film d'une dizaine de minutes en anglais ou arabe retrace Dubaï de ses origines à aujourd'hui. Vidéos interactives, écrans tactiles, photographies et objets anciens permettent de comprendre l'évolution spectaculaire de cette ville, depuis toujours commerçante.

MAISON DE LA CALLIGRAPHIE

Al Fahidi Neighborhood
Le maître calligraphe est présent plutôt en matinée. Fermé le vendredi.

En poussant la porte, vous pourrez peut-être voir Abdul Fattah. Le maître a commencé à s'initier à la calligraphie à l'âge de 10 ans et depuis près de 40 ans en a fait son métier. Ce sera alors le début d'une conversation passionnante qui vous permettra de comprendre comment cette écriture a été élevée au niveau d'art majeur dans le monde arabe. La beauté de l'écriture essaye de se mettre à la hauteur de la parole divine, et l'artiste alors, se met en quête de la perfection du tracé.

MUSEE DE LA FEMME ★★

Vieux Souk de l'Or
✆ +971 4 234 2342
www.womenmuseumuae.com
Ouvert du dimanche au jeudi de 10h à 19h. 20 AED par personne. Pour réserver un tour : écrire un mail à l'avance.

Nichée en plein milieu du souk de l'or, Bait al Banat, littéralement « la maison des femmes », rend hommage à ces femmes, à leur statut social et familial et à celles qui loin d'être soumises ou inexistantes, ont aidé à façonner le pays. Le musée présente au rez-de-chaussée des costumes et masques traditionnels, des objets qui témoignent de tous les aspects de la vie quotidienne et une rétrospective de celles qui ont marqué le pays ainsi qu'une très belle collection de photos. À l'étage, exposition d'artistes émiratis. Le centre est aussi un centre culturel.

MUSÉE DE LA MONNAIE ★

Al Fahidi Neighbourghood
✆ +971 4392 0093
www.dubaiculture.gov.ae
Ouvert du dimanche au jeudi de 8h à 14h. Fermé les vendredis et samedis. Entrée libre.

Niché au numéro 7 du quartier historique d'Al Fahidi, ce petit musée abrite une belle collection de plus de 500 pièces, comprenant certaines pièces de collection très rares. Elles témoignent de l'importance des échanges entre Dubaï, l'Empire britannique, et les pays du Golfe. Pour ceux qui considèrent ces pièces du registre de la petite ferraille, ne manquez pas tout de même l'architecture traditionnelle de la maison et sa jolie terrasse de toit mérite tout de même de franchir le pas de cette jolie demeure et de prendre de jolies photos.

MUSEE DE LA VILLE ★

Al Souk
✆ +971 4 225 3312
Ouvert de 9h à 14h. Fermé les vendredis et samedis.

Est-ce un vraiment un musée ? Ou juste les restes du premier hôtel de ville de Dubaï ? En tous les cas, il rend témoignage à ce que fut le début de l'urbanisme de la ville. On a du mal à s'imaginer que tout a commencé là ! Construit au début des années 1950, cet édifice à deux étages présente une configuration très particulière liée à l'activité marchande du quartier. Petit film d'archives très intéressant et long de quelques minutes relatant les débuts de l'urbanisme et les grandes réalisations de la ville et bric-à-brac de photos et d'objets.

MUSEE DES ILLUSIONS

Al Seef Heritage Area
✆ +971 0 4 357 3999
www.museumofillusions.ae
10h à 22h et jusqu'à minuit du jeudi au samedi. 80 AED par adulte et 60 AED par enfant.

Le musée des Illusions, qui se trouve dans le quartier d'Al Seef, offre la plus grande collection d'illusions optiques du monde. Les enfants et les plus grands vont aimer se laisser prendre à chaque attraction. Armé de votre smartphone, vous allez prendre des clichés surprenants : toute la famille va se prendre au jeu, toutes générations confondues. De nombreux animateurs vous aideront à profiter au mieux de chacune de ces 80 attractions. Un musée ludique et éducatif. Une boutique vous permettra de ramener avec vous quelques-unes des astuces.

MUSÉE DU CAFÉ ★

44 Al Fahidi Historical Neighbourhood
✆ +971 4 353 8777
www.coffeemuseum.ae
Ouvert de 9h à 17h. Fermé le vendredi. Entrée libre.

Ce charmant petit musée est dédié à l'histoire du café. Dans le jardin central, on peut observer différentes manières de torréfier et de préparer le café, illustrant notamment la fameuse « cérémonie du café ». Les salles disposées tout autour sont remplies d'antiquités, comme par exemple des jebenas éthiopiennes (sortes de cruches en argile) vieilles de 3 siècles. À l'étage, se trouve une salle de lecture réservée aux textes, avec des spécimens allant du XVIIIe siècle jusqu'à nos jours, et un café où l'on peut finir sa visite en goûtant un échantillon bien corsé.

MUSEE DU PARFUM

Al Shindagha
Ouvert de 10h à 17h. Prix : 15 AED. Entre 5 & 24 ans : 5 AED. Le prix inclut aussi le musée Shindagha.

Le musée est dédié au parfum et à son importance capitale dans la tradition et la culture émiraties. Le musée commence par une expérience sensorielle qui permet de prendre conscience de la variété et des caractéristiques des essences venues des contrées lointaines. Puis, le visiteur peut découvrir les us et coutumes autour de l'oud, de son élaboration, ses utilisations qui encore aujourd'hui perdurent dans toutes les familles. Un très beau petit musée qui donne envie d'adopter l'utilisation du Oud chez soi que l'on peut acheter dans le souk de Deira.

MUSÉE DU POÈTE AL OQAILI ★

Al Ras
✆ 80033222
www.dubaiculture.gov.ae
Ouvert du dimanche au jeudi de 8h à 14h. Fermé les vendredis et samedis.

On la trouve dans le dédale du souk des épices. La maison fut construite en 1923 et le poète Mubarak Al Oqaili y résida jusqu'à sa mort en 1954. Il est l'un des poètes les plus reconnus de la culture locale. Cette maison est un bâtiment historique composé de 9 pièces à travers lesquelles le visiteur découvre le mobilier, la cuisine et l'œuvre du célèbre poète. La maison n'est pas grande et ses 187 mètres carrés se partagent entre deux étages et toutes les pièces sont organisées autour d'un patio intérieur. Elle fut restaurée en 2010 et ouverte au public en 2012.

MUSEE PRIVE DE LA PERLE ★★

Baniyas Street
www.pearlmuseum.ae
Réservation uniquement et par email.

Obtenir une visite est presque aussi difficile que de courir un marathon dans le désert ! Mais ce petit musée est un bijou, il vaut vraiment la peine d'essayer ! Vous découvrirez alors la très belle collection, léguée par Sultan al Owais, fils d'un riche marchand de perles. La visite commence par la projection d'un film d'une douzaine de minutes que l'on peut avoir en version française. Vous pourrez admirer ensuite des perles époustouflantes, avant de terminer avec une exposition sur la monnaie. En cas de difficultés pour réserver, appeler un des tour-opérateurs.

MUSÉE SARUQ AL-HADID ★★

311 Al Shindagha
✆ +971 4 359 6612
www.saruqalhadid.ae
Ouvert du dimanche au mercredi de 8h à 20h et les jeudis et samedis de 8h à 14h. Fermé le vendredi. 20 AED.

Si vous pensez que Dubaï n'a pas d'histoire alors vous devez courir le voir. Le musée abrite une collection impressionnante issue du site archéologique de Saruq Al-Hadid : objets datant de l'âge du fer, tels que des sceaux, des poteries, une collection de bijoux dignes des plus habiles orfèvres. La visite commence par un film qui retrace les mystères autour de ce site. Un guide local vous emmènera découvrir la collection après. En sortant, on ne peut que se demander pourquoi si peu de monde est au courant du passé riche et méconnu de ce petit émirat.

QUARTIER AL SEEF

AL SEEF
Balade libre.

Le quartier d'al Seef se situe dans Bur Dubaï, le long de la Creek, collé au quartier d'Al Fahidi. Inauguré en 2017, il a pour mission de rendre hommage aux racines culturelles de l'émirat en offrant une reconstitution des maisons traditionnelles dotées de tours à vent. Il offre une vue unique sur la Creek, ses boutres et est propice à la déambulation et à la flânerie entre cafés, restaurants et échoppes. C'est une belle façon de terminer une journée, au soleil couchant, passée dans les vieux quartiers de Dubaï loin des tours de verre.

QUARTIER HISTORIQUE DE SHINDAGHA

Shindagha ✆ +971 4 353 1862
www.dubaiculture.gov.ae
On peut déambuler librement dans ce quartier mais nous recommandons à partir de 10h et jusqu'au coucher du soleil.

Il est l'ancien quartier émirati et de ses souverains et se situe le long de l'embouchure de la Creek. Lieu stratégique qui permettait aux cheikhs de contrôler le trafic des bateaux qui venaient apporter leurs chargements en provenance de Perse, d'Inde et d'autres contrées encore. Restauré (presque trop) ces dernières années, le quartier a pour vocation d'abriter une vingtaine de musées à terme. Sont déjà ouverts : Al Shindagha Museum, le musée du parfum et le musée Sarouk al Hadid.

SPICE & GOLD SOUK ★★

Al Abra Street
Ouvert de 10h à 14h et de 17h à 23h.
Ouvre le vendredi à partir de 15h.

Le paradis pour les photographes : on se fraie un chemin parmi les échoppes minuscules guidé par les effluves enchanteurs et attiré par le jaune ou l'ocre de poudres mystérieuses. Ça sent bon et l'on voudrait tout flairer, tout goûter. Le souk est conçu en rues parallèles, la charpente de bois laisse à peine pénétrer la lumière, et l'on flâne comme hors du temps. Les marchands cherchent à vous attirer dans leurs échoppes : safran, curcuma, pétales de rose. Tout à côté, se trouve le Gold Souk et ses parures à couper le souffle. N'hésitez pas à négocier.

QUARTIER HISTORIQUE AL-FAHIDI [BASTAKIYA] ★★★

Al Fahidi historical neighbourhood
Mieux vaut visiter le quartier entre 10h et 17h. Entre 1 et 2 heures de visite libre.

Le quartier d'Al Fahidi était connu sous le nom de Bastakiya, qui tenait son nom de la communauté bastaki, d'origine iranienne, installée au bord de la Creek vers la fin du XIXe siècle. C'est le quartier le plus pittoresque, le plus riche architecturalement et le plus attachant de la ville. Sa visite permet de découvrir ce que fut Dubaï avant la découverte du pétrole. Le quartier se compose d'un dédale de rues propices à la flânerie, à la découverte d'une cinquantaine de maisons traditionnelles abritant des tours à vent et restaurées à l'identique. La plupart des habitations abritent désormais des centres culturels, des galeries d'art, des musées, un petit souk, des cafés-restaurants et même un hôtel : Plus personne n'y habite. Au détour des ruelles, on pourra admirer deux « arish », ces maisons en feuilles de palmier à la ventilation simple et ingénieuse, ainsi qu'une reconstitution de campement bédouin. On aperçoit aussi sur la place où trône un bateau en bois de course, un mur. Ce mur a été restauré et est resté volontairement inachevé, pour laisser apparaître les matériaux autrefois utilisés à savoir, du gypse et du corail. Plus loin, les vestiges du rempart qui entourait la ville au XIXe siècle. Observez attentivement les tours à vent dont aucune n'est tout à fait semblable à l'autre. Remarquez également que la porte principale d'une maison ne fait jamais face à une autre porte principale, afin de préserver la discrétion des allées et venues.

Voici une petite liste des maisons à ne pas manquer. Pour vous repérer, rendez-vous sur la place où se trouve le magnifique bateau en bois. Près de l'enclos à chameaux, un panneau affiche le plan du quartier avec des numéros et des lettres correspondant aux numéros des maisons. Ci-dessous, voici une petite liste non exhaustive de ce que vous pourriez visiter et dont les numéros correspondent très exactement au plan du quartier. Pour certains d'entre eux, en gras dans le texte, nous avons développé leur contenu à part dans ce même chapitre : Maison n° 3 : Maison historique ; maison n° 7 : Musée de la monnaie ; maison n° 13 : Alserkal Foundation ; maison n° 15 : XVA, hôtel-café et galerie d'art ; maison n° 37 : Magasin d'épices ; n° 42 : Photo avec un faucon ; maison n° 44 : Musée du café. Maison n° 19 et 20 : Maisons historiques. Maison n° 4 : Maison de la calligraphie, Maison n° 26 : Sheikh Mohammed Centre for Cultural Understanding. A : Mur fortifié, E : Mosquée, F : Maison de pêcheur type Areesh.

© KAH LOONG LEE - SHUTTERSTOCK.COM

AL FAROOQ OMAR BIN AL KHATTAB MOSQUE

35th Street ✆ +971 4 394 4448
www.alfaroooqcentre.com
Ouvert tous les jours avec des visites à 10h & 11h et l'après midi à 16h15 et à 18h. Réservation avant.

La mosquée Al Farooq, construite en 1986, est surnommée ici la mosquée bleue. Reconnaissable de loin, grâce à ces 4 minarets de style ottoman s'élevant à plus de 55 mètres de haut, la mosquée abrite 21 dômes et ressemble à s'y méprendre à la mosquée bleue d'Istanbul. Les visites organisées permettent au visiteur de mieux comprendre l'islam et de poser toutes les questions qui se présentent. Elle est la seule mosquée avec celle de Jumeirah ouverte aux non-musulmans.

DUBAI TURTLE REHABILITATION PROJECT

Jumeirah Al Naseem ✆ +971 4 366 8888
www.jumeirah.com/turtles
Tous les mercredis à 11h, on peut assister librement au moment où les soigneurs nourrissent les tortues.

Créé en 2004, le Dubai Turtle Rehabilitation Project a pour but de protéger, soigner et réhabiliter les tortues malades qui évoluent dans des bassins aménagés dans le complexe de l'hôtel Mina'A Salam. Ainsi, plus de 560 tortues ont été sauvées et relâchées. On peut en apprendre davantage chaque mercredi, car il est possible d'accompagner les soigneurs en les aidant à nourrir les tortues dans leur enclos, près du restaurant Hanaaya. Une expérience insolite et totalement gratuite.

GREEN PLANET

City Walk
✆ 800 7699
www.thegreenplanetdubai.com
Ouvert du lundi au samedi de 10h à 22h. Fermé le dimanche. Billet 89AED en ligne et 120 AED à l'entrée.

La promesse faite par The Green Planet est d'explorer une jungle en plein désert. Sortie éducative, interactive et ludique pour toute la famille. Le monde enchanteur d'une forêt tropicale abritant plus de 3 000 plantes et animaux ainsi que le plus grand arbre planté par l'homme au cœur d'un biodôme. Piranhas, singes écureuils, paresseux, toucans, boas émeraude, une immersion sous les tropiques qui pointe le fragile équilibre de la nature sur l'un des plus anciens écosystèmes vivants au monde. Un havre de paix qui plaît beaucoup aux enfants.

BURJ AL ARAB ★★★

Jumeirah Road ✆ +971 4 301 7777
www.jumeirah.com
Il faut une réservation pour pouvoir rentrer. Une des façons d'y rentrer sans se ruiner est de réserver à Scape.

C'est, avec le Burj Khalifa, le symbole fort de Dubaï, et un immanquable pour quiconque visite la ville. Telle la grande voile blanche d'un bateau traditionnel gonflée par les vents du golfe, le Burj Al Arab s'élève à 321 m au-dessus des flots, sur son île artificielle plantée à 280 m de la côte. Appelé à dessein la « Tour des Arabes », l'édifice vise à affirmer la puissance de l'émirat, symbolisant l'esprit de conquête permanent des Dubaïotes sur le monde. Rien n'a été laissé au hasard dans la construction de cette tour géante, conçue pour que son ombre ne couvre pas la plage. Mais pourquoi sur une île artificielle ? C'est parce que l'architecte du Burj voulait que l'édifice ait l'air d'émerger de l'eau... On décida alors de construire une île, à 270 m au large de la plage de Jumeirah. Eh oui, à Dubaï, les rêves les plus fous sont réalisables ! Les ingénieurs eurent ainsi la lourde tâche de trouver une solution pour que l'île soit résistante à l'érosion de la mer. Elle fut donc entourée d'éléments anti-vagues, en béton, s'élevant à 7,50 m au-dessus de l'eau. Pour que le sable situé en sous-sol ne menace pas les fondations, les ingénieurs construisirent aussi un rempart en acier qui descend à 20 m de profondeur et une couche d'isolation en béton.

La tour-hôtel, construite par des Sud-Africains d'après les plans du Britannique Tom Wright, fut inaugurée le 31 décembre 1999. La construction de ce bâtiment pharaonique prit 6 ans au total. C'est un des hôtels les plus luxueux du monde et certains s'amusent à dire que c'est le seul 7-étoiles de la planète, même si ce titre n'a jamais été officialisé. Rien à dire, la « Tour des Arabes » répond bien à son destin de bâtiment iconique, inséparable de Dubaï comme le Burj Khalifa. Avec 24 000 m² de marbre, 1 600 m² de feuilles d'or 24 carats, un atrium intérieur de 180 m de haut, huit restaurants, un aquarium géant, des chambres de 170 m² minimum – toutes en duplex – servies par une moyenne de 8 employés, un menu d'oreillers avec 17 choix, un spa sublime avec des bains romains colorés, des fontaines pilotées par fibre optique, 28 000 lampes pour l'éclairage nocturne, un héliport circulaire suspendu sur lequel les clients peuvent aussi jouer au tennis, deux Rolex géantes suspendues à l'entrée 18 ascenseurs dont 2 panoramiques. Telle une ruche pour milliardaires fantaisistes, cette tour n'en finit pas de fasciner les visiteurs du monde entier. Ne manquez pas d'aller y faire un tour lors de votre séjour dans l'émirat pour avoir une vraie idée de la démesure dubaïote.

JUMEIRAH CITY WALK ★★

Al Wasl and Al Safa Road junction
✆ +971 4 590 50 90
www.citywalk.ae
Ouvert tous les jours de 10h à 22h et jusqu'à minuit du jeudi au samedi.

En plein cœur du quartier de Jumeirah, voici un quartier piétonnier et résidentiel jouissant d'un centre commercial haut de gamme au concept novateur, mêlant savamment intérieur et extérieur. Quel plaisir de pouvoir arpenter un quartier prisé par la population locale, qui déambule le soir venu dans un ballet d'abayas et de kanduras ! Les allées ressemblent à s'y méprendre aux rues de Londres et la plupart convergent vers la place principale, organisée autour d'un plan d'eau qui offre des spectacles de son et lumière à intervalles.

KITE BEACH

Beach Road
✆ +971 4 219 0999
www.kitebeach.ae
Plage ouverte de 8h à 18h. Les restaurants et boutiques sont ouvertes de 10h à 22h.

© JOSE TOLEDO

Une très belle plage, large et longue s'étend devant le littoral, des kitesurfers flirtent avec les vagues, les enfants sautent sur les trampolines installés au bord du sentier pédestre, et une brochette de food-trucks aux couleurs acidulées éveillent les appétits aiguisés des baigneurs : tout va bien, on est sur Kite Beach. Les joggeurs s'émerveillent de vivre dans une ville si contrastée et le touriste ébahi se dit que décidément, Dubaï se conjugue à toutes les modes comme celle du farniente-méditation sur la plage ou sur le mode urbain sophistiqué downtown.

MAJLIS GHORFAT UM AL SHEIF ★

Al Mehemal Street
✆ +971 4 515 5000
www.dubaiculture.gov.ae
Ouvert de 10h à 17h, fermé le vendredi et le samedi. Entrée : 3 AED.

Le Majilis Ghorfat Umm Al Sheef a été construit en 1955 dans un quartier qui n'était, il n'y a pas si longtemps, qu'une zone plantée de palmiers dattiers et de huttes de pêcheurs. Cette « résidence d'été » de Cheikh Rashid bin Saeed Al Maktoum, servait de lieu de réunion pour recevoir les doléances et pour abriter les discussions importantes, à l'époque délicate où les émirats scellèrent leur Confédération. La maison n'était donc pas destinée à être habitée.

LA MER ★★

Jumeirah 1
✆ +971 459 050 90
www.lamerdubai.ae
Ouvert tous les jours de 10h à 22h.

Ouvert fin 2017, voici un complexe construit autour de la plage. Elle plaira aux fans du farniente comme à ceux qui aiment marcher ou aux amoureux du sport en terrasse devant un café. Bordés de palmiers, des galeries marchandes et des restaurants se succèdent le long d'une promenade piétonne. La plage n'est pas la plus belle, mais l'eau y est calme, idéale pour les enfants. Elle dispose du Laguna Waterpark, nouveau parc aquatique en plein centre-ville. Prévoir d'y aller tôt le matin les vendredis et les samedis, car le parking souterrain est très vite plein.

SITE ARCHÉOLOGIQUE DE JUMEIRAH

✆ +971 4 349 6874
www.dubaiculture.gov.ae
Ouvert tous les jours de 8h à 14h. Fermés les vendredis et samedis.

Découvert en 1969, ce site archéologique à ciel ouvert comprend les restes d'une ville de taille conséquente. Les archéologues ont retrouvé les traces de 8 édifices. Selon toute probabilité, il s'agit d'un caravansérail datant du premier millénaire de l'époque abbasside. Des archéologues y travaillent toujours et vous y trouverez les restes de la plus ancienne mosquée des émirats. Un petit musée vous permet d'admirer certains des objets trouvés lors des fouilles.

À VOIR / À FAIRE

MOSQUÉE JUMEIRAH ★

Jumeirah Beach Road ✆ +971 4 353 6666
www.jumeirahmosque.ae
Visite guidée à 10h et à 14h. Fermé le vendredi. Présentez-vous à partir de 9h30 et 13h30 à l'entrée. 35 AED/personne

La seule mosquée accessible aux non-musulmans à Dubaï et que l'on trouve fièrement affichée sur les billets de 500 AED. L'architecture de cet édifice achevé en 1978 s'inspire du style fatimide, du nom de la dynastie qui régnait en Egypte entre 909 et 1171. Elle présente un aspect extérieur massif et fortifié, avec peu d'ouvertures et des créneaux. Les minarets semblent puissants, avec leur base carrée très haute. Les nefs sont parallèles à la qibla dans la salle de prière. Le décor est sobre, mais le travail du stuc extrêmement fouillé. La salle de prière est un large espace, non hiérarchisé, dépouillé, mais agréable (matériaux de qualité, Coran électronique). Son éclairage nocturne fait resplendir la mosquée en lui donnant un éclat doré. L'intérêt de s'y rendre est sans aucun doute pour les visites guidées de questions-réponses sur l'Islam. Après avoir pu se restaurer avec quelques spécialités locales, hospitalité oblige, la visite commence par une description du rite des ablutions, préalable obligatoire à la prière et qui a lieu à l'extérieur de la mosquée. Elle se poursuit à l'intérieur par une explication concernant le déroulement de la prière et, plus généralement, par un rappel des fondements de l'islam. Ensuite et en anglais, les visiteurs sont invités à poser toutes les questions relatives à l'Islam, sans aucun tabou. Les Émiratis qui y répondent sont tous bénévoles. Mieux vaut venir en respectant un code vestimentaire : épaules et genoux couverts, manches longues. Un voile est prêté aux femmes.

© CATHYLINE DAIRIN

.ES PLAGES LE LONG U LITTORAL ★★

e littoral de Jumeirah longe le littoral sur 14 km ntre le Burj al-Arab et le Dubaï Marine Beach Reort & Spa (non loin de la mosquée de Jumeirah), t traverse six quartiers résidentiels et de nomreuses plages publiques ; elle est dotée d'un entier pédestre et d'une piste de jogging molle e 5 mètres de large, en plus d'être bordée sur out son long par des infrastructures gratuites our les baigneurs (espace pour se changer, oilettes, wifi gratuit) ainsi que par divers cafés t restaurants. Principalement destiné aux sporfs et aux familles, cet espace récréatif est un nust pour les aficionados des sports de plein air. i, sur le papier, la piste longe la plage sur 14 km, n réalité, elle est entrecoupée par des ports de êche qui obligent la piste à dévier dans les rues errière. Elle s'arrête également à un endroit our laisser place au niveau canal (qui relie la reek au golfe Persique en passant par Business ay) et au Four Season Resort.

'oici les points d'intérêt situés le long du littoal de Jumeirah corniche en partant du Burj alrab :

- **Sunset Beach,** sans doute la plage la plus hotographiée de Dubaï grâce à sa vue imprenable sur le Burj al-Arab ; c'est aussi l'une des lus fréquentées, cependant des travaux d'aménagement sont en cours.
- **Umm Suqeim 2 Fishing Harbour,** l'un des etits ports de pêche avec de sympathiques errasses donnant sur le port.
- **Kite Beach,** la plage la plus animée et la plus portive où le kite surf a la part belle, mais où on pratique aussi le beach-volley et le beachennis. Pour les enfants, trampolines.
- **Umm Suqeim 1 Fishing Harbour,** petit port de êche qui possède un marché aux poissons où es pêcheurs vendent leur prise du jour. C'est ussi ici qu'a lieu, régulièrement, le Marina ouk : un marché organisé par une Française, roposant des stands de vêtements, de bijoux t d'objets de décoration faits par des expatriées ésidentes.
- **Nessnass Beach,** aussi connue sous le nom le Sunset Mall Beach, est une plage qui ne omporte presque aucun aménagement, mais ui est plus calme que les précédentes, et qui ccueille le Dubaï Food Festival en février. C'est près cette plage que la piste s'arrête pour laiser place au canal. Elle reprend ensuite en passant par les points d'intérêt suivants :
- **Jumeirah 1 Fishing Harbour,** dernier petit ort de pêche de la corniche, location de jet ski ar un français 7 fois champion du monde.
- **La Mer :** Promenade bordée de palmiers, plage ménagée de près de 2,5 km, restaurants et outiques.

SOUK MADINAT JUMEIRAH ★★

Al-Sufouh Road ✆ +971 4 366 8888
www.jumeirah.com
Ouvert de 10h à 23h. Promenade en abra sur les canaux : 75 AED pour les adultes et 40 AED pour les enfants.

© PHUONG D. NGUYEN - SHUTTERSTOCK.COM

Le souk Madinat Jumeirah fait partie d'un vaste complexe hôtelier, s'insérant entre trois palaces. Construit sur le modèle d'un marché traditionnel, avec de longues allées aux murs de gypse, des colonnes, une charpente en bois de teck aux arches ajourées, des lanternes et des échoppes aux portes alignées. Le résultat est enchanteur. Cet ensemble réserve au promeneur égaré la surprise de vues sur les tours à vent et les canaux où voguent de petits *abras*. Cerise sur le gâteau : plusieurs superbes points de vue sur Burj Al Arab de-ci de-là.

WATER CANAL ★★

Dubai Water Canal

En 2013, le souverain de Dubaï décide de relier le bras de mer de la Creek, situé dans le vieux Dubaï, jusqu'à la mer, en passant par Business Bay. Le projet pharaonique va transformer le quartier de Jumeirah en une île grâce à un canal *ex nihilo* de plus de 3 km et prévoyant à terme l'implémentation d'hôtels 5 étoiles et de restaurants. 5 ponts ont été construits, dont 3 pédestres. Ils offrent un point de vue imprenable. Des taxis maritimes qui offrent à tous les visiteurs une visite de Jumeirah jusqu'à la fin de Business Bay.

À VOIR / À FAIRE

AIN DUBAÏ

Bluewaters Island
✆ +971 0 3173999
www.bluewatersdubai.ae
Pas de date d'ouverture

C'est l'entreprise française Poma qui est derrière cette réalisation. Cette grande roue, dont le poids atteint celui de 16 Airbus A380, est la plus haute du monde à près de 250 mètres, soit 115 mètres de plus que celle de Londres. Elle contient 48 capsules dont chacune a une capacité de 40 passagers, capables de porter 1 400 visiteurs ! On pourra prendre un verre, dîner, et surtout admirer la Palme ! Comme toujours, Dubaï ne connaît pas le mot impossible : toujours plus haut, plus grand ! Elle sera inaugurée avant le début de l'Exposition Universelle.

BLUE WATERS

Blue Waters Island
✆ +971 4 371 3999
www.bluewatersdubai.ae
Ouvert de 10h à 22h du matin et jusqu'à 23h les jeudis et vendredis.

Blue Waters est une île artificielle inaugurée en décembre 2018. Elle abrite la fameuse grande roue de Dubaï, un complexe résidentiel, un hôtel de luxe et une promenade bordée de restaurants et de boutiques. Nous vous recommandons de vous y rendre au coucher du soleil grâce au pont qui relie la Marina à Blue Waters. Le ballet des bateaux, la lumière sublime de fin d'après-midi sur les édifices de la Marina en font un spot privilégié pour les amateurs de photographies. Une balade des plus agréables pour un point de vue unique.

THE LOST CHAMBERS AQUARIUM ★

Crescent Road, The Palm
✆ +971 4 426 0000
www.aquaventurewaterpark.com
Ouvert de 10h à 21h. Adulte à partir de 135 AED. Enfants de moins de 7 ans : 95 AED.

Voici le plus grand et le plus bel aquarium des Emirats. Dans un dédale de galeries obscures au décor mystérieux, on longe doucement les parois translucides de gigantesques aquariums, habités de plus de 65 000 poissons (plus de 250 espèces). La taille des bassins est à couper le souffle (42 millions de litres d'eau salée !) et l'on se sent happé, comme envoûté par le ballet nonchalant de créatures millénaires évoluant dans un environnement étrange. Une visite à ne pas manquer !

THE BEACH ★

Jumeirah Beach Residences
✆ +971 0 4590 5090
www.thebeach.ae
Ouvert tous les jours à partir de 10h jusqu'à 22h et jusqu'à 23h du jeudi au samedi.

Située entre les hôtels Hilton et Sheraton, cette plage gratuite s'étend sur près de 1 kilomètre. En plus de bénéficier des nombreux restaurants et cafés, cette dernière possède une infrastructure gratuite exceptionnelle : vestiaires, toilettes et douches gratuites sont répartis le long de plage. On trouve également une piste de jogging molle, des machines de musculation et un cinéma en plein air, ainsi qu'un club de plage payant avec transats et parasols. Un petit parc aquatique pour les enfants, fait d'attractions gonflables, est à disposition moyennant finance.

THE POINTE

✆ +971 0 43909999
www.thepointe.ae
Show des fontaines tous les jours de 19h-22h30 et jusqu'à 23h30 le weekend. Durée 3 minutes, toutes les 30 minutes.

La Pointe, nouveau quartier de la Palme, est un endroit propice à la flânerie. Expérience shopping, restaurants, et kilomètres de promenade. Mais c'est aussi un choix de divertissement aires de jeux pour les enfants et cinéma. Mais le clou du spectacle ce sont les fontaines ! Elles sont les plus hautes du monde, 105 mètres de haut, avec un show musical dansant et multicolore grâce à 3 000 LED. C'est à couper le souffle avec comme décor de fond l'Atlantis. La Pointe a pour ambition d'accueillir de grands festivals et des concerts. Nous le recommandons le soir.

ıelle que soit votre vision des vacances idéales – que ce soit des vacances amusantes a plage en famille, une lune de miel romantique ou une simple expérience de détente bord de la mer – Anantara The Palm Dubaï Resort vous offre une évasion luxueuse ıque, reflétant l'exotisme thaïlandais et l'esprit dynamique de Dubaï.

tendez-vous dans une villa spectaculaire sur la plage et profitez de votre propre cine à débordement. Imprégnez-vous des vues tranquilles du Golfe Arabe depuis re villa située à la surface de l'eau. Votre chambre vous assure un accès direct aux ux cristallines de nos piscines lagunaires de 10,000 mètres carrés.
s expériences gastronomiques sont réjouissantes et offrent un mélange de saveurs cculentes. Le prestigieux sanctuaire d'Anantara Spa rajeunit et renouvelle la peau avers une gamme de soins inspirante et des rituels raffinés dispensés dans un mmam turc traditionnel.

ANANTARA
THE PALM · DUBAI
RESORT

VIE EST UN VOYAGE. Visitez anantara.com

ANANTARA THE PALM DUBAI RESORT
P.O. BOX 71607, EAST CRESCENT, PALM JUMEIRAH, DUBAI, UNITED ARAB EMIRATES
T +971 4 567 8888 E resdubaipalm@anantara.com

LA VIE EST UN VOYAGE. Visitez anantara.com

ANANTAR
THE PALM · DUBA
RESORT

ANANTARA THE PALM DUBAI RESORT
P.O. BOX 71607, EAST CRESCENT, PALM JUMEIRAH, DUBAI, UNITED ARAB EMIRATES
T +971 4 567 8888   E resdubaipalm@anantara.com

AQUARIUM & UNDERWATER ZOO ★

Dubai Mall ✆ +971 4 448 5200
www.thedubaiaquarium.com
Ouvert de 10h à 22h, jusqu'à minuit du jeudi au samedi (dernière admission : 23h30). A partir de 120 AED par personne.

Ce fantastique aquarium, enchâssé dans Dubaï Mall, revendique son inscription au livre *Guinness des records* pour le plus grand panneau acrylique translucide du monde derrière lequel s'agitent 33 000 poissons (dont 140 espèces et 300 requins) dans 10 millions de litres. Un tunnel long de 48 mètres vous entraîne à 11 mètres sous le grand bleu, tandis que des bateaux à fond de verre vous promènent en surface. Certains préfèrent cependant celui de l'Atlantis, nous aussi !

DUBAI FRAME ★★

✆ 800900
www.dubaiframe.ae
Ouvert de 9h à 21h. 50 AED à partir de 12 ans. 20 AED pour les enfants à partir de 3 ans.

Ce bâtiment emblématique qui, comme son nom le laisse supposer, est un cadre photo géant, a pour structure deux piliers hauts de 150 mètres reliés par une passerelle partiellement en verre de 93 mètres de long, qui sert de plateforme d'observation. La visite commence par le rez-de-chaussée qui raconte l'histoire de la rapide transformation de Dubaï, puis direction les ascenseurs. En redescendant, on termine la visite par un petit film sur ce qui attend Dubaï en termes d'innovations technologiques, nouveaux transports et le projet pour Mars en 2071.

DIFC ★

DIFC
✆ +971 4 362 2222
https://www.difc.ae

Le Dubai International Financial Centre n'est pas que le centre financier le plus grand du Moyen-Orient. C'est une enclave remarquable qui combine architecture, design industriel, espaces intérieurs et jardins. On y trouve aussi de nombreuses galeries d'art à Gate Village et de nombreux restaurants raffinés et très branchés. Inauguré en 2004, il se compose de trois zones où les architectes ont rivalisé d'ingéniosité pour transformer ces 48 hectares en un quartier piétonnier, vivant tant pendant la journée que le soir. De ces 3 zones se détache l'Arc de Triomphe, cet édifice de 15 étages baptisé Gate building et qui offre une perspective étonnante avec tout au loin le premier gratte-ciel de Dubaï, le World Trade Center, et, en face les tours jumelles Emirates Towers. Les édifices hauts de 8 étages qui entourent le Gate building sont construits au-dessus d'arcades protégées du soleil par un jeu de toiles ou de panneaux en acier. Des ponts en bois permettent d'accéder au Gate Village dont l'architecture a été confiée au cabinet Hopkins & Partners. Inspirés par la ville de Shibam au Yémen et de la Creek de Dubaï, ils ont imaginé ces rues, étroites, avec des arcades donc bien protégées du soleil ce qui rend l'ensemble plutôt écoresponsable. Sur les balcons des édifices se détachent les moucharabiehs aux arabesques contemporaines. Les 15 000 employés de DIFC au profil très city se promènent ainsi tout au long de l'année dans cet espace dépourvu de voitures, mais aussi les nombreux résidents qui y courent le soir venu.

À VOIR / À FAIRE

© KATIEKK - SHUTTERSTOCK.COM

Dubaï Frame.

BURJ KHALIFA ★★★

1 Mohammed Bin Rashid Boulevard
www.burjkhalifa.ae
Prix entre 129 AED et 460 AED pour les adultes et entre 87 AED et 460 AED pour les enfants. Gratuit pour les - de 4 ans.

Empilez 2,53 tours Eiffel et voilà le Burj Khalifa ! 10 ans que cette tour domine la capitale du petit émirat. Une ville verticale où vivent 10 000 personnes. Commande du groupe Emaar, dessinée par les Américains de Skidmore, Owings & Merrill sur un plan en Y inspiré du bulbe de *Hymenocallis*, une fleur du désert, la tour de verre et d'aluminium a été inaugurée le 4 janvier 2010 après (seulement) 1 325 jours de travaux au rythme d'un étage par semaine. Il aura fallu 12 000 travailleurs par jour pour y parvenir. Elle pointe ses 160 étages et sa flèche à 828 mètres, record du monde actuel du gratte-ciel le plus vertigineux, et peut-être aperçue à plus de 95 kilomètres. Entre le sommet et sa base, il y a 6 degrés de différence. Soyez prévenu, il est très difficile de la faire entrer dans le viseur d'un appareil photo. D'en bas, elle est belle, élancée, vertigineuse, juste une merveille d'équilibre et de génie architectural. D'en haut, c'est-à-dire des plateformes d'observation aux 124e, 125e et 148e étages à 452, 456 et 555 mètres, elle paraît presque fragile, car étroite, et permet en cas de temps dégagé d'observer à plus de 95 km à la ronde. Qui habite là ? Du sol au 39e, les clients Armani, jusqu'au 108e, les locataires de quelque mille appartements, et ensuite des cadres méritant l'adjectif « supérieur ». Au 122e, un restaurant. Côté chiffres, certains donnent le vertige à l'image des 26 000 fenêtres ou les plus de 946 000 litres d'eau nécessaires chaque jour pour faire fonctionner le système de climatisation et pour y parvenir des réservoirs d'eau sont installés tous les 30 étages. De la condensation provoquée par celle-ci et par la chaleur humide de la ville, ils arrivent à récupérer environ 55 millions de litres, soit le volume de 20 piscines olympiques, et s'en servent pour arroser les jardins du bas. Côté sécurité, des îlots sont installés tous les 25 étages environ en cas d'incendie, pourvus de climatisations et de portes blindées. Ce sont aussi des alarmes qui s'enclenchent et empêchent les habitants de sortir sur leurs balcons si le vent devient trop fort. Dessous, il a donc fallu couler 192 piliers de béton, de 50 mètres de haut et de 1,40 mètre de diamètre, pour soutenir toute la structure lourde de 500 000 tonnes soit le poids de 100 000 éléphants. Quant aux fenêtres, ce sont plus de 24 300 qu'il a fallu commander et dont la couche extérieure contient de l'argent pour réfléchir la lumière et l'intérieur de titanium pour mieux isoler de la chaleur. Ces deux matériaux permettent aussi, en fin d'après-midi, lorsque le soleil est sur le point de se coucher, de l'admirer tout argentée, comme si elle était illuminée de l'intérieur. C'est à ce moment-là qu'elle devient sublime. Régulièrement classée en pole position sur le Web, At The Top est l'activité la plus courue du Tout-Dubaï, assez sensationnelle il faut bien le reconnaître, et définitivement unique. Faut-il faire cette visite coûteuse ? Oui, car la sensation d'être sur le balcon public le plus haut du monde est assez exaltante, et par temps clair la vue aérienne est inoubliable (la nuit, l'altitude et les distances sont écrasées, mais les lumières de la ville sont féeriques). Non, si l'on n'aime pas la foule, les longues queues et si l'on est claustrophobe ou sujet au vertige, l'ascenseur direct de 0 à 124 étant une forme d'épreuve, car vous montez (ou descendez) un étage par seconde, même si les effets spectaculaires du son et lumière réduisent cette impression de confinement. Au 124e, on est déjà à 452 mètres d'altitude, soit bien assez haut pour s'offrir un panorama assez global de la ville, l'articulation des quartiers, le littoral… Cette sensation un peu étrange d'une cité lilliputienne étalée là, comme une construction en kit. Pour le double du tarif, nous voici quelques mètres plus haut, au 126e et son deck circulaire à 360 degrés, étape intermédiaire pour accéder à l'ascenseur menant à l'étage VIP : le 148e, plateforme d'observation la plus haute du monde à 555 mètres, boisson désaltérante, petits fours, salons tamisés, boutique de luxe, compositions florales raffinées, et des perspectives dégagées sans l'agglutinement de l'étage le plus visité.

En cas de pépin, sachez que des stations de sécurité et une cinquantaine d'ascenseurs sont prévues. Et si vous vouliez prendre les escaliers, il vous faudrait redescendre les 2 909 marches ! Amis écolo, notez qu'il faut l'équivalent clim de 10 000 tonnes de glace par jour pour rafraîchir la liliacée d'acier. Avec simplement quelques gorgées d'eau et beaucoup de bravoure, Alain Robert, le « Spiderman français », est entré en mars 2011 dans le Guinness en réussissant l'ascension complète en 6 heures. La même année, elle fut immortalisée aussi dans *Mission Impossible* avec Tom Cruise qui court, saute et grimpe le long des baies vitrées. Lors des fêtes de fin d'année, ce sont plus d'un million de visiteurs qui se pressent pour assister au feu d'artifice époustouflant qui semble embraser la Burj Khalifa. Le nom Khalifa lui a été donné en hommage au Président actuel des émirats : Sheikh Khalifa Bin Zayed Al Nahyan, souverain d'Abu Dhabi. Si vous ne pouvez pas y monter, nous recommandons que vous en fassiez le tour déjà par le Boulevard Sheikh Mohammed qui en fait le tour et en allant prendre un rafraîchissement au bord des fontaines. Dans un paysage plat, la Burj Khalifa est devenue un véritable phare pour la ville, l'emblème d'un Dubaï vernaculaire, en somme un Tour de Babel des temps modernes.

© NIKADA

Burj Khalifa, le plus grand gratte-ciel du monde.

DUBAI GARDEN GLOW

Zabeel Park Gate 6§7
✆ +971 5 247 85605
www.dubaigardenglow.com
Ouvert de 17h à 22H30 d'octobre à avril. 65 AED l'entrée.

Le parc s'étend sur 40 hectares et, dès la nuit tombée, il s'illumine de 10 millions d'ampoules colorées donnant au lieu un air d'Alice aux pays des merveilles. Il comprend trois espaces : les structures illuminées, l'exposition sur les dinosaures et les sculptures de glace. La visite peut commencer avant la tombée du soleil par le parc des dinosaures qui permet aux plus petits comme aux plus grands de (re) découvrir les diapsides vertébrés à travers une exposition interactive plutôt réussie. Ensuite, direction le Ice Park où l'on vous prêtera une veste.

LES FONTAINES DANSANTES DE LA BURJ KHALIFA ★★★

Dubai Mall
✆ +971 4 888 8124
De 18h à 23h, toutes les demi-heures. Spectacle laser 10 minutes après le spectacle des fontaines.

Au son de célèbres airs classiques, de musique pop ou de tubes de musique arabe et hindi, c'est la danse de l'eau dans la lumière. Fascinant spectacle lorsqu'à la nuit tombée, cette diabolique machinerie californienne à 220 millions de dollars propulse 83 000 litres d'eau (traitement Veolia) jusqu'à 150 m de haut (soit plus haut que la tour du Concorde La Fayette !). Record mondial... Le lac s'embrase de 6 600 projecteurs déclinant une gamme colorée de 25 tons.

OPÉRA DE DUBAÏ ★★

Sheikh Mohammed bin Rashid Boulevard
✆ +971 4 440 8888
www.dubaiopera.com
Tour architectural, 45 minutes. Prix/pax 70 AED & 40 AED/enfant. Coulisses : 45 minutes. Prix/pax 95 AED & 65 AED enfant

Stratégiquement placé au pied du Burj Khalifa et face aux fontaines les plus hautes du monde, le Dubaï Opera House s'élève en pièce maîtresse du nouveau quartier de Downtown « The Opera District ». A l'architecture novatrice, avec sa structure en verre et en acier et ses lignes courbes, il rappelle les formes élégantes des boutres en bois qui sillonnent le golfe Persique, ces navires à voile particuliers à la région. C'est à la proue du bateau que se trouvent la scène principale, l'orchestre et les places assises pour le public.

THE DUBAI MALL - SOUK AL BAHAR ★★★

Sheikh Mohammed bin Rashid boulevard
✆ 800 382246255
www.thedubaimall.com
Ouvert de 10h à 23h et jusqu'à minuit du jeudi au samedi. Les horaires varient pendant le Ramadan et les grandes fêtes.

« Welcome to everything », tout est dans le slogan ! Bienvenue dans le plus grand mall du monde ! Vous y attendent, entre autres, 1 200 boutiques, 160 restaurants, un aquarium géant, une patinoire, un souk de l'or, un autre souk dédié aux chaussures, un multiplexe de 22 salles, les premières Galeries Lafayette du Moyen-Orient ainsi que le premier magasin Bloomingdale's. 5 % du PIB des EAU sortent tout droit de ce temple du shopping et le centre commercial accueille 80 millions de visiteurs par an.

A partir de 18h, le lac artificiel s'anime de jeux d'eau spectaculaires sous la haute vigilance du Burj Khalifa. Ici, tout est « plus quelque chose ». Avouons que l'affaire est très réussie, ludique, diverse, aérée avec ces espaces publics près de l'eau. Un trolley-bus, style vieux car de San Francisco, fait le tour du propriétaire. 8 points d'information sont présents en plus des bornes pour vous informer sur tout ce qui concerne le centre commercial : trouver une boutique, service pour envoyer vos achats directement à l'hôtel, poussettes pour les enfants.

Pour une visite sans objectif d'achat, nous conseillons de venir à la tombée de la nuit. Rendez-vous dans le hall de l'entrée principale. Vous pourrez admirer la maquette de la nouvelle tour de Calatrava qui devait s'élancer à plus de 1 kilomètre de haut. Il faut alors prendre l'allée des grands bijoutiers, longer le souk de l'or (le plus grand du monde avec 220 boutiques) avant de tomber sur les Galeries Lafayette. En continuant, on arrive à la patinoire, aussi grande qu'une piscine olympique. Plus loin, c'est une cascade de plus de 24 mètres d'eau qui vous attend. Sur ces sculptures réalisées en fibre de verre, les silhouettes des plongeurs ne laissent personne indifférent. Prenez l'allée à droite, au premier rond-point tourner à droite pour vous rendre à l'aquarium de Dubaï. Retour sur vos pas jusqu'au rond-point. Si vous prenez l'escalier mécanique qui descend, vous pouvez vous rendre aux fontaines extérieures : toutes les 30 minutes, la Burj Khalifa s'embrase, prenant alors un des visages les plus saisissants de l'urbanité moderne. Là, par le petit pont, on gagne le Souk Al Bahar, cette partie ouvragée à l'ancienne dans le style arabhollywoodien, où vous attendent d'autres boutiques, des stands de souvenirs, des restaurants et bars à la vue superbe sur le Burj et le spectacle des fontaines. C'est le bâtiment le plus visité au monde depuis plusieurs années alors comment ne pas y rentrer !

THE MUSEUM OF THE FUTURE

Sheikh Zayed road
www.museumofthefuture.ae
Ouverture prévue courant 2021.

Ce bâtiment exceptionnel bâti au bord de la Sheikh Zayed Road devant les *Emirates Towers* est l'un des plus complexes réalisé à ce jour. Il est composé d'un anneau ovale conçu par l'architecte sud-africain Shaun Killa. Symboliquement, l'arrondi représente à la fois les champs fertiles de la terre et les champs illimités de l'imagination associée au ciel, et donc à la fois le passé, le présent et l'avenir. Il est recouvert de 890 panneaux composites en inox et fibre de verre et qui révèlent plusieurs citations du souverain de Dubaï en calligraphie arabe. Le bâtiment doit obtenir une certification LEED de niveau platine, récompensant certains choix en faveur du développement durable, comme l'utilisation de produits à contenu recyclé, ou de technologies photovoltaïques et de systèmes de récupération d'air. Le musée du Futur se veut l'écrin des tendances et des opportunités de demain. Ce sera un incubateur pour l'innovation technologique et le design. On accédera aux différentes salles, réparties sur 7 étages, grâce à un escalier à double hélice dont la forme s'inspire de celle de l'ADN. Comment répondre aux grands défis de ce siècle comme la sécurité alimentaire, la construction des villes, la garantie de l'eau douce. Le musée sera aussi un centre pour les chercheurs, designers, inventeurs afin de répondre à des questions cruciales que devra affronter l'humanité comme l'éducation, les énergies, les transports, la santé. Le musée fera alors écho à l'Expo 2020 et garantira la continuité de son slogan : « Connecter les esprits, Construire le futur ». Juste à l'entrée nord du musée est installée une immense sculpture représentant trois doigts levés. C'est un signe que fait souvent Sheikh Mohammed bin Rashid Al Maktoum, souverain de Dubaï, pour rappeler aux habitants les valeurs de la nation. C'est une sorte de salut patriote connue comme le salut serbe qui lui fut présenté en février 2013. Le pouce, l'index et le majeur, une fois levés dessinent les lettres W, V et L : Initiales des mots anglais *Win* (Gagner), *Victory* (Victoire) et *Love* (Aimer). Ces mots représentent de façon symbolique l'éthique de travail, le succès et l'amour de la patrie. Dubaï étonne avec ces monuments et ce n'est pas étonnant si en 2018, l'UNESCO a distingué Dubaï en la reconnaissant comme l'une des villes les plus créatives en termes de design. Dubaï est la 24e ville du monde à la recevoir et la première au Moyen-Orient. Au moment où nous terminons cette édition, il n'y a pas de date d'ouverture confirmée, mais elle est annoncée pour courant 2021.

© DTCM DUBAI

1X1 ART GALLERY ★

Alserkal Avenue
✆ +917 4 341 1287
www.1x1artgallery.com
Ouvert de 10h à 19h. Fermé le vendredi.

Principale galerie dubaïote spécialisée dans l'art contemporain indien dont elle présente le meilleur, on peut trouver dans cette grande galerie fondée par l'influente Malini Gulrajani qui, avant Alserkal, avait déjà une galerie à Dubaï depuis 1996. des œuvres d'artistes acclamés tels que Vivek Vilasini, Bose Krishnamachari, N. N. Rimzon, Chittrovanu Mazumdar et Poona Jaïn. Elle a récemment diversifié sa sélection en incluant des artistes pakistanais, iraniens et surtout émiriens se concentrant principalement sur le Moyen-Orient.

AL QUOZ ABATTOIR

Al Waha Street
Ouvert tous les jours de 6h à 14h. Entrée libre.

Végétariens et ami des bêtes, s'abstenir ! Vous arrivez par le côté Nord du bâtiment, où vous pouvez vous garer et payer votre animal. Les bestiaux entrent dans l'abattoir par le côté Ouest pour pouvoir être abattus la tête orientée en direction de La Mecque. L'entrée du public se fait côté Sud. Il y a un espace réservé aux hommes et aux femmes. Depuis cet espace vous avez une vision saisissante sur l'intérieur des abattoirs. Ils annoncent l'ouverture prochaine d'une boucherie pour acheter de la viande au détail. Bon appétit !

ALSERKAL AVENUE

✆ +971 4 333 3464
Ouvert de 10h à 18h. Fermé le vendredi.

Inspiré par des endroits tels que Shoreditch à Londres et le Meatpacking District de New York, l'homme d'affaires, collectionneur et mécène Abdelmonem bin Eisa Alserkal a eu l'idée de transformer des entrepôts vacants en galeries d'art. Lancée en 2007 dans la zone industrielle d'Al Quoz, à l'ouest de la ville, Alserkal est rapidement devenue l'épicentre de la vie artistique aux Emirats et un véritable réservoir de talents innovants découverts par de jeunes galeries avant-gardistes. Les entrepôts, qui se trouvent dans une ancienne usine de marbre désaffectée, ont été convertis en des espaces artistiques immaculés au design ultramoderne. L'Avenue a récemment doublé en taille et l'on peut y trouver aujourd'hui près de trente galeries présentant le meilleur de l'art contemporain de la région et d'ailleurs, des ateliers d'artistes et de designers, des cafés et des restaurants branchés, un cinéma indépendant, des salles de spectacle et un tout récent bâtiment capable de recevoir n'importe quel type d'exposition grâce à ses murs amovibles, Concrète, qui signifie béton, pensé par Reem Koolhaas. Cette plateforme artistique dynamique encourage l'échange, la collaboration et le partage et y sont organisés de nombreux événements, conférences et ateliers. Dubaï, carrefour de l'Orient et de l'Occident, est en passe de devenir un hub culturel et artistique majeur, emmené par le rendez-vous annuel de Dubai Art fair célébré tous les mois de mars, la foire d'art contemporain la plus fréquentée de la région.

CARBON 12

Alserkal Avenue
✆ +971 4 340 6016
www.carbon12.art
Ouvert tous les jours de 11h30 à 19h. Fermé le vendredi.

En 2008, Kourosh Nouri et Nadine Knotzer partent de Vienne et ouvrent à Alserkal leur galerie. Les expositions s'organisent autour d'artistes régionaux comme l'Iranienne Sarah Rahbar, mais aussi autour d'artistes européens, comme l'Allemand Michael Sailstorfer, le Portugais Gil Heitor Cortesao, les artistes autrichiens Philip Mueller et Bernhard Buhmann. Si vous rencontrez Kourosh Nouri, n'hésitez pas à lui parler. Il est parfaitement francophone et très sympathique. Il aime échanger non seulement autour des artistes, mais aussi de l'histoire d'Alserkal.

CENTRE DE FAUCONNERIE ★★

Muscat street
✆ +971 4 327 2854
Ouvert de 7h à 18h du samedi au jeudi (fermé le vendredi). Le marché aux faucons est ouvert de 10h à 13h et de 16h à 22h

Le Falcon Heritage and Sports Center lui est dédié et rassemble en un même lieu un musée, un souk spécialisé où l'on peut acheter des faucons (le seul lieu de ce type à Dubaï) et tous les accessoires utiles pour pratiquer, ainsi qu'une clinique vétérinaire. À l'entrée figure un poème de Cheikh Zayed décrivant une chasse avec un jeune faucon, qui témoigne symboliquement de l'attachement de la famille royale à cette pratique ancestrale devenue un véritable sport national. Un musée un peu désuet, mais qui plaira aux plus jeunes et à ceux qui s'y intéressent.

EL SEED STUDIO

Alserkal Avenue
www.elseed-art.com
Visite sur rendez-vous.

En entrant dans l'atelier de l'artiste franco-tunisien, on admire les poèmes calligraphiés de toutes les couleurs, sur des toiles, des sculptures, des coussins, des fauteuils et nous restons fascinés ! L'artiste calligraphe franco-tunisien Faouzi Khlifi, plus connu sous le nom El Seed est un artiste urbain de renommée internationale, El Seed est très apprécié aux Émirats, où il a réalisé plusieurs œuvres notamment sur le mur ouest de Green Planet. Son atelier reflète ce qu'il fait dans les espaces publics et l'on dit de lui qu'il murmure à l'oreille des murs.

ELMARSA

Alserkal Avenue
✆ +971 4 341 5806
www.galerielmarsa.com
Ouvert tous le jours de 10h à 19h, fermé le vendredi.

Lorsque Moncef Msakni, issu d'une grande famille d'antiquaires de Tunis, a ouvert la galerie, il souhaitait représenter toutes les périodes de la peinture de la Tunisie de la fin du XIXe s. jusqu'à aujourd'hui. A Dubaï, la Galerie représente des artistes d'Afrique du Nord au rez-de-chaussée et à l'étage. Ils ont aussi une belle collection de tableaux orientalistes dans leur réserve. Présente dans les grandes foires internationales, elle a pour vocation d'inspirer le dialogue entre les leaders culturels, sociaux et artistiques.

GALERIE CUSTOT DUBAI ★

Alserkal Avenue
✆ +971 4 346 8148
www.custotgallerydubai.ae
Ouvert de 10h à 19h. Fermé le vendredi.

La Galerie Custot fut fondée par Stéphane Custot, un Français, et inaugurée en mars 2016 avec l'exposition « The World Meets Here » qui présenta un ensemble exceptionnel d'artistes tels que Marc Quinn, Peter Halley, Frank Stella ou encore Fabienne Verdier. La galerie Custot a pour vocation de promouvoir et de soutenir des figures majeures de l'art moderne et contemporain et de permettre à ses artistes une liberté d'expression totale dans son vaste espace à travers des scénographies et des créations monumentales des plus innovantes.

GALERIE ISABELLE VAN DEN EYNDE ★

Alserkal Avenue
✆ +971 4 323 5052
www.ivde.net
Ouvert de 10h à 18h. Fermé le vendredi.

Elle s'est installée à Alserkal en 2010. Auparavant, sa galerie B21 avait été ouverte dès 2006 non loin dans le quartier d'al Quoz aussi. La galerie Isabelle Van Den Eynde découvre et soutient l'expression visuelle de jeunes artistes contemporains, conceptuels et prometteurs du Moyen-Orient. Elle est devenue l'un des espaces artistiques et culturels avant-gardistes de Dubaï et a développé une solide réputation pour la qualité des talents innovants qu'elle propose.

GREEN ART GALLERY

Alserkal Avenue
✆ +971 4 346 9305
www.gagallery.com
Ouvert tous les jours de 10h à 19h, fermé le vendredi.

Une des plus anciennes galeries de Dubaï installée à Jumeirah en 1995 comme salon d'art moderne avec des artistes du Moyen-Orient, d'Asie du Sud, de Turquie, d'Afrique du Nord et d'ailleurs comme Fateh Moudarres, Dia Azzawi, Paul Guiragossian. La galerie lance une nouvelle dynamique en 2010, depuis l'arrivée de sa directrice Yasmin Attassi, avec une nouvelle génération d'artistes contemporains régionaux. Il est à noter que la Green Art Gallery s'est associée aux projets de décoration de certains grands hôtels, comme le Shangri-La ou le Sheraton à Dubaï.

GREY NOISE ★

Alserkal Avenue
✆ +971 4 379 0764
www.greynoise.org
Ouvert de 11h a 19h. Fermé le vendredi et le samedi.

Lancée à Lahore en 2008, puis établie à Dubaï en 2012, cette galerie contemporaine met l'accent sur l'art expérimental, conceptuel et minimaliste de l'Asie du Sud, du Moyen-Orient et de l'Europe s'est relocalisée avec succès à Dubaï en 2012 et y est devenue un espace avant-gardiste essentiel. Elle propose des œuvres de très nombreux artistes émergents ou établis, soigneusement sélectionnés, tels que Caline Aoun, Michael John Whelan et Lala Rukh. Umer Butt, d'origine pakistanaise est le propriétaire et le directeur de la galerie.

GULF PHOTO PLUS

Alserkal Avenue
✆ +971 4 380 8545
www.gulfphotoplus.com
Ouvert tous les jours de 10h à 19h, fermé le vendredi.

Cette galerie présente des photos d'artistes régionaux et internationaux. Elle est toujours très animée. C'est aussi et surtout un atelier de photos qui donne des cours aux débutants ou aux plus expérimentés. Elle organise de nombreux événements. La galerie accueille également une grande communauté de photographes débutants, amateurs ou professionnels qui s'entraident, tous passionnés de photo. Ils offrent aussi un matériel de qualité pour imprimer les photos. Il ne faut pas manquer la folle ambiance les soirs de vernissages !

JEAN-PAUL NAJAR FOUNDATION ★

Alserkal Avenue
✆ +971 4 258 7078
www.jpnajarfoundation.com
Ouvert tous les jours de 11h à 18h, fermé le vendredi.

Ouverte en 2016 comme musée privé, cette fondation présente une collection d'art abstrait et conceptuel américain et français, du collectionneur et artiste Jean-Paul Najar. Membre de l'ICOM, la fondation doit donc répondre à trois exigences : présenter la collection permanente, supporter les artistes et présenter la collection aux nouvelles générations. L'agencement intérieur, spacieux avec des ouvertures géométriques, a été dessiné par Mario Jossa du cabinet Marcel Breuer.

LAWRIE SHABIBI

Alserkal Avenue
✆ +971 4 346 9906
www.lawrieshabibi.com
Ouvert tous les jours de 10h à 18h. Fermé le vendredi.

Cette galerie a ouvert ses portes en 2011. Depuis, elle présente notamment des artistes confirmés et émergents africains (Zak Ove et Serge Attukwei Clottey), mais aussi du Moyen-Orient, et depuis peu du Royaume-Uni. Fondée par Asmma Al-Shabibi qui fut la directrice de Art Dubai et Wiliam Lawrie, le directeur fondateur de la section art contemporain Moyen-Orient chez Christie's, cette galerie organise des expositions, mais aussi des conférences et des projections de documentaires. Galerie de grande qualité renommée et reconnue.

LEILA HELLER GALLERY

Alserkal Avenue
✆ +971 4 321 6942
www.leilahellergallery.com
Ouvert tous les jours de 10h à 19h, fermé le vendredi.

Installée depuis 30 ans à New York, la galerie ouvre une antenne à Dubaï en 2015. Avec un espace pour présenter des œuvres de grandes dimensions, c'est la galerie la plus spacieuse des Émirats : un petit temple par Sudarsan Shetty a été reconstitué (*A Song, A Story. A Public Space*, 2017) et l'œuvre de Jacob Hashimoto, *The Eclipse*, a attiré un public nombreux (2017). La vocation de la galerie est le dialogue entre les artistes occidentaux et ceux du Moyen-Orient. La galerie publie aussi des beaux livres et des catalogues d'exposition.

MEEM GALLERY

Umm Suqeim Street
✆ +971 4 347 7883
www.meemartgallery.com
Ouvert de 10h à 18h. Fermé le vendredi.

Bien avant Alserkal Avenue, Meem Gallery fut la première galerie d'art moderne et contemporain arabe, iranien et d'Afrique du Nord installée à Al Qhoz en 2005. A l'initiative de cette galerie on trouve le collectionneur et connaisseur de Sharjah, Sultan Sooud Al-Qassemi, l'homme d'affaires Mishal Hamed Kanoo et le collectionneur et historien d'art britannique Charles Pocock. Parmi les expositions monographiques et collectives que la galerie propose, vous pourrez apprécier entre autres, les œuvres de Dia Azzawi, Kamal Boullatta, Zhivago Duncan ou Mahmoud Obaidi.

THE THIRD LINE ★

Alserkal Avenue
✆ +917 4 341 1367
www.thethirdline.com
Ouvert de 10h a 19h. Fermé le vendredi.

Ce fut parmi les premières galeries de Dubaï à s'être spécialisée dans l'art contemporain du Moyen-Orient dont elle développe le profil autant au niveau local et régional qu'au niveau international. Elle expose régulièrement dans des grandes foires d'art contemporain telles que Art Basel et la FIAC. Elle représente les artistes internationaux tels que Fahrad Moshiri, Tarek Al Ghussein, le Marocain Hassan Hajjaj, Monir Shahroudy Farmanfarmaian, Hayv Kahraman, et d'autres en devenir comme Farah Al Qassimi, jeune photographe qui sort de la Delfina Foundation Londres.

SE RÉGALER

1 1 000 restaurants! Tout est là, à portée de bouches et de papilles. On dirait que le monde entier s'est donné rendez-vous dans ce petit coin de la péninsule arabique. Quelques rares restaurants émiriens vous feront découvrir leurs spécialités sinon c'est la gastronomie mondiale au menu du jour. On peut savourer du mérou local, des mangues du Pakistan, une fondue savoyarde, de la viande de Nouvelle-Zélande, du poisson du marché de Tsukiji de Tokyo et des denrées fraîches en direct de Rungis. Se restaurer est donc cher à Dubaï? Oui, cela peut l'être surtout si on consomme de l'alcool, mais il y a aussi plein de plans futés si on sait dans quel quartier se rendre et quelle porte pousser. Dubaï c'est toujours ce grand écart entre le luxe XXL, les adresses confidentielles ou le street food des quartiers historiques. Certains auront une vue à couper le souffle, d'autres seront ultra branchés et plusieurs seront des pépites d'authenticité.

SE RÉGALER

HORAIRES

Les horaires dépendent du quartier: Dans le vieux Dubaï, ils sont ouverts de très tôt le matin à très tard dans la nuit. En général, rien n'ouvre avant midi et le déjeuner se prend plutôt vers 13h, le dîner plutôt vers 21h. Il est très rare que les restaurants ferment pendant la semaine et l'affluence est à son maximum entre mercredi soir et samedi soir.

BUDGET / BONS PLANS

Pour se restaurer avec un petit budget, rendez-vous dans les quartiers de Deira, Bur Dubaï et Satwa. Sinon, dans les quartiers piétonniers de La Mer, Al See, City Walk, Kite Beach, The Beach, Bluewaters, la Pointe et même Dubaï Mall pour trouver quelques food trucks et restaurants pas trop chers. Le bon plan c'est de prendre un repas sans alcool, car avec le prix moyen peut doubler. Mais à Dubaï, c'est quand même des restaurants très chers, voire des prix stratosphériques.

EN SUPPLÉMENT

Normalement tous les menus indiquent en bas de la page un supplément de 5 % de taxe sur tous les repas et les pourboires sont optionnels et au bon cœur des clients. Il n'y a pas de carafe d'eau aux Emirats, donc l'eau est payante, mais pas le pain.

C'EST TRÈS LOCAL

On vous demande systématiquement lorsque vous vous asseyez si vous désirez de l'eau pétillante ou plate, froide ou à la température ambiante. Ils sont très généreux au moment de servir les boissons, donc n'hésitez pas à leur demander si vous en voulez en plus.

A ÉVITER

Si vous prenez le café arabe, prenez-le avec la main droite et non avec la main gauche. En effet, la gauche est considérée comme impure. Si vous n'êtes pas content du service ou de la qualité; évitez à tout prix de lever la voix. Les injures sont condamnables dans le pays.

© XAVIERARNAU - ISTOCKPHOTO.COM

ENFANTS

Les enfants sont rois dans Dubaï. Mais certains restaurants, bars, restaurant très haut de gamme refusent les enfants même jusqu'à 21 ans.

FUMEURS

Des zones fumeurs et non-fumeurs sont en général disponibles dans la grande majorité des restaurants et il est permis de fumer en terrasse et à l'extérieur.

LES ATTRAPE-TOURISTES

Il y a peu d'attrape-touristes aux émirats et si parfois les rabatteurs sont au milieu de la rue, ils n'insistent jamais beaucoup. En revanche, les bateaux-croisières offrent en général des buffets dont la qualité est plus que moyenne pour Dubaï.

LES PHRASES CLÉS

Bonjour, je voudrais réserver une table pour deux personnes pour ce midi ou ce soir.
مرحبا، اود حجز طاولة لشخصين اليوم وقت الغذاء او في المساء.

Avez-vous un menu en français ou en anglais ?
هل توجد قائمة طعام باللغة الفرنسية او الإنجليزية؟

Je suis végétarien, y a t-il des plats sans viande ?
أنا نباتي، هل لديكم أي وجبات لا تحتوي على اللحوم؟

Je n'ai vraiment plus faim mais avez-vous une carte des desserts ?
لقد شبعت الآن، ولكن هل يمكنني الاطلاع على قائمة التحلية،
تحسبا؟

Puis-je avoir l'addition s'il vous plait ? Je peux payer par carte ou en espèces ?
هل يمكنك إحضار الفاتورة لو سمحت؟ هل يمكنني الدفع بالبطاقة
الائتمانية او تريد الدفع نقدا؟

C'était très bon, nous reviendrons. Merci et à bientôt.
كان الطعام شهيا، سنكرر الزيارة مرة أخرى. شكرا جزيلا، نراك قريبا.

AL DAWAAR €€

Hyatt Regency
✆ +971 4 209 6912
www.hyattrestaurants.com
Ouvert de 12h30 à 15h30 et de 18h30 à 23h30. Buffet pour déjeuner : 199 AED, Dîner : 229 AED. Réservation recommandée.

Envie de dîner dans un restaurant tournant à la vue panoramique ? Vous êtes à la bonne adresse ! Ce restaurant du Hyatt est le seul établissement tournant de la ville et sa vue depuis le 25e étage est assez bluffante même si vous n'apercevrez que de loin les gratte-ciel vu que le restaurant est un peu excentré. Nous vous recommandons plutôt d'y aller à l'heure du déjeuner pour saisir les travaux en cours sur le littoral notamment. Le buffet international propose des options variées d'Europe et d'Asie et il y en a pour tous les goûts, mais sans trop de fantaisie.

AL MALLAH €

2nd December Street
✆ +971 4 398 4723
www.almallahuae.com
Ouvert tous les jours de 8h à 2h du matin. Compter 50 AED.

Au coin d'une rue agitée, dans le quartier des tailleurs et des marchands de tissus, Al Mallah régale les passants depuis bientôt quarante ans. Tout avait commencé avec un modeste bar à jus jusqu'à devenir une référence dans ce quartier. Si ce restaurant libanais sert aujourd'hui de grands classiques tels que falafels, manakish, viandes grillées et mezzés, c'est sa shawarma qui l'a rendu célèbre et pour laquelle on s'y presse le plus souvent. À en croire le magazine *Time Out Dubaï*, ce serait l'une des meilleures de tout l'émirat !

AL REEF LEBANESE BAKERY €

34 Za'abeel Street
✆ +971 4 396 8999
Ouvert 24/24h. Compter 40 AED.

Située dans le quartier populaire d'al-Karama, Al Reef Bakery vend l'une des meilleures manakish de la ville. Ce snack libanais très répandu à travers le Moyen-Orient est un pain plat sur lequel on répartit du zaatar, du fromage akkawi, ou bien encore de la viande hachée avant de faire cuire le tout dans un four en brique ; un encas idéal pour être rassasié rapidement tout en se régalant. Ne soyez pas étonnés de voir les voitures s'arrêter et le conducteur héler le serveur pour se faire servir directement dans sa voiture. Un endroit mythique dans Dubaï.

AL SAFADI €

Rigga Road
✆ +971 4 227 9922
www.alsafadi.ae
Du samedi au mercredi ouvert de 8h à 1h du matin et jusqu'à 2h les jeudis et vendredis. Environ 100 AED par personne.

Assis confortablement en terrasse dans la rue très bruyante de Rigga ou à peine plus tranquille à l'entresol dans les fumées du narguilé, voici une adresse où ne se pressent pas les Occidentaux, mais où affluent tout le Moyen-Orient… vrai gage de qualité. Tous les plats sont délicieux sur cette carte kilométrique et en particulier les feuilles de vigne qui ne sont ni amères ni acides. Ne pas hésiter à partager tant les quantités sont généreuses. Service très rapide et efficace. Pas d'alcool. Le restaurant se trouve dans le quartier historique de Deira.

AL SEEF CREEK €€

Al Seef Dubaï Creek
✆ 800 637227
www.alseef.ae
Ouvert tous les jours de 10h à 22h et jusqu'à minuit de jeudi à samedi. Entre 80 et 150 AED par personne.

Al Seef est un quartier nouveau à deux pas du quartier iranien Al Fahidi. C'est une reconstitution grandeur nature de ce qu'était Dubaï dans les années 1950, avec une succession de maisons de pêcheurs, de commerçants en perles, de vendeurs d'épices. Ce quartier s'étend sur presque 2 km le long de la Creek et se termine par des galeries marchandes plus modernes. Le succès étant mitigé, la plupart des enseignes changent régulièrement cependant la diversité de l'offre conviendra à tous les budgets en revanche la vente d'alcool n'est pas autorisée.

AL USTAD SPECIAL KEBAB €

Al Mussalah Street
✆ +971 4 397 1933
Ouvert de 11h à 1 heure du matin. Environ 50 AED le repas.

Fondé par Monsieur Ansari en 1978, ce sont les trois fils qui sont à présent aux manettes de ce restaurant légendaire. Les murs du restaurant sont tapissés de 8 000 photos, dont beaucoup de célébrités parmi lesquelles figure le prince héritier de Dubaï. Ils exposent aussi une collection de billets de banque en provenance du monde entier. Pour satisfaire la clientèle nombreuse, il faut 170 kg de viande par jour pour faire face à ceux qui affluent pour venir déguster les kebabs, dont celui mariné dans le yogourt. Pour les végétariens, les falafels vous raviront.

SE RÉGALER

ANAS CAFETERIA €

Deira St

✆ +971 4 252 3383

Environ 15 AED pour un repas. Ouvert tous les jours de 8h à minuit.

C'est en plein souk Naif, en déambulant un soir que l'on a déniché sur une petite place ce boui-boui ouvert en 1988. Il est posé là à quelques mètres de la mosquée et il n'offre que des tables en terrasse. Nous sommes plus près, d'ailleurs, du street food que du restaurant. Un shawarma bien chaud, un karak, des plats à déguster sur place ou à emporter sans chichi. Un restaurant plein tout le temps surtout le soir. La pause idéale lorsqu'on a des sacs plein les mains, qu'on a marché des kilomètres dans ce labyrinthe et entre deux négociations !

ANTIQUE BAZAAR €€

Khalid Bin Walid St

✆ +971 4 397 7444

www.antiquebazaar-dubai.com

Ouvert du 12h30 à 15h et de 19h30 à minuit. Compter 150 AED le repas. Fermé pendant le mois de Ramadan.

Cet établissement historique de Dubaï est l'un des restaurants indiens les plus typiques de la ville. A peine entré, on s'y croirait : Femmes en saris, portes anciennes en bois ouvragé, chaises en métal travaillé, et instrumentistes traditionnels sur une petite estrade en fond de salle. Dès 21h, celle-ci se transforme en scène et accueille des danseuses pour des performances dans les règles de l'art. Il faut alors oublier votre conversation intime à voix basse ! Belle carte teintée des spécialités d'Hyderabad, attirant la foule des familles indiennes.

ARABIAN TEA HOUSE €

Al Fahidi historical district

✆ +971 4 353 5071

www.arabianteahouse.net

Ouvert de 8h à 23h.Petit déjeuner : Environ 50 AED. Repas à partir de 70 AED.

Installé dans la cour intérieure d'une vieille maison de Bastakiya, ce café avec terrasse sert de la cuisine émiratie traditionnelle. Nous vous le recommandons pour prendre un petit déjeuner traditionnel, un jus de fruits frais ou un en-cas au cours de votre journée passée dans le vieux Dubaï. Atypique et pittoresque à la fois, il a plus de charme et de caractère que les bars des hôtels voisins. Les Emiratis s'y donnent rendez-vous au petit déjeuner et pour le déjeuner ce qui est un gage de grande qualité et surtout d'authenticité.

AWTAR €€

Grand Hyatt Dubai

✆ +971 4 317 2221

Du dimanche au mercredi de 19h30 à 2h30.Jeudi et vendredi de 19h30 à 2h du matin. Environ 250 AEDpar personne.

Installé au cœur du Grand Hyatt, voici un excellent restaurant libanais, avec la touche Grand Hyatt en plus. Agneau grillé au feu de bois, délicieux shish taouk et kebabs… Les mezze sont innovants et les salades fraîches croquantes à souhait. Le décor d'influence arabe se distingue surtout par ses lanternes de verre colorées : on a l'impression de dîner sous la tente cossue d'un Bédouin avec orchestre, danse du ventre et ambiance garantie, mais on peut choisir la terrasse aussi. Enfin, on peut prolonger la soirée avec une shisha.

BARJEEL AL-ARAB €

Al Shindagha

✆ +971 4 354 4424

www.barjeelguesthouse.com

Ouvert de midi à 23h30. Compter 105 AED.

Dans l'enceinte de la très jolie guesthouse du même nom, ce restaurant jouit de vues splendides sur la Creek que l'on peut admirer en s'attablant directement sur la promenade piétonne, ou bien sur la terrasse en hauteur où l'on est aux premières loges pour observer le chassé-croisé des boutres en partance pour les pays voisins. Pour accompagner ce spectacle, le Barjeel al-Arab propose un savant mélange de plats émiriens traditionnels et de spécialités moyen-orientales plus courantes. N'hésitez pas à essayer la tendre viande de dromadaire !

BATEAUX DUBAI €€

Umm Hurair 1

✆ +971 4 814 5553

www.jaresortshotels.com/bateaux-dubai

Dîner à partir de 415 AED par personne, 265 AED par enfant. La croisière dure entre 20h et 22h30.

L'activité « obligatoire » des circuits touristiques pré-établis. Ce prestataire est parmi les plus chics et les moins « attrape-touristes » de l'immense offre de ce genre de prestations. En général, deux circuits sont proposés : celui autour des gratte-ciel de la Marina et dans le vieux Dubaï. Dans ce cas, le bateau remonte la Creek et donc le vieux Dubaï avec une vue panoramique sur les anciens quartiers. A bord, expérience de haute tenue, et menu à 4 services, dans un registre très différent des buffets irano-libanais sur les boutres.

BAYT AL WAKEEL €

Souk Al Kabeer
✆ +971 4 353 0530
www.wakeel.ae
Ouvert de 11h à minuit. Compter 70 AED.

Protégé par la Direction du Patrimoine, le bâtiment, qui date de 1935, fut le premier centre de négoce de la ville, faisant office de siège de la société de commerce Gray-McKenzie. Les salles au plafond bas sont aménagées dans le style traditionnel. Dans ce cadre assez typique et frais, la cuisine servie est simple et sans prétention, mais convenable. Une bonne adresse quand on visite le musée et le souk, d'autant que les restaurants sont plutôt rares dans cette partie de la ville. Le large ponton ombragé au-dessus des eaux est très prisé.

BEIRUT RESTAURANT & GRILL €

2nd of December Street
✆ +971 4 398 8882
www.beirutrestaurants.ae
Ouvert de 10h à 3h30 du matin. Environ 40 AED par personne.

La façade lumineuse aux lettres colorées fait un peu Foire du Trône, mais l'intérieur est plus conforme à ce qu'on s'attend à trouver dans un restaurant libanais. La salle, en longueur, présente deux arcades et de petites tables privatives pour les familles sont prévues au fond. On vient surtout ici pour les mezze (hors-d'œuvre libanais) et les brochettes variées. Paniers mezze à emporter. Terrasse agréable en hiver, sur la rue, populaire et animée.

BETAWI CAFÉ €

Al Karama
✆ +971 4 454 2329
Ouvert tous les jours de midi à minuit.. Compter 55 AED.

S'il est vrai que localiser l'endroit relève un peu de la course d'orientation, ce tout petit restaurant indonésien n'en est pas moins une réelle trouvaille. Le manager et son équipe sont aux petits soins pour expliquer le menu aux novices de la cuisine indonésienne et tous les nasi goreng et autres gado gado sont servis généreusement et épicés comme il faut. La décoration de la salle est sobre, mais agréable avec huit grosses tables blanches tachetées en bois, la clientèle est asiatique et expatriée. Le restaurant est souvent plein le week-end.

CAFÉ ODEON €

Oud Metha
✆ +971 4 297 5145
Ouvert tous les jours à 7h. Fermé à 17h les jeudis, samedis et dimanches. Fermé à 19h les autres jours

A l'Odéon, café-bistronomie-traiteur, on se retrouve comme à la maison pour découvrir de bons petits plats frais, simples et gourmands, dans un cadre cosy mêlant mobilier en bois brut et couleurs pastel, affiche de cinéma vintage et tableaux abstraits. La terrasse est spacieuse et agréable. Elle reçoit tous les adeptes de l'Alliance française et du French Business Council pour un café le matin ou un déjeuner en famille après l'école. Quiche salade, tartines, et comme dessert, laissez-vous tenter par les beignets réalisés par le chef lui-même.

DELHI DARBAR €

Al Sabkha Road
✆ +971 4 235 6161
www.delhi-darbar.com
Ouvert de 8h à 00h30 tous les jours. Compter 50 AED.

Dehli Darbar est une chaîne de restaurants indiens dont le tout premier fut ouvert à Bombay il y a près de 60 ans et qui a ouvert son premier restaurant à Dubaï il y a maintenant plus de 30 ans. Une délicieuse cantine indienne du nord du pays, plébiscitée par les habitants de Dubaï. D'ailleurs, c'est toujours plein, avec un brouhaha sympathique et des senteurs d'épices parfumées. Le poulet tikka est délicieux ainsi que les accompagnements de lentilles marinées. Une restaurant sans façon lors de votre visite dans le souk Al Naif. On ne sert pas d'alcool.

DUBAI CREEK GOLF & YACHT CLUB €€

Baniyas Road
✆ +971 4 295 6000
Ouvert de midi à minuit, jusqu'à 2h pour certains établissements.

Vue sur la Creek, voici un refuge entre terre et eau, à deux pas du golf dont le club-house futuriste orne les billets de 20 AED. A l'offre : plusieurs tables de styles complètement différents, comme autant d'expériences culinaires dans une vaste fourchette de prix. Boardwalk offre une cuisine méditerranéenne avec des poissons frais, Casa de Tapas offre une ambiance jeune, Lakeview une sublime terrasse, Cielo un rooftop Lounge et Qd's un Lounge shisha dans une atmosphère lounge.

SE RÉGALER

ENIGMA €€€

Al Jadaf
✆ +971 4 5568830
www.palazzoversace.ae
Ouvert tous les jours de midi à 23h. Brunch perse chaque vendredi de 19h à 23h. Environ 300 AED par personne.

Même si l'emplacement de l'hôtel dans un quartier en devenir étonne, Enigma vaut la peine qu'on s'y rende. L'Italie invite la Perse qui ensorcelle la salle avec une cuisine raffinée et flamboyante. Une cuisine iranienne moderne, que le chef étoilé Mansour Memarian maîtrise parfaitement. Nous ne dirons rien du chic radical de la salle, le jeu des perspectives, le choix du noir et du blanc. Rien non plus de la terrasse sur la Creek. En revanche, on peut parler du graphisme et de la justesse des saveurs. Magnifique adresse pour un dîner sophistiqué.

GUSTO €€

Al Bandar Rotana
✆ +971 4 704 2336
www.rotana.com
Environ 250 AED/personne. Ouvert 18h-23h. Les jours de fermeture sont variables donc mieux vaut appeler pour réserver.

Et ce fut un émerveillement ! Voilà ce qu'on peut dire sur la vue irréelle que nous offre cette merveilleuse terrasse : en bas, les boutres et leur va-et-vient, témoignage d'un passé évanoui, et au fond les tours insolentes qui se dressent sur tout l'horizon. Deux Dubaï, deux époques, deux mondes ! Le restaurant se niche en haut de l'hôtel Rotana. Côté assiette, c'est une carte du marché, selon les arrivages, version italienne : beaux mariages des notes acidulées avec les carpaccios de poissons, la joue de bœuf et le tiramisu en dessert.

IZ €€

Sheikh Rashid Road
✆ +971 4 317 2221
Ouvert de 12h30 à 15h30 et de 19h à 23h30, jusqu'à minuit jeudi et vendredi. Compter 200 AED le repas.

Dans un cadre contemporain, deux *tandoors* et une plaque de cuisson occupent le centre d'un espace. Vous pouvez ainsi assister à la préparation des plats en live. Un plateau aérien permet, en guise de bienvenue, de découvrir la palette des saveurs indiennes, du doux chutney de mangue jusqu'aux sauces les plus relevées. Les plats sont servis en petite quantité, afin que l'on puisse goûter et comparer les différentes saveurs. Une bonne adresse dans cet hôtel du vieux Dubaï pour les fans de cuisine du nord de l'Inde. Un Lounge à côté permet de continuer la soirée.

KHAN MURJAN €€

Wafi City
✆ +971 4 327 9795
www.wafi.com
Ouvert de 11h à 2h. Compter 150 AED le repas.

Situé au cœur du superbe souk wifi, c'est un patio à ciel ouvert très animé et souvent bondé le week-end. Dans le même esprit que la galerie marchande, l'architecture et la carte sont d'inspiration arabe, les serveurs sont en costume traditionnel. Carte kilométrique de spécialités égyptiennes, perses, libanaises. Les desserts et le thé marocain sont très réputés aussi. L'ambiance aux narguilés, la musique et la qualité de la carte, ainsi que la clientèle, volontiers locale, en font un lieu très recommandable dans un décor de feuilleton oriental.

KIKU €€

Le Meridien Dubai Hotel § Conference Center
✆ +971 4 702 2455
Ouvert tous les jours de 12h30 à 14h30 et de 18h30 à 23h. Environ 150 AED par personne.

Une des meilleures tables japonaise selon le magazine Time Out. Le restaurant est séparé en plusieurs sections. On peut manger au bar, dans la salle centrale traditionnelle ou dans les salons privatifs à porte coulissante, assis en tailleur à la japonaise. Le décor est dépouillé, mais élégant et rafraîchissant, avec le clapotis de l'eau au sol. Le chef Toshio Date est aux manettes depuis 2012. Les plats à recommander sont le Kiku bento et le sushi gozen bento. La présence de nombreux expatriés asiatiques est un gage de qualité !

MALABAR PARIS €

Kuwait Street
✆ +971 4 357 8788
www.malabarparis.com
Ouvert tous les jours de 11h à 1h du matin. Environ 35 AED par personne.

Cette adresse loin de tout site touristique est une pépite. Vous ne trouverez aucun touriste, sauf ceux qui auront adopté comme nous ce petit restaurant bondé de familles indiennes en lisant le *Petit Futé*. Pas de décor superflu, mais tout est propre et le service attentif. Nous vous recommandons le Fish lemon (poisson au citron), le tholpetty chicken Masala. Si vous n'aimez pas trop épicé, précisez-le quand même au serveur qui saura vous recommander les bons plats ou demander au chef d'y aller plus modérément. A arroser avec le Magic dancing tea !

MAZMI CAFÉ €

Textile Souq
✆ +971 4 282 7252
www.mazmi.me
Ouvert de 9h à 19h. Environ 70 AED par personne pour un déjeuner.

Une des plus jolies adresses de Bur Dubaï pour prendre un café, une gourmandise ou un déjeuner. C'est une Italienne, Ilaria mariée à un Emirati, Mohammed Al Mazmi qui a ouvert ce charmant endroit au bord de l'eau dans le souk du textile. La décoration est particulièrement réussie, à l'extérieur comme à l'intérieur et de beaux livres qui reflètent la tradition et l'héritage de ce quartier sont à disposition à l'intérieur ! Côté carte, c'est simple et bon avec quelques plats aux accents du Moyen-Orient et de bonnes salades. Les glaces sont délicieuses.

MIRAN ERBIL IRAQI €€

Al Rigga
✆ +971 4 269 1722
Ouvert de 9h à 2h du matin tous les jours. Environ 120 AED par personne

Bienvenue à Bagdad ! Installée depuis 1973, cette famille irakienne a gagné une réputation inébranlable grâce à la qualité de ses préparations. A l'intérieur, un immense barbecue couvert permet de préparer la grande spécialité de la maison, le Maskouf à l'irakienne : un gros poisson d'eau douce cuit au barbecue, verticalement pendant plus de 45 minutes. Si vous voulez y goûter, il faut le commander à l'avance. Sinon, les kebabs sont exceptionnels et tendres grâce à la graisse de la queue du mouton qui a été rajoutée à la préparation : divin !

MIZMAH EMIRATI RESTAURANT €€

61B Garhoud Street ✆ +971 4 525 0000
www.accor.com
Ouvert pour le déjeuner de 12h30 à 15h30 et pour le dîner de 19h30 à 23h00. Environ 150 AED par personne.

Le cadre, de style arabo-contemporain, est un hommage à cet Orient à la fois chaleureux et mystérieux qui sait si bien catalyser les fantasmes. C'est beau ! Installé au cœur du Grand Mercure Airport, l'endroit, neuf, est une ode au patrimoine culinaire local qu'on découvre encore mieux en optant pour des plats à partager, comme le *Saloona*, ce pot-au-feu local très aromatique. En dessert, on craque pour le crumble de dattes servi avec un lait au safran pour la digestion.

NOÉPE €€

Baniyas Road
✆ +971 4 602 1814
dubai.park.hyatt.com
Du dimanche au jeudi, ouvert de midi à 1h, le vendredi, ouvert de 16h à 2h et le samedi ouvert de midi à 2h.

Sur le podium des belles terrasses, celle-ci figure dans le top 5 ! A l'avant-scène de cet hôtel chic de Dubaï, face au triple joli décor des yachts blancs de la marina et de la Creek, offrez-vous ici une escapade hyper stylée et néanmoins *very cool*. Larges parquets de teck havane, canapés et tentures claires, composent un espace suspendu dans l'air doux. Impossible de croire que les pistes de l'aéroport sont à 2 kilomètres. Et pourquoi repartir quand Dubaï vous tend l'enivrant miroir des harmonies monégasques, mêlant l'élégance, la nature et les bonnes choses ?

PEPPERCRABE €€

Grand Hyatt Hotel
✆ +971 4 317 2221
Ouvert de 19h à 23h30, jusqu'à minuit les jeudis et vendredis. Compter 270 AED.

Une cuisine singapourienne réputée, spécialisée dans les fruits de mer, dans un cadre asiatique : hauts plafonds, meubles en rotin laqués, grandes portes coulissantes. Pendant la saison douce, choisir l'une des quelques tables en terrasse, bordées par les cours d'eau des jardins et plus intimes. Fraîcheur absolue (crabes et langoustes pêchés vivants dans le grand aquarium) et cuisine live. Le crabe épicé à la façon du chef se déguste avec les mains et se révèle divin. Le poisson est proposé grillé ou à la vapeur avec sauce au choix.

QWAIDER AL NABULSI €

Murraqqabat Street
✆ +971 4 227 7760
www.qwaidernabulsi.com
Ouvert tous les jours de 8h à 2h du matin. Compter 50 AED.

Un peu à l'écart des sites touristiques du vieux Dubaï, ce restaurant jordanien installé depuis les années 1960 vaut largement le détour. La spécialité à ne pas manquer côté salé est le falafel mahshi : un gros falafel fourré avec une pâte pimentée, du sumac et des oignons et n'hésitez pas à le prendre en sandwich. Côté sucré, c'est le kunafa, cette pâtisserie typiquement arabe à base de fromage et de cheveux d'ange, trempée dans le sirop et parfumée à l'eau de rose. Un menu copieux à petit prix qui conviendra même aux végétariens.

RAVI RESTAURANT €

2nd of December

✆ +971 4 331 5454

Ouvert de 5h du matin à 2h du matin. Compter 50 AED le repas.

Ce grand restaurant pakistanais, est une des institutions de Dubaï et donc c'est toujours plein, en particulier le soir. Côté décoration, c'est simple : Nappes en plastique, set de table en papier, et lumière néon donc mieux vaut s'abstenir pour un dîner romantique dans un cadre feutré et lumière tamisée. Attention à l'adresse ! Fort de son succès, Ravi s'est vu copié ces dernières années et de nombreux restaurants portant le même nom ont ouvert dans la ville ! Essayez le haleem et le nihari, des plats pakistanais traditionnels. Un régal !

SHABESTAN €€

Radisson blu Hotel Dubai Deira Hotel

✆ +971 4 205 7033

Ouvert de 12h30 à 15h, de 19h à 23h. Compter entre 200 et 300 AED.

Bienvenue à la maison des délices de Perse au premier étage de cet hôtel qui est une légende ! Connue et fréquentée par les nombreux Emiriens d'origine iranienne, elle est l'antre de plats iraniens de qualité : aubergines frites, riz safrané, kebabs… Sans oublier les glaces onctueuses. Musique en live sauf les dimanches, mais tenez-vous éloigné des enceintes pour ne pas y laisser votre ouïe. C'est une adresse où vous pouvez aller dîner les yeux fermés. Le service est attentionné et La maître d'hôtel y est depuis plus de 25 ans.

TANG PALACE €

Satwa

✆ +971 4 326 6888

Ouvert tous les jours de 11h à minuit. Réservation recommandée.

Il faut vraiment se donner du mal pour retrouver cette adresse dans le quartier de Satwa donc un GPS est une vraie bonne idée pour s'y rendre. Mieux vaut réserver aussi tant la clientèle chinoise s'y presse et en particulier (!) les Chinois. Les propriétaires, qui sont là depuis des années, vous reçoivent toujours très chaleureusement. La déco est simple et la salle n'a pas grand charme, mais côté carte, c'est un délice. La cuisine est authentique, généreuse et tout est bon et rapide. Le service de nationalité chinoise aussi est particulièrement attentif.

THE THAI KITCHEN €€

Sheikh Rashid Road

✆ +971 4 602 1814

Ouvert tous les soirs, de 18h30 à 23h30 et jusqu'à minuit les vendredis et samedis. Compter 300 AED/personne environ.

Dans le cadre élégant du très beau Park Hyatt, l'un des fleurons de l'hôtellerie dubaïote, un restaurant thaïlandais de haute volée, à la décoration à la fois exotique et design. Quatre grands îlots de cuisine live, où se concocte à vue une multitude de mets traditionnels, généralement servis en portions « tapas ». Le concept est basé sur la découverte et le partage, à travers plusieurs plats dans lesquels on picore, passant avec délice d'une saveur à l'autre. On passe d'une cuisson à l'autre : wok, à la vapeur, au barbecue. Une adresse typée et qualitative.

VIVALDI BY ALFREDO RUSSO €€

Baniyas Street-Creek Road

✆ +971 4 207 1717

www.vivaldidubai.com

Déjeuner : 12h - 15h. Dîner 19h - 23h. Lounge 12h - minuit. Environ 250 AED par personne.

C'est un restaurant surtout fréquenté par les expatriés. Son gros atout est sa terrasse sur la Creek, au calme, et il est donc la pause idéale pour un repas romantique le midi comme le soir avec une vue superbe sur la Creek et Dubaï dans un cadre frais, lumineux le jour et tamisé la nuit. Vivaldi est un restaurant italien avec une très belle carte préparé par le chef étoilé Alfredo Rousso. Les plats sont traditionnels avec une petite touche de modernité et une présentation contemporaine. A ne pas louper : le coucher de soleil sur la Creek !

XVA CAFE €

Al Fahidi Neighborhood

✆ +971 4 353 5383

www.xvahotel.com

Ouvert de 7h à 22h. Plat à partir de 60AED.

Ouvert en 2003, au cœur du dédale du quartier historique, c'est un patio ombragé charmant situé dans la maison d'hôtes la plus *arty-fanatic* du voisinage. On peut s'y arrêter à toute heure pour y faire une pause soit pour le meilleur *lemon mint* de la ville, ou une salade ou un burger comme celui à l'aubergine, à la tomate, au concombre et à la feta. Occasion de découvrir cet établissement unique, qui rend hommage à l'héritage du pays et qui est à la fois centre artistique et lieu d'hébergement. Son architecture intérieure est typique des maisons du quartier.

3 FILS €€

Jumeirah Fishing Harbour 1
✆ +9714333 4003
www.3fils.com
Ouvert tous les jours de midi à 23h30.
Environ 200 AED par personne.

3 fils est au départ une petite adresse confidentielle pour les habitants du littoral de Jumeirah qui devient l'adresse branchée où se rendre. Installé dans le petit port de Jumeirah, le restaurant offre une mini terrasse et une petite salle à l'intérieur. Mais, pour le reste le restaurant a tout d'un grand. On aime le Wagyu Maki aux truffes et au foie gras, l'Indomie Carbonara, le dragon roll et tant d'autres ! Le souci c'est qu'on aime tout. C'est absolument délicieux et le calme du petit port de pêche transforme le repas en une expérience inoubliable.

AL FAMALAMANKI €€

Jumeirah Beach Road
✆ +971 0 553 004550
www.alfalamanki.com
Ouvert tous les jours de 10h à 3h du matin.
Environ 150 AED par personne.

C'est dans le quartier résidentiel de Jumeirah, un peu à l'écart de la Jumeirah road que l'on rentre dans ce restaurant libanais aux tables dressées avec des nappes aux carreaux rouges et blancs. Voici un « bistrot » de cuisine libanaise traditionnelle de quartier. Le menu est plein d'humour et raconte, à la façon d'un scratch book, l'histoire des propriétaires qui possèdent deux établissements à Beyrouth. Tout est délicieux, et le monde afflue surtout après 13h : mezze, grillades et grande section de Manakich. Bon rapport qualité-prix.

AL MAHARA €€€

✆ +971 4 301 7600
www.jumeirah.com
Restaurant temporairement fermé.

La restaurant s'enroule autour d'un aquarium géant, quelque part sous terre, sans qu'aucune fenêtre ne vienne offrir de la lumière naturelle. Puis il y aura cette salle en deux parties, l'une rouge et l'autre bleue. Puis la carte comprenant deux menus et des propositions finalement assez simples. Voici des huîtres, un carpaccio de langouste, un ravioli aux coquilles St-Jacques, le confit de morue, le rouget au fenouil, bref une sélection de bistrot marin à Fréjus. Au dessert, le chef explose de créativité avec des crêpes Suzette et une tarte chocolat-banane.

AL MAKAN RESTAURANT €€

Souk Madinat Jumeirah
✆ +971 5 633 495 61
Ouvert tous les jours de 8h à 2h du matin.
115 AED par personne pour le déjeuner, 185 AED par personne pour le dîner.

Une halte bienvenue dans ce restaurant qui propose une grande terrasse avec une assez jolie vue sur la Burj al Arab et sur les canaux de Madinat Jumeirah. Ce restaurant libanais offre un bon rapport qualité-prix et nous recommandons la délicieuse limonade mentholée, quelques mezze comme le humus et les fatayer aux épinards puis le Mixed Grill Al Makan. Le service est attentif et rapide. Pourquoi pas une petite shisha pour terminer le repas ? Ce restaurant, dont le nom signifie La Maison est une valeur sûre du souk de Madinat Jumeirah.

APRONS AND HAMMERS €

La Mer
✆ +971 4 456 7888
www.apronsandhammers.com
Ouvert de 12h30 à 23h30 et jusqu'à 00h30 du jeudi au samedi. Compter 150 AED par personne.

Voilà un endroit où l'on mange à la bonne franquette ! Pas prétentieux pour deux sous. La célèbre adresse a déménagé à la Mer et a quitté son Dhow traditionnel pour s'installer sur une jolie terrasse. Les fruits de mer commandés sont servis dans des seaux, et c'est seulement une fois un tablier enfilé, que l'on peut s'atteler à décortiquer ses victuailles. Une expérience résolument ludique et fort bienvenue dans la course aux restaurants toujours plus chics et sophistiqués de Dubaï, terrasse avec vue sur la mer. Alcool disponible.

BEACHCOMBERS €€

Jumeirah Road
✆ +971 4 432 3232
www.jumeirah.com
Déjeuner aux alentours de 185 AED.
Dîner aux alentours de 220 AED.

Sur la plage du resort Jumeirah Beach Hotel, exactement en face du Burj Al Arab, voici une manière parfaite de se restaurer face à un des bâtiments emblématiques de la ville. A la saison tempérée, avoir une table en terrasse relève de l'exploit. Côté cuisine, les plats sont au croisement des cuisines asiatique et polynésienne. On se sent bien dans cette déco de type hawaïen. Ce restaurant fait d'ailleurs partie des classiques de la ville pour la clientèle expatriée qui aime s'y retrouver en famille les week-ends tout comme les touristes.

BELGIAN BEER CAFÉ €€

Souk Madinat Jumeirah
✆ +971 52 674 2542
www.belgianbeercafejumeirah.com
Ouvert de 16h à 1h et à partir de midi les vendredis et samedis. Environ 180 AED par personne. Bière à partir de 48 AED.

L'idée peut paraître curieuse, mais puisqu'on va bien manger des keftas à Bruxelles, alors pourquoi ne pas faire escale dans une des brasseries belges de Dubaï ? Décoration stella-artoise comme au pays, la pression qui va bien, la moule-frite en majesté, un tintamarre joyeux et une charmante terrasse donnant sur la Burj al Arab. S'y rendent aussi bien les expatriés en mal d'Europe que les visiteurs qui recherchent un lieu ni trop touristique, ni trop cher avec ce qu'il faut d'ambiance. Ne pas manquer le Happy Hour tous les jours de 16h à 20h sauf le vendredi.

BLACK TAP €€

✆ +971 4 422 9904
www.blacktapme.com
Environ 120 AED pour un repas et 50 AED pour les milk-shakes. Bière à partir de 32 AED. Ouvert de midi à minuit.

L'extravagance new-yorkaise à Dubaï. Cette chaîne américaine s'est fait connaître grâce à ses milkshakes extravagants dont la décoration (mais comment font-ils ?) ferait même craquer un diététicien ! Les adolescents raffolent (et pas seulement...) de cet endroit décontracté placé en plein cœur du lagon aux tortues du superbe hôtel Al Naseem. Côté carte, les hamburgers, tacos et les salades Caesar ont la part belle. Ambiance garantie dans un endroit devenu mythique et où il vaut mieux s'armer de patience pour trouver une table le week-end.

BOX PARK €

Wasl Road
✆ 800 637227
www.boxpark.ae
Les restaurants sont ouverts tous les jours de 10h à minuit. On peut y déjeuner ou dîner pour 75AED par personne.

Box Park est à l'image des quartiers de La Mer, City Walk, Al Seef : présenter un Dubaï décontracté avec une touche de design. Box Park a un ADN particulier : une série de containers repeints aux couleurs vives se succèdent le long d'une des rues, Wasl Road. Mieux vaut s'y rendre après le coucher du soleil tant le quartier est désert dans la journée. On peut y dîner sans se ruiner, et même pour certains d'entre eux, une belle terrasse à l'étage offre une vue sur la skyline de Downtown. Les locaux fréquentent beaucoup cet endroit. Pas d'alcool à Box Park.

BU QTAIR €

4D Street
✆ +971 55 705 2130
Ouvert de 11h30 à 23h45. Le soir, il est conseillé d'arriver de bonne heure Comptez 70 AED par personne.

Moins pittoresque depuis qu'il s'est offert un bâtiment en dur au détriment de son ancien conteneur dans lequel se trouvait la cuisine, Bu Qtair n'en reste pas moins l'un des restaurants les plus populaires de la ville : Le choix des plats se limite à du mérou mariné ou des crevettes panées pimentées et que l'on mange dans des assiettes en carton. Depuis plus de 20 ans, Haroon Rasheed et sa famille venus du Kerala, régalent le tout-Dubaï, des pêcheurs aux touristes en passant par les expatriés, avec des produits provenant de la pêche du jour.

COMPTOIR 102 €€

102 Jumeirah Beach Road
✆ +971 4 385 4555
www.comptoir102.com
Ouvert de 8h à 21h. Environ 100 AED pour le petit déjeuner. Environ 120 AED pour le déjeuner. Smoothies : 32 AED

Ce *concept store* et *healthy café* très populaire auprès d'une clientèle variée d'expatriés et de quelques locaux, sert une cuisine végétarienne bio, essentiellement sans viande. Pour ceux qui souhaiteraient seulement faire une pause dans leur journée, le café propose des *smoothies* aux noms évocateurs tels que le *Skin Glow* ou le *Skinny Boost*. Il ne reste plus qu'à choisir où s'installer : sur la belle terrasse qui appelle à lézarder, dans la salle de restaurant façon salon design, ou encore sur la terrasse intérieure, fermée pour protéger de la chaleur.

COYA €€€

Jumeirah Beach Road
✆ +971 4 316 9600
www.coyarestaurant.com/dubai
Ouvert de 12h30 à 1h30 du samedi au mardi et jusqu'à 1h45 les mercredis, jeudis et vendredis. Compter 500 AED le repas.

Le très chic restaurant péruvien étoilé au Michelin, originaire du quartier de Mayfair à Londres, a ouvert ses portes à Dubaï début 2015 dans l'enceinte du luxueux Four Seasons. On y retrouve les classiques péruviens remaniés et modernisés comme il se doit dans ce genre d'établissement. Les entrées se présentent sous forme de tapas à partager. Le restaurant fait salle comble tous les soirs, et faire une réservation est indispensable. Amoureux de la tranquillité et des dîners sans musique, s'abstenir : Le niveau sonore est très élevé à Coya.

FARZI CAFÉ €€

City Walk
✆ +971 526 89 2012
www.farzicafe.ae
Ouvert de 10h à 23h. Environ 150 AED par personne.

Voici un bistrot fusion version indienne ! C'est le petit dernier décontracté et branché d'une déclinaison gastronomique qu'offre Zorawar Kalra baptisé le « Prince de la cuisine Indienne ». Le café ne désemplit pas, et les Indiens se vexeraient presque de ne pas trouver de table, car toutes les nationalités s'y pressent. Informel, délicieux et épicé, mais pas trop, Farzi est une excellente adresse avec en prime la terrasse qui permet d'admirer le passage dans la rue piétonnière surtout le soir. Pas d'alcool servi dans ce restaurant.

FLAMINGO ROOM BY TASHA'S €€

✆ +971 4 244 7278
www.flamingoroombytashas.com
Ouvert tous les jours de midi à 16h et de 19h à 23h30, jusqu'à 00h30 les jeudis et vendredis. 200-250 AED par personne.

Cette chaîne de restaurants sud-africaine qui compte dix enseignes au pays, a ouvert en août 2017 dans le lagon aux tortues de l'hôtel Al Naseem. Le menu, long comme le bras, offre divers classiques de cuisine du monde, allant du vol au vent au homard, au poulet sauce periperi, tout en passant par le grand plateau de fruits de mer, ainsi que de gros hamburgers et des salades détox. Quant à la déco, tout a été importé d'Afrique du Sud, pour un résultat subtil, chaleureux et sophistiqué. Un concept store juste à côté mérite le détour. Le restaurant fait bar aussi.

KEY WEST BAR & GRILL €€

Nikki Beach Resort & Spa Dubai
✆ +971 4 376 6290
www.nikkibeachhotels.com/dubai
Ouvert tous les jours entre 17h-24h et à partir de midi les vendredis et samedis. Compter autour de 250 AED/personne

S'inspirant de la mixité culturelle de l'île de Key West, la carte offre une combinaison de mets et produits de Floride et des Caraïbes mâtinés d'influences latino. Selon l'esprit convivial des pays dont le restaurant s'inspire, l'objectif est de venir au coucher du soleil pour trainailler, face à la mer, en mode apéro-tapas ; grand choix de petits plats à grignoter et plateaux à partager tout en sirotant un rhum d'Amérique latine. A l'instar du reste de l'établissement, la déco est cool, faite de bois et de tonalités douces, de banquettes où se lover.

KITE BEACH €

Beach Road
✆ +971 4 219 0999
www.kitebeach.ae
Ouvert de 10h à minuit tous les jours et jusqu'à 1h du jeudi au samedi.

Posés sur la plage mythique de Dubaï, avec comme toile de fond les voiles des kits surfs, voici plusieurs food trucks aux couleurs acidulées et aux inspirations internationales qui s'égrainent le long de la plage pour une pause gourmande et sur le pouce. L'offre est immense pour régaler les papilles, les pieds en éventail sur le sable chaud. Cela sera aussi l'occasion de faire de belles photos. Dubaï offre tellement de contrastes saisissants et dernièrement les food trucks s'invitent partout ! La plupart acceptent les cartes de crédit.

MADO €€

Jumeirah Road
✆ +971 4 222 2338
www.mado.ae
Ouvert de 8h à minuit. Environ 120 AED par personne.

On peut aller à Mado soit pour prendre le petit déjeuner, un café turc avec quelques douceurs, ou pour un repas, disons... copieux. Le restaurant ne désemplit pas, et la grande majorité sont des clients réguliers, voire très réguliers. Côté cuisine, c'est le paradis des kebabs, des mezze et un petit coup d'œil sur les glaces très renommées et élaborées avec 100 % de lait de chèvre sans préservatif et sans colorant. Restauration continue et donc très pratique pour une pause entre deux visites du côté du Burj Al Arab. Mado compte 400 restaurants dans le monde !

LA MER €

Jumeirah 1
✆ +971 459 050 90
www.lamerdubai.ae
Plusieurs restaurants pour tous les budgets. Ouvert de 10h à 22h.

La Mer est ce quartier assez récent et collé à Satwa, le long du littoral. Promenade, plage, boutiques, attractions et même un aqua park rendent ce lieu incontournable surtout les week-ends. Côté gastronomie, il y a l'embarras du choix avec beaucoup de food trucks pour profiter d'une pause gourmande et économique. Côté restaurants, il y en a pour toutes les nationalités et pour tous les goûts avec les 65 enseignes présentes. Parmi elles, seules 4 peuvent servir de l'alcool : Masti (Indien), Babel (Libanais), Star N Bars (Tex-Mex, American), OSH (cuisine uzbek).

NAMMOS €€€

Jumeirah Beach Road
✆ +971 4 340 1002
https://www.nammos.gr
Ouvert tous les jours de 12h30 à 23h30. Sans alcool, 900-1000 AED par personne. Bouteille de vin à partir de 500 AED

Il n'y a pas d'adjectif pour décrire l'ambiance de Nammos ni la clientèle qui s'y presse. Est-ce l'impression que les clients sont en vacances éternelles ? Est-ce le reflet de ce que Dubaï peut offrir de plus extravagant, de plus bling ? Est-ce le lieu où s'affiche une douce volupté désinvolte ? Qu'est-ce que Nammos ? Une plage, un restaurant, des prix aussi stratosphériques que la clientèle et l'impression d'être au théâtre. Mais la cuisine est tout de même délicieuse et le service impeccable, la musique divine, les chanteurs merveilleux.

NICO ROMITO €€€

Daria Island
✆ +971 4 777 5622
www.nikoromito.com
Environ 450 AED par personne. Ouvert de 13h à 15h et de 18h à 23h. Bar ouvert de midi à 2 heures du matin.

Nico Romito est un autodidacte qui s'est vite hissé au rang des plus grands en gagnant trois étoiles Michelin. Trois mots d'ordre : simplicité, authenticité, équilibre. Cette simplicité, est pourtant très complexe dans l'élaboration : cuisson (très) lente, sous-vide, recherches de textures, de produits rares... Le résultat est sans équivoque : un festival des saveurs ! Mais si vous recherchez le restaurant classique italien, mieux vaut aller ailleurs. Le consommé à la tomate est une pure merveille et l'eau citronnée servie en fin de repas un délice.

NUSR-ET €€€

✆ +971 4 407 4100
www.nusr-et.com.tr
Minimum 500 AED/personne. Ouvert de midi à minuit. Sans réservation, il est (presque) impossible d'obtenir une table.

Bienvenue dans le temple de la viande. Nusr-et tire son nom du prénom du fameux boucher turc, Nusret Gokce. Il est connu aussi par sa façon si particulière de la saler. En utilisant trois doigts, il sale avec confiance ses plats : résultat plus de 31 millions de followers sur Instagram. Il a même été à l'origine d'une pétition envoyée à Apple pour créer une émoticône à l'image de ce geste célèbre. Côté cuisine, c'est un festival : la viande est tendre, succulente, cuite à la perfection et assaisonnée on ne peut mieux. On vous aura prévenus, la facture est salée !

LA OLA €

Kite Beach
✆ +971 4 344 9301
www.laoladubai.com
Ouvert de 8h30 à 21h30. Environ 50 AED pour le petit déjeuner.

Pour tous ceux qui recherchent un restaurant sans façon. Vue panoramique, installez-vous, protégés du soleil, et avec une petite brise légère qui permet de ne jamais avoir chaud sans être dans l'air climatisé. Côté architecture et décor le restaurant fait dans la grande simplicité : Cube de béton blanc dont la terrasse à l'étage offre tout de même la plus belle vue de Kite Beach. On vient vraiment pour la vue parce que côté cuisine cela reste simple, mais on aime à la folie le pain perdu, leurs crêpes et surtout leur tartine d'avocat avec œufs pochés...

PAI THAI €€

Al Sufouh Road
✆ +971 4 366 5866
www.jumeirah.com
Ouvert de 12h à 23h30 les vendredis et samedis et de 18h à 23h30 du dimanche au jeudi. Compter 250 AED le repas.

Le rituel d'arrivée compte déjà pour moitié dans la plaisir de l'expérience. Depuis la réception de l'hôtel, un abra vous entraînera par les canaux intérieurs qui serpentent entre les différentes parties du complexe. Des corbeaux criards feront aussi l'accueil, au cœur de ce parc magnifique. Puis, à la Vénitienne, vous débarquerez sur le quai et rejoindrez votre table sur ce ponton thaïlandais. L'approche gastronomique prend des libertés avec les recettes traditionnelles thaïlandaises mais les herbes et la fraîcheur sont au rendez-vous. Et quel écrin !

PIERCHIC €€€

Al Sufouh Road
✆ +971 4 432 3232
www.jumeirah.com
Ouvert midi et soir. Compter 460 AED le repas.

Situé au-dessus des flots, au bout d'une longue passerelle de bois, le Pierchic offre une vue splendide sur la plage et les palaces illuminés, mais aussi et surtout une visée marine directe sur son alter ego flottant, le Burj al-Arab. A midi, l'effet n'est pas le même. Sous les étoiles, la marche d'accès vous fait avancer dans la mer en suivant l'alignement des lanternes. Côté carte et depuis peu, c'est l'Italie qui est à l'honneur avec une carte complètement remaniée et une nouvelle équipe aux manettes du célèbre restaurant d'Al Qasr.

PUBLIQUE €€

Souk Madinat Jumeirah
✆ +971 4 430 8550
www.publique.ae
Ouvert de midi à 2h du dimanche au mercredi et jusqu'à 3h le week-end.Raclette à partir de 125 AED.

Ce restaurant français prend des allures de club pour expatriés en mal d'hiver : « Je veux mon dîner en refuge de montagne, je suis fatiguée de la plage ! » Pittoresque selfie posté sur Instagram mettant en scène une fondue savoyarde avec la Burj Al Arab en guise de montagne. Raclette, fondue, pierrage, plateau de charcuterie, steak tartare, ravioles du Dauphiné, tout y est dans cette carte bistrot. Une sympathique terrasse vous attend à l'étage pour prendre un petit verre à la fin du dîner. Si vous êtes en mal de vos amis compatriotes, courez-y !

SALT €

Street 2D
✆ +971 0 559965802
Ouvert tous les jours de midi à 3h du matin. Burgers de 35 à 50 AED.

Précurseur du mouvement des food trucks aux Émirats, Salt est né de l'idée de deux amis gourmets et amateurs de plein air. Lancé en 2014 comme concept itinérant dans une caravane Airstream, le vendeur de burgers le plus en vogue du pays a désormais posé ses bagages à la très populaire Kite Beach et exit le food truck pour faire place à un grand espace pour se restaurer sur place, où tables et sièges construits en palettes sont disséminés sur le sable entre les palmiers. L'endroit ne désemplit pas et il est bien rare de ne pas y faire la queue.

SEAVIEW RESTAURANT €

Umm Suqeim 1 Fishing Harbour
✆ +971 4 333 5552
www.seaviewrestaurant.ae
Ouvert de midi à minuit. Compter 100 AED le repas.

Situé sur un petit port de pêche, Seaview propose les produits de la mer très frais, et pour cause : il possède un bateau habilité à pêcher et qui assure le ravitaillement. Tout ce qui est proposé ici provient donc de la pêche du jour : Plusieurs sortes de poissons, des crevettes, des calamars, parfois des crabes, tout dépend bien entendu de la saison et de la chance des pêcheurs. On choisit ce qu'on désire avoir dans son assiette, le mode de cuisson (sauté, grillé, tandoori ou vapeur), la sauce éventuelle (ail, beurre, citron, épices) ainsi que l'accompagnement.

SHIMMERS €€

Jumeirah Road
✆ +971 4 366 5866
www.jumeirah.com
Ouvert de 13h à 22h30. Compter 250 AED le repas.

Unique dans son genre à Dubaï, tous mots pesés, car nous ne parlons pas ici d'un beach-resto climatisé disposant de quelques tables en terrasse, mais d'un large deck posé sur la plage entre les palmiers, à nu, en tongs. Le Shimmers est une table en bermuda, sous les palmiers et dans le vent comme on en trouve sur la plage de Pampelonne avec le DJ devant ses platines. Le soir, on vient border le soleil en fumant un narguilé double pomme, observant le profil altier du Burj Al Arab tout proche sur la droite et le Pierchic à gauche, avant de dîner léger.

TASCA PAR JOSE AVILLEZ €€€

Jumeirat Beach Road
✆ +971 4 777 2231
www.mandarinoriental.com
Ouvert du mardi au dimanche de 18h30 à 23h. Vendredi ouvert pour le brunch et le samedi midi aussi.

C'est à l'intérieur du Mandarin Oriental, tout en haut, que se niche le très beau Tasca. Que l'on soit sur la terrasse face à la plage ou à l'intérieur côté ville, l'ambiance est toujours au rendez-vous. Mieux vaut réserver dans le meilleur restaurant portugais de Dubaï qui est ultra tendance et branché. Côté gastronomique, on revisite les classiques portugais avec modernité et brio. Le concept est comme pour les tapas, dans un esprit de partage et de convivialité. La grande fraîcheur des produits qui délectera les palais les plus exigeants.

THE BULGARI YACHT CLUB €€€

Jumeirah Bay Island
✆ +971 4 777 5555
Ouvert de midi à 15h et de 19h à 23h. Environ 450 AED par personne.

Le yacht club se situe de l'autre côté de l'hôtel côté résidences. Dans un écrin en bois, couleur chocolat, se niche ce superbe restaurant décoré par de nombreuses photos d'Alain Delon, Brigitte Bardot et Sophia Loren (pour ne citer que quelques-uns) toutes prises sur la Riviera. Le cadre est idyllique et la terrasse a pour horizon le *skyline* de Dubaï downtown et les superbes yachts de la Marina de l'hôtel Bulgari. Côté assiette, l'Italie nous régale notamment avec ses risottos et ses pâtes *alla vongole*. Un endroit ultra-raffiné loin du brouhaha de Dubaï.

THE HAMPTONS CAFE €€

Jumeirah Beach Road
✆ +971 4 331 5118
www.hamptonsdubai.com
Ouvert tous les jours de 8h à 22h, jusqu'à 1h du matin les jeudis et vendredis. Environ 140 AED.

Avec un nom pareil, ce café ne pouvait pas élire domicile ailleurs que sur la très chic Jumeirah Beach Road ! Inspiré des belles résidences de vacances des New-Yorkais fortunés sur l'île de Long Island, ce café-restaurant sur trois étages sert de très bons petits déjeuners aussi bien sucrés que salés, et fait ses propres pâtisseries, dont l'incontournable pudding aux dattes ! La décoration raffinée confère au lieu une atmosphère décontractée qui donne un peu l'impression d'être chez des amis plutôt qu'au restaurant. C'est aussi un incontournable pour un brunch.

THE LIME TREE CAFE €

Jumeirah Beach Road
✆ +971 4 325 6325
www.thelimetreecafe.com
Ouvert de 8h à 18h. A partir de 40 AED le repas.

Impossible de passer à côté sans apercevoir cette façade vert kiwi citronné. Même si le restaurant ne bénéficie pas d'une vue panoramique, l'endroit est sympa, informel, gourmand et très fréquenté par les résidents et désormais sacré « meilleur café » de la ville par *TimeOut*. Terrasse protégée, en retrait de la route. Les produits sont faits maison : jus de fruits frais, milk-shakes, cafés ou thés, scones, pâtisseries. Grand rayon de salades et beaucoup d'options végétariennes. Grand choix de pâtisseries sans gluten et service à domicile.

THE MEAT AND CO €€

Souk Madinat Jumeirah
✆ +971 4 368 6040
www.themeatco.com
Ouvert de midi à minuit. Environ 300 AED par personne.

Meat and Co possède l'une des plus belles terrasses du souk qui offre une vue complète de Burj Al Arab. Côté carte et vu le nom du restaurant il n'y aura pas de surprises : c'est le festival de la viande en provenance d'Australie, de Nouvelle-Zélande, d'Amérique et du Japon. Les sauces qui les accompagnent sont sans surprise des béarnaises, barbecue, peri-peri, et même au roquefort. Pour les végétariens, le chef a quand même (un peu) pensé à vous avec son petit plateau de fromages. Réservation indispensable pour garantir une table en terrasse.

VERDE €€€

Four Seasons Hotel
✆ +971 4 3338025
www.verde-dubai.com
Aux alentours de 350 AED par personne. Ouvert de 18h à 3h du matin.

Après Paris et la plage de Pampelonne à Saint-Tropez, Verde s'est aussi installé à Dubaï, la ville de toutes les fêtes. Ce restaurant festif qui met la gastronomie française à l'honneur est aussi un lieu de divertissement. Les mercredis célèbrent le village de Saint-Trop' avec le thème « Décadence » et samedi c'est au tour de la capitale française avec le thème « Paris, scandale ». Chanteurs live, DJ internationaux font vibrer et danser une clientèle sophistiquée, trendy. Mieux vaut réserver à l'avance pour décrocher une table à un des deux services proposés le soir.

VILLA BEACH €€

Jumeirah Road
✆ +971 4 432 3232
www.jumeirah.com
Ouvert de 12h30 à 15h30 et de 18h30 à 23h30. Compter 300 AED. Brunch le vendredi.

Seule la plage et quelques vaguelettes séparent le parc aquatique Wild Wadi et le Burj Al Arab. Sur ces arpents de sable, en vis-à-vis immédiat, se trouve cette grande cabane climatisée déclinant des plats italiens plutôt version gastronomique. Le jour sous la varangue, la nuit aussi ou même aux fenêtres de la salle, on s'offre le spectacle du monument voilé. Depuis la réception de l'hôtel, on y accède à pied pour une agréable promenade dans le parc en bord de plage, ou bien en voiturette électrique. Ambiance familiale, brunch le vendredi.

WALNUT GROVE €€

City Walk
✆ +971 4 344 44 41
www.walnutgrove.ae
Ouvert de 10h à 23h. Environ 105 AED le repas.

Cette maison sud-africaine, ouverte à Dubaï en 2016 offre une très belle carte de salades, sandwiches et gâteaux, le tout en taille XXL ! On peut y petit-déjeuner et bruncher toute la journée. Une cuisine sans prêchi-prêcha : Un régal au pays des saveurs avec un service attentif et sympathique. Une carte spéciale pour les enfants qui apprécieront les pâtisseries généreuses et qui pourront même participer à la finition de leur désert. Seul bémol qui devient un plus en été, le restaurant se trouve à l'intérieur et n'a pas de terrasse.

ALICI €€€

BlueWaters
✆ +971 4 275 2577
www.alici.com

Ouvert de midi à 16h30 pour le déjeuner et de 18h à 1h pour le dîner. Environ 350 AED par personne.

Voici la côte amalfitaine à Dubaï. Alici dont le nom signifie « anchois » s'est installé pour notre bonheur à tous sur l'île BlueWaters. Ce n'est pas uniquement la cuisine qu'ils ont transportée jusque sur l'île, mais tout l'art de vivre : vaisselle, mais aussi carreaux en céramique de Gio Ponti, célèbre architecte, designer et essayiste. Alors au lieu d'admirer la côte méditerranéenne, on admire les gratte-ciel de la Marina confortablement installés sur la terrasse. Dans l'assiette, c'est le rendez-vous avec la fraîcheur et les produits de la mer sont sublimés.

BISTRO DES ARTS €€

Marina Promenade
✆ +971 4 551 1576
www.bistrodesarts.ae

Ouvert de 8h à 23h. Compter entre 150 et 200 AED.

Un petit air de Paris sur la Marina avec ce ravissant bistrot. C'est un lieu unique à Dubaï, avec un décor typiquement bistrot parisien et une superbe terrasse installée sur la promenade de la Marina, celle-ci étant assez cachée pour pouvoir détenir la fameuse licence d'alcool – car que serait un bistrot parisien sans une sélection de vins français ? L'ambiance est décontractée. On vient d'abord pour l'apéro et partager une planche ou une pissaladière. Puis on poursuit la soirée volontiers, avec une carte de plats traditionnels de qualité, aux saveurs variées.

BLUE WATERS €

Blue Waters Island
✆ +971 4 371 3999
www.bluewatersdubai.ae

Ouvert de 10h à 23h. Pour tous les budgets.

On y accède soit en voiture, soit en empruntant le pont pédestre qui relie la Marina à BlueWaters et l'immense roue. Beaucoup de food trucks sont présents et les restaurants commencent à s'installer laissant la part belle aux terrasses avec vue sur mer tandis que d'autres se trouvent à l'intérieur des rues qui composent l'île. Pour la plupart il s'agit d'enseignes internationales. Nous vous recommandons les cafés installés dans le quartier shopping de BlueWaters avec vue sur la mer et spécialement au moment du coucher du soleil.

BREAD STREET KITCHEN & BAR €€€

✆ +971 4 426 2626
www.gordonramsayrestaurants.com

Dîner de 18h à 22h. Bar ouvert de 12h30 à 1h du matin. Compter entre 200 et 250 AED.

On retrouve le style « entrepôt chic » de son gastro-pub londonien du même nom, avec sol en damier, cuir brun et bois poli. Pendant les mois les moins chauds, des tables sont également dressées à l'extérieur dans le tranquille jardin, où il fait bon déjeuner sous les frangipaniers. Le menu propose des classiques de la gastronomie britannique remarquablement cuisinés et utilisant des produits de saison de qualité, le tout à des prix très raisonnables.

BUSHMAN'S €€

East Crescent
✆ +971 4 567 8304
www.anantara.com

Ouvert 7j/7 de 18h à 23h30, happy hour au bar de 17h à 19h. Compter 380 AED par personne en moyenne.

Rares sont les restaurants australiens à Dubaï, surtout haut de gamme. Bushman's ravira donc les amateurs du genre, dans un cadre rustique et décontracté multipliant les références à l'île-continent – mur couvert de boomerangs, bar incrusté de dollars australiens. Pour une expérience immersive, goûter aux plats nationaux tels que le steak d'aloyau de kangourou ou le dessert signature Pavlova préparé directement à table par le chef. Naturellement, la carte des vins propose une belle sélection de crus australiens. Aux beaux jours, optez pour la terrasse.

BUSSOLA €€

King Salman Bin Abdulaziz Al Saud Street
✆ +971 4 511 7373
www.bussoladubai.com

Déjeuner : midi à 15h et les week-ends jusqu'à 16h. Dîner : 19h à 23h. Compter 220 AED

La Bussola est une valeur sûre. Le restaurant propose une vaste terrasse ouverte sur le parc et la mer, côté *trattoria fine*, et un bar à pizza géant aux allures de paillote au premier étage. Au rez-de-chaussée, on se régale dans une atmosphère plus intime, de pâtes ou d'une glace aux amandes, tandis qu'en haut résonnent les tablées et virevoltent les disques italiens. Une belle adresse. C'est une adresse parfaite pour les week-ends en mode dolce vita. La terrasse à l'étage est si bien aérée que même lorsqu'il commence à faire chaud, elle reste agréable.

DRIFT BEACH €€

King Salman Bin Abdulaziz Al Saud Street
✆ +971 4 315 2200
www.oneandonlyresorts.com
Ouvert tous les jours de 12h à 23h30. Compter 300 AED. Réservation recommandée même en semaine

Quelle belle plage, quelle décoration et quel service ! Ce très bon restaurant aux airs de Mikinos est probablement la meilleure adresse si l'on veut le calme et la sérénité au bord de mer à l'écart du bruit de la ville. La clientèle est chic et branchée. La carte fait honneur à la cuisine provençale et niçoise. On déjeune sous le soleil à midi, et le soir, on se glisse dans une tenue plus chic pour un repas dans un cadre magique. Un sans-faute ! Les enfants de moins de 16 ans ne sont pas admis. La musique est peut-être un peu forte le week-end.

EAUZONE €€

King Salman Bin Abdulaziz Al Saud Street
✆ +971 4 399 9999
www.oneandonlyresorts.com
Ouvert de 12h à 15h30 et de 19h à 22h. Compter entre 250 AED par personne.

Un restaurant au bord de la mer et de la piscine, parfait pour admirer un coucher de soleil sur l'eau. Les pavillons de cet établissement semblent flotter, comme dans un mirage du désert en guise de clin d'œil au nom de l'hôtel. Après la traversée des jardins et un crochet par la plage toute proche, vous voilà à la table oxygénante aux plats asiatiques zen comme l'ambiance de ce majlis flottant (plats au wok, curry de gambas et nombreuses assiettes végétariennes). Une petite merveille d'équilibre visuel et gustatif pour un repas paisible.

EL SUR €€

King Salman Bin Abdulaziz Al Saud Street
✆ +971 4 511 7373
www.elsurdubai.com
Ouvert pour dîner tous les jours à partir de 18h jusqu'à 23h. Brunch les samedis de 12h30 à 15h30. Compter 200 AED.

Installé dans le Westin sur Sufouh Road, à deux pas de la Marina, ce restaurant espagnol contemporain fait partie des endroits tendance du quartier de la marina. A l'intérieur, c'est une élégante décoration moderne qui nous accueille, et dehors, la belle terrasse n'est pas sans rappeler l'Europe du Sud. Dans les assiettes, c'est une nourriture sophistiquée et joliment présentée qu'on nous propose. Pour accompagner ces découvertes culinaires, liqueurs et cigares de premier choix sont disponibles. Beaucoup d'Espagnols fréquentent ce restaurant, gage de la qualité.

GORDON RAMSAY HELL'S KITCHEN €€

Bluewaters Island
✆ +971 4 556 6666
www.caesars.com
Déjeuner de midi à 15h30 et le dîner de 18h à 22h30. Environ 300 AED par personne.

Bienvenue chez Gordon Ramsay, la star des programmes de télé-réalité ! Cette fois-ci n'ayez crainte, vous n'aurez pas à enfiler le tablier même si vous retrouverez dans les cuisines les équipes rouges et bleues, mais composées exclusivement par des cuisiniers aux petits soins. A la carte, l'incontournable bœuf Wellington et le pudding au toffee avec sa glace aux spéculos. Mais si vous préférez essayer l'ensemble de ses plats emblématiques, venez pour le brunch !

KOKO BAY €€

West Beach Palm
✆ +971 457 23444
www.kokobay.co
Ouvert de midi à minuit et jusqu'à 1 heure du matin les jeudis et vendredis.

Ce nouveau restaurant installé sur la promenade de West Beach Palm est un vrai succès. Les tables sont installées pour la plupart dans le sable, face à la Marina et la grande roue de Dubaï. Musique d'ambiance qui peut devenir très forte les week-ends. Inspiré des plages de Bali, la carte propose des mets venus d'Asie et d'Europe. Résolument décontractée, les pieds en éventail, c'est un air de vacances dans ce lieu qui est comble tous les soirs, même pendant la semaine. On se prend une grande salade avec un petit cocktail et la vie est belle à Koko Bay.

MEKONG €€

East Crescent
✆ +971 4 567 8304
www.anantara.com
Ouvert 7j/7 de 18h à 23h30. Compter autour de 250/300 AED par personne. Choix de plats pour les enfants.

C'est le restaurant-signature de l'hôtel Anantara The Palm, l'une des meilleures tables asiatiques de la ville, incontournable pour ses spécialités thaïlandaises, vietnamiennes et chinoises, et pour son cadre superbe qui s'appuie sur des touches décoratives fortes : ici un plafond d'ombrelles rappelant le marché de Chiang Mai, là des cages à oiseaux suspendues, ici une terrasse avec des rickshaws en guise de sièges... Toute la carte est goûteuse et raffinée à ne savoir que choisir. Pour tester un maximum de saveurs, opter pour le plat de sept entrées à partager.

NINA €€

King Salman Bin Abdulaziz Al Saud Street
✆ +971 4 399 9999
www.oneandonlyresorts.com
Dîner uniquement à partir de 19h et jusqu'à 23h30. Fermé le dimanche. Compter entre 200 AED.

Un restaurant indien contemporain, de qualité, dans un décor feutré et chaleureux, où, dans un bain de lumières orangées et safranées, vous pourrez vous régaler de plats épicés savoureux comme on part en promenade dans un pays qui pourrait être un double postmoderne de l'Inde éternelle. Envie de picorer ? On opte pour le « Nina's Sharing Experience » : une sélection du chef de quatre entrées et/ou de quatre plats, chutneys et pains indiens pour accompagner le tout. Un petit voyage sur la route des épices qui vous permettra de découvrir ce superbe hôtel. A vivre !

NOBU €€€

Crescent Road, The Palm ✆ +971 4 426 2626
www.atlantisthepalm.com/fr
Dîner : 18h à 23h et jusqu'à minuit le jeudi et le vendredi. Brunch le vendredi de midi à 15h. Compter 400 AED le repas.

« *La bonne cuisine apporte plus de paix et de bonheur dans le monde* », déclare le maître Matsuhisa. A Nobu, c'est un tel délice que vous en repartirez un peu plus heureux ! Les plats suivants sont déjà entrés dans la légende : la morue charbonnière Black Cod marinée dans le miso blanc et servie avec une sauce au gingembre, les sashimis de saumon en salade, la limande au piment jalapeño et la pince de crabe en croûte truffée... Pour alléger la note, picorez au sushi-bar ou profitez du brunch du vendredi. Superbe décor ethno-design sur cuisine ouverte.

OSSIANO €€€

Crescent Road, The Palm
✆ +971 4 426 2626
www.atlantisthepalm.com
Ouvert de 18h à 22h, Compter 475 AED hors boissons.

La table du plus grand hôtel (en taille) de Dubaï est-elle à la hauteur de son prix ? Chacun se fera son avis en feuilletant les réjouissances marines proposées par le chef, des produits forcément nobles et au destin élégant. Face à cet aquarium hypnotique, un peu hors du temps, dans le reflet de la vie ancienne, on vit un dîner romantique pour un repas délicieux tout de même... Une expérience inédite, un classique de Dubaï, qui ne désemplit pas au fil des années, mais on se passerait bien de l'addition un chouïa salée en dessert !

PLANTATION €€

The Walk
✆ +971 4 448 4848
www.sofitel-dubai-jumeirahbeach.com
Ouvert de 7 h à 23h tous les jours. Environ 150 AED par personne.

Comme le reste de l'établissement, le lounge Plantation fait le beau dans ses habits néo-classiques. C'est un joli comptoir qui propose des spécialités typiquement françaises, une oasis de civilisation et de calme à deux pas de la promenade et d'un des quartiers les plus branchés et les plus vivants de la ville : goûter aux spécialités de la maison aux saveurs méditerranéennes (Burrata, côtes d'agneau à la provençale), du terroir (escargots de bourgogne, cuisses de grenouilles et daube de bœuf et ses champignons) et de la mer (sole meunière, moules marinières).

PORTERHOUSE STEAKS & GRILLS €€€

Sofitel The Palm Dubai
✆ +971 4 455 6677
www.sofitel-dubai-thepalm.com
Ouvert de 18h30 à 23h. En moyenne 400 AED par personne pour 3 plats à la carte.

C'est LE restaurant signature du tropical Sofitel The Palm Dubaï, une table courue de tous les carnivores exigeants pour son atmosphère à l'heure du dîner et sa carte de viandes de premier choix importées des meilleurs pays producteurs : steak de bœuf américain nourri au grain, gigot d'agneau ou bœuf kobe d'Australie, travers de porc de Nouvelle-Zélande. Aux beaux jours, choisir une table en terrasse même si la salle, cossue et chaleureuse, est très agréable.

RUE ROYALE €€

The Pointe
✆ +971 4 241 2828
www.rueroyalerestaurant.com
Ouvert de 10h à 23h. Environ 300 AED par personne.

Le restaurant Rue Royale est une inspiration directe du mythique Mère Brazier, installé rue Royale à... Lyon. Que l'on soit à l'intérieur dans l'ambiance rétro-contemporaine ou sur la terrasse qui offre une vue sur la mer et située en face de l'hôtel Atlantis, la décoration de l'établissement est très réussie. Côté carte, on revisite les classiques français comme les Saint-Jacques au citron confit et poivre vert ou le pain de brochet sauce homardine comme à Lyon. La présentation est épurée, raffinée et tout est délicieux. Attention, pas d'alcool !

SAROUJA €

Skyview Tower

✆ +971 4 421 4490

Ouvert tous les jours de 10h à 1h du matin la semaine et jusqu'à 2h le week-end. Environ 70 AED par personne.

D'après la communauté syrienne, Sarouja est le meilleur restaurant syrien de Dubaï, les mezze sont de très bonne qualité et cuisinés à la perfection. Avec sa décoration aux couleurs levantines, c'est résolument une atmosphère traditionnelle fréquentée par des habitués. L'endroit est bien agréable, on y joue aux cartes, on écoute les musiciens et pour les amateurs, les shishas sont également à la hauteur. Retransmission des grands matchs de football. Pour ceux qui viendraient en voiture, il y a un service de voiturier gratuit pour les clients. Pas d'alcool servi.

STAY BY YANNICK ALLENO €€€

Palm Jumeirah West

✆ +971 4 440 1010

www.oneandonlyresorts.com

Dîner uniquement, de 19h à 23h. Compter 350 AED pour un repas.

Sous de monumentaux lustres baroques en gouttes noires, dégageant des espaces conviviaux ou intimes selon le désir du soir, la salle – un peu sombre – paraît converger vers ce comptoir lumineux où le pâtissier, divin laborantin, pose la cerise sur le gâteau en direct. Force borgiaque de ce lieu à la *Eyes Wide Shut*, puissance des saveurs, service sous bonne direction française, Stay sonne vrai, simple peut-être en apparence, complexe aussi comme ces éclats de poisson en mousse de parmesan dès l'arrivée. L'affaire se règle avec bonheur pour un prix raisonnable.

TAGINE €€

King Salman Bin Abdulaziz Al Saud Street

✆ +971 4 399 9999

www.oneandonlyresorts.com

Dîner uniquement de 19h à minuit. Dernière réservation à 21h30, Fermé le lundi. Compter 200 AED.

Au sein du très bel hôtel One&Only Royal Mirage, et comme le laisse imaginer le nom de ce restaurant, vous êtes dans un petit Maroc au Tajine ! Arcades, ogives, lampes et mobilier marocains, murs de couleurs chaudes enduits de tadelakt : tout y est pour vous faire voyager même les serveurs francophones et le joueur de luth. Briques, pastilla de pigeon, tagines divers, choix de couscous et de kebabs ! En dessert, on se laisse tenter par quelques pâtisseries marocaines ou une classique pastilla de lait, croquante et onctueuse ! On se régale.

THE BEACH AT JBR €

Entre le Sheraton Jumeirah Beach Resort et le Hilton Jumeirah

✆ +971 4 590 5090

www.thebeach.ae

Ouvert de 10h à 22h. Large fourchette de prix, peut convenir à tous les budgets.

Entre la plage et la promenade de JBR, voici The Beach. On déambule entre boutiques et attraction et pour voir du monde on choisit de préférence la fin d'après-midi pour admirer le coucher du soleil, à l'instar de La Mer, City Walk, Bluewaters, Al Seef. De nombreuses options de restauration y ont fleuri et la liste des spécialités représentée est infinie, chacun y trouvera donc son bonheur. Voici notre sélection : Shake Shack, Bombay Bungalow (cuisine indienne), Eatgreek (cuisine grecque : frais et coloré), Fratelli La Bufala (cuisine napolitaine).

THE BEACH HOUSE €€

East Crescent

✆ +971 4 567 8304

www.anantara.com

Ouvert 7j/7 de 12h à 23h30. En moyenne 90 AED pâtes ou pizza, 140 AED un plat, 40 AED un dessert.

Comme son nom l'indique, le resto s'alanguit sur la plage face aux seules villas sur pilotis de Dubaï – puissantes catalysatrices de balnéaire façon Maldives. Un DJ mixe aux beaux jours et la terrasse, blindée, surfe sur une atmosphère *trendy* le midi, plus romantique le soir. On vient surtout pour l'ambiance cool, le plaisir d'avaler une pizza maison sans quitter son paréo, partager une salade de burrata à la truffe ou un plateau de fruits de mer. Salle à l'arrière façon véranda, mais il serait dommage de ne pas profiter de la proximité des flots.

THE LONDON PROJECT €€

BlueWaters

✆ +971 4 580 8570

www.thelondonproject.com

Ouvert de midi à 23h30 et jusqu'à minuit les weekends. Environ 180 AED par personne.

Côté décor, nous ne savons plus où poser nos yeux : sur la Grande Roue de Dubaï ou sur les gratte-ciel de la Marina ou sur la décoration intérieure qui mélange dans un esprit baroque, papillons, plantes et peintures. On est dans l'ambiance éclectique de Londres. On commence par un gin infusé maison et on se le prépare en écoutant les instructions de notre serveuse. Nous sommes bluffés par la présentation des cocktails. La carte reflète la décoration et l'esprit de la maison : colorée et internationale. Le café « Shaken macchiato » est un must.

THE POINTE €

✆ +971 0 43909999
www.thepointe.ae
Ouvert de 10h à 22h.

Plusieurs restaurants de chaînes internationales se succèdent dans le quartier de la Pointe sur la Palm : libanais, argentin, mexicain, asiatique, restaurant de poissons... Tout y est ou presque. Nous vous recommandons de déambuler le soir, après 19h lorsque le spectacle des fontaines commence. Attention cependant au monde qui y afflue et mieux vaut s'y rendre en semaine si vous le pouvez, car les embouteillages peuvent être kilométriques. La plupart des restaurants proposent une terrasse avec vue sur la mer. L'ambiance est familiale et décontractée. Pas d'alcool.

TORNO SUBITO €€

The Palm West
✆ +971 4 245 5800
www.tornosubitodubai.com
Ouvert de 18h30 à 23h30 tous les jours. Ouvert les vendredis et samedis à partir de 12h30.

Dans une décoration ludique qui évoque l'atmosphère de la Riviera des années 1960, le chef triplement étoilé Massimo Bottura signe son premier restaurant en dehors de l'Italie dans une atmosphère détendue avec un brin de sophistication. Côté terrasse, c'est une des plus belles de la Palm avec une vue dégagée sur la Marina. Le même esprit se retrouve dans l'assiette : tous les classiques de la cuisine italienne sont préparés avec brio avec des produits de première qualité. Alors, comme son nom l'indique, nous n'avons qu'une envie : d'y retourner rapidement !

TORO TORO €€€

Al-Sufouh Road
✆ +971 4 317 6000
www.torotoro-dubai.com
Ouvert de 19h à minuit en semaine et jusqu'à 1h le weekend. Brunch de 13h à 16h. Environ 250 AED par personne.

Au sein du complexe de Grovernor house, côté Résidence voici un des lieux branchés des sorties dubaïotes, Toro Toro est un restaurant et bar sud-américain sur deux étages, juste au bord de la marina. C'est le chef Richard Sandoval, un Mexicain souvent primé, qui en est à l'origine. L'idée ici est de faire du repas un évènement festif, comme c'est le cas en Amérique latine. Le plus sympa est donc de venir à plusieurs et de partager des tapas, ce qui permet de goûter à différentes saveurs. Au premier étage, l'ambiance du lounge est assurée par le DJ.

VIETNAMESE FOODIES €

Jumeirah Lake Towers
✆ +971 4 565 6088
www.vietnamesefoodies.com
Ouvert à partir de 11h tous les jours et jusqu'à 21h.

Situé dans le quartier résidentiel de Jumeirah Lake Towers, ce restaurant est un succès. Il a été fondé par Lily Hoa Nguyen et tous les chefs et sous-chefs sont aussi vietnamiens. Ils proposent une cuisine traditionnelle savoureuse et saine. Les boissons dont le café et le thé vietnamiens ne restent pas en reste. Pour les végétariens, large carte. Vietnamese Foodies est largement fréquenté par les expatriés et fait souvent salle comble. Une très belle adresse très peu touristique qui demandera un peu d'efforts pour s'y rendre.

XCLUSIVE CRUISE €€ ★

Pier 7 Valet parking
✆ +971 4 457 3185
xclusivecruise.com
Croisière au coucher du soleil à 17h : 210 AED par personne. Croisière dîner à 20h30 : 260 AED par personne.

Gérée par le groupe d'hôtels 5 étoiles The Address, cette compagnie propose un dîner-croisière de 1h30 à bord d'un bateau dont les grandes baies vitrées permettent une vue à 360° partant du quartier de la Marina. Parmi l'immense offre des bateaux-croisière et la qualité médiocre de beaucoup, celui-ci est sans aucun doute le meilleur. La qualité du buffet est au rendez-vous. Côté vue, vous passerez devant l'île de BlueWaters et la Roue Ain Dubai, pour vous diriger vers la Burj Al Arab et admirer les tours illuminées de la Marina.

ZEST €€

Palm Jumeirah West
✆ +971 4 440 1030
www.oneandonlyresorts.com
Ouvert tous les jours de 7h à 22h. Environ 230 AED par personne.

Difficile d'opter pour la terrasse, pourtant ouverte sur la seigneuriale piscine et les eaux de la Palm, quand on découvre une salle aussi belle, brillante, comme enchantée par les reflets argent, le blanc nuptial ! Faites selon la météo et votre goût du moment, mais installez-vous bien, car le moment sera mémorable : la carte est créée par le chef étoilé Yannick Allieno. C'est parti pour un voyage à la fois en Asie, dans le monde arabe et sur les rives de la Méditerranée. Au dessert, vous avez le choix entre smoothies, milkshakes et desserts frais.

AL NAFOORAH €€

✆ +971 4 432 3232
www.jumeirah.com
Ouvert de 12h à 23h30. Compter 200 AED le repas.

Voici une très bonne table libanaise qui ravira les gourmands ! Le restaurant fait partie des nombreux succès du groupe Jumeirah. Vous êtes au pied des tours jumelles, en bas du bureau du Premier ministre, en terrasse devant le super-chic Boulevard Mall, face à l'arche du DIFC. Jolie situation et ribambelle de mezzés onctueux, grillades et avec une touche contemporaine. Une pause orientale goûteuse qui paraît presque poétique dans cet environnement de béton efficace. La table libano-cossue est fréquentée par l'émir de Dubaï. Tenue correcte.

ARMANI AMAL €€€

Mohammed bin Rashid Boulevard
✆ +971 4 888 3666
www.armanihoteldubai.com
Dîner uniquement de 18h30 jusqu'à 23h30. Comptez entre 350 AED et 450 AED.

C'est au troisième étage de Burj Khalifa que se trouve ce bar doté de la célèbre griffe. On se sent comme dans un tunnel spatio-temporel quand, à la sortie de l'ascenseur, montent les notes de musique. Puis, happé par la lumière safranée, nous voici devant ces deux instrumentistes au cérémonial de l'harmonie. Serait-ce des hologrammes ou de vrais musiciens ? Une approche onirique captivante, prélude à un dîner indien de gastronomade dans une salle aux savants accents contemporains. Option agréable des formats tapas à picorer. Très belle terrasse.

ARMANI DELI €€

Sheikh Mohammed bin Rashid Boulevard
✆ +971 4 888 3888
www.armanihoteldubai.com
Comptez 250 AED le repas.

La maison milanaise, plus que centenaire, accompagne le grand Giorgio dans son aventure dubaïote. Fumet des charcuteries, fraîcheur des fromages transalpins, moelleux des gênoises aux amandes, les étals jouent la carte traiteur et chacun fait son petit marché gourmand, piochant aussi dans la carte des plats chauds. À emporter dans de jolies boîtes ou à consommer sur place, avec vue exceptionnelle sur les grandes fontaines. Nous recommandons en particulier le Brunch du vendredi. Table sur Terrace est le must. Tenue chic décontractée.

AT.MOSPHERE €€€

Sheikh Mohammed bin Rashid Boulevard
✆ +971 4 888 3828
www.atmosphereburjkhalifa.com
Ouvert pour le petit-déjeuner, déjeuner et dîner. Consommations minimum requise. Le soir les enfants ne sont pas admis.

Deux niveaux sous la plate-forme publique d'observation, à 408 mètres de hauteur, et auquel on accède par un ascenseur privé voici le dîner le plus perché de la ville. A midi, c'est époustouflant et si vous le pouvez, choisissez cette option plutôt que la montée traditionnelle. Le soir, on ne voit rien de très précis. Côté carte, il y a le choix entre les fruits de la mer, les viandes importées du Japon et les plats d'inspiration internationale. C'est très cher, mais quand on est dans le plus haut restaurant du monde, comment ne pas se laisser tenter ?

BABIOLE €€

Al Habtoor City
✆ +971 0 443 70077
www.babioledubai.com
Ouvert de midi à 1h. Environ 250 AED par personne.

Ce restaurant se trouve au 44e étage du Hilton d'Al Habtoor City. Le cadre « bistrot-chic » est très réussi et la terrasse est époustouflante avec une vue imprenable sur la Burj Kalifa et les gratte-ciel de Downtown. La cuisine d'inspiration méditerranéenne n'est pas en reste. Un mix bien choisi de cuisine italienne et française. Une adresse à ne pas manquer surtout si vous avez envie de profiter d'un superbe roof-top. De plus, si vous avez envie de prolonger la soirée, le Sport Bar et la discothèque le Dôme sont au même étage.

BAGATELLE €€€

Sheikh Zayed Road
✆ +971 4 354 5035
www.bagatelledubai.com
Ouvert tous les jours de 18h à 23h. Environ 600 AED par personne.

Bienvenue à Bagatelle, restaurant méditerranéen et français. Ici, c'est la joie de vivre qui vous attend, celle du Dubaï chic, clinquant et sophistiqué qui fait écho à un Saint-Tropez en plein mois d'août. La musique est forte et les nuits sont longues à Bagatelle, car le public emporté par le rythme des platines du DJ ne part plus. On y dîne très bien aussi autour d'un poulet entier rôti, d'un tartare de thon ou d'un linguini au homard épicé par exemple, sans oublier les frites maison à la truffe ! Réservation recommandée pour éviter toute déception.

BILLIONAIRE MANSION €€

Burj Khalifa Street
✆ +971 4 510 3100
https://billionairesociety.com
Ouvert de 19h à 3h.Fermé le lundi et le mercredi. Restauration jusqu'à 23h. Spectacle à partir de 21h.

Voici un restaurant qui a su réunir le style cabaret avec une cuisine italienne divine agrémentée de quelques plats japonais, et même des flambages à la table. Côté service, voici des serveurs enthousiastes et côté clientèle on a pu constater lors de notre passage la présence de beaucoup de VIP et de célérités. L'ambiance est au rendez-vous. Pendant le dîner et de façon intermittente, les numéros de cabaret et la musique se succèdent. Heureusement, pendant les pauses, il est possible de pouvoir converser sans se casser la voix.

CÉ LA VIE SKY BAR €€

Sheikh Mohammed bin Rashid Boulevard
✆ +971 0 4 582 6111
www.celavi.com
Déjeuner de midi à 16h, et dîner de 18h à 23h30. Déjeuner à partir de 140 AED. Dîner environ 300 AED.

That's Life en anglais ! Que le restaurant porte bien son nom : cela fait tout juste une année que le restaurant a ouvert et tout le monde s'y presse. Attendez-vous à trois choses : du monde chic et branché, une vue exceptionnelle sur la Burj Khalifa et une cuisine asiatique contemporaine emmenée par le Chef Howard Ko. Selon le moment de la journée, des ambiances différentes : Zen-attitude à midi, déluré et électrique le soir. Le brunch est aussi une très belle idée. On peut s'y rendre aussi pour un verre et pour y danser jusqu'à très tard au Sky Bar.

BLEU BLANC €€

Marasi Drive
✆ +971 4 512 5533
www.bleublanc-dubai.com
Du mardi au jeudi : 18h à 1h. Vendredi : Brunch de 13h30 à 16 et le soir de 19h à 1h. Fermé samedi, dimanche et lundi.

Situé à côté de l'entrée principale de l'hôtel Renaissance, le Bleu Blanc vous accueille dans un très bel écrin aux couleurs provençales, et le ton est donné dès la porte d'entrée. Bicyclette bleu lavande, meubles décapés : le style est informel, mais chic. On y vient pour prendre un verre ou pour s'attabler. Le restaurant connaît un certain succès parmi la clientèle expatriée. Sans prétention, mais avec un service soigné et une belle carte des mets, voilà un beau bistrot revisité et une belle adresse en plein cœur de Business Bay.

DIFC RESTAURANTS €

Dubai International Finance Center
✆ +971 4 362 2222
www.difc.ae
Ouvert de 10h à 22h, vendredi en soirée uniquement. Environ 85 AED par personne.

Le Dubaï International Financial Centre, nid de banques et de sociétés d'investissement, présente également un autre visage, plus festif, volontiers gourmand, dans un cadre à la new-yorkaise très réussi. Parmi les bonnes adresses à petit prix : Cafée Bateel, Au Bon Pain, Caffé Nero, Al Mandaloun (narguilés), Yo Sushi et son train électrique, More, Starbucks. Le mieux étant d'y aller à l'heure du déjeuner pour admirer en même temps les tours environnantes : Une jolie promenade sur le tempo City, au coude-à-coude de midi avec les traders en costume rayé.

LA CANTINE DU FAUBOURG €€€

Emirates Towers
✆ +971 4 352 7105
www.lacantine.ae
Déjeune et Dîner : Midi à 1h et jusqu'à 2h jeudi. Brunch, vendredi et samedi : Midi à 18h. Environ 350 AED par personne.

Amateurs de restaurants calmes et intimistes s'abstiendront. Bienvenue au cœur de la vie dubaïotte dans ce qu'elle offre de jeune, moderne et clinquant. L'ambiance est assurée et le public toujours au rendez-vous, la musique est forte et encore plus après 23h30 donc soyez prêts à vous amuser. Le restaurant français le plus branché de Dubaï offre une belle carte mais surtout un lieu mythique où l'on aime s'amuser et se retrouver soit en terrasse mais l'intérieur ne désemplit pas non plus. Après minuit, le lieu a presque l'aspect d'une discothèque !

EATALY €

Dubai Mall
✆ +971 4 330 8899
www.eataly.ae
Ouvert tous les jours de 9h à 23h30, jusqu'à minuit le week-end. Compter 120 AED.

Cette immense épicerie italienne divisée en plusieurs parties propose de faire son shopping tout en ayant la possibilité de se restaurer. À l'entrée, le café convient pour une pause rapide où l'on peut siroter son espresso « Illy » accompagné d'une pâtisserie. Sur les côtés, plusieurs stands pour manger sur le pouce, dont un dédié à la célèbre pâte à tartiner. Le restaurant, situé au fond du magasin, propose tous les classiques italiens cuisinés ainsi qu'un menu spécial pour les plats à la truffe. Pas de vue pour ce restaurant.

L'ETO €€

Dubai Mall
✆ +971 4 345 2211
www.letocaffe.ae
Ouvert de 10h à 23h30 et jusqu'à 12h30 du jeudi au samedi. Environ 75 AED par personne.

On y va d'abord pour la superbe terrasse panoramique qui donne sur les fontaines de la Burj Khalifa. La foule qui envahit les tables aussi bien dehors que dedans s'impatiente tant les papilles sont en émoi : Crêpes au Nutella, pain perdu aux prunes caramélisées, mais aussi œuf cocotte, ou sauce bénédictine sans parler du saumon teriyaki. Toutes les cuisines du monde ont été invitées et par conséquent toutes les nationalités s'y retrouvent particulièrement les Émiratis. Le restaurant est surtout plein en week-end du brunch jusqu'en soirée.

GAIA €€€

DIFC
✆ +971 424 14242
www.gaia-restaurants.com
Ouvert de midi à 16h et de 19h à minuit. Environ 350 AED par personne.

Gaia est la déesse de la terre et la mère du soleil, des montagnes et de la mer : aux Émirats elle a donc toute sa place. Et c'est à DIFC, que Eugeny Kuzin et Chef Izu ont dessiné un deuxième restaurant après celui de Monte-Carlo. Le concept est simple, une cuisine grecque généreuse, des plats à partager, une exigence sur la fraîcheur des produits. Le résultat est convaincant, on y vient une première fois par curiosité, et on y revient encore par conviction que ce soit à midi ou le soir. Décidément, Gaia a enfanté un bien bel endroit au pays des Bédouins.

INKA €€

Hôtel Sofitel Dubai Downtown
✆ +971 4 346 9295
www.sofitel-dubai-downtown.com
Ouvert tous les jours à partir de 18h et jusqu'à 23h30 les dimanches, mardis et jeudis. Jusqu'à 00H30 les autres jours.

Au 31e étage du Sofitel, en plein cadre sur la Burj Khalifa et l'effervescence du quartier de Downtown, Inka est un restaurant d'inspiration péruvienne, de taille intimiste et chaleureuse, dans un intérieur élégant de type Art déco. Cuisine toute en légèreté et fraîcheur à base de recettes traditionnelles péruviennes, revisitées et dépoussiérées par le chef natif de Lima Christian Motte. Pour un cocktail avec vue panoramique ou quelques pas de danse latino, filer au bar-lounge tout à côté, feutré, glamour, chaloupé comme une salsa et lascif comme un tango.

KOHANTEI €€€

Sheikh Mohammed bin Rashid Boulevard
✆ +971 4 2434951
www.kohantei.ae
Ouvert de midi à 14h30 et de 18h à 22h30. Environ 600 AED par personne. Fermé le dimanche.

Kohantei est un très bon restaurant minimaliste et intimiste dirigé par le talentueux chef Hisao Ueda. Il propose une cuisine Kaiseki. Cette cuisine traditionnelle japonaise se caractérise par l'élaboration de mets inspirés par la saisonnalité. Souvent déclinés en menus, se succèdent des petits plats jouant avec les textures, les saveurs avec une grande exigence esthétique. Le dîner peut durer plusieurs heures. Le résultat est un dîner sans faute, raffiné et élégant qui ravira les plus exigeants palais au pied de l'Opéra de Dubaï.

LA MEZCALERIA €€

The Oberoi
✆ +971 5 04234044
www.lamezcaleriadxb.com
Ouvert tous les jours de 18h à 2h et le vendredi de 13h à 2h. Environ 200 AED par personne sans les boissons.

C'est sur le rooftop de l'Oberoi, au 27e étage que se trouve ce restaurant dont la décoration aux couleurs vibrantes donne tout de suite le ton du lieu : Fun, jeune et à la limite entre le lounge et le restaurant. La cuisine mexicaine est à l'honneur avec de très bons tacos et nachos à la présentation épurée, à laquelle se mêlent aussi d'autres inspirations plus asiatiques. Dès le soleil couché, on s'installe sur la très belle terrasse qui offre une vue superbe sur les tours de downtown. La musique est forte, presque trop, mais quelle ambiance !

MINA BRASSERIE €€

DIFC
✆ +971 04 506 0100
www.minabrasserie.com
Déjeuner de midi à 15h. Dîner de 19h à 23h30. Environ 300 AED par personne.

Le chef Michael Mina signe une belle carte dans cet établissement du Four Seasons. L'endroit est très agréable et calme, baigné de lumière, pendant la journée et se transforme, dès les bureaux fermés, en un lieu branché, où tous les occupants des bureaux avoisinants se donnent rendez-vous pour un verre. DJ aux manettes, tenue dubaïote chic et sophistiquée pour les filles, voici une brasserie où il y a beaucoup d'ambiance. Le service est remarquable et très professionnel. A vous de choisir l'ambiance que vous préférez, celle calme la journée ou électrique le soir.

NINIVE €€

Emirates Towers Hotel
✆ +971 432 66 105
www.ninive.ae
Environ 280 AED par personne sans l'alcool. Ouvert de 17h à 2h et jusqu'à 3h les week-ends.

C'est le restaurant branché de la cuisine du Moyen-Orient. La cuisine de l'Irak, la Turquie, du Maroc sont à l'honneur et pour écrin une superbe terrasse qui vous attend face au centre financier et aux tours de Downtown. Vous serez confortablement installé sur un des sofas, à la mode orientale, presque un décor de bivouac dans le désert, si ce n'est la musique résolument occidentale. On vous recommande le lieu pour un apéritif à l'heure du coucher du soleil pour prendre quelques mezze, un cocktail dans la main et dans l'autre votre shisha parfumée.

LA PETITE MAISON €€€

DIFC
✆ +971 4 439 0505
Ouvert de midi à 15h3 à 23h du dimanche-mercredi et jusqu'à 23h30 le jeudi. Les vendredis& samedis à partir de 12h30.

Pour ceux qui auraient raté un épisode, la Petite Maison est l'ambassade rustico-chic d'un des meilleurs terroirs gastronomiques de l'hémisphère nord, Nice ! Vous pourrez y goûter la divine pissaladière, les petits farcis, les aubergines grillées, les rigatoni aux truffes, le loup de mer en croûte de sel ou l'inimitable poulet au foie gras. Dans l'improbable lacis wall-streetien du DIFC, vous voici dans cette brasserie claire et modeuse embrasée de gaieté, toujours élégante, où se régalent les fourchettes les plus difficiles.

PRIME 68 STEAKHOUSE €€

JW Marriott Marquis
✆ +971 4 414 3000
https://www.jwmarriottmarquisdubailife.com
Environ 500 AED par personne. Ouvert de 18h à minuit. Le vendredi, brunch de 13h à 16h.

Perché, comme son nom l'indique, au 68e étage du deuxième plus haut hôtel du monde, le Prime 68 offre une vue époustouflante et panoramique sur la ville. Le restaurant est chic et feutré et parfait pour un dîner romantique. Côté carte, les amateurs de viande seront au 7e ciel tant l'offre et la qualité des viandes proposées sont exceptionnelles ! Que ceux qui ne consomment pas de viande rouge se rassurent : poissons, homard et poulet sont aussi au menu. Une adresse pour admirer la ville, alternative à la Burj Khalifa. Tenue correcte exigée.

LA SERRE BISTRO & BOULANGERIE €€

Mohammed bin Rashid Boulevard
✆ +971 4 428 6966
www.laserre.com
Bistrot ouvert de midi à 2h. Les vendredis et samedi, brasserie ouverte à partir de 9h. Environ, 300 AED par personne.

Construite sur deux niveaux et flanquée de baies vitrées faisant toute la hauteur du bâtiment, La Serre mérite bien son nom. Le rez-de-chaussée est réservé à la boulangerie parisienne, servant des petits déjeuners, et des salades, le reste de la journée. Le premier étage est réservé au bistrot qui sert une cuisine méditerranéenne française. Carte classique : tartare de bœuf, asperges vertes à la sauce gribiche ou tarte Tatin côtoient des plats plus originaux, mais de chez nous.

SHAKESPEARE AND CO €

✆ +971 4 425 7971
Ouvert de 7h à 1h. Compter 100 AED.

Une bonne adresse de la célèbre chaîne de restaurants pour manger des petits plats simples ou des crêpes à petits prix, en terrasse, face au spectacle des fontaines. Que demander de plus ? Une table bien en face du spectacle peut-être... Mais pour cela, il faudra arriver tôt ! *To be futé or not to be*... A noter : la possibilité de fumer une bonne shisha pendant le show, pour les amateurs. Attention ! il y a deux Shakespeare à Dubaï Mall : un, à l'intérieur, en face des Galeries Lafayette, l'autre, celui que nous évoquons, au souk al Bahar !

SHANGHAI ME €€€

DIFC
✆ +917 4 564 0505
www.shanghaime-restaurant.com
Ouvert tous les jours de midi à Minuit. Environ 400 AED par personne.

Dans les restaurants à succès de DIFC ; Shanghai Me fait bonne figure. La décoration du restaurant est subtile : Arts déco version asiatique : feutré et chic. A l'intérieur se mêlent les locaux comme les expatriés. Il y a beaucoup d'ambiance et la musique y est exceptionnelle même si très forte. Côté cuisine, c'est une carte généreuse et qui revoit les grands classiques de la cuisine asiatique avec assez de brio. Si vous avez envie de voir du beau monde, c'est le restaurant qu'il vous faut, mais y aller sans réservation relève de l'impossible.

SOUK AL BAHAR RESTAURANTS €

Sheikh Mohammed bin Rashid boulevard
✆ +971 4 362 7011
www.soukalbahar.ae
Ouvert de 10h à 1h, le vendredi à partir de 14h. Plats légers ou repas à partir de 100 AED.

Dans le cadre d'un souk reconstitué et sachant que l'objectif n° 1 est d'avoir les meilleures places pour le spectacle des fontaines et du Burj Khalifa, le *Petit Futé* vous propose une sélection. Soit à l'étage : à droite, Bice Mare (Italie marine) et Abdel Wahab (Liban). Au rez de lac, à droite, Shake Shack (fast food de burgers) et Sammach (poissons à l'étal) et à gauche, Baker & Spice (restaurant plutôt organique et sain) et Serafina (inspiration italienne) ainsi que Meat&Co.

WAFI GOURMET €

Dubai Mall
✆ +971 4 330 8297
www.wafigourmet.com
Ouvert de 9h à minuit et jusqu'à 1h du jeudi au samedi.. A partir de 70 AED.

Wafi Gourmet a une très belle terrasse bien située au Rez du Mall devant les fontaines. Une bonne adresse aussi pour les gourmands, et nous le sommes tous devant ces victuailles levantines. C'est l'occasion de goûter les mezze ou de commander un shawarma. On a de la peine à détourner son regard des pyramides de pâtisseries et des paniers regorgeant de douceurs orientales qui occupent une grande partie de cette épicerie fine. Dégustation sur place ou à emporter, grand choix de dattes, de fruits secs, de miels. Le meilleur houmous de la ville.

ZAATAR W ZEIT €

Sheikh Zayed Road
✆ 600 522 231
Ouvert 24/24h. Compter 50 AED le repas.

Voici la chaîne de fast food libanaise, créée il y a plus de 20 ans et qui possède plus de 20 points de vente aux Emirats. Elle propose des produits frais et sains et elle vous évitera surtout de consommer les graisses trans macglobalisées. Wraps phéniciens pour la génération digitale à base de markouk cuit sur le saj bombé. On aime la déco, le logo très contemporain et audacieux. C'est facile et rapide avant de repartir quand on veut se restaurer bien et le plus rapidement possible. Ils sont présents partout dans Dubaï et surtout dans les centres commerciaux.

ZAROOB €

Jumeirah Tower Building
✆ +971 4 327 6262
www.zaroob.com
Ouvert 24/24h. Compter 70 AED le repas.

Zaroob se traduit en français par : Petite allée. Et justement l'idée est de reconstituer les petites échoppes que l'on retrouve dans les rues des pays levantins, et tous ces petits vendeurs de rue. Dans cette ambiance théâtrale, avec son comptoir branché, son *street art* avec tôles et tags, le restaurant offre une petite carte avec des spécialités du Liban, Syrie, Jordanie et d'Egypte : Pitas, falafels, shawarmas, houmous et mezzés en folie. Une ambiance décontractée avec une touche régionale : Une bonne adresse pour les petits budgets, et pour les autres !

ZETA RESTAURANT & LOUNGE €€

The Address Downtown Hotel
✆ +971 4 888 3444
www.addresshotels.com
Ouvert tous les jours à partir de 17h. Jusqu'à 23h30 du samedi au mercredi et jusqu'à 00h30 les jeudis et vendredis

Les badauds qui arpentent les berges du mall observent avec un brin d'envie ceux qui ont la chance d'être attablés au Zeta, et qui profitent ainsi en version tout confort de la meilleure vue panoramique sur le Souk Al Bahar, le lac, les fontaines et le Burj. Soyez donc du bon côté de la pièce et fréquentez sans hésiter une seconde cette terrasse en demi-lune prolongeant l'espace des piscines et des jardins de la tour Art déco. Délicieuse carte et sans doute le top-stop de Downtown pour un repas léger et/ou un verre en cinémascope.

ZUMA €€€

Gate Village 6
✆ +971 4 425 5660
www.zumarestaurant.com
Ouvert de midi à 16h et de 19h à minuit. Les vendredis & samedis : 12h30 et jusqu'à 1h. Environ 480 AED/personne.

Ce restaurant japonais élégant sans être guindé offre une impressionnante sélection de sushis, sashimis, huîtres et autres crustacés ainsi que des classiques de la cuisine de rue japonaise, comme des yakitoris de bœuf wagyu ou des takoyakis préparés en *live*. Les plats demandant une élaboration plus longue, comme la morue noire au miso ou les crevettes géantes au poivre yuzu, se commandent à la carte et sont servis à la table directement. Côté ambiance, c'est musique forte, clientèle jeune et ultra branchée, Tenue chic. Réservation indispensable.

A4 SPACE & APPETITE CAFÉ €€ ★★

Alserkal Avenue
✆ +971 50 556 9797
www.appetite.ae
Ouvert de 9h30 à 19h. Fermé le vendredi.

L'espace A4, en plein cœur du complexe d'Alserkal Avenue, est un endroit créatif comme on aimerait en trouver plus souvent. Pour une simple pause café entre deux visites des galeries, le café Appetite sert des sandwiches, des pâtisseries, des boissons chaudes et des jus frais à une clientèle presque exclusivement composée d'artistes, d'écrivains et de patrons de galerie d'art. On y trouve aussi une bibliothèque partagée et ici et là des Bean Bags invitent le lecteur. Quant aux accros du travail, des bureaux sont à disposition et le wifi gratuit.

AL DENTE €€

Barsha Heights
✆ +971 4 432 7911
www.byblosHoteldubai.com
Ouvert tous les jours de 11h à 1h du matin. Compter 70 AED pour une pizza

Au rez-de-chaussée du Byblos Hotel connu pour ses boîtes de nuit, le restaurant italien ne paie pas de mine, mais nous vous recommandons chaleureusement ses pizzas ! Cuisinées avec du vrai jambon de porc ou en version végétarienne, elles sont servies avec un verre de vin, parfait pour se réconcilier avec la vie et repartir de bonne humeur ! L'intérieur calme fait office de cantine du quartier où se retrouvent les hommes d'affaires autour de côtelettes de veau ou d'un plat de pâtes. En week-end ce sont les familles expatriées qui s'y retrouvent.

AL-ROMANSIAH €

17a Street
✆ +971 4 399 4646
Ouvert tous les jours de 12h à minuit. Compter 70 AED par repas.

Petite merveille dans ce quartier assombri par la piste de ski et tout ce que propose le Mall of the Emirates. Dans ce restaurant yéménite, vous êtes accueillis comme un hôte de luxe. Choisissez votre table dans la grande salle principale ou installez-vous par terre dans l'une des petites salles privées. Le plus populaire est le poulet Mandy avec en dessert un Ma Soob, des bananes écrasées à la crème avec du pain et du précieux et réputé miel du Yémen. Il faut prendre plusieurs plats et les partager. L'ambiance est alors conviviale et chaleureuse.

CAFE RIDER €

Umm Suqeim Road
✆ +971 4 321 4411
www.caferider.com
Ouvert de 8h à 20h dimanche au mercredi et du jeudi au samedi de 8h à 22h. Compter entre 25 et 40 AED.

Des motos de collection, des pantalons et des vestes de motards, des bandanas et des casques vintage vous accueillent dans ce café, véritable repaire de barbouzes et de jeunes Emiriens. Dans cet endroit chaleureux et convivial, vous pourrez prendre un café ou déjeuner dans des canapés Chesterfield, à côté de l'atelier de maintenance et de création de motos, une simple vitrine vous sépare. Un escalier en fer forgé vous mène à l'étage avec des baby-foot et une bibliothèque à deux pas du quartier industriel d'Al Quoz et d'Alserkal.

CARINE €€

Emirates Golf Club
✆ +971 4 417 9885
Ouvert tous les jours de midi à 15h pour le déjeuner et de 19h à 22h30 pour le dîner et jusqu'à 23h30 le week-end.

Elu meilleur restaurant français dans plusieurs revues locales, Carine est un restaurant installé au cœur du Golf Emirates Club. La Terrasse avec la vue sur le golf et dans le fond les tours de la Marina est superbe tout comme la décoration rustique et contemporaine à l'intérieur. Tout est délicieux, en particulier les tartares et les tartes. Loin du bruit de la ville tout en profitant de la vue, c'est un lieu idéal pour faire une pause. Très prisé le week-end et le soir par les expatriés qui recherchent à se relaxer dans cet écrin vert.

NINETEEN €€

The Address Montgomerie
✆ +971 4 363 1275
www.theaddress.com
Ouvert pour le déjeuner de 12h30 à 15h30, pour le dîner de 19h à 22h30. Compter environ 250 AED par personne.

Face à un superbe terrain de golf, dans les murs de cet hôtel hautement séduisant, vous profiterez à l'étage d'une salle contemporaine ou, mieux, de la terrasse ouverte sur la prairie manucurée, pour quelques huîtres fraîches et des assiettes de la rôtisserie. La cuisine semi-ouverte permet de voir les plats pendant leur préparation. Importante clientèle bien mise le week-end mais plus calme en semaine dans cet éden vert reposant, à 10 minutes de Zayed Road. Possibilité de buller dans le beau lounge juste à côté du restaurant.

FAIRE UNE PAUSE

Peut-on se poser à Dubaï quand il y a tant d'effervescence autour ? C'est presque un devoir de le faire pour recharger les batteries et pour les habitants c'est presque un sport national. Tout est bon pour prendre un café traditionnel, un thé, déguster une pâtisserie émirienne, boire un verre ou même fumer un narguilé. En matinée, mais pas trop tôt, car vous ne trouverez pas grand monde avant 10h, la pause gourmande c'est plutôt vers le vieux Dubaï pour un petit déjeuner local ou une limonade mentholée. A l'heure du thé, rendez-vous dans les lobbies des palaces pour apercevoir la population locale. En fin d'après-midi, c'est direction le littoral et les plages des hôtels pour se pauser face à la mer ou au centre financier DIFC pour rencontrer les golden boys & girls. Attention tout de même à bien comprendre où l'on peut trouver une boisson alcoolisée, car rares sont les établissements en dehors des hôtels où cela est possible.

PRATIQUE

FAIRE UNE PAUSE

HORAIRES

A Dubaï, les horaires sont très extensibles, mais disons que la journée ne commence vraiment qu'à partir de 10h et les cafés ne désemplissent pas de la journée. Ici, le maître mot, est de prendre son temps, personne n'a vraiment l'air stressé. Vous ne verrez personne courir encore moins la population émiratie. Ils s'éternisent souvent à discuter comme si le temps était extensible que ce soit en semaine ou en week-end. S'il n'y a pas de traditions d'« apéro », c'est surtout en fin de soirée, après le dîner et assez tard que les groupes d'amis se retrouvent une nouvelle fois autour d'un thé et parfois d'une shisha. Quant à la population expatriée, elle sort dans les nombreux bars d'hôtels, assez tard le soir, et en général du mercredi au samedi inclus. Lors du Ramadan, les horaires changent. Durant la journée, les établissements sont peu fréquentés et la plupart des lieux ouvrent après le coucher du soleil et toute la nuit.

BUDGET / BONS PLANS

Dubaï est cher, même pour un café. Les bars d'hôtel sont particulièrement hors de prix, car les taxes imposées sur l'alcool sont très élevées. Partout on peut payer avec une carte de crédit et on peut laisser un pourboire aux alentours de 5-10 % même si ce n'est en aucun cas une obligation.

A PARTIR DE QUEL ÂGE

L'alcool ne peut être consommé qu'à partir de 21 ans, et la législation est très stricte. Il est difficile de rentrer dans les bars en dessous de cet âge. Noter en revanche, qu'il est interdit de consommer de l'alcool sur la voie publique ou dans les espaces publics qui ne sont pas réglementés pour.

C'EST TRÈS LOCAL

En milieu d'après-midi, on retrouve dans tous les cafés de quartier, les lobbies d'hôtels et les centres commerciaux, des amis et familles émiratis qui viennent prendre le thé, boire un café et surtout manger quelques pâtisseries. Il est aussi très prisé de fumer une shisha dès le soleil couché. Il n'est pas rare de boire du café jusque très tard le soir, car on ne se couche pas tôt dans la ville et rappelons qu'une partie importante de la population ne boit pas d'alcool. Il faut absolument essayer les limonades mentholées dont les meilleures se trouvent dans le Dubaï historique.

ENFANTS

Les enfants sont interdits dans les bars et il n'y aura pas d'exception.

LES PHRASES CLÉS

Bonjour, quelle est la spécialité de la maison ? Nous voulons découvrir.
مرحبا، ما هي الوجبة المميزة هنا؟ نود تجربتها.

Avez-vous de la place en terrasse ?
هل توجد لديك غرفة مطلة على الشرفة؟

Quel est votre nom ? Je m'appelle… Ravi de vous rencontrer !
ما اسمك؟ اسمي... سعدت بلقائك!

A votre santé ! Zut, j'ai renversé mon verre… pouvez-vous m'aider ?
نخبك! أوه لا، لقد انسكب مشروبي... هل يمكنك مساعدتي؟

C'était très bon. Nous allons reprendre la même chose s'il vous plait.
طعمه لذيذ. سنأخذ نفس الطلب مرة أخرى لو سمحت.

© ABDALLAH DARABSEH -SHUTTERSTOCK.COM

AL SAMADI

48 Al Muraqqabat Street
✆ + 971 4 269 7717

Ouvert tous les jours de 8h à 23h. Entre 26 AED et 45 AED le 1/2 kilo de pâtisserie.

C'est dans la très vivante Muraqqabat Street en plein milieu de Deira qu'est installée une des meilleures pâtisseries levantines de tout l'émirat. Les clients commandent par kilo ce qu'ils vont rapporter pour compléter leurs déjeuners du vendredi. Les nostalgiques des vraies pâtisseries orientales vont s'en donner à coeur joie. N'hésitez pas à leur dire que vous voyagerez avec et non seulement ils vous recommanderont lesquelles prendre, mais ils vous les emballeront comme il faut pour qu'elles soient encore fraîches au retour.

ARABIAN TEA HOUSE

Al Fahidi historical district
✆ +971 4 353 5071
www.arabianteahouse.net

Ouvert tous les jours de 8h à 23h. Glace au lait de chamelle : 37 AED, limonade à 36 AED, lait de chamelle : 37 AED.

Arabian tea house est ouvert depuis 1997 et offre une pause 100% émirati et authentique. Forcément, vous allez aimer y faire une pause. Installé dans le quartier historique d'Al Fahidi, sa terrasse ombragée est très agréable et fréquentée par les Emiratis qui aiment se replonger dans leurs racines. La limonade mentholée est un délice, et n'hésitez pas à essayer le lait de chamelle réputé pour le concentré de vitamines qu'il contient : vous pourrez le déguster tel quel ou en glace. C'est un café vraiment charmant et si attachant !

BARJEEL AL-ARAB

Al Shindagha
✆ +971 4 354 4424
www.barjeelguesthouse.com

Café à 17 AED et jus de fruits aux alentours de 25 AED. Ouvert à partir de midi et jusque minuit.

Dans l'enceinte de la très jolie guesthouse du même nom et dans le quartier historique de Shindagha, cet endroit jouit de vues splendides sur la Creek que l'on peut admirer en s'attablant directement sur la promenade piétonne. Le nom Barjeel se traduit par tour à vent, symbole architectural de tout le quartier. Le café est bien abrité du soleil pendant l'après-midi et on peut y déguster un jus de fruits frais ou un café, pourquoi pas accompagné d'un peu de houmous et de pain arabe. Le lieu parfait pour se laisser aller à la flânerie.

BLUE BARJEEL

✆ +971 4 3542508
www.bluebarjeel.com

Café à 15 AED, just de fruits à 25 AED. Ouvert de 9h à 2h du matin

Certes, ils ont les serveurs qui rabattent un peu trop, mais cette petite cafétéria, simple et vraiment pas chère, est très bien située au bord de la Creek. Si vous y venez en fin d'après-midi ou après le dîner ; elle est le lieu idéal pour fumer une petite shisha, tout en admirant le ballet des abras sur l'eau, les tours à vent du quartier de Shindagha et les boutres bleus chargés d'électroménagers en départ pour l'Iran. Une pause bien méritée avant peut-être de rejoindre le souk des épices et de l'or pour des dernières emplettes.

CIELO SKY LOUNGE

✆ +971 4 416 1800
www.cielodubai.com

Ouvert de 17h à 2h, et jusqu'à 3h le vendredi. Fermés les dimanches et lundis. Cocktail à partir de 57 AED.

Surplombant la Creek, dans le yacht club, Cielo, avec sa déco tout en blanc et bleu, se veut être une réminiscence des îles Baléares. Le très chic rooftop fait office aussi bien de lieu où venir admirer le coucher du soleil sur les eaux de la Creek et sur la ville qui se profile au loin, que d'endroit où venir se déhancher sur des rythmes à la mode au sortir d'un dîner (dans un des restaurants du yacht-club voisin par exemple). En bon temple de la fête espagnole, Cielo sert de goûteux tapas ainsi que des cocktails aux noms méditerranéens. Vaut le déplacement !

CU-BA

Jumeirah Creekside hotel
✆ +971 4 230 8582
www.jumeirah.com

Ouvert de 17h à 1h. Alcohol à partir de 45 AED.

Même si c'est un peu loin du centre-ville, n'hésitez pas à vous y rendre si vous cherchez un Lounge où buller et où vous reposer après une longue journée dans le vieux Dubaï. C'est au terme de l'ascension jusqu'au dernier étage du Jumeirah Creekside Hotel que l'ascenseur en verre s'ouvre sur l'un des rares bars cubains que compte la ville. Sans prétention et plutôt calme, le CU-BA offre de charmantes vues sur le golf voisin, la Creek, et la skyline au loin, en plus d'un large choix de rhums et de cigares. Petite carte de tapas.

HAMAD KHALFAN

Textile Souq
✆ +971 50 807 8787
Ouvert de 7H30 à 23h. 10 AED les 10 Samousas.

Qui ne connaît pas cette petite échoppe située en plein souk du textile juste avant de rejoindre les abras. Depuis 1968, Mohammed Haji et son frère Abdul Jaleel servent pas moins de 1 000 samoussas par jour en pleine saison. Que ce soient les travailleurs du souk ou les touristes aguerris, tout le monde fait la queue pour déguster les bananes frites, les pakoras aux légumes et les fameux samoussas qu'ils vendent par 10. C'est si bon de faire une petite pause gourmande sur le pouce, en plein milieu de la foule pour si peu. Une pause inoubliable.

MAZMI CAFÉ

Textile Souq
✆ +971 4 282 7252
www.mazmi.me
Ouvert tous les jours de 8h à 20h. 20 AED le café, 30 AED le jus, 40 AED pour une glace.

Si vous cherchez une petite terrasse ombragée, pas trop loin du brouhaha du souk et au bord de l'eau, voici le café idéal pour faire une pause gourmande. Parmi les options sucrées, nous vous recommandons la glace au safran ou aux dattes, dont les ingrédients proviennent du souk aux épices, juste en face. Bien installé, les yeux rivés sur la Creek, vous vous laisserez probablement aller à la réflexion que Dubaï vous surprend plus que ce que vous ne vous seriez jamais imaginé. Les abras filent sur l'eau, le temps semble suspendu !

KAVA & CHAI

Al Seef
✆ +971 65070361
www.kavaandchai.com
Ouvert de 10 à 22h. Café entre 15 et 38 AED.

Bienvenue dans ce Coffee shop au bord de la Creek. Ici le café est à l'honneur avec une déclinaison de préparation d'ici et d'ailleurs. D'ici on aime le café traditionnel émirati que l'on appelle le Gahwa et qui plus qu'une boisson est un langage à lui tout seul, symbole de l'hospitalité émiratie. Il est infusé et contient de la cardamome et peut être aromatisé avec du safran, de l'eau de rose et même de l'encens, sans sucre. Il se mange en même temps qu'une datte pour enlever le trop d'amertume. Sinon, optez pour le thé Kharak Masala.

SHISHA LOUNGE

Baniyas Road
✆ +971 4 6021814
Ouvert de 17h à 22h. Shisha à partir de 90 AED.

C'est au cœur du Park Hyatt que l'on trouve ce lounge aux couleurs du Moyen-Orient au bord de la Creek, illuminée par-delà les yachts. Au moment du coucher du soleil, on profite de l'intense fusion de la nature et du chic intégral de la terrasse tout en fumant le narguilé. C'est un petit détour qui vaut vraiment la peine après une journée intense dans le vieux Dubaï à crapahuter dans les souks et les quartiers de Shindagha et Al Fahidi. Il suffit de prendre un taxi et en un petit quart d'heure vous y êtes. Petite carte de mezze.

MAKE ART CAFE

Al Fahidi Historical Neighbourhood
✆ +971 4 3889134
Ouvert tous les jours de 9h à 19h. Café à partir de 20 AED.

Le café situé dans la cour intérieure de la fondation culturelle Alserkal, au milieu des arches de la maison restaurée et entouré de salles d'expositions, est un petit bijou de coolitude et d'énergie créative dans lequel faire une pause entre deux visites des bâtiments historiques du quartier d'Al-Fahidi. Pour ceux qui auraient besoin d'air frais, la terrasse sur le toit, au milieu des tours à vent est décorée de manière tout aussi tendance que le rez-de-chaussée. On s'y attable pour un café, un petit smoothie ou un virgin Mojito.

XVA CAFE

Al Fahidi Neighborhood
✆ +971 4 353 5383
www.xvahotel.com
Limonade : 31 AED, Smoothies : 24AED, Café : 18 AED. Ouvert tous les jours de 7h à 21h.

Ouvert en 2003 dans l'enceinte d'une maison traditionnelle du quartier d'Al Fahidi, XVA est devenu une référence incontournable pour les expatriés comme pour les touristes. XVA est à la fois hôtel, café et galerie pour des artistes. Le vestibule de la maison s'ouvre sur un patio intérieur ; bien ombragé, havre de paix. Vous allez déguster le meilleur Lemon mini de toute la ville qui en plus d'être délicieux va vous rafraîchir et vous redonner de l'énergie pour bien terminer les visites dans le vieux Dubaï. Une halte indispensable !

AL JALBOOT

Al Souq Mall
✆ +971 4 3215177
www.aljalboot.com
Ouvert de 11h30 à 23h et les vendredis et samedis à partir de 9h30.

Quelle pépite cachée dans le petit port d'Umm Suqueim ! En se promenant le long du littoral, pourquoi ne pas s'arrêter dans ce petit restaurant 100 % local pour déguster quelques beignets recouverts de sirop de datte ? Vous pourrez prendre aussi un thé préparé dans une théière en fer bariolé typique et que l'on retrouve dans toutes les maisons émiraties et présentée sur un réchaud. Confortablement installé sur un des bancs en terrasse, vous pourrez vous laisser aller à la contemplation du petit port juste devant. L'authenticité fait du bien.

LOOKUP

City Walk
✆ +971 4 403 3111
Ouvert de 10h à 1h du matin. Verre de vin à partir de 50 AED et le jus de fruits à 25 AED.

C'est dans le quartier de City Walk, dans ce charmant hôtel de la Ville et au bord de la piscine que LookUp est installé : un bar tout en longueur offrant une vue panoramique sur la Burj Khalifa et les gratte-ciel de Downtown et rien que pour cela, cela vaut vraiment le détour, car la vue est spectaculaire et à couper le souffle. Il y a souvent du monde et c'est une clientèle chic et décontractée, fidèle, qui se retrouve en particulier les week-ends pour profiter de la brise du soir. On peut aussi y commander quelques snacks pour accompagner son cocktail.

MERCURY LOUNGE

Jumeirah Road
✆ +971 4 2707804
www.fourseasons.com
Ouvert du samedi au mardi de 18h à 2h et jusqu'à 3h du mercredi au vendredi. Consommation minimum : 350 AED.

Voici un lounge comme on les rêve souvent, comme on les cherche dans nos lieux de vacances et que l'on sait bien garder et peu connus des touristes. Le Mercury est une invitation au rêve, posé tout près de la côte en plein Jumeirah sans jouer avec les hauteurs. Situé au 6e étage, il offre une des plus belles vues sur le skyline de Downtown sans provoquer de vertiges. Les brises marines, la shisha, les cocktails et la carte des tapas, tout y est pour ne plus repartir. Le public est franchement dubaïote et cosmopolitain, chic, sophistiqué.

SIKKA CAFE

La Mer
✆ +971 4 385 6524
www.sikkadubai.ae
Ouvert de 8h à minuit et jusqu'à 1h les jeudis et vendredis. Le café Emirati à 25 AED et le dessert environ 35 AED.

Pendant de nombreuses années, il manquait à Dubaï ce genre de café, simple et décontracté où l'on pouvait déguster des spécialités locales. C'est au cœur de la Mer, sur une des terrasses tout prêt de la plage, que se trouve ce petit café émirati. Sikka se réfère au nom que l'on donne aux petites allées étroites du vieux Dubaï et rend hommage à la cuisine traditionnelle émiratie, mais aussi à celle d'Inde ou de Perse, influences dont les émirats ont profité : c'est dans ce cadre cosy que l'on vient se poser à toute heure... avec bonheur.

SKY VIEW BAR

Jumeirah Road
✆ +971 4 301 7600
www.jumeirah.com
Ouvert de 17h à 22h. Forfait minimum : 370 AED. Pour les hommes, chemise obligatoire, smart jean toléré.

Suspendu à 200 m au-dessus des flots, ce coin bar du restaurant sommital du Burj présente avant tout l'intérêt, sur réservation préalable, de mettre les pieds dans le palacissime pour une conso à un prix moindre (près de 100 € tout de même) si on considère les tarifs pratiqués dans l'hôtel. Car bien sûr, depuis la côte, chacun se demande comment passer les barrières de sécurité qui interdisent l'entrée aux non-résidents. Une fois là-haut, on sirote son drink devant la vitre sans voir grand chose d'autre que des lumières très loin.

STARBUCKS RESERVE

La Mer
✆ +971 4 419 0919
Ouvert de 8h à minuit tous les jours

Starbucks Réserve est la version chic de la célèbre chaîne de cafés dont le concept permet de déguster des cafés sous toutes leurs formes, et venant des 4 coins du monde. Ici à la Mer, c'est en terrasse vue sur la plage, que l'on aime s'attabler pour faire une petite pause gourmande bien méritée. Les batteries bien rechargées, on peut alors continuer la promenade pour admirer le coucher du soleil, réaliser quelques emplettes ou tout simplement se poser sur le sable. Nous vous recommandons la visite en dehors des week-ends pour éviter la foule des fins de semaine.

SUGAR FACTORY

39 Al Safa Street
✆ +971 4 330 2473
www.sugarfactory.com
Ouvert de 9h à 22h et juqu'à minuit du jeudi au samedi. Dessert à partir de 45 AED.

Tout est fait au royaume du sucre pour faire succomber même la personne la plus vigilante qui soit et pour réveiller le petit gourmand qui sommeille en nous. Formule qui plaît évidemment aux enfants et surtout aux plus gourmands : Fondue au chocolat, les glaces XXL, le grand assortiment de crêpes, de gaufres et autres bombes caloriques : Succès assuré chez les plus petits. Sugar Factory se trouve au cœur de City Walk que nous vous recommandons surtout le soir après le coucher du soleil et pendant les fins de semaine si vous souhaitez croiser la population locale.

THE BAY

Jumeirah Beach Road
✆ +971 4 777 2233
www.mandarinoriental.com
Ouvert de 16h à minuit.

Lorsqu'on rentre par la trépidante Jumeirah Road, on se demande comment il est possible que quelques mètres plus loin, on se retrouve devant la mer, au calme, sans bruit ou presque. Juste devant la plage, presque les pieds dans l'eau, The Bay est le lieu idéal pour se poser avant le coucher du soleil. C'est la dolce vita à Dubaï, le parfait trait d'union entre le jour et la nuit, un moment suspendu. On s'y sent tellement bien qu'on aimerait avoir plus de jours pour y revenir. The Bay offre des cocktails, des jus de fruits et un véritable bar à shisha.

THE DUCHESS

La Mer
✆ +971 4 341 6600
Ouvert de 9h à 22h du dimanche au jeudi et à partir de 8h les vendredis et samedis. Environ 40 AED les douceurs

Nous vous recommandons ce restaurant-café très tôt le matin pour bien commencer la journée avec un petit déjeuner sur la terrasse, face à la mer. A moins que vous ne préfériez la fin d'après-midi pour admirer le coucher du soleil. Duchess est très bien placé face à la plage. On se croirait un peu à Miami, et très vite, on se prend au jeu de regarder les passants tout en essayant de deviner d'où ils peuvent bien venir. On se régale avec le paris-brest à la rose accompagné d'un café, servi avec une petite mignardise à la pistache.

TRADER VIC'S

Al Sufouh Road
✆ +971 4 368 6559
www.tradervicsmadinat.com
Ouvert de midi à 1h du matin. 65 AED environ pour un cocktail.

En dehors des heures de repas, pourquoi ne pas venir prendre un cocktail ou un jus de fruits sur la terrasse du Trader's Vic. C'est le bar à l'ambiance relax de Dubaï, loin du bling-bling de la ville. Vous êtes d'emblée projetés ici dans une atmosphère tropicale grâce à la déco en bois de style polynésien. La terrasse a une belle vue sur les canaux et permet de profiter d'un moment détendu après tant de déambulations dans le souk. Si vous avez une petite faim, la carte est là à portée de main pour se restaurer d'un petit snack bien mérité.

UPTOWN BAR

Jumeirah Road
✆ +971 4 432 3232
www.jumeirah.com
Ouvert de 17h à 2h du matin.

Au 24e étage du serpentin de béton allongé sur la plage, il y a ce petit bar au style sophistiqué. Mode d'emploi : Ne venez pas trop tard pour éviter la foule et nous vous conseillons de prendre un verre avec quelques tapas. Quel bonheur d'être bien calé sur le tabouret de votre table haute, dominant un Dubaï qui fait son strip-tease de nuit. A perte de vue, la côte et les lumières de l'orgueil urbain. Devant, face à vous : le Burj Al Arab drapé polychrome. C'est sans doute le comptoir panoramique le plus impressionnant dans le quartier d'Umm Suqueim.

VERDE

Four Seasons Hotel
✆ +971 4 3338025
www.verde-dubai.com
Environ 85 AED le cocktail.

De Paris à Saint-Tropez et finalement à Dubaï. Le célèbre restaurant de la plage de Pampelonne est aussi sur celle du Four Seasons et c'est en nombre que l'on vient faire la fête tous les jours, mais surtout les mercredis, car c'est la soirée *décadence* et les samedis avec *Scandal from Paris,* musique live, danseurs, etc. Si on peut bien sûr y venir dîner, nous vous le recommandons aussi pour venir prendre un verre. Soit au coucher du soleil en mode plus tranquille, soit le soir tard, après dîner... mais appelez tout de même avant pour être sûr de pouvoir rentrer.

FAIRE UNE PAUSE

101 DINING & LOUNGE BAR

West Crescent
✆ +971 4 440 1030
www.oneandonlyresorts.com
Ouvert de 12h à 1h du matin. Pantalons long pour les messieurs. Cocktail à partir de 65 AED.

Cela n'avait pas été fait, il fallait l'inventer : un ponton gracieusement alangui sur les flots permettant de grimper les passerelles jusque sous la pavillon couvert ; 20 secondes chrono entre le bateau et le fauteuil, la mer et le bar. Accostez de nuit pour une soirée mémorable, sans même attendre les précieuses tapas méditerranéennes... Le 101 est bien plus qu'un concept pour les modeux, lesquels sont nombreux, mais plutôt l'alliance hautement réussie, inhabituelle, du yachting et du fooding. Un des bars les plus huppés de Dubaï.

ASIA ASIA

Pier 7
✆ +971 4 276 59 00
www.asia-asia.com
Ouvert du dimanche au jeudi de 18h à 1h et les vendredis de 14h à 2h et samedis de 14h jusqu'à 1h.

Lorsqu'on entre dans ce temple de l'Asie, on aime d'emblée la décoration exotique. Les différents lounges s'inspirent des villes comme Shanghai, Macau, Kyoto, mais aussi de la Thaïlande. La vue depuis la terrasse sur le Walk de la Marina est spectaculaire et on comprend pourquoi depuis tant d'années Asia Asia ne désemplit pas. Afin de trouver la table comme il faut sur la terrasse, nous vous recommandons d'y aller avant 20h et après 23h pour aller prendre votre premier verre ou le dernier. C'est une belle façon de découvrir ce quartier !

BLUE WATERS

Blue Waters Island
✆ +971 4 371 3999
www.bluewatersdubai.ae
Ouvert de 10h à 23h et jusqu'à minuit les jeudis et vendredis.

L'île artificielle de BlueWaters est très réussie. Elle offre un point de vue inégalable sur les tours de la Marina et c'est un spectacle de mille feux au moment du coucher du soleil. Elle est aussi l'hôte de la plus grande tour du Monde. Pour toutes ses raisons, nous aimons y aller pour faire une pause et nous asseoir dans un des nombreux cafés et restaurants du quartier. Peut-être avons-nous une préférence pour Merika, café hongrois qui propose de délicieuses glaces et gâteaux. Le week-end il peut y avoir beaucoup de monde sur la promenade.

COVE BEACH

Caesar Hotel
✆ +971 50 454 6920
https://covebeach.com
Lounge de la plage est ouvert de 10h à 1h du matin et jusqu'à 3h les weekends. 65 AED le verre de rosé.

Comme son nom l'indique ; Le Rosé Lounge du Cove Beach a fait du vin rosé sa star. L'endroit est très beau, tout au bout de l'île de BlueWaters niché au sein du Caesars Palace. C'est là que va se coucher le soleil, non loin, donc nous vous le recommandons pour prendre un verre en fin d'après-midi et de préférence en semaine pour éviter la (grande) foule bimbo du week-end. Alors que les gratte-ciel sont juste derrière nous, la vue sur cette magnifique plage et sur le golf Arabique est irréelle. Pour les amateurs, mercredi c'est rosé toute la journée.

IL FARO TRATORRIA & LOUNGE

Azure Residences Palm Jumeirah
✆ +971 4 568 3137
Ouvert tous les jours de midi à 23h.

Ce lounge est installé dans cette villa au bout de la jetée au début de la Palm. Ce « phare » offre une vue exceptionnelle sur la Burj al Arab et c'est un lieu paisible, loin du brouhaha de Dubaï. Presque surréaliste de trouver ce bel endroit à quelques nœuds de la côte. C'est aussi un lieu parfait pour faire une pause et prendre un verre en dégustant une pizza face à la mer. Adresse peu connue des touristes, elle a la faveur depuis des années des habitants de la ville.

KOKO BAY

West Beach Palm
✆ +971 457 23444
www.kokobay.co

En voilà un bel endroit pour prendre une pause sur la Palm ! Sur le sable, les pieds en éventail et face au Skyline de la Marina, un verre à la main, la vie est belle ! Sur cette longue promenade ouverte depuis peu sur la Palm, on peut se promener, déambuler et s'asseoir dans ce bar-restaurant pour déguster un de leurs cocktails, grignoter quelques chips de légumes, écouter la musique et observer le ballet des bateaux. L'ambiance est aux vacances, à la flânerie, pour quelques instants avant de replonger dans la frénésie de la ville.

MAMA ZONIA

Pier 7
© +971 4 240 4747
www.pier7.ae
Ouvert à partir de midi. Jusqu'à minuit les dimanche & lundis et jusqu'à 2h du matin le reste de la semaine.

Au cœur de la Marina, accessible par un pont depuis le Marina Mall, cette jetée en forme de tour circulaire, de sept étages, est entièrement dédiée à la restauration. Au deuxième étage se trouve Mama Zonia. Comme son nom le laissait supposer, l'intérieur est vert et un peu kitch. Très belle terrasse offrant de très belles vues sur les tours et les bateaux de la Marina. Si vous voulez prendre un verre, le meilleur moment est en dehors des repas. Cela permet de profiter d'une vue imprenable sur le Walk de la Marina. Grande carte de cocktails.

SIDDHARTA LOUNGE BY BUDDHA-BAR

Al Sufouh road
© +971 4 317 6000
www.siddhartalounge.com
Ouvert de 18h à 23h30 et jusqu'à minuit les jeudi et vendredi.

Un rooftop rénové fin 2016 pour plus d'espace. L'ambiance lumineuse est rythmée par le DJ. Des tables hautes et des canapés répartis autour de la piscine, pour fumer la shisha, on pourrait se croire dans un bar dans James Bond avec des crocodiles ou des requins nageant sombrement dans le bassin. Superbe vue ascendante sur les Cayan et Princess Tower. Endroit idéal pour prendre un cocktail et partager des planches de produits méditerranéens avec des amis.

THE BEACH AT JBR

Entre le Sheraton Jumeirah Beach Resort et le Hilton Jumeirah
© +971 4 590 5090
www.thebeach.ae
Ouvert tous les jours de 10h à 22h et jusqu'à minuit du jeudi au samedi inclus.

The Beach est un lieu où il fait bon flâner et regarder les passants, qui pour la plupart, sont les habitants des tours de la Marina. JBR est un lieu mythique de la ville où l'on se rend les week-ends pour se balader en famille. Dans ce lieu où on aime déambuler entre boutiques et restaurants, il est agréable de faire une pause après une longue journée de visite à condition que l'on évite les embouteillages. Donc mieux vaut s'y rendre avant le coucher du soleil et en évitant les week-ends. On aime Shake Shack pour un smoothie et DriDri pour ses glaces.

THE JETTY LOUNGE

King Salman Bin Abdulaziz Al Saud Street
© +971 4 399 9999
www.oneandonlyresorts.com
Ouvert de 14h à 1h du matin. Le verre de vin à partir de 52 AED et le cocktail à partir de 65 AED.

La ligne maritime One&Only a deux extrémités, deux bistrots fort agréables. Sur la Palm, le 101 Lounge et, ici, sur la côte, cette jetée bien conçue pourvue d'un salon de plage comme on les voit en rêve. Fauteuils lumineux, deck offert au large... C'est un site d'abandon immédiat, le stress est laissé au parking, pour un cocktail dans ce paradis vacancier. Un endroit idéal particulièrement à l'heure du coucher du soleil. Cela fait des années que nous le recommandons et ce lieu n'a jamais déçu. Photos de rêve garanties pour les réseaux sociaux.

THE OBSERVATORY

King Salman Bin Abdulaziz Al Saud Street
© +971 4 319 4000
marriottharbourdubaidining.com
Ouvert tous les jours de midi à minuit. Consommation avec un snack obligatoire.

Perché au 52e étage de l'hôtel Marriott Harbour, The Observatory offre une vue époustouflante sur Palm Jumeirah. Pour en profiter pleinement, mieux vaut s'y rendre avant que le soleil ne décline, et honnêtement si le saut en parachute ne vous tente pas ou le vol en hélicoptère est trop cher pour vous, laissez-vous tenter par ce lieu qui est un des seuls qui vous permet d'observer la Palm et les constructions autour ainsi que le quartier de la Marina. Vous n'allez pas le regretter même si l'odeur de cigarette froide peut déranger un peu les narines.

THE POINTE

© +971 0 43909999
www.thepointe.ae
Ouvert de 10h à 23h tous les jours.

The Pointe est le nouveau complexe de restaurants et boutiques qui se situe tout en haut de la Palm, avant de prendre le tunnel pour rejoindre l'Atlantis. La promenade offre des vues imprenables sur les alentours. C'est aussi là qu'a lieu tous les soirs, à partir de 19h, un nouveau spectacle de fontaines dansantes qui sont reconnues comme les plus hautes du monde. Parmi les 35 restaurants qui ont élu domicile, nous vous recommandons Acapella pour faire une pause gourmande avec quelques tapas et un bon cocktail bien installé sur la terrasse.

AT.MOSPHERE

Sheikh Mohammed bin Rashid Boulevard
✆ +971 4 888 3828
www.atmosphereburjkhalifa.com
Café 7h-9h : 75 AED minimum. Le soir pour un verre, Entre 17h30 et 23h30 : Minimum 250 AED pour une table avec vue.

Deux niveaux sous la plate-forme publique d'observation, le Lounge réserve quelques fauteuils aux drinkeurs et aux amateurs du café servi très tôt le matin. Notre avis : à une telle hauteur, sauf à rester collé à la vitre avec des jumelles, on ne voit rien de précis. Mais vous êtes dans le restaurant-bar le plus haut de la planète alors, rien que pour ça, comment ne pas aller y boire un verre et si jamais vous n'avez pas pu avoir de ticket pour monter en haut, réserver pour un café ou un verre est une alternative loin de la foule. Réservation obligatoire.

BATEEL

Dubai Mall
✆ +971 4 339 9819
www.bateel.com
Ouvert tous les jours de 8h à 21h et jusqu'à 18h seulement les vendredis et samedis. Dessert entre 35 AED et 45 AED.

Bateel est une chaîne de points de vente de dattes et de restaurants très connue et renommée dans tous les EAU et la région. Celui-ci se trouve au coeur du quartier des affaires à DIFC. A midi, en semaine, le café est plein et l'ambiance est très agréable sur la Terrasse qui offre une jolie vue sur le Emirates Towers, l'arche et quelques gratte-ciel. Même en plein été, elle jouit d'une ombre bienvenue et d'une brise très agréable. Sur la carte des douceurs, nous vous recommandons les spécialités à base de dattes qui ont fait la renommée de la marque.

CÉ LA VIE SKY BAR

Sheikh Mohammed bin Rashid Boulevard
✆ +971 0 4 582 6111
www.celavi.com
Ouvert tous les jours de midi à 2h du matin. A partir de 18h, consommation minimum de 250 AED par personne.

Cé la Vie est d'abord une vue époustouflante sur la Burj Khalifa et les gratte-ciel de Downtown. C'est ce genre de lieu comme on les rêve souvent, comme on les cherche lorsqu'on voyage. Alors quand on veut échapper au bitume du centre-ville et retrouver un peu de hauteur, on ne peut que recommander cette adresse. Avant 18h, c'est une ambiance zen, apaisante. Après la fermeture des bureaux, ou en week-end, le monde afflue et c'est un public branché, essentiellement composé d'expatriés, qui vient prendre le premier verre ou le dernier.

L'ETO

Dubai Mall
✆ +971 4 345 2211
www.letocaffe.ae
Ouvert de 10h à 23h30 et jusqu'à 00h30 du jeudi au samedi. Environ 30 AED pour un café et 40 AED pour un jus.

Un café si agréable avec de bons cafés frappés et des mocktails acidulés qui redonnent de l'énergie après avoir cavalé les allées kilométriques de Dubaï Mall. Mais l'intérêt de l'Eto n'est pas uniquement basé sur la gourmandise. C'est un très bon plan pour regarder le spectacle des fontaines ! Il dispose d'une terrasse qui surplombe le lac artificiel. Vous en profiterez à condition de consommer et d'arriver assez tôt pour trouver une place. Le lieu est aussi un repaire pour la jeunesse émiratie qui s'y retrouve pour déguster les généreux gâteaux.

FAI

Emaar Boulevard
✆ +97144287961
www.addresshotels.com
Ouvert de 17h à 2h du matin. Verre de vin et cocktail à partir de 50 AED.

C'est au sein du Palace, juste en face du Souk al Bahar que l'on accède au Fai. Sur le lac embrasé par les jeux d'eau lumineux et musicaux aux avant-postes du grand tumulte, ce pavillon thaï semble flotter, et même vouloir s'approcher plus encore de la fête. On rejoint ces amarres délicieuses en traversant le parc paysagé du bel hôtel face au Burj Khalifa, loin des foules commerciales entassées sur l'autre rive. Et là quand danse la fontaine, on se félicite d'avoir lu ces lignes et d'avoir écouté nos conseils. Petite sélection de cigares.

JOE'S CAFE

Dubai Mall
✆ +971 4 439 1439
Ouvert du midi à minuit. Jus à partir de 34 AED et pour un milk shake environ 44 AED.

Joe's est le café de la maison de haute couture londonienne Joseph. Cet endroit a une des plus belles terrasses de Dubaï Mall, alors n'hésitez pas à faire une pause gourmande à l'air libre pour faire le plein d'oxygène et de ciel bleu. L'autre option gagnante est d'arriver un peu avant, vers 17h30, pour avoir une belle table avant que les fontaines ne commencent à 18h et de vous féliciter d'être loin de la foule qui s'agglutine autour du lac artificiel. On vous recommande le milk-shake « The Palm » : Glace aux dattes, à la noix de pécan et à la vanille !

.EVEL 43 ROOFTOP .OUNGE & BAR

heikh Zayed Road
) +971 56 525 2213
ww.level43lounge.com
uvert de 14h à 2h du matin. Tous les jours ntre 18h et 20h, Happy hour. Cocktail à partir e 70 AED.

omme suspendu au-dessus de la très emprunée Sheikh Zayed Road, le bar-terrasse culmiant au 43e étage de Four Points by Sheraton ffre à ses clients des vues à 360° sur la ville et es gratte-ciel. Sans chichis, cette adresse est n endroit calme où venir boire un verre, confor-ablement installé dans des fauteuils moelleux, vant d'aller dîner dans un des nombreux res-aurants de Downtown. Vous pourrez prendre de ès belles photos des gratte-ciel.

IEOS

maar Boulevard
) +971 4 4368888
ww.addresshotels.com
uvert de 17h à 2h30 du matin. Cocktail à partir e 60 AED.

u 63e étage de l'hôtel The Address Downtown, e bar à cocktails flirte avec le vertige. On aime a montée qui nous force à un changement 'ascenseur pour la dernière marche, et soudain ous projette devant le spectacle du Burj et de es vassaux. Légère sensation picotante dans es pattes à l'approche des baies sur le vide rofond, mais l'espace avec sa décoration Art éco architecturé par d'étonnants piliers cerclés 'anneaux argentés nous calme aussitôt. Il y a ouvent du monde dans ce bar mythique de la ille. Cuisine portionnée pour petites faims.

ROBERTO'S

IFC
) +971 4 386 0066
ww.robertosrestaurants.com
errasse ouverte pour un verre entre 16h et 20h. nviron 70 AED pour un verre.

oberto's est d'abord un restaurant italien très ouru, mais c'est pour sa terrasse ouverte sur es gratte-ciel que nous vous la recommandons. ne petite terrasse, au mobilier contemporain, arfaite après une journée dans Downtown, ou près un tour des galeries de DIFC, et avant d'al-er dîner. L'endroit est branché et se remplit de ols blancs, qui se rendent se détendre dans les ars de DIFC dès les bureaux fermés. Plus tard e soir, trouver une table en extérieur sera plus ompliqué, donc en haute saison, c'est vers 17h u'on vous la recommande.

SHAKESPEARE AND CO

© +971 4 425 7971
Ouvert de 7h à 1h. Environ 30 AED le jus et 13 AED la boule de glace.

Située dans le souk al Bahar, voici une bonne adresse pour prendre une boule de glace maison, une crêpe à petit prix, en terrasse, face au spectacle des fontaines. Vous pouvez aussi fumer une bonne shisha. Que demander de plus ? Une table bien en face du spectacle, mais pour cela, il faudra arriver tôt ! *To be futé or not to be*. A noter : il est recommandé de venir en taxi et de vous faire déposer à l'hôtel le Palace. L'entrée du café est juste à côté et vous éviterez la foule de l'entrée du centre commercial et vous allez nous remercier.

THE BACKYARD

Steigenberger Hotel
© +971 4 369 0000
www.steigenberger.com
Ouvert à partir de 17h et jusqu'à 2h du matin du dimanche au mercredi et jusqu'à 3h du jeudi au samedi.

Voilà une nouvelle adresse à Dubaï qui permet de profiter de charmantes vues sur le Canal de Business Bay. La décoration du bar claque et s'inspire du street art avec des couleurs vibrantes et fortes, des graffitis, de grandes tables et bancs en bois. La carte des snacks s'inspire de celle des food trucks. Le DJ aux platines met la musique qui va bien, vous avez votre premier cocktail à la main, la petite brise de fin d'après-midi est juste parfaite et le soleil couchant au loin sur la mer, devant vous... Tout va bien. Carte de shisha disponible.

VAULT

Hotel Marriott Marquis
© +971 4 414 3000
www.jwmarriottmarquisdubailife.com
Ouvert de 17h à 1h du samedi au mercredi et jusqu'à 2h les jeudis et vendredis. Le vendredi à partir de 16h

Rendez-vous au 71e et 72e étages de l'hôtel Marquis pour une adresse futée si vous n'avez pas pu monter en haut de la Burj Khalifa. La vue est époustouflante et à 360° sur toute la ville. Le Marriott Marquis a détenu pendant très longtemps le record de l'hôtel le plus haut du monde avant d'être détrôné 6 kilomètres plus loin par l'hôtel Gevora en 2018. Vue sur le canal, sur toutes les tours de Downtown et Business Bay et en cas de temps clair jusqu'à la Palm. Mieux vaut y aller en semaine du samedi au mercredi pour y trouver moins de monde.

FAIRE UNE PAUSE

APRÈS

✆ +971 4 341 2575
www.emiratesleisureretail.com
Ouvert tous les jours de 10h à 1h du matin, et jusqu'à 2h du matin du jeudi au samedi. Environ 23 AED le café.

Oui on est à l'intérieur et sans terrasse, mais toutes les baies vitrées de ce bar, décoré comme un chalet de montagne, donnent sur la piste de ski du Mall of the Emirates et veulent recréer l'ambiance après-ski et vous offrent une vue imprenable. Cocktails corrects (goûtez l'Irish coffee), et menu varié pour ceux qui souhaiteraient se restaurer en partageant une fondue ou un camembert chaud. Seul bémol : la salle fumeurs est directement à l'entrée. Après la chaleur de l'extérieur : Bienvenue à la neige ! C'est tout de même surréaliste et inoubliable.

ASPEN CAFE BY KEMPINSKI

Mall of the Emirates
✆ +971 4 409 5999
www.kempinski.com
Le thé est servi tous les jours entre 15h et 18h. 175 AED par personne et 295 AED pour deux

Prendre le thé au Aspen Café, au son de la harpe avec une vue sur les pistes de ski en plein désert. Non, ce n'est ni un mauvais film ni un rêve, c'est Dubaï, la ville de tous les possibles et il faut le voir pour le croire. Alors entre deux magasins, pourquoi ne pas faire une pause bien méritée au lobby du Kempinski pour recharger les batteries. Entre les mini sandwiches, les scones et toutes les pâtisseries (tout est délicieux), vous aurez largement remplacé le déjeuner que vous aurez oublié de prendre... absorbé par le shopping dans ce mall tentaculaire !

CASSETTE

Street 4b/Street 6
✆ +971 4 349 1966
www.cassette.ae
Ouvert tous les jours de 8h à 19h. Environ 28 AED pour un mocktail.

Cassette se trouve à l'intérieur de cette merveilleuse galerie marchande d'Al Quoz. Courtyard est une petite enclave en plein milieu de la zone industrielle et en face d'Alserkal. C'est donc une parfaite pause si vous venez de sortir des galeries. Ce sont les designers H2R Design qui ont conçu l'intérieur hyper contemporain du café. Une attention particulière a été accordée à l'acoustique tandis que les playlists font rêver. Cassette est toujours plein du matin au soir du dimanche au samedi. Une petite oasis en plein milieu de la ville !

CHILL OUT ICE LOUNGE

Sheikh Zayed Road
✆ +971 4 341 8121
www.chilloutindubai.com
Ouvert de samedi à mercredi de 10h à 22h et le jeudi et le vendredi de 10h à minuit. Adultes 80 AED, enfants : 40 AED

Dubaï nous surprend encore ! Au rez-de-chaus sée du banal centre commercial se trouve l premier bar glacé du Moyen-Orient. La tempéra ture descend à -6 °C ! Parfait pour se rafraîchi des 40 °C qui peuvent être atteints à l'extérieu Tout est froid et glacé : les tables, les canapés e même les lumières d'ambiance. Les sculpture décoratives sont en glace aussi. C'est comm prendre une soupe, un sandwich, un jus d fruits ou une boisson aux côtés de la Reine de Neiges. Une expérience à vivre entre amis et e famille, époustouflante dès l'entrée !

NIGHTJAR

Alserkal Avenue
✆ +971 50 365 1120
Ouvert de 10h à 21h.

A l'intérieur de l'enceinte d'Alserkal, voici un caf branché où artistes et jeunesse créative se ren contrent. On y vient pour échanger, discuter l'intérieur de ce café aux tonalités chaudes. O commande au bar son café et plus si une petit faim est venue se greffer après les visites au galeries. On est loin du bling de Dubaï au port e on ne sait plus très bien où l'on se trouve, mai une chose est certaine, Dubaï ne finit jamai de nous surprendre par ses contrastes, se lieux atypiques et par la diversité des gens qu y habitent.

PROJECT CHAIWALA

Alserkal Avenue
✆ +971 5 85246362
Ouvert de midi à 22h. Karak à 12 AED.

Installé dans le cinéma, Akil, Project Chaiwal offre le meilleur Chai de la ville que l'on peu combiner avec du street food. Le lait est orga nique, les épices sont bien infusées, c'est si ré confortant et délicieusement épicé. Choisisse le vôtre à la cardamome, aux clous de girofle, e au gingembre ou au safran. Vous pourrez l'ac compagner d'un Smashmosa ou d'un Wrap d quoi faire une pause parfaite après la visite d plusieurs galeries. Le minuscule café propos aussi des en-cas végans absolument délicieu A ne pas manquer.

[SE] FAIRE PLAISIR

Dubaï est depuis toujours une zone d'échanges et le souk de Deira, là depuis la fin du XIXe, en témoigne. La ville a fondé une partie de sa renommée sur le shopping entre centres commerciaux aux marques internationales, et les souks plus authentiques où l'on peut encore négocier. Les deux événements majeurs qui attirent des touristes du monde entier sont les soldes du célèbre Festival du Shopping qui commence fin décembre et tout au long du mois de janvier, celles de l'été et celles vers la fin du Ramadan. Si l'on compte plus de 70 malls dans la ville, seuls certains valent le détour pour ceux qui sont de passage : Dubaï Mall et Mall of The Emirates. Depuis peu, des quartiers piétonniers se développent avec des boutiques attirant le soir une nombreuse foule. Dans le vieux Dubaï, on trouve les marchands de tissus, d'épices, le marché de l'or, mais aussi quelques galeries où l'on peut acquérir des produits issus de l'artisanat local.

PRATIQUE

(SE) FAIRE PLAISIR

HORAIRES

La plupart des magasins ouvrent à partir de 10h et jusqu'à 22h. Lors du Ramadan, les horaires changent : ouverture plus tardive et fermeture à 2h du matin au plus tôt. Si vous allez faire du shopping le matin, vous vous demanderez comment les centres commerciaux et les souks peuvent survivre. Sachez que la foule arrive après 15h en semaine et après 17h les week-ends. Le vendredi après-midi et le samedi toute la journée sont les grands jours d'affluence que ce soit dans les souks ou les centres commerciaux.

BUDGET / BONS PLANS

On peut payer partout ou presque avec la carte de crédit. Peut-on marchander? Dans les souks, bien évidemment vous pouvez le faire et n'ayez pas peur, c'est la coutume. Dans les centres commerciaux, n'hésitez pas à demander, car parfois il y a une marge de manœuvre si ce n'est pas une enseigne internationale. Si l'on pense que Dubaï est hors de prix, on trouve beaucoup de bonnes affaires dans les nombreux souks de la vieille ville.

SOLDES

Dubaï est le paradis du shopping comme tout le monde le sait : c'est un sport national. Deux grandes périodes attirent des touristes venus du monde entier pour les soldes légendaires de la ville. Le Dubai Shopping festival (DSF) commence dès le 26 décembre jusqu'à fin janvier et le Dubai Summer Surprises (DSS) commence début juillet jusqu'à fin août. Des ventes flash permettent même dans certains établissements et durant quelques heures de profiter jusqu'à 90 % de remise. Ces soldes ont lieu dans toute la ville, mais surtout dans les centres commerciaux. Il y a vraiment de très bonnes affaires à faire ! Nous vous recommandons de rejoindre la page officielle de DSF et DSS sur Facebook ou les pages web : www.mydsf.ae pour l'hiver et www.mydss.ae pour les soldes d'été.

© ALEXEY STIOP - SHUTTERSTOCK.COM

Sur le souk de Bur Dubaï.

C'EST TRÈS LOCAL

Aller au Mall peut être très déroutant pour les Occidentaux. Mais ici, on s'y rend avec plaisir surtout lorsque les mois les plus chauds arrivent. Tout est fait pour que les familles le considèrent comme une ville dans la ville: Attractions, parcs pour enfants, spectacles, restaurants de qualité! Pendant la semaine, les familles émiraties s'y rendent l'après-midi avec leurs amis et y restent même pour dîner. Les week-ends ce sont des familles entières qui débarquent pour y passer la journée. C'est une destination en soi. Les souks ne sont pas que pour les touristes, mais ils sont fréquentés en soirée par les locaux, pas avant.

LES PHRASES CLÉS

Bonjour, c'est superbe, mais combien ça coûte ?
مرحبا، هذا مذهل، ولكن كم السعر؟

Vous auriez ma taille ? Où se trouvent les cabines d'essayage ?
هل يوجد لديك مقاسي؟ أين غرفة تبديل الملابس؟

Est ce que je pourrai vous le rapporter et l'échanger si ça ne va pas ?
هل يمكنني استبدالها إذا لم تكن مناسبة لمقاسي؟

J'ai trop dépensé aujourd'hui, pouvez-vous me faire une réduction sympa ?
لدق انفقت الكثير من الاموال اليوم، هل يوجد اي خصم؟

Je prendrai celui-ci. Pouvez-vous me faire un paquet cadeau ?
سأشتري هذه القطعة. هل يمكنك تغليفها مثل الهدية من فضلك؟

Vous prenez la carte de crédit ? Où puis-je trouver un distributeur de billets ?
هل تقبل الدفع ببطاقة الائتمان؟ أين يمكنني العثور على ماكينة
صراف آلي؟

JUMEIRAH CITY WALK

Al Wasl and Al Safa Road junction
✆ +971 4 590 50 90
www.citywalk.ae
Ouvert tous les jours de 10h à 22h et jusqu'à minuit les vendredis et samedis.

Voici un centre commercial version horizontale et à ciel ouvert ou presque. On déambule dans des rues piétonnières entre concept store, magasins de maillots de bains et tant d'autres. Difficile de tous les nommer ou les répertorier... Une visite s'impose, mais éviter d'y aller en pleine journée. Le mieux est de s'y rendre dès le crépuscule arrivé : en blanc et noir, les Emiratis défilent et viennent faire du lèche-vitrine ou plutôt viennent se promener. On n'y va pas forcément pour acheter, mais pour se balader à ciel ouvert et en famille.

IBN BATTUTA

Sheikh Zayed Road
✆ +971 4 390 9999
www.ibnbattutamall.com
Ouvert de 10h à 22h, jusqu'à minuit du jeudi au samedi.

Le thème de ce complexe est le voyage. Il est inspiré par l'histoire d'Ibn Battuta, géographe et historien arabe, né en 1304 au Maroc, qui quitta sa famille pour parfaire sa connaissance du monde. C'est donc sur ses traces que l'on fait ici son shopping, en traversant successivement les espaces consacrés à la Chine, à l'Inde, à la Perse, à l'Egypte, à la Tunisie et à l'Andalousie, et qui recréent l'ambiance de chacun de ces pays. Les décors reconstitués sont surprenants et dans chaque cour des panneaux explicatifs pour suivre le parcours du voyageur.

MALL OF THE EMIRATES

Sheikh Zayed Road
✆ +971 4 409 9000
www.malloftheemirates.com
Ouvert de 10h à minuit, jusqu'à 1h du matin du jeudi au samedi.

Il fut, en 2005, le premier dans la course au gigantisme. Alignant désormais plus de 700 boutiques, c'est l'un des 3 meilleurs malls de la ville. À ne pas manquer donc ! Le MOE fait belle figure et dispose d'une offre commerciale extrêmement variée. Admirez en son cœur, cette somptueuse nef surmontée d'une verrière dans le style des palais d'expositions des grandes capitales européennes. On filera aussi voir Ski Dubaï, le frigo créé par une société lyonnaise et maintenu à moins un degré pour le plus grand bonheur des glisseurs.

© FABIO NODARI - SHUTTERSTOCK.COM

The Dubai Mall - Souk al Bahar.

MERCATO

Jumeirah Beach Road
✆ +971 4 344 4161
www.mercatoshoppingmall.com
Ouvert de 10h à 22h.

Jn des plus vieux centres commerciaux de la ville à taille humaine. S'inspirant de la Renaissance italienne, le *mall* s'organise en différentes promenades autour d'une place centrale, à la manière des vieilles villes de la Botte. Un centre commercial à taille humaine. Beaucoup de boutiques de prêt-à-porter mais aussi des magasins de décoration intérieure, un supermarché et surtout un Virgin situé à l'étage. Au crépuscule, vous pourrez croiser des Émiratis sillonnant les ruelles de Mercato à la recherche de la plus belle abaya ou pour une kandura immaculée...

THE DUBAI MALL - SOUK AL BAHAR

Sheikh Mohammed bin Rashid boulevard
✆ 800 382246255
www.thedubaimall.com
Ouvert de 10h à 23h et jusqu'à minuit du jeudi au samedi.

« Welcome to everything », tout est dans le slogan car vous êtes dans le plus grand Mall du monde ! Vous y attendent, entre autres, 1 200 boutiques, un aquarium géant, une patinoire, un souk de l'or, un autre aux chaussures, un multiplexe de 22 salles. A partir de 18 heures, le lac artificiel s'anime de jeux d'eau spectaculaires sous la haute vigilance de la Burj Khalifa. Ici, tout est « plus quelque chose ». Avouons que l'affaire est très réussie, ludique, diversifiée, aérée !

WAFI MALL & SOUK KHAN MURJAN

Oud Metha Road
✆ +971 4 324 4555
www.wafi.com
Ouvert de 10h à 22h, jusqu'à minuit les jeudis et vendredis.

Le mall égyptomaniaque bénéficie d'une grande clarté grâce à ses pyramides de verre multicolores qui inondent de lumière les places. Celles-ci sont réservées aux événements promotionnels durant le Shopping Festival. Il est un des *malls* les plus prestigieux de Dubaï. Il concentre environ 1 000 enseignes. Le souk organisé en galeries souterraines creusées directement sous le parvis du Wafi, offre une agréable promenade dans des galeries censées représenter un vieux souk de Bagdad.

COMPTOIR 102

102 Jumeirah Beach Road
✆ +971 4 385 4555
www.comptoir102.com
Ouvert de 8h30 à 21h.

Ouvert en 2012 par deux Françaises, ce *concept store* et *healthy café* est un passage obligé pour qui raffole de mode, de *design* ou de nourriture macrobiotique. Côté mode, on y trouve des bijoux et des vêtements originaux de marques européennes, dont quelques griffes françaises. Côté ameublement, les objets proposés changent au fil des saisons et au gré des coups de cœur des patronnes, et quelques gadgets. Comptoir 102 est une institution sur Jumeirah Road et un passage obligé pour tous les expatriés même si les prix sont un peu chers.

GALLERY ONE

Souk Madinat Jumeirah
www.g-1.com
Ouvert de 10h à 21h.

La bonne idée du photographe britannique Gregg Sedgwick : proposer des tirages pré-emballés dans des boîtes légères, mais solides, donc faciles à rapporter par le prochain avion. Du coffret de cartes postales au poster géant, des tirages numérotés aux toiles d'artistes orientaux, tout rentre dans une box fournie. Sublimes clichés d'Abu Dhabi, buildings ou désert, et une étonnante carte rétro rassemblant les sites les plus connus. Tout fait envie ! On trouve donc de belles idées cadeaux sur les émirats à des prix très abordables.

HIGH LIFE DUBAI

Jumeirah Beach Road
✆ +971 4 349 4283
www.highlife-dubai.com
Vente uniquement sur internet.

Le cadeau que tous les expatriés rapportent dans leurs valises ! Les affiches rétro de Clare reprennent le quotidien de la vie des expatriés de Dubaï et Abu Dhabi, mais avec une réflexion de l'artiste sur la vie de tous ceux qui ont passé un certain nombre d'années aux Emirats. Elle croque avec une très grande justesse les sites emblématiques, les habitudes, les situations de la vie. Dans la galerie, les affiches sont exposées, mais ne sont pas à la vente. Les commandes se font sur son site web. Abordables et beaux éléments de décoration.

I LOVE DUBAI

✆ +971 55 600 1914
Ouvert tous les jours de 9h30 à 22h30.

Le magasin de souvenirs par excellence. Il est présent au souk de Madinat Jumeirah, mais aussi dans pratiquement tous les centres commerciaux de la ville. Cette enseigne propose quelques produits de qualité comme le savon ou les chocolats au lait de chamelle, quelques livres dont celui des pensées positives de Cheikh Mohammed, notamment en français, des souvenirs pour les enfants, des mugs et autres accessoires aux couleurs des Emirats arabes unis, et surtout des timbres et des cartes postales si difficiles à trouver aux EAU.

SOUK DES EPICES & DU PARFUM

Al Ahmadiya Street
Ouvert de 10h à 22h, éviter l'heure de la sieste, entre 13h et 16h et le vendredi matin.

Un labyrinthe de boutiques regorgeant d'épices. Les échoppes sont tenues par des Iraniens qui vous déclineront les vertus de chacune d'entre elles. Si nous vous déconseillons d'acheter du safran, les autres épices sont tout à fait recommandables. Pour faire des tisanes, pour agrémenter vos poissons, tajines ou poulet, n'hésitez pas à faire le plein en citrons séchés. Par Sikkat Al Khail Street, on gagne le secteur des parfumeurs dans l'air embaumé d'attars. N'hésitez pas à négocier !

VIRGIN MEGASTORE

Mall of the Emirates
✆ +971 4 341 4353
Ouvert tous les jours de 10h à minuit.

On ne présente pas la célèbre marque implantée dans une cinquantaine de pays avec une vraie présence au Moyen-Orient et notamment à Dubaï où pas moins de 9 boutiques déclinent les classiques pas si classiques du genre : matériel multimédia high-tech, jeux électroniques, CD, DVD, livres, gadgets en tout genre. Dans les émirats, la marque cultive son leadership en promouvant des artistes locaux et mettant en exergue la culture des pays du Golfe. Celui du Mall of The Emirates est très grand et situé juste à côté de la fameuse piste de ski. Il ne désemplit pas.

© DTCM DUBAI

Souk des épices.

AFRICAN EASTERN

Al Wasl Road

✆ +971 4 394 2676

www.africaneastern.com

Ouvert de 10h à 21h, le vendredi à partir de 14h.

Théoriquement, on refuse de vendre une bouteille ou une simple canette aux touristes car ceux-ci ne sont pas en possession de la fameuse licence qu'obtiennent les résidents. Pour entrer, il faut certifier avoir atteint l'âge raisonnable de 21 ans et jurer ne pas être musulman. Après, c'est Bachus en live. Mais surtout, jamais, ne consommez sur la voie publique. Le transport d'alcool étant interdit sans licence, il faut mieux éviter de caramboler le coffre plein. Donc, on n'achète pas en magasin, on n'y pense même pas, on prend un verre au bar de son hôtel.

AL RIFAI

Souk al Bahar

✆ +971 4 369 9323

www.alrifaiarabia.ae

Ouvert tous les jours de 10h à 22h. Durant le Ramadan les heures peuvent varier.

Depuis 70 ans, Al Rifai est le leader incontesté au Moyen-Orient des fruits secs. Libanais, ils choisissent très soigneusement leurs producteurs et torréfient eux-mêmes les récoltes. Ils proposent plus de 35 variétés de fruits secs passant par les pistaches, les noix de cajou, les abricots secs et tant d'autres. On les retrouve dans plusieurs centres commerciaux de la ville et même à l'aéroport. N'hésitez pas à leur demander de déguster avant d'acheter, ils se feront une joie de vous en tendre quelques-uns tout juste chauds.

BATEEL

Dubai Mall

✆ +971 4 339 9819

www.bateel.com

Ouvert de 10h à 22h et jusqu'à minuit du jeudi au samedi.

Bateel est le leader incontesté de la datte dans tout le Golfe. Ces magasins offrent une variété et une qualité très supérieures à tout ce que vous pourrez trouver dans les supermarchés, cependant ils ne commercent pas celles des EAU, mais celles d'Arabie Saoudite. On peut les ramener dans des petits coffrets et le personnel très attentif pourra expliquer la différence entre maturité, texture et le niveau de sucre et on vous laisse même les déguster pour vous faire vraiment une idée. Vous finirez bien par trouver datte à votre goût.

MIRZAM

Al Quoz 4

✆ +971 4 333 5888

www.mirzam.com

Environ 26 AED le chocolat chaud. Aux alentours de 35AED la plaque de chocolat. Ouvert de 9h à 21h tous les jours.

Chocolatier 100 % émirati. Dès la porte franchie, ce sont des effluves de chocolat provenant de la fabrique située derrière de grandes baies vitrées qui viennent nous chatouiller les narines. Les déclinaisons de leurs variétés sont directement inspirées de l'histoire des émirats, de la route des épices et de ces marins qui se repéraient grâce au ciel. Mirzam dont le nom désigne une étoile, propose donc des saveurs inédites : safran, anis étoilé, rose de Damas, fenouil et tant d'autres. Et puis, il y a l'emballage, si réussi, si beau qu'il est déjà une tentation !

RIPE FOOD & CRAFT MARKET

Times Square Center

✆ +971 4 380 7602

www.ripeme.com/ripe-market

Tous les samedis à Times Square Center de 10h à 17h.

Avec ce marché, l'esprit bobo a définitivement envahi Dubaï. Ce grand marché du week-end donne une plateforme de Ripe food Organic qui est à l'origine de ce marché et qui vend des fruits et des légumes cultivés localement dans des fermes bio. De nombreux autres stands proposent des produits frais locaux, comme des noix de coco à boire, du miel du Yémen, ou des savons d'Alep. Quelques stands proposent aussi des créations artistiques, des bijoux et des vêtements confectionnés par les expatriés de Dubaï et des autres émirats. Une mine pour trouver des cadeaux.

WAFI GOURMET

Dubai Mall

✆ +971 4 330 8297

www.wafigourmet.com

Ouvert de 10h à minuit tous les jours et jusqu'à 1 heure du jeudi au samedi.

Wafi Gourmet est une institution dans le Golfe. Tout le Liban... ou presque : épices, mezze, petites pâtisseries du Levant. Tout est délicieux, fin et de bonne qualité. On peut trouver plusieurs boutiques dans la ville, mais celle-ci est située juste en face des fontaines donc n'hésitez pas à déguster quelques entrées aussi devant les fontaines le soir. Pourquoi ne pas rapporter un peu de Zaatar ? Mélange traditionnel d'épices et de plantes aromatiques avec du thym, du sésame que l'on peut déguster sur une tranche de pain grillé avec un filet d'huile d'olive !

AL ARYAM TAILOR : COUTURIER

Al Satwa Road
✆ +971 4 349 2434
Ouvert tous les jours de 10h à 21h. Le vendredi ouvre l'après-midi

Al Aryam peut reproduire toutes vos chemises et robes sur mesure ou les créer pour vous. On se rend chez le couturier avec ses mètres de tissus achetés au souk et un modèle fétiche de sa garde-robe. On demande le « same same », traduisez « le même exactement le même » et quelques jours plus tard, vous voilà avec la même robe, jupe, chemisier, chemise. Cependant, assurez-vous de demander la livraison 24 heures avant votre départ du pays pour être sûr de ne pas repartir sans !

BAMBAH

City Walk 2
✆ +971 55 2241538
www.bambah.com
A partir de 1 650 AED la robe. Vente en ligne aussi.

Tout a commencé par une boutique vintage de seconde main dans le quartier de Jumeirah. Maha Rasheed, d'origine égyptienne, passionnée par le style des années 50, remporta un franc succès. Depuis, elle s'est mise à son compte et a ouvert cette boutique à City Walk qui cartonne. Bambah, dont le nom signifie rose en arabe, s'inspire des actrices du cinéma égyptien des années 50 et offre une collection où les pois, les motifs floraux, les manches longes et la taille ajustée sont à l'honneur. Plébiscitée par la clientèle du golf, Bambah allie modernité et vintage.

BOUGUESSA

Dubai Design District
✆ +971 52 679 9878
www.bouguessa.com
A partir de 1 400 AED la robe. Ouvert de 9h à 19h. Fermé le vendredi.

Faiza Bouguessa est une Française d'origine algérienne qui commença sa carrière comme hôtesse de l'air. Voyage après voyage, c'est à Dubaï où elle eut le déclic et s'y est installée depuis. C'est avec sa grand-mère couturière qu'elle apprit comment coudre. Depuis, elle allie sans complexe l'extravagance orientale avec l'élégance occidentale. Elle a ainsi revisité l'abaya avec brio. Des stars internationales l'ont adoptée comme Beyoncé, Farida Khelfa. Un style classe, épuré dans des tons souvent monochromes comme le noir, le blanc, le taupe, le beige...

GIGI CONCEPT STORE

Galleria Mall Al Barsha
✆ +971 4 399 1550
www.gigiconcept.com
Ouvert tous les jours de 10h à 22h.

Gigi est le concept store qui réunit sous un même toit de talentueux créateurs du monde arabe. Fondé par Zeina Ladki, ce très beau magasin, ouvert en juillet 2020, propose non seulement des articles de mode, mais aussi des bijoux, accessoires, de l'art et même de la déco. Certains jours, des ateliers sont ouverts au public. Si vous aimez la mode, et même si c'est un peu cher, il ne faut pas hésiter à pousser la porte de ce lieu, car parmi les accessoires, vous trouverez sûrement un petit quelque chose qui deviendra l'accessoire que tout le monde vous enviera.

GOLD AND DIAMOND PARK

Sheikh Zayed Road
✆ +971 4 362 7777
www.goldanddiamondpark.com
Ouvert du samedi au jeudi de 10h à 22h, le vendredi de 16h à 22h.

Moins bruyant et oppressant que le Gold Souq de Deira, ce mall vous permet de faire d'aussi bonnes affaires sans vous fatiguer à négocier. Surtout, l'intérêt de ce palais des pierres précieuses est de faire créer un bijou de votre propre design, même s'il s'agit d'une proche copie d'un bijou de grande marque. Vous pourrez également aller voir les ateliers et les coulisses des boutiques, chacun occupé à une tâche différente (du dessin 3D du bijou avec la réalisation du modèle en cire jusqu'aux finitions). Nous vous conseillons surtout Monili ou Caro.

MONILI JEWELLERS

Sheikh Zayed Road
✆ +971 4 340 7537
www.monilijewellers.com
Ouvert tous les jours de 10h à 22h, le vendredi de 16h à 22h.

Difficile de choisir vers quelle boutique se tourner dans ce palais de l'or et du diamant, dans cette caverne d'Ali Baba ! Perles et pendants d'oreilles, chaînes en or, bagues en diamants et pierres précieuses, croix et alliance, bracelet en argent et colliers de perles... vous trouverez forcément votre bonheur ! Et s'ils n'ont pas le bijou de vos rêves dans leurs vitrines, ils le dessinent avec vous, sur vos conseils, et le créent en moins d'une semaine. Demandez à suivre la création dans leur atelier à côté, c'est unique. Monilli est une boutique de confiance.

KHUNJI

Dubai Mall

✆ +971 4 339 8542

Ouvert tous les jours de 10h à 23h.

Le paradis de la Kandura, cette longue robe blanche que portent tous les Emiratis. Vous pourrez aussi trouver un ghutra [coiffe de couleur blanche, à carreaux ou à motifs que portent les hommes], l'agal [cercle noir qui permet de tenir en place la coiffe] et autres accessoires pour ressembler à un parfait Émirien. Abdullah Hussain Khunji est là pour retailler sur mesure l'habit et vous expliquer ses spécificités, les mille et une façons de porter le ghutra. Pour vous madame, de belles abayas noires ou dans d'autres couleurs, décorées aux manches ou pas.

SOUK AL KABEER

A côté du Dubai Museum

10h jusqu'à tard. Eviter la pause sieste, préférer venir le soir. Le vendredi ouvre jusqu'à 15h.

Le vieux souk trouve sa place naturelle au bord de la Creek, au cœur du négoce maritime, là où les marchands locaux exposaient, en enfilade, leurs produits aux exportateurs. Construit tout en longueur et surmonté d'une haute charpente de bois en arche ajourée, il préserve des rayons directs du soleil, mais laisse filtrer la lumière du jour, ce qui lui donne une atmosphère tamisée propice à la flânerie. Il ne faut pas hésiter à aller aussi derrière le Dubai Museum à l'opposé du souk, dans les allées plus modernes pour trouver grand nombre de marchands d'étoffes.

KORABA

Souk Al Bahar

✆ +971 4 435 5655

www.koraba.com

Ouvert tous les jours de 10h à 22h et jusqu'à minuit les jeudis et vendredis.

S'il y a bien une boutique de bijoux incontournable à Dubaï, c'est Koraba, célèbre pour son ambre. Les Emiratis en raffolent ! Avec une première boutique ouverte en 2006 et un nom toujours original, la marque propose aujourd'hui un large éventail de bijoux élégants et raffinés, pour les grands comme les petits. En effet, l'ambre, qui tire son nom du mot arabe *anbar*, est connu pour atténuer les poussées dentaires chez les nourrissons. Fruit d'un travail artisanal exceptionnel, les bijoux Koraba valent bien une visite à l'une des boutiques.

SOUK AL NAÏF

Al Naïf

Ouvert de 9h30 à 23h30 et le vendredi après 15h.

Aux amoureux de couleurs, de belles étoffes, d'accessoires de couture ou juste pour le plaisir des yeux ! On trouve des dizaines de marchands de belles étoffes : soieries, brocarts, velours mais aussi des merceries offrant des milliers de références à des prix imbattables. Bref, des échoppes pleines de trésors venant d'Inde, du Japon, de Chine, ces produits sont en général de très bonne qualité. Pour les trouver, il faut se rendre à Sakha Street et marcher jusqu'à trouver l'hôtel Sabkha. Juste à gauche, il y a une petite allée, c'est là.

SAUCE

Jumeirah Road

✆ +971 4 399 3588

www.shopatsauce.com

Ouvert de 10h à 21h

Première boutique indy de Dubaï créée en réaction à la standardisation galopante de la mode et des goûts vestimentaires, cette enseigne, que les fondateurs tiennent à écrire avec une étoile [S*uce], a ouvert la voie à bien d'autres aujourd'hui. Comme chez Colette à Paris, la boutique est multi-marques, présentant les créations de la hype-generation régionale aux côtés de quelques pièces piochées en Europe : Tata Naka, Ashish, Studd, Dice Kayek, Vanessa Bruno, Jean-Charles de Castelbajac, See by Chloe. Le site web est très bien pour faire son shopping en ligne.

VASHU

Souk al Kabeer

✆ +971 4 359 9227

Ouvert de 9h à 22h30 et à partir de 16h le vendredi.

On se dirait presque dans « Au bonheur des Dames ». C'est une véritable caverne sur deux étages et qui vend tout ce qui peut se faire en tissus pour l'habillement : tissus imprimés, unis, déclinés dans toutes les couleurs et tous les prix.Il faut fouiller, demander, regarder. N'hésitez pas à appeler le numéro du portable si vous avez un modèle à copier. Le responsable du magasin vous indiquera un couturier pour reproduire votre modèle. Tout le quartier regorge de marchands de tissus et il ne faut pas hésiter à pousser les portes pour découvrir de vrais trésors.

ART HOUSE DUBAI

422 Al Wasl Road
✆ +971 4 344 8004
www.arthousedubai.com
Ouvert 10h à 19h. Fermé le vendredi.

Discrètement installée dans la contre-allée d'Al Wasl Road, cette petite galerie d'art mérite à plus d'un titre que l'on s'y arrête. Elle accueille régulièrement les productions d'artistes aux styles très divers et commercialise des œuvres originales à des prix abordables : peintures, sculptures d'intérieur ou d'extérieur, bijoux, photographies... En particulier, on peut y acquérir de superbes photos du désert ou de la ville, signées par l'artiste, à un tarif bien différent de ceux pratiqués dans les boutiques de souvenirs des grands malls.

AZORES FURNITURE

Al Hudheiba Road
✆ +971 4 349 9923
www.curtainblinds4us.com
Ouvert de 10h à 18h et fermé le vendredi.

Petite boutique non loin de l'Iranian Hospital qui à première vue vend des tissus d'ameublement, les étoffes et les livres d'échantillons prennent tout le peu de place qu'il y a à l'intérieur, difficile de se déplacer. Il faut dépasser cette première étape de curiosité avant de se plonger dans la recherche du tissu rêvé. Une fois le tissu choisi, les artisans se chargent de tout : ils se déplacent chez vous pour prendre les mesures ou prendre votre meuble puis ils reviennent pour fixer le revêtement ou vous rapporter le meuble tout frais tout beau.

CHUK PALU RUGS SHOW ROOM

Souk al Kabeer
✆ +971 503557109
www.chukpalu.com
Ouvert tous les jours de 9h à 21h.

Rahim Walizada est un afghan dont les membres de sa famille sont artisans et antiquaires depuis plus de trois générations. C'est dans le souk d'al Kabeer niché près de la Creek, qu'est installée cette superbe boutique. A l'intérieur, des coussins, tapis, abat-jour et poufs fabriqués artisanalement en Afghanistan et avec des matériaux naturels dans des couleurs très tendance. Le seul souci c'est qu'on aurait envie de tout acheter. Très bonne qualité des matériaux et des finitions. C'est l'adresse que s'arrachent les expatriés de Dubaï. Sur mesure également.

EL SEED STUDIO

Alserkal Avenue
www.elseed-art.com
Ouvert tous les jours de 10h à 19h. Fermé le vendredi.

Faouzi Khilfi plus connu sous le nom El Seed est un artiste franco-tunisien de renommée internationale et particulièrement apprécié aux Emirats. Son travail urbain a été maintes fois applaudi, mais on peut aussi acquérir certaines de ses lithographies. En tous les cas, c'est un plaisir de passer par son atelier, de discuter avec lui. Très disponible, accueillant, il raconte sans se ménager les différents projets qu'il a mené à terme, notamment celui chez les chiffonniers du Caire il y a quelques années. Un très bon moment à passer en sa compagnie.

FOUR SEASONS RAMESH GALLERY

R06 Dubai Design District
✆ +971 4 334 9090
www.fsrg.com
Ouvert de 10h à 19h et jusqu'à 21h les jeudis et samedis. Fermé le vendredi.

Fondée en 1970, cette galerie s'étale sur plus de 15 000 mètres carrés dans le Dubai Design District. Une galerie d'art incontournable à Dubaï, tenue par Ramesh Shukla, photographe qui a su capter derrière son objectif des moments historiques de la naissance des Emirats. Il propose aussi la décoration des maisons, de palaces dans le monde. A ce titre, ils possèdent une autre galerie à Los Angeles. La collection des pièces est très versatile afin de plaire au plus grand nombre.

GULF PHOTO PLUS

Alserkal Avenue
✆ +971 4 380 8545
www.gulfphotoplus.com
Ouvert de 10h à 19h. Fermé le vendredi

C'est au cœur d'Alserkal Avenue, que l'on trouve cette galerie qui propose des photos d'artistes régionaux et internationaux. C'est peut-être là que vous trouverez le bon souvenir à ramener dans vos valises. On oublie souvent combien le désert environnant, la mer, le Skyline et les vieux quartiers sont une source d'inspiration pour les artistes de la région. Des prix abordables pour un souvenir vraiment original. Et si c'était vous l'artiste, vous pourrez aussi développer vos propres photos de vacances grâce à leur labo bien équipé et leurs précieux conseils.

HIGH LIFE DUBAI

Jumeirah Beach Road
✆ +971 4 349 4283
www.highlife-dubai.com
Vente uniquement sur internet.

Le cadeau que tous les expatriés rapportent dans leurs valises ! Les affiches rétro de Clare reprennent le quotidien de la vie des expatriés de Dubaï et Abu Dhabi, mais avec une réflexion de l'artiste sur la vie de tous ceux qui ont passé un certain nombre d'années aux Emirats. Elle croque avec une très grande justesse les sites emblématiques, les habitudes, les situations de la vie. Dans la galerie, les affiches sont exposées, mais ne sont pas à la vente. Les commandes se font sur son site web. Abordables et beaux éléments de décoration.

TABARI ART SPACE

DIFC, Gate Village Building 3
✆ +971 4 323 0820
www.tabariartspace.com
Ouvert du dimanche au jeudi de 10h à 21h et le vendredi de midi à 18h.

Galerie fondée en 2003 par la collectionneuse et experte en art du Moyen-Orient, Maliha Tabari. Le nom s'inspire du Lac de Tibériade et évoque les notions d'espace, de frontières, d'identité. La galerie soutient les artistes régionaux, mais aussi d'Afrique du Nord. Ses nombreuses expositions monographiques ou comparant deux artistes sur un même thème sont toujours accompagnées de recherches très poussées et de publications. La galerie expose aussi des photographies. Une belle manière de rapporter un souvenir artistique des émirats.

MIRAJ ISLAMIC CENTER

582 Jumeirah Road
✆ +971 4 394 1084
www.mirajislamicartcentre.com
Ouvert tous les jours de 9h à 18h.

Cette boutique d'art atypique propose une exposition-vente d'objets précieux provenant d'Orient et se visite comme un musée. Plusieurs salles asymétriques aux niches murales abritent des trésors originaires d'Inde, d'Egypte, d'Iran, de Syrie, d'Oman. Des vases peints en papier mâché aux meubles ciselés en argent, en passant par les tapis de soie et les tentures murales cousues de fils d'or et de pierres semi-précieuses. L'endroit est agréable, très bien aménagé, et les objets sont ingénieusement mis en valeur. Des fiches explicatives sont à la portée des curieux.

THE EMPTY QUARTER

DIFC, Gate Village Building 2
✆ +971 4 323 1210
www.theemptyquarter.com

Cofondée par la princesse et photographe Reem al-Faisal et l'Emirienne Safa al-Hamed en 2009, The Empty Quarter, dont le nom désigne aussi le fameux désert Rub-al-Khlali, est la première galerie de son genre dans la région : la seule et unique galerie des Emirats et du Moyen-Orient dévouée exclusivement à la photographie d'art d'ici et de tous les continents. La vaste galerie représente des grands photographes établis comme Steve McCurry, Bruno Barbey ou Marc Riboud ainsi que des jeunes photographes émergents. On peut y passer juste avant d'aller dîner dans DIFC.

SHOWCASE GALLERY

Alserkal Avenue
✆ +971 4 379 0940
www.showcaseuae.com
Ouvert de 10h à 19h. Fermé le vendredi.

Sharon Harvey est originaire du Zimbabwe et est établi à Dubaï depuis 1987. Il a établi une des premières galeries installées à Dubaï dans les années 1990, Showcase s'est relocalisée à Alserkal en 2012. Cette galerie présente une sélection variée allant de meubles et bijoux anciens à des œuvres d'art contemporain d'artistes établis et émergents venant d'Europe, des États-Unis et du Moyen-Orient et en particulier d'Afrique. La galerie propose également un service d'encadrement professionnel avec le choix parmi 300 modèles différents.

XVA ART HOTEL

Al Fahidi District
✆ +971 4 353 5383
www.xvahotel.com
Ouvert tous les jours de 10h à 18h.

C'est dans ce petit hôtel-restaurant du quartier iranien d'Al Fahidi que l'on trouve au fond de la cour, derrière le restaurant, une jolie galerie d'art avec quelques artistes locaux et régionaux assez réputés et plusieurs réalisations d'accessoires, de vaisselle, de vêtements provenant des Émirats ou de la région. La galerie vaut le détour surtout pour les amateurs d'art. Une belle adresse avec des valeurs sûres d'un point de vue artistique loin des immenses centres commerciaux. Même si on n'y achète rien, l'adresse vaut le détour.

BOUGER & BULLER

En raison de ses belles plages, de son ensoleillement quasi permanent et des températures élevées de la mer, Dubaï est renommée pour les loisirs balnéaires : bateau, kitesurf, paddle, ski nautique, jet-ski, pêche sportive, plongée ou farniente. Mais peut-être plus encore le désert suscite la curiosité des voyageurs. Parce qu'il semble plus inaccessible ? Rien de plus simple pourtant qu'une excursion en 4X4 ou en quad quand le désert s'étend à 30 minutes du centre-ville. Il est possible aussi d'y tenter le ski sur sable ou le survol en montgolfière. Près de la mer, du désert ou en plein centre-ville, on trouve aussi de magnifiques parcours de golf. Pour les amoureux de sensations fortes, ce sont les vols en hélicoptère, les tyroliennes entre les gratte-ciel ou encore le saut en parachute à moins que vous ne préfériez les montagnes d'Hatta. Quel contraste entre le paysage urbain futuriste, la mer, le désert et au loin les montagnes !

PRATIQUE

BOUGER & BULLER

BUDGET / BONS PLANS

Loin des clichés qui circulent, il est possible de pratiquer du sport à Dubaï sans se ruiner: Marche, Jogging, callisthénie et vélo sont quelques-unes des activités gratuites ou très abordables que l'on peut pratiquer à Dubaï. Nous vous avons donc concocté une liste avec tous les circuits, les lieux où les pratiquer et où louer des bicyclettes.

C'EST TRÈS LOCAL

Le vrai sport national ce sont les sports mécaniques si l'on considère que c'est un véritable sport. Pour les courses de dromadaires et la fauconnerie, ils sont plus dresseurs qu'acteurs, puisque dans le premier cas, les dromadaires ne sont pas montés et dans le deuxième c'est le faucon qui fait tout le travail. Dès que les températures baissent, on peut apercevoir cependant quelques courses de Dhow (embarcations en bois fabriquées localement) se dérouler au large des côtes dubaïotes. Ce que l'on ne soupçonne guère en revanche, c'est que les femmes sont très coquettes, mais que les hommes portent également une grande attention à leur physique en se rendant régulièrement chez le barbier pour avoir une manucure ou une pédicure.

VOS PAPIERS SVP

Munissez-vous de votre passeport pour toutes les activités de sports mécaniques. La photocopie ne suffit pas.

LES ÉVÉNEMENTS

Plusieurs évènements annuels marquent la vie sportive de Dubaï. Fin novembre, le **Dubai run** marque la fin du mois du bien-être et de la forme physique, Le **Dubai Fitness Challenge.** Lancé en 2017, il challenge les habitants à effectuer au moins 30 minutes d'activité chaque jour pendant 30 jours. Début décembre, **Dubai Creek Striders** organise le 1/2 marathon autour de la Creek et en janvier c'est le tour de **Dubai marathon.** En février et depuis 2018, c'est le **tour des Émirats arabes unis,** course de vélo masculine sur route, en 7 étapes et sur près de 1 000 kilomètres. Elle fait partie de l'UCI World, le calendrier le plus important du cyclisme sur route.

LES PHRASES CLÉS

Bonjour, comment puis-je me rendre à… ? Est-ce loin ?
مرحبا، كيف يمكنني الذهاب إلى...؟ - هل المكان بعيد؟

J'aimerais aller courir. Il y a un coin sympa pour cela dans la ville ?
أود الذهاب للجري. هل يوجد مكان مناسب للجري حول المدينة؟

J'adore cuisiner. Savez-vous où je peux trouver des cours de cuisine ?
أنا أحب الطهي. هل تعرف أين يمكنني التسجيل في دورة تعليم الطهي؟

Vous pourriez m'indiquer une salle de sport pas très loin ?
هل يمكنك إبلاغي أين توجد أقرب صالة رياضية؟

Quel est le sport national ?
ما هي الرياضة الشعبية هنا؟

Pensez-vous que nous pourrions voir cela ou même participer ?
هل تعتقد إنه يمكننا مشاهدتها في مكان قريب، أو حتى تجربة ممارستها؟

AL BOOM DIVING

Al Wasl Road
✆ +971 4 342 2993
www.alboomdiving.com
A partir de 2467 AED le cours pour obtenir le PADI. 790 AED pour plonger avec les requins dans l'aquarium de Dubaï Mall.

Al Boom diving est établi aux émirats depuis 1995. C'est une école de plongée certifiée PADI, assortie d'une boutique. Ils sont le plus grand centre de plongée avec plus de 80 employés sous le leadership de Simon Tambling et de Colin Nelson. Ils organisent des sorties journalières à The World, Dubaï Aquarium, Musandam et à Fujairah. Grâce à leurs piscines installées au sein de leur villa à Jumeirah 1, les débutants peuvent commencer à s'initier à la plongée. Les sorties à l'aquarium de Dubaï parmi les requins et les immenses raies sont inoubliables.

AL MAMZAR BEACH PARK

Deira
✆ +971 4 296 6201
Ouvert de 8h à 22h du dimanche au mercredi et jusqu'à 23h le du jeudi au samedi. Entrée : 30 AED par véhicule.

Prolongeant la Corniche de Deira, et délimité par un bras de mer à l'est, le parc offre une vue panoramique privilégiée sur la grande bleue. Le calme y est surprenant, si près de l'agitation de Deira. A la périphérie du parc s'étendent plusieurs plages. Les plus agréables (et les plus fréquentées) sont situées côté mer et aménagées (parasols, chaises longues, douches). Ailleurs, aires de jeux et de pique-nique (barbecue) alternent dans un espace assez ombragé. On trouvera un peu partout, des kiosques qui proposent boissons fraîches et friandises.

AQUAVENTURE WATERPARK ★★

Crescent Road ✆ +971 4 426 1169
www.atlantisthepalm.com/fr
Les tarifs sont variables en fonction du jour de la semaine et de la saison. Coupe fil : 175 AED p/personne en plus.

Sur une superficie de 17 hectares au bout de la palme, voici LE parc aquatique gigantesque et fabuleux de Dubaï. L'attraction vedette en sont les deux tours dont celle de Neptune, culminant à 30 mètres d'altitude dont on peut descendre par sept toboggans à vitesses multiples. Maxi-sensationnel : Leap of Faith, une descente presque verticale, qui s'achève dans un tube translucide au milieu d'un lagon rempli de requins ! Dans un autre style, rendez-vous à Dolphin Bay ou à Sea Lion Point où vous pourrez nager et interagir avec eux. Prix et réservation sur le web.

ARABIAN RANCHES GOLF CLUB

Emirates Road
✆ +971 4 366 3000
www.arabianranchesgolfclub.com
Tarifs en fonction du jour, du mois et de la saison. Entre 175 AED et 656 AED environ.

A la lisière de la ville, en périphérie du quartier résidentiel d'Arabian Ranches, un par 72 de 6 482 m. Dessiné en plein désert, mais composé de gazon, il n'est enrichi d'aucun artifice et louvoie au cœur d'un site sauvage dont il souligne la beauté naturelle. Roches et plantes désertiques confèrent un charme irréel, que surplombent un clubhouse, un bar, un restaurant et 11 suites de luxe. Sur place : Ecole de golf, driving range éclairé, putting green et pitch and putt de 3 trous.

AVENTURA

Mushrif Park
✆ +971 52 178 7616
www.aventuraparks.com
Du dimanche au mercredi de 14h à 22h et du jeudi au samedi de 9h à 23h. 95 AED les 90 minutes.

C'est au cœur du grand Mushrif Park, que l'on trouve ce parcours dans les arbres. Plusieurs niveaux selon la taille qui permettent à tous les amoureux de ce genre d'activités de le pratiquer dans un cadre verdoyant et en toute sécurité. Le parc est ouvert même tard la nuit, ce qui est appréciable surtout l'été. Il est fort recommandé de réserver à l'avance tant le parc est fréquenté surtout les week-ends. Normes européennes de sécurité, personnel en grand nombre présent sur tous les parcours. Petite buvette pour se désaltérer.

BERMUDA DIVING CENTER

Al Wasl Road
✆ +971 4 321 0104
www.scubadiving.ae
Tour de 3-4 heures entre 299 et 550 AED par personne.

La plongée commence en général vers 10h du matin sur la plage de Sunset Mall. Ils fournissent tout le matériel même les serviettes de bain. Nous recommandons de réserver à l'avance et vous pourrez même payer sur la plage. On peut s'initier à la plongée, passer son PADI. Pour les plus téméraires, il est possible d'arranger des plongées à l'aube. Alors, pourquoi ne pas profiter de la plage de Dubaï pour aller explorer les fonds marins ? A deux pas du centre-ville, c'est possible. Personnel adorable, matériel fiable et sécurité au rendez-vous.

CAREEM BIKE

✆ +971 0 44445263
www.careem.com
Le prix à la journée est de 20 AED.
Le prix à la semaine est de 50AED, et de 75 AED pour le mois

Il s'agit d'une location en libre-service de bicyclettes. Une fois l'application téléchargée, vous êtes prêts. Voici la liste des lieux où l'on peut les retirer : Dubai Marina, Jumeirah Lake Towers, Al Barsha, The Greens, Internet City, Media City, Palm Jumeirah, Deira, Downtown Dubai, Jumeirah Beach Road, Dubai Canal, Karama, Mankhool, Al Qudra dans le désert. Cependant, vous ne pourrez pas parcourir toute la ville à vélo. Il n'est pas possible d'utiliser les pistes vertes de course à pied et attention aux coups de chaleur pendant la saison chaude.

CENTAURUS CHARTER

Yacht Club
✆ +971 4 352 1833
www.centauruscharter.com
Yacht 7 personnes à partir de 700 AED/h.

Embarquez à bord d'un superbe yacht pour une croisière sur mesure sur les eaux turquoise du golfe au départ de la Marina. Au programme, le tour de la Palme, Atlantis, Burj al-Arab, arrêts baignade et snorkeling. La balade en fin de journée est également magique lorsque le retour se fait de nuit et que les tours de la Marina scintillent de mille feux. Service traiteur et musique possible. Centaurus Charter fait partie du groupe Centaurus International qui détient un grand magasin d'alcool et se fera donc le plaisir de vous servir vos bulles préférées.

COURSE À PIED

Nous vous recommandons d'y aller tôt le matin ou au moment du coucher du soleil pour éviter les coups de chaud.

Pour faire sa course à pied (ou marcher), nous avons sélectionné pour vous 3 parcours. Une excellente façon de découvrir la ville avec des vues spectaculaires sur la Skyline et la mer. Le plus connu est celui le long de la plage. Long de 14 km, il part de la plage située à côté du Burj Al Arab jusqu'au canal en passant par Kite Beach. Sur le croissant de la Palm, vous pouvez aussi courir sur 11 km avec une vue imprenable sur la Marina. Au *Walk* de Marina le parcours fait 3,5 km mais est sur le bitume, donc munissez-vous d'une bonne paire de baskets.

DOLPHIN BAY & SEA LION POINT

Atlantis, The Palm
✆ +971 4 426 2288
www.atlantisthepalm.com
À partir de 645AED/personne avec l'entrée au parc inclus pour les lions de mer et à partir de 745 AED pour les dauphins.

Dolphin Bay est une occasion de découvrir l'univers des dauphins et d'interagir avec ces mammifères dans un contexte d'approche didactique. Soit un environnement de 4,5 hectares de plages et de lagons où s'ébattent des dauphins apprivoisés que l'on va pouvoir approcher de tout près. Plus atypique encore : une interaction avec le lion des mers – un animal hyper-sociable et très joueur à approcher dans une eau peu profonde jusqu'à oser un gros bécot sur son museau. Les enfants adorent !

DRIFT BEACH

King Salman Bin Abdulaziz Al Saud Street
✆ +971 4 315 2200
www.oneandonlyresorts.com
Ouvert de 10h30 à 19h. 200 AED pour la chaise longue en semaine et 250 AED le week-end.

C'est à l'intérieur du complexe du One&Only Royal Mirage que vous trouverez ce beach club et son restaurant français aux accents provençaux. Côté piscine à débordement, ce sont des chaises longues et quelques cabanons. Nous sommes à quelques mètres du quartier de la Marina et devant la Palm donc la plage est tout de même entourée d'immeubles urbains et l'on préfère s'installer au bord de la piscine que sur le sable. Musique étourdissante, service 5 étoiles avec bol de fruits et eau fraîche. Un endroit très à la mode à Dubaï pour passer le week-end.

DUBAI CREEK GOLF AND YACHT CLUB

Baniyas Road
✆ +971 4380 1234
www.dubaigolf.com/dubai-creek-golf-yacht-club/

Au bord de la Creek côté Deira, un complexe sportif et de loisirs de 80 hectares, comprenant une marina, des villas et un superbe hôtel de luxe, le Park Hyatt. Le parcours 18-trous de championnat offre 6 200 mètres de challenge, par 71. C'est le seul de l'émirat à accueillir des compétitions des circuits à la fois asiatiques et européens. Clubhouse vraiment réussi en forme de boutre aux voiles gonflées, une merveille d'architecture contemporaine. Un 9-trous par 3 éclairé le soir.

HERO ODYSEA

✆ +971 4 440 9827
www.hero-dubai.com
A partir de 700 AED par bateau pour 2. Durée de l'excursion : 90 minutes, départ de Umm Suqeim Jumeirah 3.

En journée ou au coucher du soleil, l'excursion, dynamique et active, permet de découvrir le littoral dubaïote : sa skyline iconique, ses gratte-ciel ostentatoires, ses curiosités architecturales. Mené par un guide, le tour se fait à bord de petits bateaux pour 2, confortable et nerveux, que l'on conduit soi-même, c'est le côté fun de l'aventure, sachant que l'embarcation est plus sécurisée qu'un jet ski et accepte les enfants à partir de 6 ans en tant que passagers. On longe les plus belles plages bordées des buildings-phares de la ville XXL. Pauses selfies !

DUBAI KITEFLY CLUB

Kite Beach

✆ +971 50 254 7440

www.kitesurf.ae

Ouvert tous les jours de 7h30 à 19h. A partir de 350 AED le cours de kitesurf privé d'une heure.

Vous rêvez d'apprendre à « kitesurfer » ? Et si vous commenciez à Dubaï ? Face au Skyline de la ville, à quelques minutes de la plus haute tour du monde, on peut s'offrir du Kite surf en plein milieu urbain. De loin, les jours de vent, on aperçoit les Kites multicolores et c'est presque un mirage ! Ce club de kitesurfing français donne des cours de bon niveau aux débutants seuls ou accompagnés (moins cher). Les pros pourront se procurer tout le matériel de kite nécessaire sur place. Douches, toilettes et petits restaurants se trouvent sur cette plage aussi.

DUBAI OFFSHORE SAILING CLUB

Jumeirah Beach

✆ +971 4 394 1669

www.dosc.ae

C'est en 1974 que ce club est né grâce au souverain de l'époque, Sheikh Rashid al Maktoum. Autant dire que c'est une institution à Dubaï. Le club dispense des cours de voile toute l'année. La saison pour la voile se situe surtout d'octobre à fin avril, et il n'est pas rare de voir à l'horizon des dizaines de voiliers parcourant le littoral du petit émirat. Très actif, il organise notamment des courses tous les vendredis pendant la saison. Le club house héberge un restaurant et un café.

DUBAI POLO & EQUESTRIAN CLUB

Al-Qudra Road

✆ +971 4 361 8111

www.poloclubdubai.com

Session de 45 minutes en groupe : 250 AED, leçons particulières : 475 AED.

Situé dans le quartier résidentiel d'Arabian Ranches, à l'est de Dubaï, voici un centre équestre récent et ultramoderne, doté, en sus, de pistes et sentiers pour l'équitation de loisir. Plusieurs centaines de chevaux, entretenus par une armada de palefreniers, dresseurs et maréchaux-ferrants. Balade à dos de poney pour les plus jeunes et excursion dans le désert sur des chevaux arabes pour les confirmés. Un agréable café-restaurant permet de se restaurer.

DUBAÏ WORLD CUP

Meydan Race Track

✆ +971 4 327 0077

www.dubairacingclub.com

Le dernier samedi du mois de mars.

L'apothéose de la saison des courses hippiques est la très courue Dubaï World Cup qui se tient à l'hippodrome de Meydan inauguré en 2010 et qui compte la plus vaste tribune du monde pouvant accueillir plus de 60 000 personnes. La journée accueille 9 courses, dont huit sont réservées aux pur-sang et la dernière aux pur-sang arabes. Avec un prix de 12 millions de dollars américains pour le vainqueur de la coupe, c'est une des courses de chevaux la mieux dotée de la planète et un événement toujours suivi par le souverain de Dubaï, passionné de chevaux.

EMIRATES GOLF CLUB

Emirates Hills 2

✆ +971 4 417 9999

www.dubaigolf.com/emirates-golf-club

En hiver, le parcours 18 trous est à partir de 410 AED en semaine et à 740 AED les jeudis et vendredis.

A la lisière de la ville, 2 parcours 18 trous. Le réputé Majilis, premier parcours de championnat sur gazon du Moyen-Orient, est un par 72 de 6,4 kilomètres, agrémenté de 6 lacs formant un obstacle pour 9 de ses trous. D'un très bon niveau technique, il a été élu meilleur parcours du circuit PGA européen par les participants de l'épreuve du Dubaï Desert Classic dont il est le golf d'élection. Le second, le Wadi by Falco, est un par 72, entièrement redessiné en 2006. Grâce à cette cure de jouvence salvatrice, il peut désormais rivaliser avec son prestigieux aîné !

IFLY

Sheikh Mohammed Bin Zayed Road

✆ +971 4 231 6292

www.iflyme.com

Ouvert de 12h à 21h et jusqu'à 22h les jeudis et vendredis. Compter 199 AED pour voler 2 fois 1 minute

iFly Dubaï est un simulateur de chute libre qui plaira assurément aux enfants qui rêvent de voler. Après avoir visionné une courte vidéo explicative et enfilé des lunettes, un casque et une combinaison, on entre dans le simulateur où des vents de 300 km/h nous procurent la sensation d'apesanteur ressentie lors d'un saut en chute libre. Émotions fortes garanties pour les 3 ans et plus, sous l'œil attentif d'un instructeur professionnel agréé. Le vol en lui-même dure entre deux et quatre minutes, pendant lesquelles les visiteurs sont photographiés et filmés.

KIDZANIA

✆ +971 4 448 5222

Ouvert de 10h à 22h et jusqu'à 23h les jeudis et vendredis, dernière entrée à 21h. Prix : 4-16 ans 179 AED.

Le principe est simple, fondé sur le mimétisme et l'affirmation d'identité en même temps. Selon l'âge de votre enfant, vous choisirez de l'accompagner à l'intérieur ou pas, sachant qu'un bracelet électronique à puce radio-identifiée leur interdit toute évasion ! Kidzania est la reconstitution miniature d'une société humaine, avec ses banques et ses magasins, sa police et ses médecins, ses pompiers et ses restaurants. Le billet d'entrée donne aux bambins un capital départ qu'il doit faire fructifier en « travaillant » au gré de ses goûts.

KITE BEACH

Beach Road

✆ +971 4 219 0999

www.kitebeach.ae

Possibilité de louer une chaise longue, un parasol et une serviette. Prix par personne : environ 110 AED/personne/jour

Une très belle plage, large et longue s'étend devant le littoral, des kitesurfers flirtent avec les vagues, les enfants sautent sur les trampolines installés au bord du sentier pédestre. C'est une très belle plage en pleine ville en accès libre avec la commodité de douches, toilettes et cabines pour se changer, mais aussi un grand choix de restaurants pour y passer toute la journée. Durant les mois de novembre et décembre, la plage invite l'esprit patriotique de la ville à s'exposer avec ses milliers de drapeaux composant une mosaïque à la gloire du pays.

LA MER

Jumeirah 1

✆ +971 459 050 90

www.lamerdubai.ae

Ouvert de 8h au coucher du soleil. Chaise longue avec 1 serviette et 1 parasol : 100 AED, pour deux : 180 AED.

Voici une plage publique où l'on peut parfaitement s'installer avec sa serviette sans prendre de chaise longue. C'est une plage idéale pour les familles. L'eau est très calme, la plage est surveillée, et elle dispose de toutes les commodités installées dans les petits cabanons aux couleurs acidulées qui rappellent nos plages du Nord de la France. Les enfants sont les rois, et juste derrière, pléthore de restaurants, cafés et vendeurs de glaces vous attendent. La Mer se trouve tout à côté du quartier de Satwa en plein cœur de Jumeirah.

MONTGOMERIE GOLF CLUB

Emirates Hills

✆ +971 4 363 1268

www.montgomeriegolfclubdubai.com

Ouvert de 6h à 23h. A partir de 215 AED pour un parcours de 18 trous.

Etabli au cœur du prestigieux complexe résidentiel de l'Emirates Hills, un 18-trous de championnat classé par 72 et dessiné par Colin Montgomerie et Desmond Muirhead. Sa caractéristique exclusive est de posséder le plus vaste green du monde (5 400 m^2), en forme de carte des Emirats arabes unis ! Le 18e trou « The Snake », d'une longueur de 600 mètres, constitue un vrai challenge en raison de sa forme sinueuse. Le parcours ne comprend pas moins de 79 bunkers et 14 plans d'eau. L'hôtel et les restaurants sont extrêmement recommandables.

NAMMOS

Jumeirah Beach Road

✆ +971 4 340 1002

https://www.nammos.gr

Ouvert de 11h à 19h. 200 AED pour la chaise-longue avec une serviette.

Voici la plage people de Dubaï. On y va autant pour voir que pour y être vu. Le week-end, une longue file de voitures essaye d'atteindre le Graal. Oubliez la tenue trop négligée. Personne ne s'étonnera de vous voir arriver avec votre tenue de plage avec un sac de grande marque ! Chanteur ou chanteuse live, DJ, tous les ingrédients sont là pour passer une bonne journée. Côté plage, c'est un petit rectangle de sable donc ne vous attendez pas à une longue étendue devant une mer turquoise : vous êtes en pleine ville à dix minutes des gratte-ciel.

NEMO WATER SPORTS

Umm Suqeim Fishing Harbour

✆ +971 50 471 7002

www.dubai-jetski.com

Tour en jet-ski 370 AED/30 min, 630 AED/1h, 935 AED/2h. Maximum 2 personnes par jet-ski. Conducteur minimum 16 ans.

Dans ce charmant petit port, les cousins marseillais Nico et Yanis, sont aux petits soins pour faire vivre à leur clientèle une expérience inoubliable. L'équipe s'occupe de tout, même des photos ! Filant (après un rapide briefing) sur les eaux turquoise du golfe Persique, seuls ou à deux sur un jet-ski, ceux qui aiment la vitesse seront servis (pointes de 100 km/h) ! En toute confiance avec l'encadrement des instructeurs. Mais à chacun son rythme. Plusieurs formules sont possibles, 30 minutes, une heure, deux heures, avec pauses baignade incluses à la convenance.

NIKKI BEACH RESORT & SPA DUBAI

Pearl Jumeira
✆ +971 4 376 6000
www.nikkibeachhotels.com
150 AED par personne en semaine et 250 AED le week-end. Ouvert de 11h à 20h

Nikki Beach, c'est bien sûr le club de Pampelonne ! Mais ici, une très belle plage, en première ligne. Sans aucun doute l'une des plus belles de la ville. Il y a la musique forte, la foule qui se presse pour décompresser le week-end de la vie trépidante de Dubaï. Ne vous y méprenez pas, ce sont surtout les résidents de la ville, les premiers clients plutôt que les touristes. Vous avez aussi accès à la piscine. Prendre le soleil, une shisha à la main c'est un vrai bonheur.

OMEGA DUBAI DESERT CLASSIC

2 Emirates Golf Club
✆ +971 0 4 417 9999
www.omegadubaidesertclassic.com
Troisième semaine de janvier.

Depuis 1989, ce tournoi de golf voit les meilleurs joueurs du monde entier se disputer le titre. Il fut le premier à accueillir au Moyen-Orient un tournoi de golf du Tour Européen PGA. Contrairement à ce que le nom pourrait faire croire, ce tournoi se déroule sur un parcours baptisé le Majlis en plein cœur de l'Emirates Golf Club au milieu de la ville offrant ainsi une vue exceptionnelle sur les gratte-ciel de la Marina. Il fut d'ailleurs le premier parcours de golf de la région.

PARC CALISTHENIC

Al Seyahi Street
Gratuit et ouvert 24/24. Parfois des cours de yoga gratuits sont dispensés les lundis vers 21h.

Le calisthenics appelé aussi *Street Workout*, très en vogue dernièrement, permet l'entraînement physique en utilisant son propre poids. Cette nouvelle ancienne méthode remonte à la Grèce antique. Il permet de s'entraîner gratuitement, partout, du moment que vous trouvez un endroit duquel vous pouvez vous suspendre. A Dubaï, ce parc aménagé situé en pleine Marina est très populaire. Il vous permettra de travailler tous vos muscles sans risques de vous blesser. Vous pourrez aussi profiter d'une superbe vue sur les tours environnantes.

PATINOIRE DE DUBAI MALL

The Dubai Mall
✆ +971 4 448 5111
www.dubaiicerink.com
Session publique de 40 AED pour les enfants à 75 AED pour les adultes.

Patiner dans un mall situé dans une ville au milieu du désert, voilà une des fantaisies que vous ne pourrez expérimenter qu'à Dubaï. A l'intérieur du plus grand centre commercial du monde, on peut passer de 50 °C à zéro en quelques minutes et pour ajouter du réel au surréel, il neige même de temps en temps sur la patinoire pour la joie de ceux qui ne la voient jamais. Les passants ahuris s'arrêtent et se pincent pour se persuader qu'ils ne rêvent pas. A voir la joie de ceux qui s'y amusent, on oublierait presque que ce n'est vraiment pas écologique.

PISTES CYCLABLES NAD AL SHEBA

Nad Al Sheba Cycling Park ✆ +971 50 240 6660
Prix pour location de bicyclette sur place : 50 AED pour 1 heure avec casque au magasin Loop près du parking.

En dehors d'une piste en ville autour du canal et en attendant les suivantes qui devraient se déployer le long du littoral, voici le circuit situé à Nad Al Sheba. C'est sur une ancienne piste de chameaux reconvertie et qui se situe près du champ de courses de Meydan. Elle offre une vue magnifique sur Downtown et sur la Burj Khalifa. 3 circuits s'offrent à vous : 4 km, 6 km et 8 km. Le circuit est même éclairé la nuit. Vestiaires, douches et casiers disponibles sur place.

SEARIDE DUBAI

Fishing Harbour 1
✆ +971 55 157 8393
www.searide-dubai.com
Jet-skis, 2 personnes : Burj Al Arab tour (1h) à 525 AED, Atlantis (2h) à 840 AED, Burj Khalifa (30 minutes) : 315 AED

Voici LE spécialiste incontesté de Dubaï pour le Jet-Ski et le Flyboard. Aux manettes : le talentueux Steven Dauliach, jeune Français au prestigieux palmarès de 14 médailles d'or dont 7 glanées en championnat du monde. Le frenchie dirige son business comme sa prestigieuse carrière sportive : avec rigueur, professionnalisme, perfectionnisme et beaucoup (beaucoup) de savoir-faire. Premier prestataire de Jet-Ski à s'installer à Dubaï, Steven Dauliach est celui qui a convaincu les autorités locales que l'activité pouvait rimer avec plaisir et non avec risque.

SEAYOU

✆ +971 4 420 6100
www.seayou.ae
Ouvert tous les jours de 9h au coucher du soleil.

Ce centre d'activités nautiques situé sur la plage privée de l'hôtel Sofitel The Palm propose des tours guidés inédits de The Palm en SUP (stand up paddle) ou en kayak. Le tour le plus long et le plus sportif des deux est celui en kayak, avec une durée de 2h30, qui permet de passer devant l'Atlantis pour une opportunité photo, puis de continuer à pagayer jusqu'à une plage pour se baigner, avant de repartir dans l'autre sens. D'autres activités originales sont également proposées comme des cours de yoga ou de Pilates sur une planche de paddle : challenge garanti !

SEVEN YACHTS

✆ +971 56 614 0604
www.sevenyachts.ae
A partir de 2 500 AED l'heure. 15 000 AED la journée.

Installée dans la luxueuse et superbe marina de Bulgari, sur l'île de Jumeirah et à quelques minutes de Downtown, voici une compagnie sérieuse, mais chère, qui n'offre que des yachts de luxe quoi de plus normal à Dubaï ! Promenade à la journée jusqu'à Abu Dhabi ou croisière de trois jours pour rejoindre l'île de Bani Yas, à moins que vous ne préfériez Oman en une semaine. Plus simplement, on peut aussi s'offrir un yacht entre amis pour admirer le canal et la ville illuminée au coucher du soleil. Service de Catering à bord en supplément.

SKI DUBAÏ

Mall of the Emirates
✆ +971 800 386
www.skidxb.com
Ouvert du dimanche à mercredi de 10h à 22h et le jeudi de 10h à 23h. Du vendredi au samedi ouvert de 9h à minuit.

Ski Dubaï est la 1re station de sports d'hiver d'intérieur. Ouverte en décembre 2005, le domaine skiable s'étend sur 22 500 m², soit environ 3 terrains de football ! L'édifice métallique en forme de tube aplati abrite un espace de 85 m de haut et de 80 m de large. La température intérieure du parc est maintenue à - 2 °C et on y bombarde quotidiennement de la neige fraîche. Ski Dubaï dispose de 5 pistes celles pour débutant à la piste noire. Les remontées en télésiège durent environ 4 min, ou des tire-fesses accèdent au sommet.

SKY AND SEA ADVENTURES DUBAI

Jumeirah Beach Residences ✆ +971 4 399 9005
www.watersportsdubai.com
et ski 20 minutes : 420 AED. Kayak 1 heure : 120 AED. Paddle 1 heure : 160 AED. Plongée sous-marine à partir de 320 AED.

Installé sur les bords de JBR en 1991, ce club est basé sur les plages des hôtels Hilton Dubaï Jumeirah et Sheraton Jumeirah Beach. Une bonne référence, aux standards internationaux. Ils possèdent plus de 30 bateaux, 20 parachutes et près d'une centaine d'équipements gonflables. Ce club propose toutes sortes d'activités nautiques ludiques : kayak, paddle, croisière en bateau, plongée sous-marine, donut, jet-ski. C'est aussi une excellente manière de découvrir le Skyline de la Marina.

SKYDIVE DUBAI THE PALM

Al Sufouh Road
✆ +971 4 377 8888
www.skydivedubai.ae
Sauts possibles toute l'année, horaires réduits en été. Compter 1 699 AED le saut en tandem avec DVD souvenir.

Plonger dans le vide à 4 200 m au-dessus de la Palm Jumeirah est une expérience inoubliable. Les parachutistes confirmés vous diront tous que ce *spot* fait partie des plus beaux de la planète pour sauter ! Aucune hésitation à avoir si cette expérience vous tente. Il est vivement recommandé d'opter pour le package avec vidéo incluse pour pouvoir revivre ce moment unique. Pour ceux qui ne seraient pas près à franchir le cap du grand saut, le gyrocoptère, sorte de mini-hélicoptère pour deux, vous fera survoler la Palm et le Burj al-Arab.

THE YELLOW BOATS ★★

Marina Walk
✆ +971 4 432 8543
www.theyellowboats.com
Nombreux départs par jour de 9h à 20h. De 158 AED à 299 AED le tour. Durée des tours variable, de 60 à 99 minutes.

Solidement motorisés, les canaris pneumatiques à coque rigide fendent l'onde. Option de la découverte de la Marina à petite vitesse, du tour de la Palm et du Burj au tempo normal ou l'Ultimate Thrill Ride (charters uniquement et interdit aux moins de 12 ans), devant Spinney's sur la Dubai Marina Walk, à fond les manettes. Nous vous recommandons de les réserver pour observer le coucher du soleil et la Marina de nuit, mais attention de bien réserver, car c'est aussi la tranche horaire la plus demandée. De très beaux clichés à prendre !

WATERSPORTS BY FIRST YACHT

La Mer South
✆ +971 56 901 8799
www.watersports.ae
Ouvert tous les jours de 8h jusqu'au coucher du soleil. 35 minutes de stand-up paddle : 65 AED

Ce prestataire de services nautiques est situé dans le quartier de la Mer à Jumeirah 1. Cette plage publique a été aménagée il y a quelques années et est très protégée. Elle permet de passer une agréable journée en famille ou entre amis. Watersports loue du matériel pour les plus petits comme les grands et comme les restaurants et les cafés sont juste derrière, on peut à la fois faire du farniente, passer aux loisirs nautiques, se restaurer et terminer par un peu de shopping.

WILD WADI ★★

Jumeirah Road
✆ +971 4 348 4444
www.jumeirah.com
Fermé le lundi. Adultes : 209 AED, enfants de moins de 110 cm : 159 AED.

Les amateurs de parcs aquatiques s'en donneront à cœur joie au milieu de cet espace de 30 attractions, adaptées aux différents degrés de bravoure. Défiez le Wipeout qui consiste à tenir debout sur un surf en pleine vague ! Pour un prix assez élevé, on réserve la Wadi Cabana avec transats, pare-soleil, table, chaises et une glacière pour 4 personnes, près de la rivière intérieure. Option du Fish-Spa, où le poisson édenté Garra Ruffa vous fait un peeling nature. L'avantage par rapport à Aquaventure est l'emplacement assez central de ce parc.

WOLFI'S BIKE SHOP

Sheikh Zayed Road
✆ +971 4 339 4453
www.wbs.ae
Ouvert du samedi au jeudi de 9h à 19h et jusqu'à 21h les mardis. A partir de 200 AED la journée. Casque : 50 AED

Wolfi bike shop loue et vend des vélos de très grande qualité à la journée ou pour plus de temps si vous le souhaitez. Tous les vendredis matin, ils organisent aussi des sorties à travers leur groupe *Dubai Roadsters* pour les cyclistes confirmés. En hiver, le départ est à 6h30 du matin et la distance minimum est de 85 km à une vitesse de 35 km/heure. Vous pouvez vous joindre gratuitement au groupe à condition de les appeler avant et de vous procurer une carte avec tous vos renseignements en cas d'accident, disponible au magasin.

XLINE

Al Marsa Street
✆ +971 4 457 3212
A partir de 599 AED par adulte. Les enfants de plus de 1,30M et entre 12 et 16 ans payent 499 AED.

Si vous validez toutes les conditions physiques (peser entre 50 et 100 kg et mesurer plus de 130 cm, être en bonne condition physique et ne pas être enceinte), et si vous aimez les sensations fortes, cette activité est faite pour vous. Vous allez embarquer sur la plus longue tyrolienne urbaine du monde et vous lancer à plus de 80 km/heure entre les gratte-ciel de la Marina à plus de 170 mètres du sol et retenu par un seul harnais. On peut l'effectuer en solo ou en tandem. Il faut compter près de 90 minutes entre votre arrivée et la fin. Epoustouflant !

ZERO GRAVITY

Al Sufouh Road
✆ +971 4 399 0009
www.0-gravity.ae
Piscine ouverte de 10h à 21h, fermé les lundis. L'accès est de 160 AED du dimanche au jeudi, 200 AED le week-end.

Beach club la journée, énorme piscine avec cabanes disponibles selon le mot d'ordre « premier arrivé, premier servi », bar et boîte le soir, cet endroit versatile ne manque pas d'événements pour plaire au plus grand nombre. Le jeudi, la « house party » pré-boîte de nuit propose de faire la fête comme chez les copains, à grand renfort de baby-foot et autres jeux « sociabilisants ». Zéro Gravity est donc l'endroit pour faire la fête en pleine journée, tout en profitant du soleil, de la vue sur la Marina et en compagnie de toute la jeunesse dorée de Dubaï.

CONNECTEZ-VOUS sur
petitfute.com

et partagez
VOS AVIS et BONS PLANS

ANANTARA SPA

East Crescent
✆ +971 4 567 8140
www.anantara.com
uvert tous les jours de 10h à 22h. 630/830 AED/ massage 60/90 min

On ne présente plus la qualité de la marque, réputée pour ses spas presque plus que pour ses resorts, suffisamment en tout cas pour faire pencher la balance dans le choix final d'un hôtel ! Si l'on ne peut s'offrir le luxe d'un séjour à l'Anantara The Palm, on essaiera au moins de s'offrir celui d'un massage ou d'un soin sous les mains délicates et ô combien expertes des thérapeutes œuvrant sur place. Puisant ses origines en Thaïlande et dans la philosophie ancestrale du bien-être à l'asiatique, la carte propose des soins inspirés des traditions orientales.

CHAP&CO

Dubai Design District
✆ +971 4 240 6843
Ouvert de 9h à 21 du dimanche au jeudi. Ferme à 19h les vendredis et samedis. Taille de barbe ou rasage : 90 AED.

Les hommes sont très coquets à Dubaï et prennent le temps de s'occuper d'eux-mêmes. Alors parmi la pléthore de barbiers, voici Chap&Co, plébiscité par les locaux. En plus des services de rasage et de taillage de barbe, l'établissement propose des coupes de cheveux, l'épilation des oreilles, des sourcils et du nez, des traitements à la kératine pour les cheveux et des soins du visage et bien sûr manucure et pédicure. Présents dans plusieurs lieux à Dubaï, celui de Dubai Design District est facile d'accès avec une grande amplitude horaire.

CLEOPATRA'S SPA

Sheikh Rashid Road
✆ +971 4 324 7700
www.wafi.com/cleopatras-spa/
Pour les femmes de 9h à 21h, pour les hommes de 10h à 22h. Massage de 60 minutes à partir de 410 AED.

Cléopatra Spa se trouve dans le centre commercial Wafi Mall. En jam-session Egypte/Bali, à y perdre ses hiéroglyphes, la maison décline les soins asiats les plus raffinés, et offre aux messieurs l'usage d'un secteur bien distinct. Offrez-vous un bain de lait au bout du shopping-mall ! Allongez-vous pour retrouver votre beauté de reine et plongez dans un bain de pétales de roses. Non loin se trouve le Club de sport Pharaon qui propose des pass à la journée et qui vous permettront aussi de vous baigner dans la piscine extérieure.

SENSASIA

The Village Mall
✆ +971 4 349 8850
www.sensasiaspas.com
Ouvert tous les jours de 10h à 21h. Soins du visage à partir de 499 AED. Massage à partir de 390 AED pour 60 minutes.

Sensasia est une chaîne de spa née aux Emirats et qui s'est imposée au fil des années comme la référence des meilleurs spas indépendants. Crée en 2004 par Salina Handa (expatriée d'origine indienne), Sensasia compte à présent 4 établissements. Demandez à n'importe quel habitué des spas de la ville quels sont les 5 meilleurs de la ville et Sensasia sera forcément cité. Les noms des différents massages évoquent le stress urbain : « Au revoir le décalage horaire », « Remède pour la gueule de bois », « Soulager le mal de tête »...Vous ne serez pas déçu.

SIX SENSES SPA

Marasi Drive
✆ +971 4 512 5566
www.sixsenses.com
Massage d'une heure à partir de 590 AED jusqu'à 790 AED. Soin du visage entre 450 AED et 1100 AED.

Référence incontestée dans le monde du wellness, Six Senses Spa opère au cœur de l'hôtel Renaissance de Business Bay. Au cinquième étage de l'hôtel, vous pourrez choisir parmi six salles de massages déclinées selon chacun des sens, le goût, l'odorat, l'ouïe, le toucher, la vue et l'intuition. Décorées avec goût et procurant immédiatement une sensation de sérénité. De chacune de ces suites émane un parfum différent. Bienvenue dans le monde sensoriel des spas Six Senses qui distillent des soins ouatés au diapason de la sérénité.

SO SPA

Sofitel Dubai The Palm Resort & Spa
✆ +971 4 455 66 77
www.sofitel-dubai-thepalm.com
Ouvert tous les jours de 9h à 21h et les mercredis de 11h à 20h. 610 AED/massage 60 minutes

Baigné du chic à la française version polynésienne, doté d'un hammam traditionnel, ce spa immense de 2 500 m^2 multiplie les espaces de détente et de relaxation : 28 salles de soins, des cabanes extérieures pour se faire masser en couple, plusieurs bassins et piscines « thérapeutiques », des murs végétaux pour se sentir bien tout de suite, un éclairage tamisé, des senteurs perpétuelles de fleurs et plantes... Volonté affichée de privilégier des ingrédients naturels *via* des lignes de soins griffés Voya ou Nuxe. Vaste palette de traitements.

PASSEPORT

SORTIR

Les nuits dubaïotes sont toujours très animées : Les fêtards et les âmes esseulées pourront sortir! Cependant, il n'est possible de faire la fête que jusqu'à 2h du matin, sachant que le jeudi et le vendredi la plupart des bars et clubs sont ouverts jusqu'à 3h du matin. Oubliez les afters, il n'y en a pas. Mais en dehors de cette petite contrainte d'horaires, Dubaï est vraiment un temple de la fête. Tous les clubs et bars rivalisent d'ingéniosité pour être les meilleurs du monde que ce soit au niveau de la déco ou de leur programmation, en plein air ou en pleine clim. Du samedi au mercredi, les lieux se vident et se remplissent au gré des modes et des ladies'nights où les filles boivent pour pas cher. On peut aussi se poser tranquillement sur l'un des nombreux roof-tops. Réglementation sur l'alcool oblige, les adresses sont nichées dans ou à proximité des hôtels. Attention : Beaucoup de ces endroits ferment pendant le ramadan.

PRATIQUE

SORTIR

HORAIRES

On sort tard à Dubaï c'est-à-dire à partir de minuit les week-ends même si les boîtes de nuit ferment au plus tard à 4 heures du matin. Si vous cherchez des afters : oubliez, cela n'existe pas. Si le jeudi et le vendredi sont les jours de grande affluence, on commence à sortir le mercredi et jusqu'au samedi soir. Certaines discothèques sont d'ailleurs fermées en semaine. En revanche, pour celles qui restent ouvertes, rendez-vous sur leurs sites pour connaître les soirées à thèmes qui leur permettent d'attirer du monde, quel que soit le jour.

BUDGET / BONS PLANS

Il faut avoir un certain budget pour sortir le soir, mais bonne nouvelle pour les filles, car les *ladies night* vous permettent de vous en sortir très bien en profitant de nombreuses réductions voire de boire sans payer. Pour savoir où, quand et comment, rendez-vous sur la page web: www.ladiesnightdubai.com

A PARTIR DE QUEL ÂGE

La législation à Dubaï est très stricte. Il est impossible de sortir en dessous de 21 ans.

C'EST TRÈS LOCAL

Il faut être sophistiqué quand on sort le soir. Les tenues de sport ne sont pas tolérées ; et pour vous mesdames, pensez à mettre dans vos valises, de hauts talons et des robes. Accessoires, maquillage, rien n'est de trop pour sortir!

LES PHRASES CLÉS

Bonsoir, comment puis-je me rendre à…
مساء الخير، كيف يمكنني الذهاب إلى...

Est ce que cet endroit est tranquille ? Il n'y a pas de problème de sécurité ?
هل هو مكان هادئ؟ هل توجد مشاكل متعلقة بالأمان؟

J'aimerais voir un spectacle typique ! Qu'est-ce qu'il y a en ce moment ?
أود مشاهدة عرض فني شعبي! ما هو المعروض حاليًا؟

Je ne comprends pas… pouvez-vous répéter s'il vous plait ? Merci.
لم أفهم، هل يمكنك إعادة ما قلته من فضلك؟ شكرًا جزيلًا.

Est-ce que je peux vous offrir un verre ? Quel est le meilleur cocktail de la maison ?
هل أستطيع دعوتك لمشروب؟ ما هو أفضل مكان يقدم كوكتيلات؟

J'ai la gueule de bois, auriez-vous quelque chose pour que j'aille mieux ?
أعاني من آثار ما بعد الشرب، هل يوجد لديك أي شيء يمكنه تخفيف الألم؟

© S-F - SHUTTERSTOCK.COM
La Marina.

CINEMA AKIL

Alserkal Avenue
www.cinemaakil.com
Cinémathèque. En général 2 projections dans la soirée. Programme disponible sur internet. Environ 50 AED par place.

C'est le seul cinéma sans censure des Emirats ! Installé dans les entrepôts d'Alserkal, la salle est feutrée, quelques sofas, d'anciens fauteuils de cinéma pour une ambiance vraiment décalée. Après avoir pris son ticket au guichet, on prend son chai bouillant, avant de rentrer dans la salle obscure pour se plonger dans l'ambiance d'un film d'auteur. Parfois la programmation met à l'honneur un pays, un metteur en scène ou un thème. C'est délicieusement décalé quand on est à Dubaï et c'est si agréable de ne plus trop savoir où l'on se trouve quand on en sort.

COCA-COLA ARENA DUBAI

City Walk
© +971 4 215 3000
www.coca-cola-arena.com
Box office ouvert le jour du spectacle de 9h à 21h sinon sur le web. Les prix varient selon le spectacle et l'artiste.

Voici une salle polyvalente qui accueille aussi bien des concerts que des évènements sportifs. La salle de 50 000 mètres carrés peut accueillir jusqu'à 17 000 spectateurs. Elle se situe au cœur de la ville dans le quartier piétonnier de City Walk entre Downtown et les quartiers de Jumeirah. Les dernières technologies ont été installées pour assurer les spectacles et un système d'éclairage à bande LED illumine le bâtiment de l'extérieur. Dubaï attendait depuis longtemps un endroit exceptionnel pour accueillir le public hiver comme été.

DUBAÏ MEDIA CITY AMPHITHEATRE

Sheikh Zayed Road
© +971 4 391 4555
www.dmc.ae

Installé dans la free zone de Media City depuis 2001 cet espace est à l'air libre, entouré de pelouses et plus de 15 000 personnes peuvent se retrouver pour assister à ces spectacles. De nombreux concerts ont lieu comme le festival de jazz, mais aussi des concerts avec des artistes de renommée internationale comme John Legend, Ed Sheeran, Lionel Richie, The Stone Roses and JLoainsi... L'amphithéâtre de Dubaï Media City est facilement accessible en métro, tram et bus.

OPÉRA DE DUBAÏ

Sheikh Mohammed bin Rashid Boulevard
© +971 4 440 8888
www.dubaiopera.com
Généralement autour de 250 AED pour les premiers tickets de musique classique et 350 AED pour l'opéra.

C'est une série d'opéras qui ouvre la saison à Dubaï Opera fin août, suivie de concerts de musique classique, ballets, comédies musicales. La programmation est diverse et reflète le multiculturalisme du pays. L'acoustique exceptionnelle et la taille moyenne de cet Opéra sont deux atouts qui assurent à chacun audition et panorama dans de parfaites conditions. Avant ou lors de l'entracte, de nombreux points de vente vous permettent de déguster une coupe de champagne, des glaces et boissons diverses, devant la vue imprenable de la tour Burj Khalifa.

LA PERLE BY DRAGONE

Sheikh Zayed Road
© +971 4 437 0001
www.laperle.com
A partir de 420AED pour la catégorie bronze. 630 AED pour la catégorie argent, 840 AED pour l'or.

Dans la veine des orchestrations de Las Vegas, La Perle est le premier grand spectacle permanent de Dubaï, un SHOW en lettres majuscules doté des attributs des productions les plus XXL du moment : jeux de projections, décors sophistiqués, effets visuels décuplés par l'omniprésence d'eau au centre de la scène (grand bassin circulaire), et même de tout le plateau que viennent régulièrement remplir grosses pluies et cascades géantes ! La trame narrative, riche en rebondissements, repose sur la tradition ancestrale de la pêche à la perle dans cette partie du Golfe.

THE COURTYARD PLAYHOUSE

street 4B
© +971 4 3475050
www.courtyard-uae.com
Ouvert de 9h à 23h

Fondé en 2013 par David and Susan Dickinson, voici un petit théâtre, très feutré et de 70 places. Il est situé au cœur du quartier industriel de Dubaï, en face des galeries Alserkal, et au bout d'un passage couvert (The Courtyard) qui est déjà un lieu à voir, car conçu comme un jardin d'hiver. Des spectacles très divers et en langue anglaise sont programmés toute l'année, entrecoupés d'ateliers de comédie et d'improvisation pour les adultes comme pour les enfants. Connu par la communauté expatriée, ce lieu est rafraîchissant.

1 OAK

JW Marriott Marquis
✆ +971 52 881 8888
www.1oak-dubai.com
Ouvert de 21h à matin. Fermé les mercredis. Environ 65 AED le cocktail.

1 OAK, traduisez : Unique en son genre. La célèbre boîte de nuit new-yorkaise a débarqué à Dubaï avec succès. L'intérieur est ultra design : Formes géométriques du sol au plafond, citations de Darwin au mur et œuvres de l'artiste israélien Roy Nachum. L'ensemble fascine. Aux alentours de 20 minutes vous suffiront pour entrer et pour mettre toutes les chances de votre côté, soignez votre tenue ! Messieurs, à moins que vous ne soyez une célébrité, enfilez plutôt une chemise et des souliers, et oubliez les accessoires sport. Musique RnB, hip-hop.

ARMANI PRIVÉ

Emaar Boulevard
✆ +971 4 888 3308
www.armanihoteldubai.com
Ouvert de 23h à 3h. Fermé le lundi et mercredi.

Première boîte de nuit conçue par Giorgio Armani en personne, Armani Privé est l'unique club que compte la plus haute tour du monde. C'est l'occasion de se retrouver au pied de la Burj Khalifa et de prendre quelques photos mémorables avant de rentrer dans l'adresse très sélect. Une adresse très chic où l'on vient habillé stylé se fondre dans une foule de *beautiful people* pour s'imprégner de l'atmosphère après le dîner, ou carrément pour faire la fête jusqu'à la fermeture. Armani Privé possède aussi une belle terrasse extérieure.

BAHRI BAR

Al Sufouh Road
✆ +971 4 432 3232
www.jumeirah.com

Parmi les bonnes trentaines d'escales du complexe lacustre Madinat Jumeirah, c'est notre première réponse à la question : « Je cherche un bar chic et charme, avec quelques tapas à grignoter, des cocktails savants et surtout une vue sur la mer et le Burj Al Arab. » Le Bahri, c'est là que James Bond fait préparer son dry-Martini par une barmaid perse aux yeux pers. C'est dans une décoration coloniale retour d'Asie, que vient se détendre une clientèle paisible et distinguée pour siroter un dernier cocktail et en prendre plein la vue.

BAR 44

Al Sufouh Road
✆ +971 4 317 6000
www.bar44-dubai.com
Ouvert de 18h à 1h. Happy Hour tous les jours de 18h à 20h.

Ce bar situé au 44e étage de l'hôtel offre une superbe vue à 360 degrés sur les lumières de la Marina, les gratte-ciel. Dans une atmosphère cosy, vous vous sentez comme dans un salon privé entouré de photos noir et blanc, assis dans des fauteuils club, avec des coussins en peau de bête, ambiance Old England. Faites votre choix parmi une étonnante gamme de champagnes, de cocktails et plus de 100 whiskys. On y va plutôt pour une ambiance calme et feutrée pour prendre un dernier verre. C'est aussi un excellent choix pour un tête-à-tête.

BARASTI

Al Sufouh Road
✆ +971 4 318 1313
www.barastibeach.com
Fermé à 2h du matin du samedi au mercredi et à 3h les jeudis et vendredis.

L'adresse intemporelle des grosses fêtes de la ville. Son volume sonore anime les nuits sans sommeil de cet hôtel. On vient s'amuser, pas dormir, sur deux niveaux, trois bars interconnectés, autant de sources rythmiques différentes, des pintes à gogo, la jeunesse *slim*, les cadres « porschés », quel bazar camarade ! En fin de semaine, c'est l'Etna autour du DJ. Cependant, les fans de soirées hype resteront sur leur faim... Ici, on est plus dans une ambiance pub. A Dubaï, c'est un peu une bulle d'oxygène pour les amateurs de soirées à la bonne franquette.

BASE

Dubai Design District
✆ +971 55 313 4999
www.basedubai.com
Ouvert les jeudis, vendredis et samedis de 22h à 4h du matin.

Base est une des seules discothèques complètement à ciel ouvert située dans le quartier de Dubai Design District que l'on nomme D3. David Guetta, Silento, Diplo, Nicky Jar, Sean Paul, A$AP Rocky, Tyga, Akon, Axwell et même Jennifer Lopez sont quelques-uns des très nombreux artistes qui mixent ou se produisent dans ce très bel endroit. Le jeu de lumières et de pyrotechnique est bluffant tout comme l'aménagement du lieu. Le bar et les tables sont placés en contrebas de la scène qui est surélevée. L'ambiance est électrique comme dans un concert !

BILLIONAIRE MANSION

Burj Khalifa Street
✆ +971 4 510 3100
https://billionairesociety.com
9 pm to 3am. Fermé lundi.

Est-ce que le lieu est un repaire de milliardaires ? Peut-être pas, mais de millionnaires sans doute et de quelques célébrités sans aucun doute. C'est surtout un lieu à multiples facettes : on passe du dîner-cabaret à la piste de danse et pourquoi pas au salon de shisha pour faire une pause. Le lieu est plutôt intimiste, on y danse beaucoup. Certes, il n'est pas à l'air libre, mais il offre l'avantage de pouvoir passer toute la soirée dans le même lieu. Emporté par l'ambiance du cabaret, on s'y rend sans trop d'effort pour prendre un dernier verre.

BUDDHA BAR

Al-Sufouh Road
✆ +971 4 317 6000
www.buddhabar-dubai.com
Ouvert du samedi au mercredi de 19h à 1h, les jeudis et vendredis jusqu'à 2h.

Le Buddha Bar, inventé à Paris juste après le Barfly par Raymond Visan, et son décor en dédale tintino-zen sous les lustres rouges, est aussi à Dubaï où il offre une superbe vue sur la marina via de grandes baies vitrées. Atmosphère orientale, un brin éthérée, prolongée par de très bons cocktails. Coté clientèle, c'est flash-bimbo et les amateurs de hype ne seront pas déçus. Adresse toujours en vue dans ce quartier après plusieurs années d'ouverture, qui déclenche la venue de DJ sensationnels. Vous êtes sûrs de trouver toujours du monde.

CÉ LA VIE SKY BAR

Sheikh Mohammed bin Rashid Boulevard
✆ +971 0 4 582 6111
www.celavi.com
Ouvert tous les jours de 18h à 3 heures du matin. Consommation minimum de 250 AED par personne

Petite sœur du bar iconique singapourien, cé la vie est devenu un lieu incontournable de la nuit dubaïote. C'est par un ascenseur panoramique que l'on accède au 54e étage. La montée est sensationnelle et déjà un avant-goût de ce qui nous attend en haut : un bar avec une vue époustouflante sur Dubaï et sur la Burj Khalifa. Une adresse très prisée aussi par les habitants de Dubaï, donc nous vous recommandons de réserver bien sûr et surtout de soigner votre tenue. Un seul souci, on ne veut plus redescendre tellement on s'y sent bien.

CLUB BOUDOIR DUBAI

Dubai Marine Beach Resort & Spa
✆ +971 4 3461111
www.dxbmarine.com
Ouvert tous les jours de 23h à 3h du matin. Fermé le dimanche.

Boudoir est un club légendaire de Dubaï ouvert en 2002 dont le nom s'inspire du restaurant français qu'il y avait au moment de l'ouverture du lieu. Pendant longtemps, ce fut LE club à la mode de la ville. Ce n'est pas forcément la clientèle occidentale qui s'y bouscule, mais plutôt du Moyen-Orient et d'Asie. Pour preuve, le jeudi soir, le thème est Bollywood. C'est festif, souvent complet et surtout fréquenté par les expatriés de la ville. Tenue chic exigée et réservation fortement conseillée si vous ne voulez pas vous voir refuser l'entrée.

COVE BEACH

Caesar Hotel
✆ +971 50 454 6920
https://covebeach.com
Le Cove Beach ferme à 1h en semaine et à 3h les jeudis et vendredis. Consommation minimum de 250 AED sauf promotion.

Bienvenue à un des clubs de plages les plus branchés de Dubaï. Régulièrement nominé comme l'un des meilleurs endroits pour faire la fête, Cove Beach est situé sur l'île de BlueWaters non loin du quartier de la Marina. Il offre une vue imprenable sur la mer et en particulier sur le coucher du soleil. La réservation d'une table au Lounge est plus que recommandée pour éviter toute déception. Côté clientèle, c'est la jeunesse sophistiquée et internationale qui vient se déhancher au rythme des DJ ou des artistes présents jusqu'à très tard dans la soirée.

IRIS

Meydan Grandstand
✆ +971 5 69511442
www.irisdubai.com
Dimanche 19h à 2h. Jeudi de 17h à 3h. Vendredi de 13h à 3h et samedi de 17h à 2h.

Une fois passée l'entrée un tantinet bizarre, qui se fait via le parking de l'hôtel Oberoi, on arrive à l'Iris, au 27e étage. Surplombant la jungle urbaine de Business Bay et le Burj Khalifa, ce bar-restaurant en intérieur-extérieur fait partie des succès du moment en matière de soirées. Un DJ s'occupe de divertir une clientèle belle et chic qui vient se régaler de cocktails parfaitement mixés, du coucher du soleil jusqu'à la fermeture. Le week-end, c'est un groupe de musique qui est en charge de l'animation. Une adresse un peu chère, mais qui mérite le détour.

LOOKUP

City Walk
✆ +971 4 403 3111
Ouvert de 10h à 1h du matin. Verre de vin à partir de 50 AED et le jus de fruits à 25 AED.

C'est dans le quartier de City Walk, dans ce charmant hôtel de la Ville et au bord de la piscine que LookUp est installé : un bar tout en longueur offrant une vue panoramique sur la Burj Khalifa et les gratte-ciel de Downtown et rien que pour cela, cela vaut vraiment le détour, car la vue est spectaculaire et à couper le souffle. Il y a souvent du monde et c'est une clientèle chic et décontractée, fidèle, qui se retrouve en particulier les week-ends pour profiter de la brise du soir. On peut aussi y commander quelques snacks pour accompagner son cocktail.

MERCURY LOUNGE

Jumeirah Road
✆ +971 4 2707804
www.fourseasons.com
Ouvert du samedi au mardi de 18h à 2h et jusqu'à 3h du mercredi au vendredi. Consommation minimum : 350 AED.

Voici un lounge comme on les rêve souvent, comme on les cherche dans nos lieux de vacances et que l'on sait bien garder et peu connus des touristes. Le Mercury est une invitation au rêve, posé tout près de la côte en plein Jumeirah sans jouer avec les hauteurs. Situé au 6e étage, il offre une des plus belles vues sur le skyline de Downtown sans provoquer de vertiges. Les brises marines, la shisha, les cocktails et la carte des tapas, tout y est pour ne plus repartir. Le public est franchement dubaïote et cosmopolitain, chic, sophistiqué.

LA MEZCALERIA

The Oberoi
✆ +971 5 04234044
www.lamezcaleriadxb.com
Ouvert de 18h à 2h du matin

Dans ce restaurant installé sur le rooftop de l'hôtel Oberoi dans le quartier de Business Bay se niche un lounge qui offre de très beaux cocktails, de la musique live les lundis et une superbe ladies night les mercredis. Mieux vaut réserver pour s'assurer une place sur la Terrace. DJ, bonne musique, très belle vue sur Downtown et la Burj Khalifa. Alors fumer une Shisha tout en dégustant un de leurs fameux cocktails comme le Tamarindo Shrub est un ravissement. Comme dans tous les endroits branchés de la ville, la sophistication dans la tenue est de mise.

NEOS

Emaar Boulevard
✆ +971 4 4368888
www.addresshotels.com
Ouvert de 17h à 2h30 du matin. Cocktail à partir de 60 AED.

Au 63e étage de l'hôtel The Address Downtown, ce bar à cocktails flirte avec le vertige. On aime la montée qui nous force à un changement d'ascenseur pour la dernière marche, et soudain nous projette devant le spectacle du Burj et de ses vassaux. Légère sensation picotante dans les pattes à l'approche des baies sur le vide profond, mais l'espace avec sa décoration Art déco architecturé par d'étonnants piliers cerclés d'anneaux argentés nous calme aussitôt. Il y a souvent du monde dans ce bar mythique de la ville. Cuisine portionnée pour petites faims.

SHO CHO

Dubai Marine Beach Resort & Spa
✆ +971 4 346 1111
www.sho-cho.com
Ouvert de 18h à 3h du matin.

Ce bar à la très belle terrasse qui surplombe la mer est, au départ, un restaurant japonisant qui n'a rien d'exceptionnel. Mais il est surtout devenu un bar en plein air avec DJ, le dimanche soir, où l'ambiance est absolument incroyable. Vous vous y amuserez vraiment, à la lumière du clair de lune. La clientèle est élégante, mais simple. Vous croiserez beaucoup de francophones quadragénaires et quinquagénaires expatriés qui aiment se déhancher ou boire des verres au son de la musique des années 80 et 90. Une belle occasion de parler avec eux de la vie à Dubaï.

SKY 2.0

Dubai Design District
✆ +971 52 95 777 91
www.skydubai.com
Ouvert les mercredis, jeudis et vendredis de 22h à 4h du matin.

Si le nom vous dit quelque chose, c'est probablement parce que vous avez entendu parler de celui de Beyrouth. SKY 2.0 est la garantie d'une soirée inoubliable et la discothèque la plus exceptionnelle de Dubaï. On est bluffé par la décoration, le toit partiellement ouvert sur le ciel, les danseurs, la mise en scène, les DJ internationaux, le show permanent et par le public. C'est un festival pour les sens. Inégalable, légendaire, cher, mais quelle nuit, quelle expérience ! On en sort des étoiles plein la tête ! Attention, on ne peut pas y accéder seul.

SOHO GARDEN

Meydan Grand Stand
✆ +971 52 3888849
www.sohogardendxb.com
Ouvert du mercredi au samedi de 20h à 2h du matin. Cocktail à partir de 65 AED. Ouvert à partir de 15h les vendredis.

Voici l'esprit de Soho à Dubaï. 4 bars pour 4 ambiances différentes et 4 fois plus de raisons de venir. Si vous arrivez au moment du coucher du soleil, rendez-vous au Negroni. Pour les gins c'est vers Glasshouse que vous devriez vous tourner. A Bellini, on déguste des cocktails avec une touche italienne, et pour l'ambiance exotique c'est direction Tahiti au Tiki bar pour aller jusqu'au bout de la nuit. Le mardi soir, il y a de la musique live et les jeudis c'est le DJ qui est aux platines. Soho garden est devenu un incontournable des soirées dubaïotes.

THE PENTHOUSE

Golden Mile 5
✆ +971 4 455 9989
www.fivehotelsandresorts.com
Tous les jours de 16h à 3h du matin. Cocktail à 85 AED, Verre de vin à partir de 67 AED.

On se croirait à Miami à l'entrée de l'hôtel avec la piscine dans le lobby décoré de sculptures en bois en forme de molécule d'ADN, et à Ibiza au penthouse du 16e étage. L'ambiance est plutôt à la grosse fête, plutôt (très) bimbo, la musique est bonne et l'alcool coule à flots ! Pendant que vous vous déhancherez sur le dancefloor à l'air libre vous ne manquerez pas d'admirer la vue qui donne sur la ville côté sud et sur les tours illuminées de la Marina côté nord. Tout est fait pour faire la fête, et laisser le temps filer derrière vous.

TOY ROOM

Toy Room, Grand Stand
✆ +971 5 2463 338
www.toyroomdxb.com
Ouverts les jeudis, vendredis, lundis de 23h à 3h. Environ 75 AED le cocktail.

Pourquoi aller à Toy Room ? Pour rencontrer bien sûr Franck le nounours, mascotte du club et aussi pour danser aux rythmes du Hip-Hop, Trap, et Big Beat. Comment s'habiller ? On s'habille pour se faire remarquer et on soigne particulièrement sa tenue et à ce titre nous vous recommandons de regarder les posts sur Instagram pour vous faire une idée du public et de ce qu'on comprend par s'habiller. Autre conseil, celui de réserver en envoyant un petit message au numéro de portable que nous indiquons ici, car l'endroit est très couru à Dubaï.

WHITE

Quartier Meydan
✆ +971 50 443 0933
www.whitedubai.com
Ouvert du jeudi au samedi de 20h à 3h du matin et le vendredi de 13h à 3h.

C'est en haut d'une tour à proximité de l'hippodrome qu'il a élu domicile pour être le tout premier club de Dubaï en plein air. Une foule chic se presse tous les soirs pour faire la fête sous les étoiles. L'endroit est immense, des écrans géants ornent un côté entier, des danseuses se déhanchent sur le bar central toutes les heures et la vue est si splendide qu'elle semble irréelle. Une adresse à ne pas manquer. Messieurs les très jeunes hommes, mieux vaut être accompagné d'une amie ou arriver relativement tôt pour augmenter vos chances d'être accepté.

ESCAPADES

Dubaï n'est pas qu'une ville, c'est aussi un émirat même si la ville tentaculaire avance inexorablement vers le désert. Alors, pourquoi ne pas faire une escapade pour se soustraire à l'effervescence de la ville? Au pied des majestueuses montagnes Al Hajar, en passant par des paysages étonnants, voici l'oasis d'Hatta. Et pourquoi pas le désert pour découvrir les dunes, rentrer dans le parc national, réserve du souverain, qui couvre près de 5 % de l'émirat. Il permet d'admirer les oryx et les gazelles, mais il vous faudra passer par une des agences habilitées ou vous loger dans l'écolodge ultra luxueux Al Maha Desert Resort & Spa. C'est aussi dans la périphérie de Dubaï que l'on trouve un grand nombre de parcs thématiques et le site de l'Exposition Universelle. Enfin, à 1 heure de route, on peut rejoindre la capitale fédérale Abu Dhabi et le temps d'un week-end on peut s'offrir une virée en Oman, terre native de Sindbab le marin.

10 KM
Golfe Persique
(Golfe d'Arabie)
Al Hamri
Shwaihean
Al Mraijah
DUBAI ★★★★
Muhais
Al Kheeran 1
Za'abeel 2 Al Satwa
Hadaeq Sheikh Mohammed Bin
Al Quoz 2
Rashid
Warsan
Jabal Ali 2
Al Hebiah 4
Al Thanyah 4
DUBAI PARKS & RESORTS ★★
Al Sheleilah
Al Zahiyah
ABU DHABI ★★★★
Hadbat Al Za' Faranah
Al Safarat
Khalifa City
Al Falah
Al Shawamekh
Al Wathba South New

Escapades
KHASAB
BUKHA
KHOR NAJD
Ghalilah
PLATEAU DE SAYH
RAWDAH
Ras Al Khaimah
TAWI
Jazirat Al Hamra
Dibba Al Hisn
Daba
DIBBA
Al Ghoub
Golfe d'Oman
Al Baidaa
Khor Fakkan Town
Al Mudaifi
Al Bridi
Falaj Al Moalla
Manama
Al Suwaiah
Al Dhaid
Madha
Al Tayebah
Mamduh
Anajaimat
FUJAIRAH
Al Qadsia
Kalba
Al Khanfariyah 2
Masfut
HATTA
OMAN
Falaj Al Qabail
Al Aviva
Sohar
Aliryia
Al Buraymi
VERS AL AÏN

VERSION NUMÉRIQUE OFFERTE

Obtenez votre guide numérique en scannant ce QR code

ou rendez-vous sur le site **www.ebookfute.com** avec le code avantage

JKJNFH

OFFRE VALABLE JUSQU'À L'ARRÊT DE COMMERCIALISATION DU TITRE EN FRANCE MÉTROPOLITAINE

PAGES

© ALI SULIMAN - SHUTTERSTOCK.COM

Croisière en dhow, Abu Dhabi.

DUBAILAND

Situé à 20 minutes au sud de Dubaï, soit une vingtaine de kilomètres, Dubaïland a émergé littéralement du sable. Lancé au début des années 2000 comme le plus grand projet mondial de complexe de loisirs et parcs d'attraction, le projet a dû fortement réduire la voilure suite à la crise financière de la fin des années 2000. Il n'en demeure pas moins qu'il propose aujourd'hui aux portes de DUBAÏ CITY quelques univers ludiques et récréatifs qui valent le détour et qui raviront les petits comme les fous de shopping avec l'immense centre commercial Dragon Mart ou le Dubaï outlett mall. Nous vous recommandons d'y aller en dehors des week-ends!

DUBAI SAFARI

Ras al Khor Road

✆ +800 900

www.dubaisafari.ae

Ouvert tous les jours de 9h à 17h. Entrée au zoo : 50 AED pour les adultes et 20 AED pour les enfants.

Dubai Safari est à la fois un zoo et un safari. Il accueille près de 2 500 animaux répartis en villages : l'asiatique se visite en environ 1 heure, pour parcourir le village africain il vous faudra près de deux heures, et celui dédié à la péninsule arabique se parcourt en 20 minutes. Le véritable intérêt, qui fait la joie des petits est surtout le safari. Il est organisé non pas dans vos propres véhicules, mais à bord d'un bus et en compagnie d'un guide pendant presque une heure. Une ferme pédagogique est aussi présente pour les plus petits.

DUBAI MIRACLE GARDEN & BUTTERFLY GARDEN ★★

Dubailand

✆ +974 4 422 8902

www.dubaimiraclegarden.com

Miracle Garden ouvert de 9h à 21h, jusqu'à 23h le vendredi. Le samedi ouvert jusqu'à 22h. entrée : 55 AED.

Situés à près de 30 minutes du centre-ville de Dubaï, voici deux jardins qui vont ravir les plus petits comme les plus grands. Avec près de 100 millions de fleurs, Dubaï Miracle Garden est à ce jour le plus grand jardin de fleurs du monde : une prouesse en plein désert ! Ce décor, fait de fleurs multicolores disposées sur des structures en 3D représentant des maisons, un A380, des châteaux de princesse façon Disney, ou encore se répandant d'un robinet géant suspendu en l'air, n'est pas sans rappeler la version d'*Alice au pays des merveilles* réalisée par Tim Burton. Certains trouveront cela kitsch, d'autres féerique, mais ce qui est sûr, c'est que l'endroit ne laissera personne indifférent : autant de fleurs au même endroit, ça impressionne forcément. Juste à côté, se trouve le Dubaï Butterfly Garden, une addition qui a été faite au jardin des fleurs, pour qu'au moins une attraction puisse rester ouverte pendant les mois les plus chauds (Miracle Garden ferme l'été). Ici aussi, on fait dans le record, puisque le premier jardin à papillons de la région est également le plus grand du monde, avec une collection de 15 000 spécimens. Composé de neuf dômes à la température intérieure contrôlée, dans lesquels virevoltent en liberté des centaines de papillons de couleurs, de formes et de tailles différentes, le jardin possède aussi un musée des papillons et des insectes. Une joie pour les enfants qui peuvent évoluer au milieu de ces lépidoptères multicolores.

© ABRAR SHARIF - SHUTTERSTOCK.COM

Dubaï Miracle Garden.

ESCAPADES

GLOBAL VILLAGE ★★

Dubailand
✆ +971 4 362 4114
globalvillage.ae

Ouvert de début novembre à début avril, de 16h à minuit et jusqu'à 1h les jeudis et vendredis. Entrée : 15 AED.

Située à 30 minutes du centre-ville de Dubaï, cette foire à mi-chemin entre l'exposition universelle et la fête foraine remporte un franc succès auprès des locaux qui viennent en famille profiter des spectacles et des attractions à la tombée du jour. Plus d'une trentaine de pays sont représentés, chacun avec un pavillon à l'effigie de son monument le plus marquant : les États-Unis sont reconnaissables à l'Empire State Building coiffé de King Kong, la France est évoquée par la tour Eiffel, etc. Une fois à l'intérieur des pavillons, c'est une sorte de plus ou moins grand marché, dans lequel on peut se procurer des spécialités culinaires ou artisanales propres au pays « visité ». Mais tous sont différents et certains valent particulièrement le détour grâce à l'aménagement intérieur qui reproduit parfois vraiment l'ambiance du pays représenté. Le meilleur exemple est sans doute celui de la Tunisie où l'on se croirait en train de déambuler dans le souk d'une médina. En continuant vers le fond du parc, les pavillons laissent place à la fête foraine, qui se pare de ses plus belles lumières une fois le soleil couché, et qui, comptant des dizaines d'attractions, a de quoi ravir les plus téméraires comme les plus peureux. Pour ceux qui préféreraient la terre ferme, pas moins de quatre représentations de spectacles internationaux ont lieu chaque soir, allant des derviches tourneurs turcs au spectacle Bollywood en passant par la magie ou encore la musique. Tous les soirs, à 21h, grand feu d'artifice.

IMG WORLDS OF ADVENTURE ★★

Autoroute E311 ✆ +971 4 403 8888
www.imgworlds.com

Ouvert de 11h à 22h et jusqu'à 23h du jeudi au samedi. Entrée : 299 AED. Enfants de moins d'1,05 m : gratuit.

Plus grand parc à thème couvert au monde, IMG Worlds of Adventures est divisé en quatre zones thématiques, les attractions tournent autour des personnages phares des dessins animés et des *comics* des marques qui donnent leur nom aux différentes parties du parc. **Marvel.** Le créateur des *comics* qu'on ne présente plus réunit ici tous ses héros les plus connus. Spiderman, Hulk, Iron Man, Thor et les Avengers sont au rendez-vous dans cinq attractions différentes. **Lost Valley Dinosaure Adventure.** La zone la plus vaste du parc ramène à la vie le monde perdu des dinosaures et propose aux visiteurs de découvrir ce monde préhistorique à travers cinq attractions dont la star est le Vélociraptor : une montagne russe d'un peu plus d'un kilomètre où la vitesse maximale du train atteint 140 km/h. **Cartoon Network.** L'espace réservé à la célèbre chaîne de dessins animés ne compte pas moins de dix attractions liées aux personnages de Ben 10, d'Adventure Time et des Super Nanas dont un film en 5D où l'on se joint à Ben pour combattre son ennemi, ainsi qu'un spectacle sur scène interactif. **IMG Boulevard.** Pas de montagnes russes ni de film en 3D ici, mais cinq spectacles et des expériences interactives, ainsi que de nombreux restaurants et boutiques où venir se relaxer et flâner entre deux immersions dans des zones différentes. Un multiplex de douze écrans Novo Cinemas avec la technologie Imax vient compléter cette offre de divertissement. Et pour garder le public intéressé, de nouvelles attractions devraient être ajoutées chaque année.

DRAGON MART

Emirates Road
✆ +971 4 390 9999
www.dragonmart.ae

A 30 minutes de la Dubaï marina. Ouvert de 10h à 23h. Buggy pour 10 AED si vous fatiguez.

En dehors de la Chine, c'est quasiment le plus vaste endroit où l'on peut trouver, regroupés en un même espace, autant de produits de l'Empire du Milieu ! A croire que Dubaï, à l'instar de bien d'autres villes, avait besoin de son quartier chinois. Et des chinoiseries, il y en a : textile, déco, électroménager, artisanat, bijoux fantaisie, du linge de maison et des gadgets en tout genre et on peut marchander. Il vous faudra plus d'une journée pour tout voir sur plusieurs milliers de kilomètres carrés. On trouve de tout dans cet immense *mall* en forme de dragon !

DUBAI OUTLET MALL

E66
✆ +971 4 423 4666
www.dubaioutletmall.com

A 30 minutes de la Dubaï marina. Ouvert de 10h à 22h et jusqu'à minuit les jeudis et vendredis.

Situé un peu loin de la ville, mais en bord de route si l'on se rend à Al Aïn, Outlet Mall est le premier centre commercial des bonnes affaires du Moyen-Orient avec plus de 240 boutiques. Facilement repérable à son dôme blanc, il propose des grandes marques à prix dégriffés (Elle, Café Coton, Pierre Cardin, Oxbow, Esprit, Catimini, Adidas, Fred Perry et tant d'autres). Les réductions oscillent entre -30 % et -90 %. Le lundi est le jour des grandes soldes. Vous pouvez y passer plusieurs heures, car il existe plusieurs possibilités de restauration.

ESCAPADES

DUBAÏ PARKS & RESORTS ★★★

Construit sur la célèbre Sheikh Zayed Road, en face de la Palm Jebel Ali, Dubaï Parks & Resorts est un immense complexe. En effet, 3 parcs d'attractions, un parc aquatique, un hôtel et un espace central dédié au shopping et à la restauration s'étalent sur une surface de près de 2,5 millions de mètres carrés. Du côté des parcs, on trouve: Motiongate, Bollywood Parks, Legoland Dubaï, et le parc aquatique jumelé à Legoland. Pour profiter pleinement des attractions, on peut loger dans le ressort au thème polynésien Lapita, établissement de la gamme Autograph Collection. Pour les restaurants et les boutiques rendez-vous au très convivial Riverland!

BOLLYWOOD PARKS ★★

Sheikh Zayed Road © +971 4 820 0000
www.bollywoodparksdubai.com
Entrée pour le park Bollywood : 275 AED par personne. Entrée pour 2 parcs : 295 AED. Gratuit pour les moins de 3 ans.

Le premier parc à thème au monde entièrement dédié à Bollywood, mêlant ce qui est l'essence même de celui-ci, la danse et la musique, à la romance, l'action et l'aventure. Cinq zones fascinantes qui recréent diverses spécificités de l'Inde, avec des attractions tournant autour du cinéma, des spectacles extravagants et de la nourriture épicée.

- **Bollywood Boulevard.** C'est la zone par laquelle on entre dans le parc, où de nombreux restaurants, cafés, boutiques et espaces de performances se côtoient dont Rock ON, qui est l'un des endroits phare pour la musique live et le Desi Emporium.
- **Rustic Ravine.** Inspirée par la campagne indienne et ses villages rustiques.
- **Royal Plaza.** L'attraction principale ici est le théâtre Rajmahal, un bâtiment ressemblant à s'y méprendre au célèbre palais d'Agra : le Taj Mahal. C'est pour le moment l'unique endroit de la région à offrir des spectacles de type Broadway, avec cinq productions différentes par jour.
- **Mumbai Chowk.** Dans cette zone-ci, ce sont les rues de Mumbai que l'on découvre en flânant. Tout y est, même la célèbre gare Victoria pourvue d'un train dont le toit d'un des wagons a été transformé en scène pour des spectacles. Au niveau des attractions, on peut se joindre au héros du film *Don* dans une course poursuite en 3D à travers les rues de Dubaï.
- **Bollywood Film Studios** featuring Hall of Heroes. On apprend ici les ficelles des films à succès et on se joint aux héros Ra.One et Krrish dans deux films en 4D.

LEGOLAND DUBAI & LEGOLAND WATERPARK ★★

Sheikh Zayed Road © +971 4 820 0000
www.legoland.com
Entrée pour le park Legoland : 275 AED par personne. Entrée pour 2 parcs : 295 AED. Gratuit pour les moins de 3 ans.

Le premier parc Legoland au Moyen-Orient regorge d'attractions accessibles même aux plus petits. C'est donc une destination idéale pour les familles ayant des bambins entre les âges de 2 et 12 ans (l'âge idéal se situe vers 7-8 ans) où parents et enfants peuvent vivre une aventure commune et interactive à l'aide de jeux de construction, de manèges divers. Séparé en deux parcs distincts, Legoland est composé de Legoland Dubaï et Legoland Water Park, qui est un parc aquatique.

LAPITA HOTEL €€

© +971 4 810 9999
www.marriott.com
Aux alentours de 750 AED pour une chambre double.

Loger une ou plusieurs nuits au Lapita, l'unique hôtel dans l'enceinte de Dubaï Parks & Resorts, est indéniablement le meilleur moyen d'optimiser le temps passé à explorer les divers parcs du complexe. Conçu pour les familles et les groupes souhaitant être au plus près de l'animation, cet établissement au thème polynésien fait partie de la série d'hôtels Autograph Collection gérés par le groupe Marriott et comprend un total de 504 chambres dont 3 villas. Le nom Lapita est tiré d'une civilisation ancienne issue de l'archipel Bismarck.

RIVERLAND €€

Sheikh Zayed Road
© +971 4 820 0000
www.dubaiparksandresorts.com
Entrée gratuite.

Implantée autour d'une rivière artificielle longue de 1 km et divisée en quatre espaces thématiques, la zone centrale de Dubaï Parks & Resorts relie les différents parcs entre eux et est accessible à tous. Avec une multitude de restaurants et de cafés répartis dans des reconstitutions de rues de l'Inde des années 1930, des États-Unis des années 1950, de la période médiévale en France, ou encore de l'Europe du XIXe siècle, Riverland a de quoi satisfaire toutes les envies. À noter : la plupart des établissements possèdent une licence d'alcool.

MOTIONGATE ★★

Sheikh Zayed Road
www.motiongatedubai.com
Entrée pour le park Motiongate : 275 AED par personne. Entrée pour 2 parcs : 295 AED. Gratuit pour les moins de 3 ans.

Avec trois des plus grands studios de films hollywoodiens réunis dans un seul parc à thème, les fans de cinéma et les amateurs de sensations fortes embarqueront dans un voyage au cœur de treize blockbusters américains revisités pour l'occasion. Pas moins de vingt-sept manèges et attractions inspirés de films à succès tels que *Madagascar*, *Shrek*, *Hunger Games* ou encore *Kung-Fu Panda*, pour n'en citer que quelques-uns, sont répartis dans les cinq zones du parc qui suivent. **Studio Central.** C'est là que l'aventure au cœur du cinéma commence. Parmi les décors recréant les rues de New York, une cérémonie d'ouverture comme celles des Oscars accueille les visiteurs avec l'aide de personnages célèbres d'Hollywood. Ici, on visite aussi l'envers du décor pour se rendre compte du fonctionnement d'un studio de cinéma. Très intéressant. **Sony Pictures Studios.** Combattre les revenants à New York aux côtés des protagonistes de *SOS fantômes*, visiter l'hôtel Transylvanie – le seul hôtel du monde pour monstres – à bord de wagons en forme de cercueils ou encore suivre le Frelon Vert pour une course effrénée dans des montagnes russes décoiffantes, sont quelques-unes des options offertes dans cette section du parc qui comporte sept attractions et autant de spectacles. **Smurfs Village.** Le village merveilleux des Schtroumpfs regroupe cinq attractions, dont certaines interactives, principalement conçues pour les familles qui pourront déambuler au milieu des maisons champignons et saluer les petits hommes bleus qui peuplent les environs. Les douces montagnes russes du Smurf Village Express qui sinuent à travers les forêts et les fermes du village sont un moyen idéal d'explorer celui-ci. **Dreamworks.** Ici, les films d'animation *Madagascar*, *Kung-Fu Panda*, *Dragons* et *Shrek* sont à l'honneur, dans une douzaine d'attractions 100 % à l'intérieur pour un confort maximal même pendant les mois les plus chauds. C'est également là que l'on trouve les montagnes russes les plus rapides de tout le parc, avec l'attraction Madagascar Mad Pursuit. A ne pas manquer. **Lionsgate**. Sans doute la zone du parc la plus attirante pour les visiteurs en quête d'action, avec deux attractions inspirées de *Hunger Games*, dont le grand huit Capitol Bullet Train qui n'est pas pour les âmes sensibles, ainsi qu'un show live tiré des films *Sexy Dance* où danseurs hip-hop et chanteurs de rap et de pop se partagent la scène. Un parc plutôt fait pour les adolescents et les adultes que pour les plus petits et qui remporte un grand succès à Dubaï grâce à la qualité de ses manèges.

DÉSERT ★★★

A une demie-heure au sud de la ville, de part et d'autre de la route qui relie Dubaï à Al Aïn, les dunes s'étendent à perte de vue. Alors certes, ce n'est pas l'immense désert rouge orangé du Rub-al-Khali qui s'étend depuis Abu Dhabi vers l'Oman mais on peut s'échapper du tumulte de la ville. D'un côté, le désert, ouvert à tous, est un vrai terrain de jeu pour les 4X4 ou les pique-nique et de l'autre côté, c'est la Dubaï Desert Conservation Reserve, le premier parc national des Emirats qui mesure 225km2. Peuplé d'oryx et de gazelles, la visite de celle-ci nécessite de passer par une agence habilitée ou de se loger dans le luxueux Al Maha Resort.

CAMELICIOUS ★★

Al Ain Road
✆ +971 4 228 1034
www.camelicious.ae
La visite de 15h permet d'assister à la traite de 16h. Fermé le vendredi. 75 AED par personne. Réservation recommandée.

Situé à une trentaine de minutes en voiture du centre de Dubaï, voilà une visite qui permet de rendre hommage aux dromadaires qui ont permis aux Bédouins de survivre durant tant d'années ! La visite guidée d'une heure permet de comprendre en profondeur toutes les caractéristiques du lait de chamelle et ses bénéfices. Dans la boutique de la ferme, plusieurs produits de la marque sont disponibles à l'achat avec même la possibilité de déguster un camel burger. Visite ludique et à la fois pédagogique qui plaira à toute la famille.

DUBAI ROYAL CAMEL RACING CLUB

Umm Nahad 3
✆ +971 4 294 6644
www.dubairacing.club
Tous les mercredis et vendredis à 15h30. Environ 1 heure et demie la visite. 200 AED par personne.

Cette visite devrait dans les mois qui viennent pouvoir se combiner avec celle de la visite de l'usine Camelicious située dans le même complexe. Dégustation de glace au lait de chamelle, hamburger, petit tour à dos de dromadaire et course hilarante où vous piloterez à distance votre dromadaire lors d'une course de 1,2 kilomètre. Prochainement d'autres activités devraient s'y greffer comme l'élaboration de votre propre savon à base de lait de chamelle.

ESCAPADES

PLATINUM HERITAGE SAFARIS

✆ +971 4 440 9827
www.platinum-heritage.com
A partir de 595 AED par adulte le Safari Heritage et de 1 750 AED le Safari Platinum. Safaris privés à la demande.

Soucieux de préserver la culture des Emirats et ses fragiles écosystèmes, et de favoriser la meilleure immersion possible, Platimum Heritage est l'un des rares réceptifs à proposer des sorties dans le désert en nombre « réduit » ou en tour privé - un véhicule privatif par couple, famille ou amis. Point d'orgue de la compagnie : ses sorties dans la Dubai Desert Conservation Reserve à bord de superbes Land Rover décapotables des années 1950. En plus du plaisir de parcourir les dunes dans un 4x4 merveilleusement vintage, chaque sortie offre l'occasion d'approcher de plus près la culture bédouine. L'excursion permet ainsi de sillonner les sables avant d'atteindre un camp bédouin à dos de dromadaire pour découvrir l'habitat nomade et les traditions des peuples du désert : l'art de l'accueil avec le café et les dattes, celui de la fauconnerie (démonstration), la peinture au henné, les danses et chants typiques, etc. Sous la houlette d'un guide francophone présent à chaque instant pour donner des explications, l'excursion est aussi ponctuée d'un délicieux dîner. Plus haut de gamme encore, la sortie Platinum se fait dans un Land Rover moderne et se termine par un dîner dans des « cabanes » privées, suivi d'un show pyrotechnique. Pour une immersion encore plus dépaysante, Platinum Heritage organise aussi des nuitées dans le désert dans des tentes arabes traditionnelles confortablement équipées de matelas – safari nocturne, dîner et petit déjeuner gastronomiques, etc. Recommandé !

SANCTUAIRE DES FLAMANTS ROSES DE RAS-AL-KHOR ★★

✆ +971 4 606 6822
Ouvert de 9h à 16h. Fermé le vendredi. Entrée gratuite.

À seulement quelques enjambées du trafic trépidant, et avec comme toile de fond les buildings qui s'étendent toujours plus loin, l'enclave des zones humides de Ras al-Khor est une destination de choix pour des milliers d'oiseaux migrateurs qui y font escale sur la route qui les conduit d'Afrique de l'Est en Asie. S'il n'est pas rare de voir des hérons, des balbuzards ou des cormorans, ceux que l'on voit à coup sûr sont les flamants roses, et pour cause : on en dénombre plus de 500 ! Deux cabanes sont accessibles au public à l'heure actuelle :

- **The Mangrove Hide,** à l'extrémité sud de la réserve, est un peu loin des oiseaux, mais le spectacle des photographes qui se livrent une guerre silencieuse pour savoir lequel d'entre eux possède le plus gros objectif donne matière à sourire. Depuis Downtown prendre la route Dubai-Hatta (E44), aussi connue sous le nom de Ras al-Khor Road ou encore d'al-Alawir Road, et faire demi-tour lorsqu'on arrive à la jonction de la D62 pour continuer sur l'E44 dans la direction de Dubai. Prendre la seconde sortie de service.
- **The Flamingo Hide,** à l'extrémité ouest de la réserve, est plus intéressante que sa consœur grâce à une cabane sur pilotis que l'on atteint au moyen d'une longue passerelle et qui permet de s'approcher au plus près des oiseaux. En partant de The Mangrove Hide, garder sa droite et prendre la première sortie en direction de Bur Dubai (qui rejoint l'E66) ; peu après, prendre la route de service sur la droite.

© STEFAN HOLM - SHUTTERSTOCK.COM

L'aire protégée de Ras Al-Khor.

ESCAPADES

© BALLOON ADVENTURES DUBAI

© BALLOON ADVENTURES DUBAI

© BALLOON ADVENTURES DUBAI

BALLOON ADVENTURES

✆ +971 4 440 9827
www.ballooning.ae
7j/7 le matin de septembre à mai. A partir de 1 250 AED par adulte, transfert, petit déjeuner et activités inclus

Avec LA compagnie spécialiste des ballons dirigeables aux Emirats, riche de plus de 15 ans d'existence, c'est l'une des façons les plus originales de découvrir le désert, d'autant que le vol, déjà inoubliable en lui-même, s'accompagne de nombreuses autres activités : acheminement en land rover décapotable vintage, tour à dos de dromadaire, petit déjeuner gourmet. On se lève tôt pour bénéficier des meilleurs courants aériens et de la plus belle lumière, et l'on savoure cette expérience aussi enivrante en survol à ras des dunes que très haut. Capitaines au top !

© BALLOON ADVENTURES DUBAI

© BALLOON ADVENTURES DUBAI

HOSPITALITÉ ET TRADITIONS

La réputation de l'hospitalité bédouine n'est pas une légende. Elle se manifeste par un accueil très généreux, l'envie de partager les traditions ancestrales, de les expliquer et d'être reconnue et appréciée. Elle est inscrite dans l'ADN de tout Emirien, pour autant, elle ne signifie pas que vous êtes amis, mais simplement que l'accueil fait partie de l'art de vivre de tout Bédouin. Héritage des temps où, dans le désert, il était un devoir de protéger celui qui passe, comme il était un devoir pour le visiteur d'accepter le café. Voici quelques éléments de cette hospitalité :

- **Le café et les dattes.** Le café noir sans sucre et aromatisé à la cardamome est servi avec des dattes pour en atténuer l'amertume. Symbole d'hospitalité, il est proposé à chaque rencontre, notamment dans les *majilis*. A ne refuser sous aucun prétexte.
- **L'oud** est un bois précieux comme le santal ou une pâte parfumée à la rose que l'on brûle dans un encensoir. Il est passé à tous les visiteurs dans les majilis. A l'aide de sa main droite, on fait venir la fumée sur soi. On utilise l'*oud* partout dans la maison pour purifier les cuisines, l'air ambiant et même les armoires. Ne pas hésiter à demander une démonstration dans les nombreux magasins qui en vendent.
- **Les cadeaux.** Le faux pas à ne pas commettre ! Si on vient s'installer dans une rue dubaïote à forte concentration émirienne, il est de tradition de se présenter à ses voisins en apportant un cadeau de préférence taille XL : une boîte de dattes ou de chocolats sera toujours très bien accueillie. On revient sonner à la porte, les bras chargés, lors de l'annonce d'un mariage, pour le retour du pèlerinage de la Mecque, durant les fêtes du Ramadan. Il arrive souvent que vos voisins reviennent vers vous les bras doublement chargés lors des fêtes de Noël ou de Pâques.
- **Les salutations.** La tradition entre les hommes est de se toucher le nez. Il est la preuve d'une très grande confiance, car on devient vulnérable à s'approcher si près l'un de l'autre et on ne pourrait échapper à un égorgement. Les hommes et les enfants ont un très grand respect pour les aînés et on embrasse une mère ou une grand-mère toujours sur le front. Les femmes se saluent en s'embrassant sur la même joue plusieurs fois. Plus on est proche et plus on s'embrasse, en général trois à quatre fois.

LES LACS AL QUDRA

Al qudra lakes

Accès libre et ouvert à toute heure.

Ces lacs artificiels situés à 45 minutes en voiture de Dubaï sont composés de 10 lacs artificiels sur une superficie d'à peu près 40 hectares. Deux d'entre eux ont la forme de cœurs entrelacés que l'on appelle *Love Lakes* ! C'est dans cette réserve que viennent se réfugier plus de 170 espèces d'oiseaux comme des flamants roses, des bécasses et des hérons entre autres. Lieu privilégié de pic-niques et de camping, nous vous le recommandons en semaine pour éviter la foule. Vous pourrez y accéder en voiture, les pistes sont bien signalisées. 4X4 recommandée.

PETIT DÉJEUNER AVEC DES BÉDOUINS ★★★

✆ +971 4 440 9827

www.platinum-heritage.com

Du dimanche au jeudi du 1er octobre au 15 mai. 525 AED/adulte et 425 AED/enfant entre 5 et 11 ans.

Pour parcourir les 60 km qui séparent la ville de la Dubai Desert Conservation Reserve, on prend place dans un énorme 4x4. On rejoint alors un campement offrant un aperçu de la vie nomade : accueil traditionnel, découverte du village construit de toile de poils de chèvre tissés, de bois et de pierres, rencontre avec des bédouins. Cette immersion est aussi l'occasion d'approcher les chiens de chasse arabes appelés Saluki et d'appréhender l'art de la fauconnerie.

AL MAHA DESERT RESORT & SPA €€€

Dubai Desert Resort

✆ +971 4 832 9900

www.marriott.com

Chambre double à partir de 4600 AED par nuit. Enfants à partir de 10 ans uniquement.

Al Maha est l'étape nature la plus haut de gamme de l'émirat. A l'arrivée, on vous conduit dans votre suite aménagée dans le style bédouin. De forme octogonale, chacune possède sa terrasse de bois et sa piscine privative à débordement avec une vue exceptionnelle sur le désert. L'intérieur est luxueux mais authentique. Initiation à la fauconnerie, balade à dos de dromadaire, promenade pédestre, safari. Autour de vous un sanctuaire de 225KM2 peuplé d'oryx, de gazelles, de camélidés.

BAB AL SHAMS DESERT RESORT & SPA €€€

nvoie° Al Qudra Road
✆ +971 56 549 4440
Aux alentours de 1,000 AED par personne.

A la « porte du soleil », le charme opère dès l'arrivée : Parvis se présentant comme une oasis, personnel affable, portes basses, couloirs étroits, espaces intimes, lumières indirectes. Pour accéder aux 113 chambres et aux suites, il faut suivre les ruelles bordées par les eaux murmurantes du dalaï. Dans les chambres sombres, on a l'impression d'être hébergé chez un Bédouin. Loin des rumeurs de la ville, une excellente adresse pour vivre le calme et le silence du désert.

SONARA CAMP €€

Dubai Desert Conservation Reserve
✆ +971 50 336 7909
www.nara.ae
Coucher du soleil et dîner : 860 AED par adulte et 380 AED par enfant.

Voici le plus beau campement de Dubaï et la plus belle escapade qui soit : une décoration épurée, une juste sophistication avec un goût irréprochable, l'élégance posée au milieu des dunes. Derrière ce concept, une propriétaire suisse, une équipe internationale, des chefs triés sur le volet, et l'attachement de tous à un travail impeccable. Quelques notes de musique, des activités, un feu qui crépite, la tente qui appelle tout à côté à un repos ouaté. Le dîner peut débuter avec spectacle : un enchantement ! Attention pas de *dune bashing* !

AL HADHEERAH DESERT RESTAURANT €€€

Al Qudra Road.
✆ +971 4 809 6194
Dîner avec spectacle : AED 450 par personne avec les boissons soft inclues. Pour les enfants de 6 à 12 ans : AED 225.

Voici la reconstitution festive d'un camp de Bédouins, occasion de passer une soirée dépaysante à ciel ouvert. Le « village » établi à 300 mètres de l'hôtel est ceint de branches de palmiers et de tourelles. Souk, dromadaires, danseuses. Le buffet propose des plats arabes typiques et très variés, dont principalement de la rôtisserie. Pour profiter à fond du show, on s'installera aux tables centrales, mais attention le niveau sonore est très élevé. C'est kitch, mais cela plaît beaucoup.

SAFARI-DINER PRIVÉ ★★★

✆ +971 4 303 4888
www.arabian-adventures.com
7j/7. À partir de 1 050 AED par adulte. Options à la carte : safari de nuit, fauconnerie, danse du ventre...

Cette soirée exclusive est un moyen privilégié de découvrir le désert de Dubaï. De l'hôtel, direction la Dubaï Desert Conservation Reserve avec un chauffeur-guide privé qui émaille le trajet d'informations sur la culture locale. Ensuite, grande virée en 4X4 dans les dunes du désert de Margham avant de rejoindre le camp à dos de dromadaire. Celui-ci se compose d'une tente abritant une seule table où déguster un repas copieux avant d'aller s'alanguir sur de grands coussins autour d'un feu, pour fumer une chicha ou observer les milliards d'étoiles... Retour de nuit.

© ARABIAN ADVENTURES, PRIVATE SAFARI

© ARABIAN ADVENTURES, PRIVATE SAFARI

ESCAPADES

UN RESCAPÉ : L'ORYX D'ARABIE

C'est la plus grande des antilopes arabes. Sa fourrure blanche, qui la protège contre le soleil, est ponctuée de zones plus sombres et presque noires au niveau des pattes, du thorax, de la queue et de plusieurs endroits de la tête. Sa température corporelle peut atteindre les 45 °C, tandis qu'un système de « réfrigération » sophistiqué permet de refroidir le sang au niveau des cornes, avant qu'il n'alimente l'organe le plus fragile, le cerveau. Omniprésent par le passé, l'oryx arabe n'existe malheureusement plus à l'état sauvage, mais évolue dans des espaces protégés. Vous en apercevrez dans la réserve régionale de l'arrière-pays. Plus d'infos sur le site www.ddcr.org

© ALEXEYS

BIG RED MOTORSPORTS § ADVENTURE TOURS

Hatta Road

✆ +971 54 311 1188

www.bigreddxb.com

Ouvert de 7h à 19h. Buggy, 1 heure, 2 passagers : 1 300 AED. Quad, 1 heure : 650 AED.

Dans ce genre d'activités, le premier gage est la sécurité, la qualité des équipements, la formation des guides et de l'équipe technique. Big Red Motorsports & Adventure tours est une agence très sérieuse qui propose des sorties dans le désert de Dubaï avec du très bon matériel, des guides expérimentés. Les accidents de quad arrivent plus souvent que l'on ne croit, donc prudence tout de même, même si nous n'avons aucun souci à vous recommander cette agence !

BUGGY DANS LES DUNES

✆ +971 800 272 2426

www.arabian-adventures.com

1574 AED/conducteur exclusif avec un buggy pouvant accueillir jusqu'à 4 passagers. 692 AED/conducteur partagé.

C'est l'occasion de vivre une aventure palpitante à travers les dunes du désert dans l'un des tout derniers buggys quatre places automatiques Can-Am Maverick X3, engin tout terrain qui dépote ! On peut, au choix, réserver le buggy en exclusivité (2h de conduite) ou le partager avec trois autres conducteurs et piloter à tour de rôle (tarif plus bas). L'excursion est supervisée par un guide expérimenté qui montre comment apprivoiser les courbes pour prendre un peu de vitesse, surfer avec les pentes et les montées, créer des gerbes de sable... Une expérience !

DUBAI CAMEL RACING CLUB

Al Aïn Road

✆ +971 5 567 60006

ourses au camélodrome tous les vendredis et les samedis de chaque semaine entre octobre et mars. Courses à 6h et à 14h.

Assister à une course sur le camélodrome n'est jamais une déception. On ne parie pas, mais voir les ballets des dromadaires qui blatèrent parés de pompons et de leurs muselières colorées est un vrai spectacle. Les 4x4 suivent leurs bêtes pour télécommander les petits robots perchés sur le haut de leur bosse. Les camélidés peuvent courir jusqu'à 60 kilomètres/heure. Les commentaires en arabe ajoutent à l'exotisme et si vous êtes amateur de belles photos, ce sera une escapade qui vaudra vraiment la peine ! L'entrée est libre et donc gratuite.

PISTE CYCLABLE AL QUDRA

Al Qudra Last Exit

✆ +971 4 832 7377

www.trekbikes.ae

Possibilité de louer un vélo pour adultes et enfants. Passeport requis. Réservation 72 heures à l'avance sur internet.

Situé à 25 minutes du centre de Dubaï, c'est une des activités les plus populaires parmi les résidents de Dubaï. 3 circuits de 30, 50 et 80 kilomètres vous permettent de pédaler en plein désert. C'est tout simplement magique. Si vous n'avez pas de vélo, aucun souci ! Le petit magasin situé au départ vous permet de louer du bon matériel, casque compris et pour toute la famille. Si vous voulez vous aventurer au-delà des 30 km, assurez-vous tout de même de prévoir suffisamment d'eau et d'avoir le téléphone bien chargé. Eviter les heures les plus chaudes.

ESCAPADES

HATTA ★

A 150 kilomètres à l'est de la mégapole dubaïote, Hatta est une enclave de Dubaï, résultant des déplacements nomades dans le passé. C'est une belle escapade sur une journée. La montagne Al Hajjar (le Roc en arabe) est la continuation de celle de Zagros en Iran, résultat des mouvements tectoniques du Crétacé (il y a 145 millions d'années). Composée de calcaire (beige) et d'ophiolite (gris/noir), le visiteur est impressionné par la beauté du paysage. La présence d'une source naturelle et la fraîcheur au pied de la chaîne de montagnes Al Hajjar, ont déterminé l'installation de la famille Al Maktoum à la fin du XIXe siècle. Un système d'irrigation traditionnel (falaj), souterrain jusqu'au village, permettait d'alimenter les palmeraies et le village en eau. Hatta était appelé le jardin de Dubaï et aujourd'hui plus de 500 fermes sont installées sur ce territoire de 140 km². Ancien relais sur la route reliant les émirats du Nord au Sultanat d'Oman, Hatta suscita aussi pour les raisons évoquées plus haut, les convoitises des États de la Trêve et fut le terrain de plusieurs conflits (d'où la présence de bâtiments défensifs). De nos jours, c'est une petite ville tranquille, mais qui, ces dernières années, est devenue le cheval de bataille du tourisme vert de l'émirat de Dubaï qui a beaucoup investi pour attirer un nouveau tourisme. Surtout fréquentée par les expatriés pour les balades dans ses montagnes environnantes, ses pistes de VTT, ainsi que ses curiosités naturelles et culturelles, Hatta se veut être une destination pour les amoureux de camping, de montagne et de tranquillité!

Tour de guet de Hatta

HERITAGE VILLAGE

www.dm.gov.ae/historic_item/hatta-heritage-village/

Ouvert de 7h30 à 20h30 tous les jours. Entrée libre.

Reconstitution fidèle d'un camp bédouin de montagne, agencé autour d'un authentique fort de 1896. Le village abrite plusieurs petits édifices, construits dans des matériaux traditionnels. L'un traite des arts et du folklore, un autre de l'artisanat, un troisième est constitué des restes de la maison du cheikh. On y trouve le majlis (salon), la chambre du cheikh, la pièce où les dattes étaient entreposées et au centre du fort, le puits. Attention, ce village est régulièrement en travaux. Nous vous conseillons de vous renseigner avant de vous y rendre.

HATTA CAMPING €

Hatta Wadi Hub

✆ +971 485 22200

Tentes : 129 ou 199 AED selon les jours de la semaine. Emplacement Caravanes : 299 ou 399 AED selon les jours.

Ce n'était pas possible en dehors du désert et voilà que faire du camping au pied des montagnes est maintenant autorisé et quel succès ! Chaque emplacement dispose de son coin barbecue, et donc à vous les grillades de kafta d'agneau que vous aurez eu soin d'aller acheter au supermarché avant de venir. Vous aurez accès aux douches et sanitaires très propres et le wifi est gratuit. Si vous préférez, les food trucks du Wadi Hub sont tout à côté pour vous restaurer sur le pouce. Une nouvelle manière de faire du tourisme autrement aux Emirats arabes unis.

SUNRISE FARM €

Sunrise farm

✆ +971 50 602 6698

Pour louer la ferme en entier : 1 000 AED par nuit en semaine et 1 500 le week-end. Capacité 12 personnes.

Cette ferme en pierre est charmante. Au pied des montagnes, elle accueille jusqu'à 12 personnes. La décoration des chambres est sobre, mais c'est confortable. En hiver, on peut profiter du feu de cheminée le soir et toute l'année de la piscine. Elle possède un barbecue et un grand majilis extérieur pour profiter du jardin et de la vue. La maison est constituée de deux sections et on a la possibilité de n'en louer qu'une pour 6 personnes ou de la privatiser avec une autre famille. Les chiens ne sont pas les bienvenus et les fumeurs non plus.

DAMANI LODGES RESORT €€

Hatta Wadi Hub

Aux alentours de 1100 AED la nuit.

Perché comme un nid d'aigle, voici un lodge simple, mais confortable et qui est une invitation à la méditation et l'introspection. Vous pourrez choisir entre trois types de lodges différents dont seule la seule variante est la superficie. Oubliez le room-service, et le spa. Même si la chambre est confortable, c'est sobre, mais la nature environnante suffit. Pour préparer vos repas, soit vous utilisez le barbecue à disposition sinon c'est rendez-vous près du centre d'accueil pour dîner sur le pouce dans un des food-trucks. Idéal pour profiter du paysage.

HAPPINESS FARM HATTA €€

Non loin de JA Hatta fort Hotel

✆ +971 50 185 7000

www.airbnb.ae

4 chambres pouvant loger 16 personnes. 2 200 AED la nuit

Très bien située non loin du fort de Hatta, c'est-à-dire près du centre-ville, la grande maison peut accueillir jusqu'à 16 personnes réparties entre 4 chambres. La décoration est un peu (beaucoup) surchargée, mais c'est la ferme du bonheur et ça se voit. Donc, côté déco qui est un peu kitch, on passe, mais on aime toutes les autres atouts : la piscine, le karaoké, un billard et un four tandoori. Quelques lapins et perroquets feront la joie des enfants et pendant la saison, vous pourrez même aller cueillir les fruits du verger.

JA HATTA FORT HOTEL €€

E44

✆ +971 4 814 5400

www.jaresortshotels.com

Chambre double à partir de 900 AED.

Adossé aux monts Hajjar, dans un environnement verdoyant cerclé de roches, l'établissement aligne une cinquantaine de chambres et quelques villas. A la fois rustiques, tendance pierres apparentes, et raffinés avec ces lits damassés et le mobilier vaguement colonial. Belle vue sur les montagnes, et notamment des deux restos, dont l'un au bord d'une piscine. Salle de massage, tir à l'arc, tir au pigeon d'argile, cross-country, 2 courts de tennis, 2 piscines, minigolf 9-trous, driving range et practice, gymnase, location de VTT, aire de jeux pour les enfants.

SEDR TRAILERS RESORT €€

Non loin du barrage

✆ +971 4 852 2200

www.visithatta.com

Aux alentours de 905 AED la nuit pour maximum 4 personnes.

Vous n'avez pas de tente ni de camping-car ? Pas de soucis ! Les trailers de Hatta sont disponibles à condition de réserver des mois (si si) à l'avance ! Avec un air délicieusement vintage, ces remorques vous accueillent avec le confort si propre aux Emirats. Avec leurs 18 mètres carrés, ils pourront accueillir 2 adultes et 2 enfants. Ils possèdent tous la climatisation (bien sûr !) et l'accès au wifi. Devant chacun est dressé un petit auvent aux branches tressées pour un coin *lounge* et qui offre une vue sur les montagnes ou sur le Wadi.

THE PALM HOUSE HATTA €€

Non loin de la mosquée Sultan Bin Haider

✆ +971 5 052 24111

www.thepalmhousehatta.com

4 chambres jusqu'à 8 personnes. 2,000 AED par nuit pendant la semaine et 2,500 AED par nuit pendant le week-end.

Voici le gîte luxueux de Hatta et le souci c'est qu'il est réservé des mois en avance, souvent 6 mois d'attente pour obtenir le Graal. C'est une ferme aux allures contemporaines avec 4 chambres et une très belle piscine. Pouvant accueillir jusqu'à 10 personnes, elle héberge quelques chevaux qui feront la joie des enfants. Alors, pourquoi pas s'offrir un week-end différent aux Emirats dans cette enclave d'Hatta qui vous permettra de faire de belles randonnées en montagne, de respirer l'air pur et de vous détendre dans cette bourgade tranquille.

AL HAJARAIN €

Heritage Village

✆ +971 50 696 0331

Ouvert de 11h à 22h et les week-ends jusqu'à 23h. Environ 80 AED par personne.

Cherchez-vous un restaurant du coin, local et sans chichi ? Voici Al Hajarain ! Ce restaurant aux accents orientaux et indiens est vraiment une des meilleures options pour se restaurer dans la ville de Hatta. C'est une cuisine simple, copieuse, mais goûteuse. Vous pourrez juste commander une salade et un plat et le partager comme le Makboos, un Biriyani ou un Kebab. Il y a aussi une carte de pizza et de pâtes pour les irréductibles. Comme on ne sert pas d'alcool dans ce lieu, vous pourrez tout de même essayer un de leurs *moktails* comme le Mojito.

THE FARM €€

Emirates Road
✆ +971 4 392 5660
www.thefarmdubai.ae
Ouvert de 7h30 à 22h. Compter entre 150 et 200 AED le repas.

Un peu à l'extérieur de Dubaï, on prend la route de ce restaurant comme on prend la route de la campagne. En effet, The Farm est une oasis de verdure au milieu du désert, jouissant d'un grand jardin, de divers points d'eau, et d'une végétation luxuriante. L'atmosphère est résolument zen et tout est fait pour que l'on se relaxe. Dans l'assiette arrivent de belles portions élaborées à partir de produits locaux et bio pour la plupart et il est possible d'ajouter ou d'enlever des ingrédients, pour rendre un plat plus à son goût. Une visite gourmande et dépaysante !

HATTA ADVENTURES

Hatta Wadi Hub
✆ +971 50 2013 011
Ouvert de 8h à 18h. Chaque activité a un âge minimum, un poids maximum, un temps limite et un prix variable.

Que d'activités proposées ! Certaines nous font même penser aux *boot camps* tant à la mode. Il y en a pour tous les âges et pour tous les niveaux. N'oubliez pas votre maillot de bain, vos chaussures de sport et votre entrain pour profiter de toutes les activités : trampoline, lancer de hache, toboggan géant, zorbing, mur d'escalade, tyroliennes et tant d'autres. Le week-end, Hatta est très fréquenté tant par la population locale que par les expatriés, alors si vous le pouvez, essayez les activités en semaine pour éviter les longues queues

HATTA HORSES

Hatta Wadi Hub
✆ +971 52 446 0322
www.visithatta.com
Tous les jours de 7h30 à 9h30 et de 15h à 18h30. Prix pour 30 minute : 50 AED, 1 heure : 100 AED, 1 heure 30 : 130 AED

Les poneys et chevaux se trouvent juste avant d'accéder au centre d'accueil. Ils arrivent depuis la ferme située juste un petit peu plus en retrait. Et pourquoi pas s'offrir une balade dans les wadis et les chemins environnants ? Vous ne pourrez pas vous y rendre seul. Un guide, à pied, vous accompagnera à tout moment. La randonnée est facile même pour ceux qui ne sont pas de brillants cavaliers et très agréable, surtout en fin d'après-midi lorsque le soleil n'est plus au zénith. Il faut appeler pour réserver votre créneau afin d'éviter toute déception.

HATTA KAYAK

E44
✆ +971 56 616 2111
www.visithatta.com/en/play/hatta-kayak
Ouvert de 8h à 21h. 60 AED par personne pour le kayak à 1 personne et 120 AED pour le kayak double. Pédaleau : 150 AED.

Dans les années 1990, Dubaï a construit un barrage afin d'assurer l'alimentation en eau de cette enclave. Aujourd'hui, on peut faire du kayak ou du bateau à pédales et du bateau électrique sur le lac artificiel entouré de montagnes. Les week-ends, on peut trouver de longs embouteillages pour y parvenir, surtout après le déjeuner du vendredi, et donc nous vous recommandons d'y aller le matin ou pendant la semaine. De très belles photos à prendre, une petite jolie excursion et une activité à combiner avec, pourquoi pas, un pique-nique en famille.

MOUNTAIN BIKING

Hatta Wadi Hub
✆ +971 50 201 3011
www.visithatta.com
De 6h à 18h pour les plus de 10 ans. Enfants : 45 AED par heure Location adulte de 65 AED à 85 AED pour 1 heure.

C'est au centre d'accueil de Hatta que vous trouverez tout l'équipement et les cartes pour vous adonner à ce sport. Habillés en rangers, les membres du personnel vous donneront tous les détails pour convertir cette sortie en une excursion inoubliable. Nous vous conseillons de prendre de l'eau avec vous et de ne pas vous aventurer en dehors des pistes signalisées. Les pistes sont classées par ordre de difficulté et bien indiquées. A la fin de votre périple, vous pourrez vous restaurer dans un des food trucks et cafés disponibles au centre d'accueil.

RANDONNÉES PEDESTRES

Hatta Wadi Hub
Entrée libre. Se procurer la carte des itinéraires soit sur le web soit sur place au centre d'accueil.

Nous avons beaucoup aimé cette excursion à la découverte des montagnes environnantes. N'oubliez pas de demander votre carte et toutes les explications nécessaires au centre ultra accueillant de Hatta Wadi. Le personnel habillé en rangers est très disponible et n'hésitez pas à leur demander le chemin pour vous rendre au départ de la piste et pour ne pas le confondre avec le circuit des VTT. Inutile de rappeler qu'il est indispensable de s'armer de crème solaire, de lunettes et de casquette sans oublier l'eau. Il vaut mieux de bonnes chaussures.

ABU DHABI CITY ★★★★

Voici la ville de Zayed! Sheikh Zayed, père de la nation, fondateur des Emirats arabes unis. Son héritage est partout : la mosquée, le port, le pont dessiné par Zaha Hadid et l'artère principale portent son nom. Si Dubaï est une ville tentaculaire, en perpétuel bouillonnement et temple du shopping et des distractions, Abu Dhabi est le grand frère sage, tranquille, capitale fédérale et moteur de l'économie du pays grâce à ses réserves immenses de pétrole. C'est aussi l'image de l'héritage culturel, des traditions et de la culture illustrée notamment par le Louvre Abu Dhabi niché au cœur du quartier culturel de Saadiyat Island et qui accueillera prochainement deux autres musées. Formé d'une multitude d'îles, l'eau de couleur turquoise est partout et ravit le touriste qui se déplace entre les sites culturels, la Grande Mosquée d'Abu Dhabi et les étendues de sable blanc de l'île de Saadiyat. On ne vient pas à Abu Dhabi pour faire la fête, mais bien plus pour se détendre, pour se reposer au bord de la mer et pour comprendre le bond en avant extraordinaire qu'a fait cet émirat en moins de 60 ans. Abu Dhabi n'était qu'une bourgade de maisons faites de branches de palmiers de 5 000 pêcheurs en 1950, le plus pauvre des émirats, méconnus et au paysage désolé. Wilfred Thesiger le décrit admirablement dans son livre le désert des déserts en 1947: « Un grand château dominait la petite ville en ruine qui s'étirait le long du rivage. Il y avait là, quelques palmiers et, non loin d'eux, un puits où nous abreuvâmes nos chameaux. Pendant ce temps des Arabes. nous dévisageaient avec curiosité se demandant qui nous étions ». On mesure alors le chemin parcouru pour sortir ce port de l'anonymat et le propulser à l'avant de la scène internationale. Encore analphabètes il y a 60 ans, ils ont transformé leur ville qui accueille désormais des millions de touristes chaque année et veulent promouvoir le dialogue inter-culturel et inter-religieux avec l'ouverture prochaine de la Maison d'Abraham. Une mosquée, une église et une synagogue pour promouvoir la coexistence des trois religions et qui fait suite à la signature de la déclaration sur la fraternité, le 4 février 2019, entre le pape et le grand iman d'Al-Azhar. Un an plus tard, Abu Dhabi signe la normalisation de leurs relations avec Israël, moment surréaliste pour ceux qui habitent aux Emirats depuis longtemps. En 2021, le pays va fêter ses cinquante ans, en plein âge d'or. Quel chemin parcouru et quelle destinée!

Histoire

Apparue sous la forme d'un campement en 1793, Abu Dhabi, « le père de la gazelle », la capitale fédérale des Émirats arabes unis, demeurera jusqu'au début des années 1960 un bourg provincial sous-développé.

Au début du XXe siècle, la population d'Abu Dhabi ne dépassait pas les 6 000 âmes, pour tomber à 4 000 environ au milieu des années 1950 lors de l'effondrement de l'industrie perlière. Les plus pauvres avaient migré vers Al Aïn et Liwa, dans le désert, pour se rapprocher, paradoxalement, des ressources en eau. Il faudra attendre la fin des années 1960 et l'implantation des structures techniques et commerciales de l'or noir sous l'impulsion du père de la nation Sheikh Zayed Bin Sultan al Nahyan pour assister à un véritable phénomène de sédentarisation urbaine. C'est lui-même qui, aidé par des urbanistes,

© JUMEIRAH LLC

Etihad Towers de jour.

va dessiner le plan de la ville actuelle et propulser Abu Dhabi sur la scène internationale.

Pratique

Comprendre la ville: la ville regroupe un ensemble d'îles dont les plus importantes sont: Abu Dhabi, Reem, Maryah, Saadiyat et Yas. On accède à l'île d'Abu Dhabi par un des trois ponts: Maqtaa (1967), Mussafah (1978) ou Sheikh Zayed Bridge (2010) qui permettent tous, d'ailleurs, d'apercevoir la Grande Mosquée. On peut accéder aussi à la ville, par Yas Island qui rejoint elle-même Saadiyat Island, le Louvre Abu Dhabi et par le pont Sheikh Khalifa l'île d'Abu Dhabi. Les rues (Nord Sud) qui remontent l'île sont toutes paires. Dans un axe est-ouest se trouvent toutes les rues impaires. La rue 19 appelée aussi Sheikh Shakbout Bin Sultan Street permet de différencier deux parties de la ville: **Uptown:** ce sont les quartiers en général plus récents, avec les Mangroves, le quartier de Zayed Sports City entre autres et **Downtown:** ce sont les quartiers plus anciens comme Al Bateen, Al Hosn et la célèbre Corniche.

Quartiers

Sur l'île d'Abu Dhabi, vous visiterez la **Corniche,** qui s'étire d'ouest en est depuis Qasr al Watan, l'Emirates Palace jusqu'au Port. **Le Centre,** qui fut longtemps le cœur battant de l'Abu Dhabi du boom pétrolier est situé juste derrière la Corniche, et on y trouve le fort Qasr Al Hosn. **L'île de Saadiyat** de 27 km² héberge, entre autres, le quartier culturel dont le Louvre Abu Dhabi. Sur **l'île de Yas** vous vous rendrez dans un des 3 parcs d'attractions, ou sur le circuit de Formule 1. **L'île de Maryah** accueille Cleveland Clinic et le centre financier et **Reem,** la Sorbonne. Pour compléter **The Bridges** est la zone entre les ponts à l'entrée de la capitale qui englobe des hôtels, des restaurants, et qui se trouve juste en face de la Grande Mosquée. Enfin, **Khalifa et Masdar City** est la banlieue sur la route de Dubaï, hôte d'immenses complexes immobiliers et du quartier écoresponsable Masdar City.

Se loger

Très étendu, le grand Abu Dhabi présente des visages très différents. Vous choisirez la Corniche pour être près du centre le plus historique d'Abu Dhabi et près de la mer et des commerces, The Bridges pour être installé sur un charmant *waterfront* face à la Grande Mosquée, le Centre pour les affaires et l'ambiance cosmopolite, Les Mangroves pour le calme et la verdure, Yas Island pour le buzz du Ferrari World – le circuit tout éclairé le soir – et l'effervescence de l'immense parc aquatique Yas Waterworld ainsi que l'unique parc de la Warner Bross.

LE MAJILIS

Le majilis est probablement l'institution sociale et culturelle du monde arabe la plus importante. Le comprendre est indispensable à tout homme d'affaires, à tout diplomate et à toute personne qui aimerait nouer des amitiés. En effet, il permet de comprendre les valeurs si chères au Bédouin comme la loyauté, la famille, l'honneur et le respect de la parole tenue. Pour les plus jeunes, elles sont enseignées au sein de ces salons familiaux. Entourés de tapis orientaux, le majilis offre un confort feutré où s'orchestre un ballet familial : les enfants rentrent, les cousins arrivent, les oncles repartent, les frères interviennent, on ne comprend pas toujours ce qui se passe, on pense perdre son temps, mais on en gagne tellement si l'on veut développer des relations amicales durables ! On sonde, on écoute, on échange, on parle de tout et de rien. Savoir être dans un majilis est tout un art et savoir partir aussi, ni trop tôt, ni trop tard. Savoir revenir est tout aussi important, parfois sans autre raison que d'entretenir son amitié, de féliciter la famille lors d'un mariage, de consoler lors d'un décès.

Le majilis fait partie de cette hospitalité légendaire du Golfe. Depuis toujours, même dans les camps éphémères, une place est réservée à ces salons, tout le monde y est le bienvenu.

Chaque émirat fonctionne encore, de manière plus ou moins marquée, selon le schéma ancien du Majlis : conseil tenu par le cheikh choisi en raison de ses qualités et de la confiance qu'il inspire en sa loyauté. C'est à ce cheikh que la population est habituée à se référer pour les requêtes et les doléances relatives à tous les domaines de la vie publique ou privée. Ce mode de fonctionnement ancien, qui repose sur l'autorité du cheikh local et sur le principe de la liberté de parole, a toujours cours dans les Emirats, tandis que se modernisent concomitamment les institutions locales et fédérales. Loin de s'exclure, la modernité et la tradition se nourrissent l'une de l'autre, les cheikhs gardant un contact réel avec la population, tandis que les débats du Majlis s'ouvrent sur des perspectives politiques nouvelles. Le majilis est un ticket simple à la compréhension d'un monde qui nous paraît parfois si complexe. Faire l'effort de le comprendre augmente considérablement la possibilité de signer des contrats, de dénouer des conflits ou tout simplement de se faire des relations amicales durables.

Enfin, les amateurs de culture, de farniente et de golf préféreront sans doute résider sur la sublime Saadiyat Island pour profiter d'un accès rapide au musée du Louvre Abu Dhabi et autres espaces d'exposition, se reposer sur ses plages naturelles et préservées, tant et si bien qu'on se croirait aux Caraïbes. Comment résister, en effet, à ses eaux cristallines ?

Se restaurer

Le tour des restaurants revient à faire le tour du monde, tant est grande la diversité des saveurs et des styles. La facilité de prendre un taxi permet de se déplacer, même le temps d'une escapade, dans plusieurs secteurs. Nous avons, dans notre sélection, privilégier, l'originalité et la sincérité des propositions et bien sûr non loin de vos lieux de visite. Une petite table typique? Cela n'existe presque pas à Abu Dhabi temple de la mondialisation. Cependant, dans le quartier du Centre, vers Khalidiya, Mina, Tourist Area, se nichent quelques pépites que nous avons dénichées pour vous. On passe d'un libanais à un péruvien, d'un français à un japonais et bien sûr à un indien. On se laisse tenter par un restaurant sous le dôme de Jean Nouvel, sur le front de mer ou encore au pied des tours. Ici, comme ailleurs, la mode est aux bouchées, aux tapas partagés. De belles découvertes en perspective!

LA CORNICHE ★★

Corniche Road West & East

Piste cyclable, snacks et trottoirs paysagés. Location de vélos et de tricycles.

La Corniche est le point focal de la capitale, une sorte de ruban incontournable. On y passe en voiture pour traverser la ville d'est en ouest. Joggers et cyclistes, en patins, en trotinette, en basket, en talons-aiguille, qu'importe. La partie la plus agréable se situe à l'ouest, sur 2 km, entre Sultan Bin Zayed St et King Khalid Bin Abdel Aziz St : larges espaces de déambulation, expositions temporaires, sports de plage, snacks et restaurants. Le cœur ludique de la Corniche est au débouché de la 30 Al Khaleej Al Arabi dans le quartier Khalidiya.

ETIHAD SQUARE ★

Airport Road

Cette place a été édifiée pour célébrer la création des Émirats arabes unis – dans la langue locale *etihad* signifie « union ». Plusieurs symboles de l'hospitalié émirienne y sont représentés : Le makkabah est un couvre-plat conique en feuille de palmier tressée. Le mabakhir permet de brûler de l'encens et est offert à chaque visiteur au moment de son départ. Le gülabdan est un aspersoir qui contient de l'eau de rose et dont quelques gouttes sont versées sur les mains de celui qui vient de terminer son repas. La dallah est une cafetière au long bec verseur.

© ABU DHABI TOURISM AUTHORITY

Dhow devant la Corniche.

ESCAPADES

EMIRATES PALACE ★★

Corniche Road West
✆ +971 2 690 9000
www.mandarinoriental.com
Visites tous les jours à 10h et à 16h, sauf le vendredi. 150 AED par personne à partir de 12 ans.

Géré par la chaîne allemande Mandarin Oriental, l'orgueilleux palace autoproclamé sept étoiles est en vérité un bâtiment public émirien partiellement utilisé comme résidence pour invités officiels (Les Présidents de la République française y dorment lors des visites officielles), lieu de réunion, salle de concert, centre sportif. Accueillant en permanence des expositions, et bien sûr divers restaurants, il est donc virtuellement libre d'accès au public. Dans la réalité, les choses sont plus compliquées et l'on vous demandera peut-être le motif de votre visite à la porte. Correctement habillé, donc sans les tongs et le bermuda, vous pourrez passer, à moins qu'un sommet officiel complique la donne. Moment idéal de visite vers 18-19h, pour ensuite aller prendre un verre au barbecue de plage de l'hôtel, le BBQ Al Qasr. Mais si le barbecue ne vous tente pas, vous trouverez d'autres restaurants et plusieurs cafés ou bars, tous de qualité, dans ce sublime palace. Nous avons référencé plusieurs de ces établissements dans les rubriques concernées (le Hakkasan, le Mezlai...). Sinon, optez pour la visite guidée, organisée tous les jours sur réservation. Cela vous permettra de poser toutes vos questions, d'apprendre tous les détails sur la construction, d'obtenir des détails croustillants sur l'opération de cet hôtel et de visiter une des suites. A la fin de la visite, on vous offrira un cappuccino dans le salon de thé. Une très bonne idée pour rentrer dans ce palace mythique de la capitale qui fascine depuis l'extérieur !

HERITAGE VILLAGE

Breakwater
✆ +971 2 445 6456
www.torath.ae
7j/7 9h-16h, sauf le vendredi 15h30-21h. Entrée libre.

L'habitat traditionnel bédouin et des petites échoppes artisanales (même si certaines échoppes font un peu attrape-touristes), ainsi qu'un musée d'histoire avec beaucoup d'objets relatifs à la vie quotidienne (bijoux, photos d'époque, tissus). Une présentation un peu datée de l'histoire de l'émirat, des techniques de construction et des pratiques quotidiennes de la pêche. Un peu de dépaysement, loin des tours, au milieu de petites maisons traditionnelles. Pour une petite pause pendant la visite, se rendre au soleil, au bord de l'eau, sur les quais.

FERRARI WORLD ★★

Sheikh Khalifa Highway E12 ✆ +971 2 496 8000
www.ferrariworldabudhabi.com
Ouvert tous les jours de 12h à 20h.
Billet standard : 295 AED, 230 AED pour ceux qui mesurent moins de 1,30 mètres.

Depuis leur nébuleuse lointaine, les Neptuniens observent sûrement avec envie le sceau carmin fiché dans le désert, son profil nerveux, puissant comme le chassis de la GT dont il reprend le dessin. D'ailleurs, vous aurez aperçu ce logo de 65 mètres collé sur une suspension de verre et d'acier de plus de 700 mètres de diamètre, c'est le toit du Ferrari World, le plus grand parc indoor du monde, un temple de 86 000 m² célébrant la couleur, le rugissement, l'éclat et le prestige de la marque automobile la plus désirable qui soit. Dès l'entrée, les moteurs hurlent dans les haut-parleurs, on y est bien. Les petits font le circuit en moto, les moyens s'offrent une première sensation en traversant un V12 géant, ceux qui sont grands et ont l'estomac en béton s'injectent 3,8G et tout le monde va voir la belle collection de modèles historiques. Mais dès l'ouverture, deux attractions ont joué les vedettes... Le Scuderia Challenge, un simulateur professionnel qui vous installe dans le baquet d'une F1 ou d'une GT et vous inflige des tours du circuit Yas ; pour cette expérience avec supplément, nous vous conseillons de venir réserver votre créneau au stand concerné dès votre entrée dans le parc, car l'attente peut aller jusqu'à 4 heures ! Enfin, graal terminal du parc, on peut choisir entre :

- **Formula Rossa**. La montagne russe la plus rapide du monde qui demandera également jusqu'à 90 minutes d'attente les soirs d'affluence, d'où le succès des coûteux billets coupe-file. Les chiffres : un moteur de 20 800 chevaux propulse 16 passagers sur 2 km de montagnes russes en commençant par une ligne droite à 240 km/h (0 à 100 en 2 secondes !) aussitôt brisée (1,7 G) par une côte abrupte grimpant à 52 m de hauteur et suivie de virages à 70°. Les deux passagers du premier rang sont équipés de lunettes spéciales car personne n'a jamais voulu mettre la tête à la fenêtre à 240 !

- **Flying Aces.** Attraction du parc qui cumule à elle seule trois records du monde. Elle a comme ambition de reproduire les mêmes sensations que le vol en biplan, avion utilisé surtout pendant la Première Guerre mondiale et reconnaissable grâce à ses ailes superposées. Le tour de manège dure 135 secondes et vous balade à des pointes de 120 km/h. On enchaîne deux vrilles et cinq virages très mouvementés avec la remontée mécanique la plus rapide et la plus raide du monde (51 degrés), suivie d'une chute vertigineuse et d'un looping en vrille d'une hauteur de 52 m, le plus haut jamais construit, soit la hauteur d'un immeuble de dix-sept étages.

GRANDE MOSQUÉE SHEIKH ZAYED ★★★

Al-Khaleej Al-Arabi Street ✆ +971 2 419 1919
www.szgmc.ae
Ouvert du samedi au jeudi de 9h à 22h, et le vendredi de 16h30 à 22h. Entrée gratuite mais réservation par internet.

Après une longue marche dans les dédales souterrains, bienvenue dans la majestueuse mosquée ! Semblable à un Taj Mahal au blanc immaculé, ce monument est à voir absolument, car il est d'une époustouflante beauté, que vous soyez musulman ou pas ! C'est un miroir de lune et cela ne se sait pas trop. Le célèbre Jonathan Speirs, maître des lumières de la cathédrale Saint-Paul de Londres et de tant d'autres repères mondiaux, a travaillé durant deux ans pour concevoir un logiciel capable de moduler 19 000 spots en fonction des phases de notre cher satellite. Ainsi la mosquée se pare-t-elle d'éther blanc mêlé d'artifices ombrés reproduisant les nuages au moment de la pleine lune et, suivant le rétrécissement du croissant, elle bleuit doucement au fil de cette respiration chromatique. Commandé par Sheikh Zayed, son principal architecte enterré sur place, l'édifice vêtu de marbre Sivec – ce matériel immaculé utilisé pour le palais de Dioclétien à Split – compte 82 dômes et quatre minarets lancés à 107 m. Une structure de 22 412 m², soit cinq terrains de football, conçue d'après des plans marocains, édifiée en 2003 par les Britanniques de Halcrow et décorée par les Milanais de Spatium, pour lesquels la feuille de route était simple : faire beau. Objectif atteint, qui nous laisse interdits devant cette alliance de la courbe et des lignes, dans des volumes gigantesques et pourtant gracieux. 32 000 fidèles peuvent tenir dans l'enceinte à l'extérieur et dans les salles latérales, tandis que 9 000 entrent dans la grande salle de prière ornée du plus grand tapis du monde, un Mechhed de deux millions et demi de nœuds signé Ali Khaliqi. Levez les yeux, car voici le million de cristaux Swarovski du lustre de 9 tonnes, le plus grand jamais créé. Au fil de la visite, suivant un guide avenant et plein d'humour, on approche ces autres trésors que sont les colonnes garnies de pierres semi-précieuses (agate, améthyste, lapis-lazuli), les parois vitrées veinées de couleurs, les mosaïques turques. Message reçu au terme d'une expérience culturelle vécue sans séparer les hommes des femmes, et discrètement voulue par les autorités comme un moment politique : l'islam des Émirats est tolérant, bienfaiteur et plein de vie. Accessible à tous, une bibliothèque de recherche liée à la culture des mondes musulmans vient d'être ouverte dans le minaret nord. Les horaires et les conditions changent régulièrement donc une petite visite sur le web avant est recommandée.

© LINGBEEK

HÔPITAL DES FAUCONS ★★

Sweihan Road
✆ +971 2 575 5155
www.falconhospital.com
Sur réservation uniquement. Tours à 10h & 14h et 10h le samedi. Fermé le vendredi. 178,50 AED. 63 AED pour les 5-9 ans.

Inscrite en 2010 au registre du patrimoine immatériel de l'humanité par l'Unesco, la fauconnerie, cet art d'élever certains rapaces pour la chasse, pourrait avoir été d'abord pratiquée sur les hauts plateaux d'Asie centrale, notamment par les Kirghizes, puis transmise aux Arabes et aux Gaulois vers le VIIe siècle. La charge de grand fauconnier de France est créée en 1406 ; Louis XIII se déplaçait avec des centaines d'oiseaux. Une pratique immémoriale dans la péninsule arabique, dont Sheikh Zayed fera un symbole d'ancrage identitaire, un marqueur culturel national au point de lancer l'émission de passeports pour faucon afin que les propriétaires puissent prendre l'avion sans problème. Unique au monde, ayant traité 60 000 cas depuis 1999, cet établissement, mi-hôpital, mi-refuge, s'ouvre aux visiteurs forcément curieux. S'il est vrai que l'hôpital est quand même assez éloigné du centre-ville, la visite vaut le détour et est devenu un incontournable des « A voir, A faire » de la capitale émiratie. Accompagné par un aide-soignant, ou par la directrice francophone (une vétérinaire allemande), vous entrerez d'abord dans la salle didactique où on vous expliquera aussi bien les caractéristiques des faucons traversant les émirats, que l'histoire entre les Bédouins et les rapaces, mais aussi sont expliquées les bases de la fauconnerie. Remarquez au passage le matériel français de transmission radio des chasseurs, digne de l'inspecteur Gadget. Le tour se poursuit par la salle de soins peuplée de patients emplumés et masqués promis à une anesthésie rapide. Ici, on répare une patte cassée, là on lime les serres, plus loin on remplume un vétéran. Le guide proposera sans doute la photo avec le faucon sur votre gant après vous avoir présenté un bloc opératoire. A l'extérieur, une volière accueille les pensionnaires de longue durée, lentement acclimatés pour qu'ils ne s'entretuent pas. Et nous terminons par les chambres individuelles hébergeant les grands malades : celui-ci, prostré, l'air souffreteux, n'a pas idée de la complexité de son traitement affiché sur la porte ! Bien que coûteuse, l'expérience est globalement très enrichissante même si le confort de la visite dépend beaucoup de la taille du groupe. Plus de monde en général le matin. On estime qu'il y a 18 000 faucons en captivité aux Emirats. Prix de départ pour un rapace, 40 000 AED. Penser à passer au Saluki Center dans la même enceinte et où vous découvrirez l'ami inséparable des Bédouins, le lévrier des sables. Le déplacement à l'extérieur d'Abu Dhabi vaut le voyage !

MÉMORIAL AU FONDATEUR SHEIKH ZAYED

Corniche road
✆ +971 2 410 0100
www.thefoundersmemorial.ae
Entrée gratuite, ouvert tous les jours de 9h à 22h.

Petit espace d'exposition, mais grand monument à la gloire de Sheikh Zayed, le fondateur des Emirats, construit par l'artiste Ralph Helmick en 2018. Le bâtiment vaut le coup d'œil, de nuit surtout. Car dans ce triangle saisissant le long de la corniche, apparaît le portrait abstrait étoilé du héros de la nation comme une constellation. C'est au visiteur de rassembler les étoiles et de former ainsi le portrait un peu comme ces jeux pour enfants afin de dessiner une forme. Appréciez aussi tous les points de vue différents. Le but est de convaincre de l'impact important du dernier président, Zayed était, reste et restera un guide, une étoile pour son peuple. C'est au pied de ce monument que fut signé le 4 février 2019 entre le pape François et le Grand Imam d'Al-Azhar le « Document sur la fraternité humaine pour la paix mondiale et la coexistence commune ». Le mémorial est également une prouesse technique : vous voyez 1 327 formes géométriques suspendues sur 1 110 câbles et pesant 250 tonnes, le tout sur une structure en acier de 190 tonnes, avec plus de 5 745 contrepoids pour maintenir les formes suspendues. Tout autour un petit jardin botanique permet d'apprécier certaines des différentes essences d'arbres et de plantes qui poussent aux émirats. A l'intérieur de l'édifice juste à côté, des tours peuvent être réservés à l'avance. Votre guide émirati vous expliquera avec fierté la vie, le rôle et l'importance de Sheikh Zayed dans la construction des Emirats arabes unis.

OBSERVATION DECK AT 300 ★★

Corniche Road West ✆ +971 2 811 5666
www.hilton.com
Entrée : 55 AED par personne. Entrée gratuite pour les résidents de l'hôtel Conrad at Etihad Towers

Dans le complexe Etihad Towers, au 74e étage de la tour n° 2, se trouve le point panoramique 300. C'est la plateforme d'observation d'Abu Dhabi, perchée à 300 mètres de hauteur, l'équivalent de la Burj Khalifa en moins haut : c'est donc le point de vue le plus haut de la ville. La vue sur l'Emirates Palace et le nouveau palace présidentiel est spectaculaire, mais pour en profiter pleinement, mieux vaut choisir un jour où la clarté est optimale. L'endroit est pourvu d'un café très chic où il est possible de s'offrir un *afternoon tea* ou même de déjeuner légèrement.

LOUVRE ABU DHABI ★★★

Louvre Abu Dhabi ✆ +971 600 56 55 66
www.louvreabudhabi.ae
Ouvert tous les jours à partir de 10h. Fermé les lundis. Pour les horaires et achat de billets, consulter sur le web.

Les deux mots « Louvre Abu Dhabi » évoquent en eux-mêmes un paradoxe : le Louvre, musée universel par son héritage du siècle des Lumières, la richesse de ses collections, la diversité de son public à travers les âges. Abu Dhabi, ville qui se développe au rythme de la mondialisation et de la modernité : cette terre d'accueil de toutes les nations, en ces temps de mondialisation, affiche sa volonté de rejoindre et de concrétiser à sa manière propre la vocation universelle de l'institution.

Les défis du musée du Louvre Abu Dhabi :

▶ **Celui de naître dans un pays avec peu de culture muséale**. Certains musées d'antiquités nationales existent depuis les années 1970 et retracent une longue implantation humaine. Le musée d'Al Aïn comprend des poteries qui attestent d'un long échange entre la région, la Mésopotamie et la vallée de l'Indus. Si les départements d'éducation travaillent depuis plusieurs années avec différentes franges de la population d'Abu Dhabi, c'est en vue d'éduquer les plus jeunes car c'est bien là que tout commence. Déjà quatre écoles pilotes de la ville travaillent avec le Louvre Abu Dhabi et le ministère de l'Éducation à former les enseignants de l'histoire des arts. Dans la même ligne, le musée des enfants au Louvre Abu Dhabi propose des expositions temporaires avec de vraies œuvres d'art exposées et des ateliers pédagogiques. C'est une véritable mission éducative du développement artistique des plus jeunes avec une approche de la matière et un apprentissage du regard qui est ainsi voulue et mise en place au sein même de l'institution.

▶ **Présenter un véritable musée à la fois contemporain** – intégrant les dernières technologies – et attrayant, apte à capter l'attention d'un public davantage habitué au rythme des nouveaux médias qu'à appréhender des œuvres du passé. Les conservateurs, régisseurs, médiateurs, spécialistes de la signalétique et de l'accueil dialoguent et innovent pour mettre en place une scénographie innovante et thématique : des bornes interactives rythment les salles. Un théâtre sous le dôme permet également d'accueillir des concerts, des conférences et des spectacles.

▶ **La présentation des œuvres a elle aussi requis une attention toute spéciale** et est très innovante : les vitrines ont été conçues en Belgique, à Gand, à l'aide d'un verre ultrablanc possédant une teneur en fer très faible et favorisant la transmission de la lumière tout en réduisant la teinte verdâtre des verres standard, ce qui donne une clarté exceptionnelle. Il n'y aura pas de reflet sur vos photos. Plus d'une centaine d'entre elles ont été réalisées sans structure métallique, donnant ainsi l'impression aux visiteurs que les œuvres flottent dans leur environnement. Chacune d'entre elles possède son propre contrôle d'hydrométrie adapté aux objets qu'elle contient.

▶ **Le défi est lié au climat et à son emplacement**. Comment ériger un musée, avec ses contraintes précises de conservation des œuvres, dans une zone désertique, souvent humide et de surcroît sous un dôme filtrant une « pluie de lumière » et entouré d'eau ? Eau, lumière et chaleur, trois éléments antinomiques exigés par la fonction même du musée. Ainsi a-t-il fallu mettre en place tout un arsenal technologique au service du contrôle de la température limitée à 21 degrés (avec une variation maximum d'un degré), qui doit compenser la chaleur extérieure pénétrant par les plafonds de chacune des galeries. En effet, la lumière naturelle s'invite par le haut et compose avec la lumière artificielle. Doser selon les heures de la journée la luminosité acceptable et protéger les pièces d'art est également indispensable.

Le parcours dans le musée

Les galeries permanentes présentent des œuvres clés et significatives tout au long d'un parcours unique. Le parcours du visiteur est chrono-thématique. Sur une même échelle du temps sont présentées des œuvres représentant les différentes civilisations. La présentation est axée sur quatre grandes périodes : l'archéologie et la naissance de la civilisation ; l'époque médiévale et la naissance de l'islam ; la période classique de l'humanisme aux Lumières et l'art moderne et contemporain, commençant à la fin du XVIIIe siècle.

C'est la définition du musée universel. Contrairement aux musées encyclopédiques traditionnels européens, qui présentent leurs collections par type d'art (peinture, sculpture, objet d'art, etc.) et par aires géographiques, le Louvre Abu Dhabi place sur une même échelle du temps, « notre ère », l'art des civilisations du monde. Les salles expliquent comment une armure de Samurai du temps de l'Edo peut se retrouver à côté d'une tête d'Oba avec comme décor un tableau de Jordaens.

Le Louvre Abu Dhabi constitue ainsi une mémoire universelle partagée. Le dialogue entre les œuvres d'art, les sculptures et les objets permet aux visiteurs de découvrir les influences communes et les liens historiques réciproques entre les civilisations et les cultures. C'est un véritable parcours initiatique. Ceci dans l'optique d'éviter le cloisonnement entre les cultures afin de proposer une histoire de l'art complète.

Le parcours des galeries permanentes est complété par la programmation de quatre expositions temporaires par an, toutes montées par un des treize musées partenaires français.

PROMENADE SUR LA MANGROVE JUBAIL

✆ +971 2 546 8799

Ouvert tous les jours à partir de 8h jusqu'à 18h. Réservation recommandée.

Cette forêt maritime est une escapade idéale pour les amoureux de la nature. Nous vous recommandons vivement la visite guidée qui vous expliquera le rôle important de ces 74 kilomètres carrés en plein cœur de la capitale. Ce poumon vert permet de lutter contre l'érosion et accueille une faune variée qui constitue un écosystème protégé par les autorités. Beaucoup de monde vient s'y balader en fin de semaine, donc si vous le pouvez allez-y en semaine.

QASR AL WATAN

✆ +971 600 544 442

www.qasralwatan.ae

Fermé le lundi. Ouvert de 10h à 18h en semaine et à partir de midi jusqu'à 19h30 les week-ends. Billets sur le web.

Au bout de la corniche, à côté de l'Emirates Palace, voici plusieurs palais impressionnants commandés par Sheikh Khalifa Bin Zayed, président des Emirats arabes unis et fils de Sheikh Zayed, père fondateur du pays. Aucun de ces palais construits entre 2010 et 2017 n'est habité. Un est réservé au Président des EAU, un autre au prince héritier, le troisième au Premier ministre et le dernier pour les visites officielles. C'est ce palais avec sa bibliothèque, qui a ouvert ses portes au public le 11 mars 2019. Après avoir pris les tickets, vous serez invité à monter à bord d'un bus pour vous y rendre. Une immense salle de marbre au centre avec des petites salles sur les côtés qui abritent des expositions sur différents thèmes comme la bibliothèque, la médecine et les cadeaux faits à Sheikh Khalifa Bin Zayed al Nathan par les chefs d'Etat en visite. Ce bâtiment qui ressemble, avec ses dômes et ses coupoles, à une mosquée, une cathédrale, un palais des mille et une nuits, est absolument grandiose ; à visiter pour se faire une idée de la décoration ornementale arabe ! A la fin de la visite, vous trouverez une petite cafétéria et une boutique de cadeaux souvenirs plutôt bien fournie, avec notamment de très belles cartes postales.

Prendre le temps aussi de découvrir les jardins. Nous vous recommandons la visite au moment du coucher du soleil pour assister au fabuleux spectacle des sons et lumières sur les façades du palais. Qasr Al Watan est très visité donc mieux vaut réserver les tickets sur internet.

QASR AL HOSN ★★

Sheikh Rashid Bin Saeed Al Maktoum Street

✆ +971 2 697 6400

www.qasralhosn.ae

Musée ouvert tous les jours. Du samedi au jeudi, de 10h à 21h et le vendredi de 14h à 22h. 30 AED pour les adultes.

Résidence de Sheikh Zayed jusqu'en 1972, le « fort blanc », seul témoignage bâti du XVIIIe siècle, apparaît comme la plus ancienne construction de l'émirat. Comme écrasé par l'ombre vertigineuse des tours environnantes, le Qasr demeure le signe immaculé de l'an I d'Abu Dhabi. Sa modestie (il entrerait tout entier dans un pavillon annexe de l'Emirates Palace) fonctionne en harmonie avec les pères fondateurs d'Abu Dhabi, Bédouins venus de Liwa pour chasser la gazelle. Il incarne somme toute la « sagesse » dhabienne qui, *in fine*, paya les dettes de Dubaï. D'ailleurs, le fort s'affiche sur le billet de 1 000 AED, la plus forte valeur en circulation. En rénovation depuis plusieurs années, il a rouvert ses portes fin 2018. C'est probablement par ce fort que toute visite d'Abu Dhabi devrait commencer. Il est reconstruit comme à l'identique, d'un blanc pur et magique (même si le blanc n'était pas sa couleur originale) avec à l'entrée sa lourde porte en bois protégée par des pics de bronze et deux gardiens de chaque côté de deux canons. Le parcours du musée se répartit en deux cours : dans la première cour sont présentes des salles sur l'histoire du pays, de l'activité perlière et dattière jusqu'à l'union. Avec une suite de témoignages émouvants : des petits films qui donnent la parole aux anciens, ceux qui ont vécu la grande transition. Nous nous émouvons presque et comprenons combien certains sont nostalgiques de la vie rythmée par celle du fort et de son cheikh ; un cheikh plus protecteur qu'autoritaire, plus père que dominateur et toujours consulté lors des litiges, à l'image d'un sage. Puis autour de la seconde cour avec ses palmiers, sont disposées sur deux étages des salles ouvertes qui contiennent des témoignages de la vie quotidienne. Ne manquez pas d'aller visiter la maison des artisans, derrière le fort, dans le bâtiment qui recevait l'exposition provisoire pendant les travaux de reconstruction. L'artisanat des Emirats y est célébré : le Sadu (tissage de laine de chameau, de mouton et de chèvre), le Khoos (tissage de branches et de feuilles de palmiers), le Talli (la broderie de fil de soie et d'argent) et l'artisanat lié à la mer. Vous pourrez discuter avec les artisans et les explications sont extrêmement intéressantes. Une petite boutique à la fin vous permettra d'acquérir certains objets vraiment authentiques et d'une très belle qualité. Des festivités sont proposées et changent selon le jour de la semaine : relève de la garde, chants poétiques traditionnels, danses des bâtons. Une visite indispensable !

ESCAPADES

SCULPTURE DEVANT LE BUREAU DE SHEIKH MOHAMMED

King Abdullah Bin Abdulaziz Al Saud Street

« Tolerance » est le mot composé par les neuf lettres en bronze et réalisé par le sculpteur français Guy Ferrer. Il en existe huit exemplaires dans le monde, dont le deuxième de la série s'affiche fièrement devant le diwan du prince héritier Sheikh Mohammed bin Zayed. Un message de paix et de bienveillance envoyé à tous les habitants et visiteurs d'Abu Dhabi pour expliquer clairement la vision de cet émirat : liberté de culte, respect des différentes cultures.

WOMEN'S HANDICRAFT CENTER

Al Karamah Street

✆ +971 2 447 6645

www.visitabudhabi.ae

Ouvert du dimanche au jeudi de 11h à 18h. 5 AED la visite du musée.

Emanation de l'Union Générale des Femmes, que préside Sheikha Fatima Bint Mubarak, ce centre permet le maintien des arts et traditions populaires. Des Emiriennes, recrutées parmi les communautés les moins aisées, œuvrent sur place à la création d'objets traditionnels. On circule d'atelier en atelier, ici la broderie, là le tressage des palmes, en prenant la précaution d'ôter ses chaussures au seuil de chaque patio. Demandez la permission avant de prendre des photos.

ABU DHABI DEPARTMENT OF CULTURE AND TOURISM

✆ +971 2 444 0444

www.visitabudhabi.ae

Visit Abu Dhabi est le portail internet officiel de l'office de tourisme d'Abu Dhabi. Vous pouvez le consulter sur le web ou télécharger l'application sur votre smartphone. Vous y trouverez toutes les informations pratiques sur l'émirat et les actualités. Le site est très bien fait et aussi disponible en langue française. C'est donc un outil indispensable pour consulter les derniers conseils aux voyageurs, les nouvelles attractions et les festivités en cours.

YAS WATERWORLD

Yas Leisure Drive

✆ +971 2 496 8000

www.yaswaterworld.com

Le parc est ouvert de 10h à 18h et plus tard les mois d'été. Adultes : 250 AED, 210 AED pour les moins de 1,10 m.

Venez vivre une expérience inoubliable au parc aquatique futuriste de l'île de Yas, ouvert début 2013 et s'étendant sur une superficie équivalente à celle de 15 terrains de football. Embarquez sur l'un des 43 manèges, toboggans et attractions en tous genres, dont cinq exclusivités uniques au monde ! Il y en a pour tous les goûts et tous les âges. Le parc est très bien organisé, et programmez au moins une demi-journée que l'on peut combiner avec Ferrari World. Vous pourrez essayer le premier toboggan en tornade de la planète qui peut accueillir jusqu'à six personnes en même temps ! D'une longueur de 238 mètres, il est le toboggan le plus large à être alimenté de façon hydromagnétique. Pour des sensations fortes, filez au Bubble's Barrel et défiez des vagues de trois mètres de haut sur la plus grande surface surfable du monde. Une autre attraction à ne pas manquer est le Bandit Bomber, un grand huit de 550 mètres de long avec jets d'eau intégrés et lasers. Situé au sommet de Jebel Dana, le parc a comme symbole une gigantesque perle. Avec ses huit mètres de diamètre, elle est l'élément le plus imposant du lieu. Eh oui, rappelez-vous qu'avant d'être les rois du pétrole, les Émiratis étaient les rois de la perle et des pêcheurs aguerris. Nous vous recommandons de visiter leur site web avant la visite, car des changements ont lieu régulièrement sur les horaires, mais aussi sur les modalités. Une jauge permet de voir, selon la taille des enfants, les attractions auxquelles ils pourront se rendre.

ARABIAN ADVENTURES

Corniche Road West

✆ +971 2 691 1711

www.arabian-adventures.com

De 9h à 18h. Fermé le vendredi.

Pour faire des safaris en 4X4 ou à dos de dromadaire dans le désert, ou encore visiter la ville d'Abu Dhabi. Société sœur d'Emirates Airlines, Arabian Adventures propose des forfaits personnalisés, peut réserver un hôtel et programmer des excursions, et vous conseiller sur les meilleurs jours pour visiter Abu Dhabi, pourquoi pas en compagnie d'un guide certifié pour une escapade sans encombre. Le choix des visites est ample et leur réputation n'est plus à faire. Lorsqu'on n'a pas de voiture et que l'on hésite à se rendre dans la capitale, c'est la solution.

HALA ABU DHABI

Muroor Road
✆ +971 2 5990700
www.etihad.com/en-us/hala-abu-dhabi

Société sœur d'Etihad Airways, Hala fondé en 2016 est un réceptif qui organise des safaris dans le désert, des tours de la ville et offre des guides en plusieurs langues qui sauront vous expliquer en profondeur les traditions, l'histoire et la culture des Emirats arabes unis. Les guides sont facilement reconnaissables à leur uniforme composé d'un pantalon beige et d'un polo de couleur turquoise. Hala Abu Dhabi s'occupe aussi de vous lors des escales pour maximiser votre temps d'attente, et ce si vous les contactez à l'avance.

VISITE DU CIRCUIT YAS MARINA ★

Yas Marina Circuit
✆ +971 2 659 9800
www.yasmarinacircuit.ae

Visites les mercredis et samedis à 14h. Réservation sur le web. Entrée : 110 AED.

Bienvenue sur le circuit de Formule 1 du Grand Prix d'Abu Dhabi sur l'île de Yas et qui a lieu tous les derniers week-ends de novembre depuis 2009. Le circuit a été conçu par l'architecte allemand Hermann Tilke. Long de 5,5 kilomètres, il comprend 21 virages. De la panoramique tribune Nord au centre des dragsters, du poste de contrôle à l'école de conduite (Aston Martin GT4, SuperSport SST, F3, F1 biplace), la découverte se termine par la photo sur le podium !

© GLEN BERLIN - SHUTTERSTOCK.COM

Visite du circuit Yas Marina.

ESCAPADES

EMIRATES FALCON TOURISM

Baynunah Street
✆ +971 2 652 6915
www.emiratesfalcontourism.com

Basé à Abu Dhabi depuis plusieurs années, cette entreprise francophone organise des visites de la ville et de tous les émirats avec des guides expérimentées et de qualité. L'approche se veut respectueuse des populations et de l'environnement. Tout est à la carte : aventures, escapades, rencontres avec les Bédouins, visites culturelles. Un service personnalisé avec une équipe aux petits soins pour ses clients qu'ils voyagent en famille, viennent en voyage d'affaires ou pour la logistique dans l'organisation de voyages en groupe.

ETIHAD AIRWAYS

✆ +971 2 599 0000

Service téléphonique ouvert 24h/24

La compagnie nationale des Emirats établie en 2003 relie près de 112 aéroports et relie Paris à Abu Dhabi sans escale 2 fois par jour. La compagnie est réputée pour l'importance accordée à la sécurité, à la ponctualité et a gagné le prix de la meilleure compagnie aérienne durant 5 années consécutives entre 2009 et 2013. Les passagers en classe économie peuvent emprunter gratuitement la navette maison vers Al Aïn ou Dubaï. En classe affaires et première, vous aurez droit à la limousine vers le centre-ville ou une autre destination.

GARE ROUTIÈRE INTERCITY

Sheikh Rashid bin Saeed Street
✆ 800 88888
www.dotabudhabi.ae
25 AED le billet aller pour les bus entre Dubai et Abu Dhabi E100 Et E101.

C'est un peu long, car le bus E100 prend près de 2 heures et s'arrête à 4 stops entre Satwa (à Dubaï) et la gare routière située au centre d'Abu Dhabi. La ligne 101 part de la station de métro Ibn Battuta, s'arrête à 4 stops et prend 90 minutes pour atteindre Abu Dhabi. Les bus sont confortables et le service est fiable et régulier à bord de ces bus modernes et climatisés. Un voyage sympathique et différent au coude-à-coude avec les employés et les travailleurs immigrés. Les premières files sont réservées aux femmes et aux enfants.

NATIONAL TAXIS

✆ 600 535353
www.nationaltaxi.ae
24h/24.Compter 10-30 AED la course en ville, de 70 à 80 AED pour l'aéroport.

Fièrement estampillée ISO9001 Veritas, la compagnie dispose de plusieurs centaines de véhicules sillonnant Abu Dhabi et Al Aïn à longueur de journée et de nuit. On attrape son taxi au coin des avenues ou on le réserve moyennant quelques frais supplémentaires. Les chauffeurs sont très discrets et parfois peu calés à propos du plan de la ville. Ne vous risquez donc pas à donner une adresse « officielle » du type Sheikh Rashid Bin Saaed Street, il ne la connaîtra pas. Dès qu'il franchit la limite de vitesse, l'avertisseur se manifeste. Autant dire que ça file droit !

AL AÏN PALACE €

Corniche Road East
✆ +971 2 679 4777
www.alainpalacehotel.com
Chambre double à partir de 300 AED.

Le « Palace » est survivant des années héroïques de la ruée vers le pétrole, il se tient à l'ombre du Royal Méridien dont il partage, privilège peu connu, la piscine. Si ses murs pouvaient parler, ils feraient la chronique des premiers contrats signés au coin du bar, des chercheurs de fortune qui dormaient parfois dans le hall lorsqu'on affichait complet : c'était, au début des 70 ! Observez donc près de la réception, ces photos jaunies. On garait alors sa Land Rover devant. Aujourd'hui c'est une étape tout confort d'un excellent rapport qualité-prix.

IBIS ABU DHABI GATE €

Road 34
✆ +971 2 509 0999
www.accorhotels.com
Chambre double à partir de 300 AED.

Dans la tour jumelle à celle de l'hôtel Novotel voisin, cet Ibis dhabien, tout en jeux de volumes et lumières, se fait graphique, pop, branchouille à travers des espaces ouverts, des touches de couleurs vitaminées, un esprit parfois vintage mais dans le sens *fashion* du terme. Rien à redire sur rien, tout est nickel, facile et fonctionnel, à l'image des 294 chambres (dont 42 suites avec salon) le tout dans des tonalités sobres et zen. A ce tarif, difficile de trouver mieux. Restaurant et bar sur place, et même depuis peu un spa petit mais offrant tous les soins.

NOVEL HOTEL CITY CENTER €

Hamdan Street
✆ +971 2 633 3555
www.novel-danathotels.com
Chambre double à partir de 280 AED.

Novel Hotel a repris l'enseigne française du Mercure. Toujours très fréquenté, cet hôtel du quartier commerçant se dresse en forme de tour vitrée. Comme dans la plupart des hôtels du secteur, il est impossible d'ouvrir les fenêtres des chambres. On se réconfortera avec les tarifs compétitifs, l'emplacement au coeur de la ville et la cuisine du terroir du Beaujolais, restaurant prisé par toute la population expatriée. A la nuit, les papillons asiatiques très fardés dans les parages immédiats se bousculent pour se rendre dans le bar karaoké.

PEARL ROTANA CAPITAL CENTRE €

Al Khaleej Al Arabi Street
✆ +971 2 307 5555
www.rotana.com
A partir de 300 AED, petit déjeuner compris.

A 20 minutes de l'aéroport, c'est l'endroit parfait pour les hommes d'affaires, car il se trouve non loin du centre des expositions et non loin de Sheizh Zayed Grande Mosque. Le Pearl Rotana vous accueille chaleureusement dans son lobby aux ornements arabes et aux couleurs du désert. Avec ses 315 chambres et suites, c'est un hôtel moderne, de luxe, où il ne manque rien et où chaque chambre a une belle vue. Lors de la réservation, préférez les chambres avec vue sur la mer.

ALOFT €€

Khaleej Al Arabi Street
✆ +971 2 654 5000
www.aloftabudhabi.com
Chambre double à partir de 200 AED, parfois moins.

Demandez le concept jeune et branché, technophile en diable, urbain cool, cadre sup en mocassins à picots, fan de choses globales et de tapas remixées. L'Aloft est donc pour vous qui voulez picorer en musique, ou pour vous, l'homme d'affaires, qui voulez une chambre fonctionnelle et gaie. Oubliant l'entrée pas folichonne, qui est en fait le hall du palais des expos, on gagne la hype-réception et les espaces de convivialité taillés pour les digital-natives (oui, dans ce monde on parle franglais). Que de couleurs acidulées et de rondeurs régressives !

CENTRO €€

Golf Plaza
✆ +971 2 656 4444
www.rotana.com
Chambre double à partir de 500 AED.

Petit jeune de la tribu Rotana, le Centro récite la gamme pratique de l'hôtellerie à bon prix pour voyageur pressé de dormir. Le cadre est élégant et ponctué de touches design jouant sur des couleurs tranquilles, les chambres et salles de bain sont spacieuses et très confortables. Saluons ce concept en forme de bon plan situé à un jet du circuit de Formule 1. Une bonne idée pour ceux qui aimeraient passer la journée à Ferrari World, Yas Waterworld ou à Warner Bros. Et en plus, il y a une piscine et un bar ! Brunch très fréquenté le week-end.

FAIRMONT BAB AL BAHR €€

Khor Al Maqta
✆ + 971 2 654 3333
www.fairmont.com
A partir de 700 AED, petit déjeuner compris.

Situé un peu à l'écart dans un quartier appelé « Between the bridges » (Entre les ponts) l'hôtel a ouvert il y a une dizaine d'années et il se présente dans un cadre charmant avec une façade et un lobby tout à fait dans le goût Art déco. Le cadre est reposant, calme, les chambres luxueuses et design. Les restaurants et bars sur la plage participent à l'impression de rêverie et de voyage vers des contrées lointaines et attirent une grande foule d'expatriés. Certaines chambres ont une vue sur la grande mosquée avec ses lumières la nuit, c'est magique !

MARRIOTT HOTEL DOWNTOWN €€

Rashid Bin Saeed Al Maktoum Street (2nd Street)
✆ +971 2 304 7777
www.marriott.com
Environ 500 AED la chambre double.

Voici un hôtel 4 étoiles de la célèbre chaîne, tout confort et très bien situé à un jet de pierre de Wahdah Mall. Les chambres aux couleurs acidulées ainsi que les salles de bains sont très spacieuses et très confortables. C'est un hôtel de ville, mais tout proche de la Corniche et qui propose des prix vraiment compétitifs. Une jolie piscine est située sur le toît de l'hôtel. Une entrée adjacente propose des appart hôtels pour des séjours plus longs aux tarifs abordables. Salle de gym, salon de coiffure et restaurant buffet avec un petit déjeuner très copieux.

NOVOTEL ABU DHABI AL BUSTAN €€

Sheikh Rashid Bin Saeed St./Rabdan St.
✆ +971 2 501 6444
www.novotel.com
À partir de 500 AED.

Voisin collé-serré de l'Adagio, le Novotel Al Bustan décline un même confort moderne et actuel, qui ose des meubles aux lignes fluides et aux couleurs peps, joue les volumes très visuels, les éclairages et les ambiances. Soit un paquebot de 361 chambres claires et spacieuses, garanties d'un confort bien réglé et de normes internationales. Une réussite esthétique, alliée à des prestations qui rendent la vie facile : centre de bien-être (massages), fitness, piscine extérieure chauffée

PARK ROTANA €€

Entre Sheikh Zayed Street et Khalifa Park
✆ +971 2 657 3333
www.rotana.com/parkrotana
A partir de 800 AED la chambre double.

Au bord de Sheikh Zayed Street, tout près de twofour54, l'hôtel offre des chambres confortables, spacieuses et à la décoration soignée. C'est vrai, dans la catégorie « chambre avec vue » on peut faire beaucoup mieux à Abu Dhabi, mais on se sent bien au Park Rotana et l'on finit par s'extasier devant la vue du Sheikh Zayed Bridge de Zaha Hadid et que l'on prend plaisir à regarder les jets privés atterrir à l'aéroport Al Bateen, le même aéroport qui a vu *Solar Impulse* décoller pour son tour du monde en 2015. Les chambres avec vue sur le parc offrent un vrai plus.

RADISSON BLU €€

Golf Plaza
✆ +971 2 656 2000
Chambre double à partir de 450 AED.

Vous aurez pris soin de réserver une chambre côté golf, dans les étages les plus élevés. Vous irez au balcon et caresserez des yeux les mamelons verts du Links puis l'immense lagune. Sur l'horizon, à plus de 20 km, la city cosmopolite et nerveuse. Le Blu suédois est bien beau, chic et design dans ses tons naturels, plein d'espaces inédits et de meubles pacifiques. Son panorama ouvert sur le dix-huit trous n'est-il pas une des rares visions bio-chlorophyliennes d'Abu Dhabi ? Après, on descend à la piscine, superbement design. Juste extra !

TRADERS €€

Qaryat Al Beri
✆ +971 2 510 8888
www.shangri-la.com/abudhabi
Chambre double à partir de 600 AED.

Oui, un décorateur payé comme tel a osé garnir le lobby de grands aplats vert clair et jaune méchant citron, par ivresse jeuniste. Partageant le même quai et le même bras de mer que son élégant oncle Shangri-La, le Traders travaille donc le marché avec des prix très compétitifs, ceci, disons-le, dans un environnement naturel exceptionnellement agréable. Fuyant donc le choc rétinien de la réception, vous profiterez pleinement des charmes de l'hôtel, avec sa plage tamisée où s'organisent de parties de grillades, et l'accès piéton au « souk » commercial adjacent.

YAS ISLAND ROTANA ABU DHABI €€

Golf Plaza Yas Island
✆ +971 2 656 4000
www.rotana.com
A partir de 450 AED, petit déjeuner compris.

Hôtel familial avec large piscine et chambres spacieuses où rien ne manque. A cinq minutes à pied du circuit de Yas et navette gratuite vers tous les parcs d'attractions de l'île comme le Ferrari World, le Yas WateWorld, Warner Bros et le golf. Repos obligé à la piscine avec trois bons restaurants (cuisine indienne, steakhouse, bar) à disposition. Avec un accès gratuit à la plage de Yas, ce Rotana participe vraiment à un esprit de vacances et un très bon rapport qualité-prix.

CONRAD ABU DHABI ETIHAD TOWERS €€€

Corniche Road West
✆ +971 2 811 5555
www.hilton.com
A partir de 1 200 AED la chambre double.

Au loin scintillent 5 gratte-ciel de verre ultra design. Ce sont les Etihad towers. Parmi les 5 tours, seule une est un hôtel, les 4 autres abritent des bureaux et des appartements. Cet établissement, ouvert début 2012, incarne le chic absolu. Dès l'entrée. Le lobby immense, très lumineux avec ses baies vitrées gigantesques, et sa forme en paquebot, face à la mer donne un volume très aérien. Non loin de là, une plage privée attend les clients avides de farniente.

EASTERN MANGROVE HOTEL & SPA BY ANANTARA €€€

Eastern Ring Road, Sheikh Zayed Street
✆ +971 2 656 1000
www.anantara.com
A partir de 1 000 AED la chambre simple ou double avec le petit déjeuner.

Alors qu'il se tient au cœur de la bouillonnante Abu Dhabi city, c'est un sanctuaire de calme et de verdure, presqu'un refuge. Son secret ? La superbe mangrove naturelle qui lui fait face et l'accueille tel un écrin. La grande arche de l'entrée donne le ton d'une déco orientalisante. Les chambres et suites sont ultraspacieuses et lumineuses (lors de la réservation, privilégier absolument une chambre avec vue sur la mangrove). Une belle adresse, chic et polyvalente.

FOUR SEASONS €€€

Maryah Island
✆ +971 2 333 2222
www.fourseasons.com
Environ 1 300 AED par nuit, petit déjeuner compris.

Ouvert en mai 2016, Four Seasons a misé sur un style résolument contemporain pour une ambiance urbaine, très branchée dans un hôtel de 200 chambres offrant tout le luxe auquel nous sommes habitués dans cette chaîne canadienne. La piscine extérieure installée sur le toit offre une vue incomparable sur la *skyline* d'Abu Dhabi. L'établissement est idéal pour tous les amoureux d'un service feutré, luxueux et personnel. Un hôtel davantage conçu pour les hommes d'affaires que pour les vacanciers amoureux de plages de sable fin en mal de grands espaces.

JUMEIRAH AT SAADIYAT ISLAND RESORT €€€

Saadiyat Island
✆ +971 2 811 4444
www.jumeirah.com
A partir de 1 800 AED, petit déjeuner compris.

Ne vous arrêtez pas à l'architecture de l'hôtel : ce resort, ouvert au tout début de l'année 2019, est un véritable havre de calme et de luxe. Les chambres sont spacieuses, mais surtout elles offrent une vue spectaculaire sur la mer toute proche : c'est l'hôtel construit le plus près de l'eau de toute l'île de Saadiyat. Les villas sont idéales pour les familles avec deux, trois ou quatre chambres. La nature est présente avec 400 mètres de plage privée.

SAADIYAT ROTANA RESORT & VILLAS €€€

✆ +971 2 697 0000
www.rotana.com
A partir de 1 450 AED petit déjeuner compris.

Magnifique entrée avec un vaste lobby et de magnifiques baies vitrées sur la mer ainsi qu'une galerie des différents sables des Emirats. Les chambres sont très confortables avec une décoration dans les tons marins, du mobilier clair. Les restaurants, répartis entre l'hôtel et la plage, sont tous d'excellente qualité. Plusieurs piscines, dont une pour les enfants (dès 4 ans). Les villas luxueuses ont une terrasse avec piscine à débordement et une vue directement sur la plage.

PARK HYATT ABU DHABI & VILLAS €€€

Plage de Saadiyat
✆ +971 2 407 1234
www.hyatt.com
A partir de 1 500 AED la chambre double.

Cet hôtel a été le premier à ouvrir sur Saadiyat island en novembre 2011. Avouons que la barre a été placée très haut et qu'il leur sera difficile de faire aussi bien ! Entouré de jardins, ce *resort* est à proximité du terrain de golf mais aussi du Louvre Abu Dhabi. Les chambres sont tout confort comme sait si bien le faire Hyatt. On a un balcon avec une vue imprenable sur la plage de Saadiyat, le club de golf et les jardins de l'hôtel : le rêve ! Parfait pour une détente complète.

ST REGIS SAADIYAT ISLAND €€€

Plage de Saadiyat Island
✆ +971 2 498 8888
www.marriott.com
A partir de 1 100 AED la chambre double.

Le St Regis est l'un des premiers hôtels à avoir ouvert sur Saadiyat Island. 377 chambres et suites, toutes très confortables, face à une plage de sable blanc aux eaux cristallines... Les tropiques et le luxe en même temps. Les commodités ne manquent pas : Spa Iridium (un délice !), club de fitness dernier cri, terrain de tennis, courts de squash, mini-club, piscine intérieure pour la natation et extérieure pour la bronzette. Sans oublier 4 restaurants « gourmet » dont l'excellent restaurant fusion asiatique, le Sontaya et le Boudha Bar sur la plage.

ROSEWOOD ABU DHABI €€€

Al Maryah Island
✆ +971 2 813 5550
www.rosewoodhotels.com/en/abu-dhabi
A partir de 800 AED la chambre double.

Voici un luxueux hôtel décoré avec une grande collection d'art contemporain. Si vous n'y séjournez pas, allez visiter l'hôtel et promenez-vous dans les espaces publics du lobby. Toute la décoration intérieure utilise les couleurs d'Abu Dhabi : le bleu de l'eau, l'ocre du sable, la couleur caramel qui rappelle celle des dattes et le vert des palmiers. L'hôtel s'inscrit parfaitement dans ce qu'Abu Dhabi est devenu : un pont entre les cultures. On oublierait presque les chambres qui offrent une vue unique et originale sur la *skyline* d'Abu Dhabi.

W ABU DHABI YAS ISLAND €€€

Yas Marina Circuit ✆ +971 2 656 0000
www.marriott.com
Chambre double à partir de 850 AED hors semaine de Formule 1 bien sûr !

Emmailloté de diodes électroluminescentes et d'une ondulante coiffe verre-métal autrichienne, ressemblant à un caméléon numérique endormi sur la piste, le W nous sidère. On dirait qu'il vit, et chaque variation chromatique semble être une profonde respiration métabolique. Sous la mantille de 5 000 luminophores, propice à la lecture obligatoire de Wallpaper, c'est un village inattendu de cinq cents chambres, le tout signé Asymptote, le cabinet de l'Egyptien Hani Rashid et de la Canadienne Lise-Anne Couture. Préférez la vue Marina plutôt que celle du Media Center.

ESCAPADES

PARK ARJAAN BY ROTANA €€

Sheikh Zayed Street ✆ +971 2 657 3333
www.rotana.com/arjaanhotelapartments

Studio de 45 m² à partir de 11 000 AED par mois. Prix variables. Des prix par nuit sont aussi disponibles.

Situé tout prêt du Khalifa Park, à l'entrée de l'île d'Abu Dhabi et dans le même complexe que le Park Rotana, Park Arjaan est très souvent complet et frôle les records d'occupation tant ses appartements, fonctionnels, sont appréciés. La décoration est résolument contemporaine, simple, le service est jeune et attentionné, et le résultat est très efficace. Toutes les chambres sont équipées fer à repasser, micro-ondes et plaques électriques. Les résidents ont accès à la piscine du complexe ainsi qu'aux restaurants de l'hôtel qui sont très courus.

THE ECLIPSE BOUTIQUE SUITES €€

Liwa Street ✆ +971 2 626 8800
www.eclipsesuites.com

A partir de 280 AED par nuit. Ne propose que des appartements d'une chambre avec salon et canapé-lit.

Situé en plein centre-ville, bien isolé mais sans vue, Eclipse est une valeur sûre et fonctionne très bien du haut de ses dix ans d'existence. La décoration n'est pas des plus actuelles mais tout est très propre. Toutes les cuisines sont équipées avec une machine à laver le linge, une planche à repasser, un refrigérateur et des plaques électriques. Pas de glamour au rendez-vous, pas d'appart-hôtel *boutique*, comme le nom l'indique, mais l'assurance d'un bon service.

CAFE BATEEL €€

Nation Galleria Mall
✆ +971 2 635 9145
www.bateel.com

Ouvert tous les jours de 8h à 23h30. Comptez 80AED.

Si vous vous trouvez sur la Corniche à l'heure du déjeuner et que vous ne savez pas très bien où trouver une terrasse avec une jolie vue voici Café Bateel que l'on ne présente plus. Spécialistes de la vente de dattes, ils offrent aussi ce joli restaurant situé sur une terrasse qui surplombe la Corniche. C'est une valeur sûre pour prendre un déjeuner équilibré grâce à toute une gamme de salades et de sandwiches sains. Wifi disponible pour envoyer les dernières photos aux amis restés dans la grisaille. Excellent café arabe servi avec les dattes Bateel.

HAVANA CAFE €

Breakwater
✆ +971 2 681 0044

Ouvert tous les jours de 9h à 1h du matin. Environ 65 AED.

Tournant le dos au Marina Mall, ce café sans grand charme se trouve tout de même face aux bateaux du port de plaisance et au Skyline d'Abu Dhabi. Après une longue séance de shopping au mall, c'est le lieu parfait pour un rafraîchissement et un plat léger en terrasse, cuisine continentale et arabe. Quand il fait trop chaud, on se réfugie sur le ponton couvert et climatisé. En fin d'après-midi, les volutes de shisha inondent la terrasse et c'est surtout une clientèle orientale qui s'y presse depuis des années. Peu de touristes.

MARCHÉ AU POISSON €

Comptez 50 AED pour un poisson grillé.

Le marché au poisson, situé dans la zone portuaire d'Al-Mina, est un lieu haut en couleur. Ce hall immense regroupe des dizaines de poissonniers qui attirent le chaland en criant le nom des victuailles qu'ils vendent. Une fois les affaires faites, il suffit de choisir une des gargotes bordant le marché pour faire cuisiner ce que l'on vient d'acheter. Une expérience ludique et peu coûteuse à déguster sur place avec les travailleurs ou à emporter. Nous vous recommandons d'y aller de préférence le matin et surtout le week-end.

SALT €

Umm Al Emarat Park

Ouvert tous les jours de 9h à 1h du matin.

Salt est la coqueluche d'Abu Dhabi pour tous les amoureux des food trucks. L'enseigne 100 % émiratie est installée à l'entrée du parc, et ils offrent des burgers gourmands connus de tous les résidents. Pas de viande reconstituée, mais du bœuf Wagyu à déguster impérativement avec un incontournable Lotus shake après un petit footing dans le parc. A consommer sur place en terrasse ou à l'intérieur. Cette adresse est connue de tous les expatriés et émiratis et se retrouve dans plusieurs lieux des émirats. C'est délicieux et les enfants vont adorer.

SHAKE SHACK €

Yas Mall

✆ + 971 2 492 6656

www.shakeshack.com

Ouvert tous les jours de 10h à 23h et jusqu'à minuit les jeudis et vendredis. À partir de 25 AED.

Shake Shack commença comme un stand de Hot-Dog sur Madison Square en 2001. Depuis c'est une chaîne de restauration rapide à succès présente dans le monde entier. Elle offre des burgers de bœuf naturel, sans hormones, avec un pain moelleux. Les frites en spirale sont légendaires. Les milk-shakes sont un must… et une bombe à calories aussi. Les enfants vont adorer et nous aussi. L'adresse se décline en food truck lors d'événements. On en trouve aussi un à Marina Mall près de la Corniche et à Galleria Mall sur l'île de Maryah Island.

SHISH SHAWERMA €

Corniche Road W Street 2

✆ +971 2 650 5576

www.shishshawerma.com

À partir de 10 AED. Ouvert tous les jours de 11h à minuit et jusqu'à 1h du matin les jeudis et vendredis.

Décor moderne et sans façon, sur place ou à emporter, le restaurant, que l'on retrouve en food-truck lors de grands événements, est toujours plein. Pita cuite dans le four à pain, shawarmas mémorables, spécialités libanaises dont un tabouleh parfaitement assaisonné et des jus de fruits vraiment frais font de cette adresse une de nos préférées pour un repas gourmand sans se ruiner. Laisser la voiture plus loin, car impossible de se garer dans cette rue, mais vous ne le regretterez pas ! C'est une adresse cachée aux touristes et légendaire à Abu Dhabi.

WAFI GOURMET €€

Nation Towers

✆ +971 2 665 60 77

www.wafigourmet.com

À partir de 50 AED. Ouvert tous les jours de 10h à minuit et jusqu'à 1h les vendredis.

Une excellente adresse pour les gourmands, et nous le sommes tous devant ces victuailles levantines. C'est l'occasion de goûter les mezze ou de commander un shawarma, une de leurs spécialités. On a peine à détourner le regard des pyramides de pâtisseries et des paniers regorgeant de douceurs orientales qui occupent une grande partie de cette épicerie fine. Dégustation sur place en terrasse ou à emporter, grand choix de dattes, de fruits secs et de brochettes, Wafa Gourmet est une institution, le « Lafayette Gourmet » des pays arabes ! Shisha disponible.

AL FANAR €

Yas Island

✆ +971 2 877 2272

www.alfanarrestaurant.com

À partir de 70 AED. Ouvert tous les jours de 8h30 à 22h30.

Conçu comme un petit musée des traditions visant à reproduire le mode de vie émirati des années 1960, le lieu abonde en photos noir et blanc et en objets du temps jadis, qui ornaient les maisons avant le choc pétrolier et le boom des constructions modernes à la verticale. Services en costume et qui permet, au-delà de l'approche conceptuelle un tantinet commerciale (mais qu'importe puisque ça marche et que l'hospitalité, elle, est vraie), de saisir réellement quelques bribes d'un quotidien révolu et la cuisine émiratie. Pas d'alcool servi sur place.

CAFE ARABIA €

15th Street

✆ +971 2 643 9699

Ouvert tous les jours de 8h à 22h. Comptez 80 AED le repas.

De la rue, repérez les tentures jaunes de la terrasse. Derrière se cache une ambassade du bon goût, une auberge des saveurs, une galerie d'art. Entrez, la maison est blanche, le café délicieux, les spécialités levantines impeccables. A gauche, sur le mur, rassemblés, les portraits noir et blanc des grands Arabes, parmi lesquels Amin Maalouf. Ensuite, ces lanternes aux couleurs du songe, les fauteuils profonds, cette table d'hôtes, les revues et les livres choisis tels des viatiques par Aïda Mansour. Nous sommes chez elle et c'est vraiment bien.

CAFE BLANC €

Sheikh Zayed Street, Eastern Mangroves Promenade

✆ + 971 2 677 9881

www.thearabiangourmet.com

Ouvert tous les jours de 10h à 23h30. À partir de 60 AED par personne.

Ce quartier est un rêve à vivre en plein centre-ville de la capitale et sur la Sheikh Zayed Street. Pourtant une fois passé les portes de ce complexe, vous vous retrouvez pratiquement sur les Mangroves, au calme. La nature s'offre à vous avec ses oiseaux migrateurs et sa végétation à perte de vue. Dans un cadre reposant et installé sur la terrasse, à toute heure de la journée, on peut se restaurer dans une atmosphère orientale. Nous vous recommandons ce restaurant par exemple entre un musée et la mosquée Sheikh Zayed ou juste pour une pause café.

CHAGH KABAB €

Derrière la Corniche Road, Street 2

✆ + 971 2 681 8166

www.chaghkabab.com

À partir de 55 AED. Ouvert tous les jours de midi à 23h30.

Vous en avez assez des restaurants d'hôtels ? Vous aimeriez vous mélanger à la foule des travailleurs d'Abu Dhabi sans chichi ? Pour ceux qui aiment les endroits atypiques, populaires, non aseptisés, Chagh Kabab est votre restaurant du jour. Cag kebap au mouton ou au poulet, sis tavuk ou tabouleh se dégustent à l'intérieur ou autour des quelques tables installées sur le trottoir. Cuisine authentique à prix très doux. Les habitants d'Abu Dhabi ne se lassent pas d'y retourner, car le restaurant est toujours plein d'une foule cosmopolite.

LEOPOLD'S OF LONDON €

Reem Island

✆ +971 600 560 602

www.leopoldsoflondon.com

Ouvert tous les jours de 7h à 23h. Environ 75 AED par personne.

Décor rustique, marbre blanc, meubles foncés, voici un café-restaurant agréable avec de bonnes salades, de bons sandwiches et un menu qui plaira à tous, à défaut d'une très belle vue puisqu'on se trouve dans un centre commercial. Deux adresses à Abu Dhabi, une sur Reem Island et Maryah Island qui se vantent d'un beau succès commercial. Si vous n'avez pas trop de temps et entre deux boutiques à Galleria Mall, voici une adresse pour déjeuner rapidement, sainement et sans se ruiner, entourés de cols blancs. Pas d'alcool dans le restaurant.

SARAVANA BHAVAN €

Madinat Zhayed Shopping Mall

✆ +971 2 645 3431

www.saravanabhavan.com

Ouvert tous les jours de 8h à 23h30. A partir de 20 AED.

Installé au cœur du vieux centre commercial Madinat Zhayed voici un restaurant indien, végétarien, très apprécié de la communauté locale. Une adresse sûre et sans mauvaises surprises. C'est la cantine des businessmen indiens, goûter les plateaux-déjeuner, c'est se retrouver directement à Chennai, d'où est la maison mère. La chaîne de restaurants s'est développée dans le monde entier. Occasion aussi de faire un tour dans le centre commercial où se trouvent de très beaux tissus et d'aller chiner dans les merceries aux alentours.

BEACH HOUSE €€

Park Hyatt

✆ + 971 2 407 1138

www.abudhabi.park.hyatt.com

Ouvert tous les jours de 12h30 à minuit. A partir de 150 AED.

N'hésitez pas à entrer dans cet hôtel de l'île de Saadiyat même si vous n'y logez pas. Tout près de la mer, vous allez l'apercevoir : voilages au vent depuis ce cabanon de plage à la décoration tendance. On y vient pour un premier café, pour une salade niçoise, quelques tapas incomparables, mais aussi pour prendre un verre au coucher du soleil et pour terminer la journée sans stress. Y aller, c'est adopter un mode méditatif tant les énergies s'affairent à vous détendre complètement. Mieux vaut réserver cependant surtout les week-ends !

BUDHA-BAR BEACH €€

The St Regis Hotel Saadiyat Island

✆ +971 2 498 8888

https://www.buddhabarbeachabudhabi.com

Ouvert de 17h à minuit et le jeudi à partir de midi. Environ 200 AED par personne.

Voici une adresse pour tous ceux qui cherchent un restaurant les pieds dans l'eau ou en tous cas les pieds dans le sable. Certes, il faut traverser le lobby de l'hôtel et ses jardins, mais quel bonheur ! Budha Bar est à la fois, le bon plan pour un déjeuner zen, un spot formidable pour écouter du saxo au moment du coucher du soleil, la bonne table pour partager des tapas entre amis et l'endroit pour prendre un dernier verre. Mieux vaut réserver et en terrasse bien sûr ! Il y a beaucoup d'ambiance et les cocktails sont superbes !

FLOOKA €€

Eastern Mangroves Promenade

✆ + 971 2 441 8244

www.flooka.com

Ouvert tous les jours de midi à 23h30. À partir de 120 AED par personne.

C'est incontestablement la plus belle terrasse de la promenade. Sur l'eau, avec comme arrière-plan la *skyline* d'Abu Dhabi et les Mangroves, voici un restaurant libanais spécialisé en poissons. On déguste un poisson grillé tout simplement avec quelques *mezze*. Le samedi, un brunch avec orchestre libanais ajoute une touche ginguette à l'ensemble. Le restaurant est plein et donc, pour s'assurer une place face aux mangroves en extérieur, mieux vaut réserver surtout en week-end. Une valeur sûre depuis quelques années déjà dans ce complexe.

LI JIANG €€

✆ +971 2 818 8282
www.ritzcarlton.com
Ouvert tous les jours de 17h à 23h Compter 230 AED. Tenue correcte exigée.

Ce restaurant a la plus belle terrasse pour admirer le soir la Grande Mosquée Sheikh Zayed côté jardin. À l'intérieur, la cuisine ouverte permet de voir les cuisinier s'affairer et préparer, notamment, les célèbres nouilles tirées à la main, un spectacle qui ne manque pas de captiver les clients. Les fans de dim sums et de nourriture extrême orientale seront comblés ici : en effet, Li Jiang propose une cuisine chinoise traditionnelle, à déguster dans un cadre décoré avec inventivité et goût et rythmé par un DJ en général féminin du jeudi au samedi.

MEKNES €€

Mina Street
✆ +971 2 6778813
Environ 90 AED par personne. Ouvert tous les jours de midi à 22h

Voilà une perle cachée comme on aime les trouver puis les partager avec vous. Si vous cherchez un petit restaurant qui ne paye pas de mine, de quartier, et vraiment délicieux, et si vous aimez comme nous la cuisine marocaine, alors Meknes est votre restaurant. Ouvert depuis plus de 15 ans, le décor laisse présager une cuisine authentique, savoureuse et généreuse. Le couscous est sublime comme la tajine d'agneau aux abricots et pruneaux. Les prix sont très raisonnables et le service est charmant, efficace et attentif. On ne sert pas d'alcool dans ce restaurant.

MUSEUM CAFE & ART LOUNGE LOUVRE ABU DHABI €€

Saadiyat Island ✆ +971 50 699 6781
www.louvreabudhabi.ae
Environ 100 AED par personne au restaurant. Ouvert de 10h à 20h et jusqu'à 22h jeudi et vendredi, fermé le lundi.

Côté café, voici un lieu parfait pour prendre une pause bien méritée après la visite au musée. Face à la mer turquoise, le restaurant épuré vous accueille pour un déjeuner à la carte ou côté snack, en self-service si vous n'avez que très peu de temps. Côté rooftop, c'est un endroit idéal au moment du coucher du soleil pour prendre un petit verre, magnifique au crépuscule. Pas besoin d'aller plus loin, le café est parfait pour savourer encore un peu le dôme de Jean Nouvel.

PREGO'S €€

Tourist Club Street
✆ +971 2 697 9011
www.rotana.com/beachrotana
Ouvert de 12h à 23h30. Comptez 200 AED le repas.

Nichée dans le Beach Rotana, voici une adresse connue de tous les habitants de la capitale depuis de nombreuses années. Parmi les nombreux italiens de la ville, c'est sûrement l'un des plus joliment installés entre les vastes salles claires, réinterprétation contemporaine de l'Italie que l'on aime, et la terrasse ouverte sur les jardins et le canal maritime. Rayon charcuterie, pains tout chauds, carte chantante. On apprécie spécialement les tables hautes près des baies vitrées et celles de l'extérieur, aux beaux jours tempérés.

PUESTA DEL SOL €€

✆ +971 2 654 3238
www.fairmont.com
Ouvert tous les jours de 17h à 1h. Fermé pendant l'été. A partir de 160 AED par personne, compter 35 AED la pinte.

« Puesta del sol » dont le nom signifie en espagnol « coucher de soleil », le tout sur la Creek avec comme toile de fond la Grande Mosquée Sheikh Zayed. Confortablement lové dans des sofas et fauteuils, la petite musique de fond qui va bien, la soirée s'annonce bien. Côté menu vous dînerez avec des tapas espagnoles ou des pizzas. Tout y est pour se détendre entre amis, sur la plage face à la mosquée illuminée en fin de journée. Une adresse recommandée par les résidents de la capitale dans le très bel hôtel Fairmont Bab Al Bahr.

SAFINA €€

✆ + 971 2 656 3536
www.saadiyatbeachclub.ae
Ouvert tous les jours de 8h à 23h, jusqu'à minuit les jeudis et vendredis. Aux alentours de 200 AED.

Dans le beach club paradisiaque de Saadiyat Island, Safina offre à tous les amoureux des plages sophistiquées, version Côte d'Azur, une pause idéale. Il est possible d'aller s'y restaurer sans payer le droit d'entrée et cela peut-être une excellente idée en rentrant du Louvre Abu Dhabi par exemple, car il se trouve sur la route de retour de Dubaï. Le restaurant, certes, se trouve un peu à l'écart de la plage mais offre une vue superbe sur la piscine et la mer au loin. En soirée, au coucher du soleil, c'est aussi un spot couru pour prendre l'apéritif.

THE MEAT COMPANY €€

Souk Qaryat Al Beri
✆ +971 2 558 1713
www.themeatco.com
Ouvert de 12h à 23h, jusqu'à 23h30 le jeudi et le vendredi. A partir de 200 AED le repas.

Et si le plus abordable des steakhouses d'Abu Dhabi était finalement le meilleur ? Rassir les pièces de bœuf, les cuire parfaitement, les servir rapidement, c'est un métier que les Sud-Africains, carnivores patentés, pratiquent bien. Ouvrant sur le bras de mer, à l'avant de la galerie marchande, ce restaurant dispose d'une terrasse extra aux beaux jours. Optez sinon pour la salle du rez-de-chaussée, aux tons chauds de grillades rougies et dévorez un morceau de bœuf doux comme de la soie. En complément, un verre de shiraz du Boland, et bonne nuit les petits.

VASCO'S €€

Corniche Road West
✆ +971 2 692 4247
Déjeuner de 12h à 15h30. Dîner de 19h à 23h. Comptez 220 AED le repas.

Vasco's est un restaurant mythique de la ville qui est resté dans son jus. Cependant, c'est une valeur sûre et la qualité est toujours là. En choisissant la terrasse, on s'offre la rangée de palmiers, la mer et au fond le scintillement permanent du Marina Mall. Grillades, poissons filetés et de remarquables spaghetti pimentés. A deux pas dans le jardin, devant le même écran naturel, un bar à narguileh. Pour un premier dîner en extérieur, c'est une bonne adresse légendaire à Abu Dhabi surtout fréquentée par les résidents de la capitale.

WAFI GOURMET €€

Nation Towers
✆ +971 2 665 60 77
www.wafigourmet.com
À partir de 50 AED. Ouvert tous les jours de 10h à minuit et jusqu'à 1h les vendredis.

Une excellente adresse pour les gourmands, et nous le sommes tous devant ces victuailles levantines. C'est l'occasion de goûter les mezze ou de commander un shawarma, une de leurs spécialités. On a peine à détourner le regard des pyramides de pâtisseries et des paniers regorgeant de douceurs orientales qui occupent une grande partie de cette épicerie fine. Dégustation sur place en terrasse ou à emporter, grand choix de dattes, de fruits secs et de brochettes, Wafa Gourmet est une institution, le « Lafayette Gourmet » des pays arabes ! Shisha disponible.

99 SUSHI BAR €€€

Galleria Mall ✆ +971 2 267 23333
www.99sushibar.com
Ouvert tous les jours de midi à 15h30 et de 19h à 23h30. Jusqu'à 00h30 les jeudis et vendredis. Menu déjeuner à 149 AED.

Cela fait plus de 15 ans que 99 Sushi bar triomphe en Espagne avec 5 restaurants à Madrid et 1 à Barcelone sous l'impulsion de deux frères qui eurent pour ambition de proposer une cuisine japonaise avant-gardiste. Le nom est tiré du deuxième local qui ouvrit à Madrid au 99 de la rue Hermosilla. Leur premier restaurant hors de la Péninsule Ibérique ouvrit dans la Péninsule Arabique en 2017. La décoration est sobre et élégante, tout est délicieux, fin, comme le Flambé Nigiri, le tatami de taureau... Bref, c'est, pour nous, le meilleur japonais de la capitale.

BARBECUE AL QASR €€€

Corniche Road West
✆ +971 2 690 7999
www.mandarinoriental.com
Ouvert tous les jours pour déjeuner et dîner de 19h à 23h30. Comptez 500 AED le repas.

Une robinsonnade à nulle autre pareille, mise en beauté par ces foyers translucides où dansent les flammes. Voici le barbecue le plus chic d'Abu Dhabi, dressé autour de paillotes sur pilotis. Et quelle douce escale apéritive dans ces fauteuils profonds (optez pour le coin salon à gauche), quand la jeune nuit prend un peu de la chaleur du jour et nous laisse humer l'air du Golfe, quand encore, au trinqué du pinot gris, au fumé du narguilé, le regard embrasse l'orgueilleuse façade de ce palais princier et les jardins manucurés qui s'étirent vers l'horizon.

LE CAFE €€€

Emirates Palace
✆ +971 2 690 7999
www.mandarinoriental.com
Ouvert tous les jours de 8h à 23h. Afternoon tea entre 14h et 18h. Tenue correcte exigée.

Pour accéder à l'Emirates, dans un décor chic et feutré, se rendre au café du lobby est une excellente manière. Si on y va le matin, on hésite entre le camelccino, cappuccino au lait de chamelle et le très chic café au lait et ses pétales d'or 24 carats. Chaque café est servi avec de succulentes dattes. Dans l'après-midi on peut y aller pour l'*afternoon tea* accompagné de petits sandwiches et les traditionnels scones, le tout au son de la harpe ou du violon. Une merveilleuse façon de vivre la vie de palace au moins une fois. Réservation conseillée.

FINZ €€€

Beach Rotana

✆ + 971 2 304 8090

www.rotana.com/beachrotana

Ouvert de 12h30 à 15h30 et de 19h à 23h30, le bar reste ouvert jusqu'à 1h. Environ 350 AED par personne.

Sur le podium des plus belles terrasses et des meilleurs restaurants de poissons de la ville d'Abu Dhabi, Finz figure en bonne position depuis de nombreuses années. Situé en face de Maryah Island, on admire les bâtiments tels que le Cleveland Hospital, le Rosewood Hotel ou le Four Seasons se refléter dans le bras de mer. C'est un restaurant relativement petit, mais le service est raffiné, attentif, et la cuisine vraiment savoureuse avec une diversité de choix de poissons et de fruits de mer de très grande qualité. Mieux vaut réserver.

FOUQUET'S ABU DHABI €€€

Louvre Abu Dhabi

✆ +971 50 699 6781

www.fouquetsabudhabi.com

Ouvert de midi à 15h et de 19h à minuit. Jusqu'à 1h les jeudis & vendredis. Fermé le lundi. Menu à 195 AED au déjeuner.

Le Fouquet's s'invite dans ce temple de l'art, sous le dôme du Louvre Abu Dhabi, deux parisiens sur l'île de Saadiyat. Une fois franchie la porte, on retrouve tous les codes de la brasserie parisienne... Et puis, il y a cette terrasse qui semble flotter sur la mer turquoise. Un moment de ravissement, de quiétude, de zénitude nous envahit. Côté menu, c'est aussi une belle surprise. Pierre Gagnaire, que l'on ne présente plus, a signé cette carte qui fait la part belle aux traditionnels plats de brasserie. Tout est délicieux et le service est parfait.

HAKKASAN €€€

Corniche Road West

✆ +971 2 690 7739

www.mandarinoriental.com

Ouvert tous les jours de 15h à minuit. Brunch le vendredi de midi à 16h. Compter 450 AED le repas.

Depuis longtemps, voici un des meilleurs restaurants de la ville jouissant d'une des plus belles vues. Cuisine cantonaise revisitée par les émissaires de Tong Chee Hwee, chef de la maison-mère de Hanway Place à Londres. Soupe langouste-épinard, canard au caviar, tranche de Wagyu sauce soja et tant d'autres irrésistibles petits joyaux, servis avec classe dans un écrin bleu, presque un halo, griffé par le duo parisien Gilles & Boissier. Visite impérative du bar luminescent, piste d'envol pour la soirée. Terrasse et vue imprenable sur les Etihad Tower.

LA PETITE MAISON €€€

Galleria Mall

✆ +971 2 692 9600

www.lpmrestaurants.com

mOuvert tous les jours de midi à 23h et jusqu'à 23h30 les jeudis.

Pour ceux qui auraient raté un épisode, la Petite Maison est l'ambassade rustico-chic d'un des meilleurs terroirs gastronomiques de l'hémisphère nord, Nice ! Vous pourrez y goûter la divine pissaladière, les petits farcis, les aubergines grillées, les rigatoni aux truffes, le loup de mer en croûte de sel ou l'inimitable poulet au foie gras. Dans l'enceinte du Four Seasons, vous voici dans cette brasserie claire et modeuse embrasée de gaieté, toujours élégante, où se régalent les fourchettes les plus difficiles. Une jolie terrasse extérieure.

TASHAS €€€

✆ +971 2 445 0890

www.tashascafe.com

Ouvert tous les jours de 8h à 23h. A partir de 150 AED par personne.

Une adresse prisée des résidents, car le lieu est calme et frais, au bord de l'eau, juste en face du centre Zayed. La chef, Natasha, fonde son premier restaurant à Johannesburg en 2015 puis multiplie ses adresses. Le design du restaurant est aussi important que la qualité de sa nourriture, entre grillades, salades, risottos, paellas et pain perdu. On aime la fraîcheur des produits et la clarté de l'assiette. L'endroit est idéal pour se retrouver au calme dans un cadre reposant, mais attention, car le restaurant fait souvent salle comble.

TORI NO SU €€€

Etihad Towers

✆ + 971 2 811 5555

www.jumeirah.com

Ouvert du dimanche au jeudi de midi à 15h30 et de 19h à 23h30, ouvert les vendredis et samedis de 19h à 23h30.

Voici un des nombreux restaurants du Conrad situé sur l'esplanade des Etihad Towers. Ce restaurant nippon est un lieu incontournable de la cuisine teppanyaki, et sa réputation n'est plus à faire. Il nous accueille avec une multitude de médailles. Les chefs s'affairent de midi à minuit dans une ambiance élégant et le service est attentif et raffiné. On aime passionnément la cuisine et on regrette que l'atmosphère soit un peu trop calme, car les clients se font trop rares surtout à l'heure du déjeuner. Une bonne idée pour une pause déjeuner.

ZUMA €€€

The Galleria

✆ +971 2 401 5900

www.zumarestaurant.com

Ouvert de midi à 16h et de 19h à 1h du matin. A partir de 350 AED.

L'iconique restaurant Zuma a choisi d'ouvrir un deuxième établissement aux Emirats, dans la capitale cette fois-ci. Implanté à Sowwah Square, en plein dans le quartier des affaires d'Abu Dhabi, le petit dernier de la famille Zuma ne ressemble en rien à celui de Dubaï, mais n'en demeure pas moins splendide avec ses gros blocs de pierre venus de Thaïlande qui ornent le dessus du bar et le mur derrière. Au niveau du menu, on retrouve bien les spécialités japonaises non conventionnelles et créatives à souhait de la maison, sous forme de tapas à partager.

BARFLY BY BUDDHA BAR

Venetian Village

✆ + 971 2 404 1951

www.venetianvillage.ae

Ouvert tous les jours de 18h à 2h et le vendredi de 12h30 à 2h.

Au bout du Venetian Village, dans l'enceinte du Ritz-Carlton, le Barfly d'inspiration néo-baroque vous invite à profiter de la vue sur le canal. Selon le moment de la journée, vous pourrez profiter d'une ambiance différente que ce soit l'après-midi pour fumer une shisha, installé en terrasse, ou plus tard dans une ambiance plus rythmée et tendance à l'intérieur. Choix de très bons cocktails, petite carte aux accents asiatiques et côté musique, DJ aux manettes pour une soirée électrisante. Le bar ne désemplit pas les week-ends.

SHAKESPEARE AND CO

Liwa Street

✆ +971 2 639 9626

www.shakespeare-and-co.com

Ouvert tous les jours de 7h à 23h. À partir de 50 AED le repas.

C'est dans le World Trade Center des célèbres architectes Foster&Partners, côté souk que vous allez trouver entre deux achats ce petit « bistrot ». Dans un décor faussement victorien, voici donc l'antenne locale de la maison dubaïote. Ladurée style sans le style, mais les produits sont bons et à prix correct. Une bonne adresse pour manger des petits plats simples. Ne manquez pas, entre autres : les crêpes salées ou sucrées, la volaille, l'œuf Bénédicte, les macarons et surtout, en guise de raretés, l'orange et le citron givrés.

GREEN LAWN DATES

Al Mina Market

✆ + 971 2 673 3667

Ouvert de 7h à 23h et apres 17h le vendredi.

Comment repartir des Emirats arabes unis sans quelques dattes ? Si vous voulez vraiment des fruits du pays et les acheter à un petit commerçant, alors rendez-vous à Mina Market. Dans le marché des fruits et légumes, une allée entière leur est consacrée. Sans aucun souci, vous pourrez d'abord procéder à une petite dégustation sur place avant de vous décider pour votre sélection. Le service est accueillant et charmant et vous serez assurés d'obtenir des fruits de bonne qualité à prix modique dans cette échoppe comme dans celles avoisinantes.

MARCHÉ AUX POISSONS

Corniche Road East

Ouvert tous les jours de 7h à 22h.

Si vous entendez parler du Fish Souk, c'est cela. En fait un hangar moderne de type Rungis. Tout ce qui frétille en mer termine sur la glace dès le retour des bateaux. Les poissons peuvent se nettoyer sur place et surtout, vous pouvez les faire cuire dans la petite galerie derrière pour l'emporter tout chaud jusqu'à votre domicile. Qui choisir entre toutes ces baraques ? Aucune en particulier, mais n'hésitez pas à donner vos préférences. C'est absolument délicieux et vous pourrez même le déguster sur place dans la cantine du fond.

NATION GALLERIA

Nation Towers

✆ +971 2 333 8288

Ouvert tous les jours de 10h à 22h et jusqu'à minuit du jeudi au samedi. Les cafés ouvrent dès 8h pour le petit déjeuner

Construit sur la Corniche, au pied de l'hôtel Saint Régis, ce centre commercial luxueux est surtout un lieu pour une pause gourmande ou pour se restaurer dans un des nombreux restaurants bons et pas trop chers qui jouissent d'une vue exceptionnelle sur la Skyline d'Abu Dhabi. Vous trouverez aussi une boutique qui vend de l'Oud pour parfumer votre maison, la boutique Al Rifai pour acheter des fruits secs de qualité, Café Bateel pour les dattes fondantes. Une librairie vend aussi quelques livres souvenirs et des cartes postales.

REEM JEWELLERY

Hamdan Street

✆ + 971 2 621 1745

www.reemjewellery.me

Ouvert de 9h à 13h30 et de 16h30 à 22h. Fermé le vendredi.

Gaby et Joseph dirigent d'une main de velours cette adresse mythique pour les francophones d'Abu Dhabi. Tous les grands du continent européen ou presque ont visité la boutique, en place depuis 1979. Que cela n'effraie personne car le prix est toujours juste, pas d'entourloupes ni de mauvaises surprises. Ici, c'est la garantie d'acheter un produit de qualité à tarif honnête dans toutes les fourchettes de prix. La preuve en est : à chaque passage d'un bateau de l'armée française, c'est une longue file qui se forme jusqu'à l'extérieur du magasin !

THE SOUK AT QARYAT AL BERI

Qaryat Al-Beri

✆ +971 2 558 1670

www.soukqaryatalberi.com

Ouvert de 10h à 22h, et le vendredi de midi à minuit.

Construite en mode *waterfront* au bord du Khor Al-Maqtaa, le bras de lagune séparant le continent de l'île d'Abu Dhabi, cette vaste galerie marchande a une architecture et une atmosphère orientale avec un petit air vénitien. Ce n'est pas un énième centre commercial, mais plutôt une galerie marchande de 6 000 mètres carrés qui déroule ses boutiques chics, pop-up stores et restaurants en terrasse. Epicerie fine sur place et animation musicale le week-end.

WAREHOUSE421

Mina

✆ +971 2 676 8803

www.warehouse421.ae

Ouvert de 10h à 20h. Fermé le lundi.

Installée dans la zone portuaire d'Abu Dhabi, non loin du marché aux poissons, et assez difficile à trouver, cette galerie fut inaugurée lors d'Abu Dhabi Art Fair en novembre 2015. C'est un espace écoresponsable qui non seulement propose des expositions temporaires, mais offre aussi des ateliers, des discussions autour de l'art, mais aussi de l'architecture parfois. Tous les amoureux d'art contemporain feront un stop obligé à cette étape culturelle. Tout petit espace shopping, mais intéressant : affiches, petits objets, artisanat.

WORLD TRADE CENTER

Etihad Square

✆ +971 2 508 2400

www.wtcad.ae

Ouvert de 10h à 22h. Jusqu'à 23h les jeudis et vendredis.

Le *mall* se situe dans un bâtiment gainé de panneaux de bois ajourés, travaillé en puits de lumière et conçu par Foster & Partners. Il a été édifié sur le site même de l'ancien souk, dans le quartier historique de la ville, au pied de deux tours jumelles dont l'une est la plus haute d'Abu Dhabi. Côté centre commercial, soulignons le Hub qui propose une offre gastronomique de qualité. Côté souk de l'autre côté de la rue, c'est le royaume des cadeaux souvenirs, avec un petit marché qui vend des épices iraniennes, et I love AD qui propose quelques livres et souvenirs.

YAS MALL

✆ +971 2 414 6401

www.yasmall.ae

Ouvert de 10h jusqu'à 22h et jusqu'à minuit les jeudis et vendredis.

Au pays des centres commerciaux, il n'est pas aisé de les comparer. Si l'on parle de certains comme de villages, on qualifiera Yas Mall de ville avec 10 000 places de stationnement, près de 400 boutiques, 60 restaurants, 20 salles de cinéma, un accès direct à Ferrari World, des événements mensuels et des kilomètres d'allées qui permettent aux habitants de se dégourdir les jambes lorsque le thermomètre frôle les 45 degrés. La semaine est un moment idéal pour le visiter. En revanche, le *mall* ne désemplit pas dès son ouverture, du vendredi au samedi inclus.

SAADIYAT BEACH CLUB

Plage de Saadiyat

✆ +971 2 656 3500

www.saadiyatbeachclub.ae

Entrée adulte à la journée 250 AED du dimanche au mercredi. Du jeudi au samedi, 375 AED la journée,

Le Beach Club de Saadiyat est posé sur la plage turquoise de Saadiyat, à 10 minutes du Louvre Abu Dhabi. On y trouve cabanas, spa, bain à remous, restaurant et lounge bar, pour le plus grand bonheur de tous. Entre la piscine et l'immense plage de sable blanc, vous allez passer une journée de rêve. C'est l'endroit idéal pour passer la journée et se faire chouchouter les sens. Alors même si l'entrée peut vous paraître un peu chère, la qualité des prestations, le décor et la beauté du site vous feront vite oublier le droit d'entrée.

AL AIN ★★★

A 1h30 de Dubaï. Al-Aïn est une ville-oasis située à environ 120 km au sud-est de Dubaï, sur le territoire d'Abu Dhabi. Quatrième plus grande métropole des Emirats, elle possède la plus forte proportion d'habitants originaires du pays, ce qui lui donne une allure de ville arabe plus authentique que Dubaï ou qu'Abu Dhabi. Surnommée la « Ville-jardin du Golfe », elle offre à voir une facette surprenante de la région, que l'on pense à tort uniformément aride. La terre y est en effet fertilisée par la présence déjà ancienne de sources souterraines et a été largement mise en valeur par les vastes programmes de plantations de palmiers-dattiers initiés par Scheik Zayed, qui naquit à Al-Aïn et en fut gouverneur pendant plus de vingt ans. Riche de plus de 10 000 hectares de verdure, la ville déroule son tapis de végétation émeraude au pied de l'ocre Jebel Hafeet et mérite un détour. On peut facilement séjourner 24h ici, le meilleur point de vue sur la ville s'observant depuis la terrasse de l'hôtel Mercure, situé précisément au sommet du Jebel Hafeet et où l'on peut passer une agréable journée panoramique (compter 30 minutes pour y accéder depuis le centre).Au fil de ses multiples parcs et jardins, de palmeraie en palmeraie, on découvre également tous les visages de la modernité. C'est aujourd'hui un gigantesque campus universitaire, et un pôle des technologies de l'aéronautique. Fait unique dans l'émirat, la population d'Al Aïn, soit presque un demi-million de personnes, est à près de 50 % émirienne, dont une partie travaille à Abu Dhabi et rejoint sa villa ou son *ezba* (ferme) pour le week-end. On vous dira que le climat général est un tantinet plus conservateur que dans la capitale, ce qui peut être mal compris. Car la ville est riante, aérée, pleine de vie et de malls débordant de fantaisies globalisées et pas plus coincée que la sœur dhabienne. Simplement, et cela relève de l'évidence géographique, il n'y a pas de plages occupées par des dames en bikini et assez peu de lieux festifs au sens occidental du terme.
Les haies de palmiers qui se succèdent dès l'entrée de la ville, transportent le voyageur dans une autre sphère spatio-temporelle où les secondes tournent moins vite sous un ciel plus grand. Un sentiment accru par les atours de la cité, que l'on a volontairement privée d'immeubles de plus de quatre étages pour préserver la majesté singulière d'un cadre historique riche des plus beaux forts du pays. 4 sites font partis du Patrimoine mondial de l'UNESCO: Ses 6 oasis, et les sites de Hafit, Bidaa Saud et le dernier Hili que l'on peut visiter partiellement. Al Aïn, on adore!

Faune et Flore

Des centaines de milliers de palmiers dattier abondent à Al Aïn. Le *Phoenix dactylifera* contribua à l'alimentation mais aussi à de multiples usages pratiques : son bois servait à la construction des bateaux, tandis que

ESCAPADES

© LEONID ANDRONOV - SHUTTERSTOCK.COM

Oasis d'Al Aïn.

ses feuilles étaient transformées en paniers, matelas, jouets, et étaient employées également à l'édification des maisons. De nos jours, la production du palmier dattier est une industrie et son fruit est l'un des seuls produits agricoles émiriens exportés. La datte, bien meilleure dégustée fraîche et moelleuse que séchée, est d'ailleurs connue pour ses vertus nutritives, riche en protéines, potassium et autres vitamines et minéraux.

Histoire

Al Aïn est habitée depuis l'âge de Pierre. Mais c'est surtout au néolithique que l'on va assister à la révolution des Oasis. C'est à cette époque que les habitants vont adopter un modèle d'agriculture notamment basé sur l'exploitation des palmiers-dattiers, certaines céréales et des légumineuses et ceci grâce à un système d'irrigation qui vont leur permettre d'accéder à l'eau en toute saison. Les animaux étaient déjà domestiqué car dans les différentes fouilles, on a retrouvé beaucoup de traces d'ossements de bovins, cheptel et caprinés et les échanges avec des contrées lointaines avaient bien lieu. Pour preuve, les nombreuses poteries retrouvées dans les tombes.

Pratique

Hors du centre lui-même, vous rencontrerez bien peu de feux rouges mais plutôt des ronds-points, la figure préférée des urbanistes. Ceux-ci pourront vous donner quelques frayeurs quand, entre deux énormes 4x4 aux vitres fumées, vous vous retrouverez au seuil dudit giratoire devant un flot furieux de véhicules centrifugés. Priorité aux voitures déjà dans le manège ! Vous vous lancerez alors profitant d'un espace suffisant et choisirez la piste intérieure, médiane ou extérieure selon l'axe d'éjection choisi. Ces tourniquets automobiles sont la cause de nombreux froissements de tôle. Il est donc conseillé de réfléchir à sa direction précise avant d'aborder les ronds-points.

Se loger

Al Aïn est une destination vraiment authentique et très différente de la ville d'Abu Dhabi : pas de palaces, ni de très grands hôtels, mais des établissements très confortables. Comme la ville offre de nombreuses visites culturelles et ludiques, le temps passé dans la chambre et les hôtels est restreint, donc pas de regret si les prestations sont moins attractives que dans la capitale. Soit on choisit un établissement en centre-ville, pratique et permettant de sortir le soir pour explorer les restaurants de la ville, soit on privilégie la montagne et sa vue plongeante sur la ville. Dans le cas d'une nuit seulement, le choix peut se porter sur un hôtel dans le désert à mi-chemin entre Abu Dhabi et Al Aïn.

L'OUTARDE HOUBARA

Dans la péninsule arabique, mais également sur l'ensemble de son aire de distribution qui s'étend des îles Canaries à travers l'Afrique du Nord et l'Asie centrale jusque dans le désert de Gobi, les populations de l'outarde houbara *(Chlamydotis undulata)* ont fortement décliné dans les cinquante dernières années. Dès la fin des années 1970, prenant conscience du problème, Cheikh Zayed avait conduit des expériences de reproduction en captivité au zoo d'Al Ain. Avec le temps, le projet d'Abu Dhabi a mûri et a donné naissance au Centre national sur la recherche aviaire (NARC) dont l'ambition est de prévenir l'extinction de l'espèce et de réconcilier la tradition de la fauconnerie arabe avec une utilisation raisonnée de la ressource. Aujourd'hui intégré dans une entité tout entière dévolue à cette problématique, le Fonds international pour la conservation de l'outarde houbara a fait un grand bout de chemin.

Deux orientations principales, l'une visant à approfondir les connaissances de l'écologie de cet oiseau et l'autre à mettre en place les techniques de reproduction en captivité de cette espèce, ont été menées conjointement. Un pan important de ces travaux d'écologie a consisté à établir scientifiquement et à grande échelle, c'est-à-dire sur l'ensemble de l'aire de distribution de l'espèce, l'importance du déclin. Des estimations de tendances à long terme ont pu être faites en collaboration avec des réseaux de chercheurs au Kazakhstan et en Chine ainsi qu'à plus large échelle encore par le truchement d'émetteurs satellites. Les nombreux tracés migratoires ont quant à eux permis d'interconnecter les différents sites d'hivernage de l'espèce, dont les Emirats arabes unis, avec les sites de reproduction en Asie centrale, en Chine et en Mongolie. Parallèlement, de gros progrès ont été faits dans la maîtrise des techniques d'élevage en captivité et Abu Dhabi produit aujourd'hui plusieurs milliers d'outardes houbara en conditions totalement artificielles d'élevage. L'espèce étant particulièrement rétive à la captivité, elle ne se reproduit que par insémination artificielle et ne consent à pondre ou à donner de la semence que lorsque des liens de confiance sont établis avec les soigneurs. Le centre de reproduction, situé à côté de Sweihan, a relâché plus de 1 000 outardes à ce jour et envisage des relâchés massifs dans un avenir proche.

Pour en savoir plus : Agence de l'environnement www.ead.ae

ESCAPADES

QUI SONT LES BÉDOUINS ?

Des liens forts. Le premier lien de chaque Bédouin est celui de sa famille immédiate, les parents, frères et sœurs. Puis viennent les oncles, tantes, cousins et la famille éloignée. Au-delà apparaissent le clan, puis la tribu avec ses ramifications regroupées en une alliance appelée confédération et dont le chef est le cheikh. Ce dernier est toujours choisi dans la famille la plus proche et n'est pas forcément le fils aîné. C'est le plus capable qui est choisi, c'est-à-dire chez les Bédouins un homme courageux lors des conflits, un sage en temps de paix, et surtout un homme chanceux. Le cheikh a l'obligation de donner des fêtes, de visiter les familles lors des mariages. Lors de prises de décisions difficiles, le cheikh s'entoure de personnes âgées dont la sagesse est reconnue. Le cheikh est considéré comme un père par toute sa tribu.

Les Bédouins d'Abu Dhabi. Les tribus les plus importantes en nombre sont les Bani Qitab et les Bani Yas d'où descendent les membres de la famille Al Nahyan, qui dirige Abu Dhabi. En 1904, quarante-quatre tribus différentes sont enregistrées dans les États de la Trêve et en 1968, le premier recensement jamais organisé dénombre 17 750 personnes comme étant bédouins. Souvent éleveurs, ils étaient presque tous sédentarisés et occupaient deux régions principales : Al Aïn et Liwa.

Les Bédouins des sables et des oasis. Installés dans les oasis de Liwa, fief des Bani Yas depuis au moins le XVIe siècle ou à Al Aïn, ils s'occupent de leurs palmiers-dattiers. Ceux du désert font paître leurs animaux. Les tribus construisent des huttes (*barasti*) faites de branchages et de feuilles de palmier ou des tentes plus confortables confectionnées de laine noire et blanche faite de poils de chèvre. L'hospitalité sous la tente est l'un des premiers devoirs du nomade et repose sur la notion de responsabilité collective.

Les Bédouins des côtes. Même si les activités liées à la mer ne correspondent guère à l'imagerie associée aux Bédouins, elles mobilisent les hommes pendant plusieurs mois, que ce soit pour la pêche ou pour le ramassage des huîtres perlières. Le territoire d'Abu Dhabi compte 600 km de côtes. La raison principale de l'augmentation de la population à Abu Dhabi et ses îles environnantes est la perle.

Se restaurer

La scène gastronomique d'Al Aïn ne brille pas de mille feux mais il y a du progrès ! L'ambiance est plus familiale, avec la part belle à la cuisine orientale, aux buffets. Tout est savoureux, sans chichi et les parts sont très copieuses. La bonne nouvelle c'est que les prix d'Al Aïn sont vraiment moins chers que les villes de Dubaï et d'Abu Dhabi. . On déjeune plutôt vers 13h et le soir, vers 20h30, et vous serez surpris d'y trouver beaucoup de familles émiratis. Autre caractéristique: La population locale raffole des pique-nique et vous les trouverez en nombre au pied des sources d'eau chaude de Mubazzarah où bon nombre d'aires ont été aménagées.

Sortir

Sortir le soir à Al Aïn pour boire un thé ou fumer une shisha entre amis et en général à l'extérieur est possible mais pour faire la fête, oubliez ! Même le week-end c'est assez catastrophique. En dehors de quelques pintes au Trader Vic's, le bar cubano-polynésien de l'hôtel Rotana, vous ne trouverez quasiment pas d'ambiance. La raison ? Al Aïn est une ville plus conservatrice qu'Abu Dhabi City et les fêtards ne font pas vraiment partie du paysage mais comme vous aurez cavalé toute la journée entre les sites culturels et les excursions, et que passé 22h, vous serez tombé dans les bras de Morphée, cela ne vous manquera pas vraiment!

HILI FUN CITY ★

Emirates Street ✆ +971 3 784 5542
www.hilifuncity.ae
Ouvert du lundi au jeudi de 16h à 22h. Les mercredis sont réservés aux femmes et enfants. Fermé le dimanche. 30 AED.

Un petit paradis pour les enfants, une sorte d'incunable mémoriel pour les générations émiriennes depuis plus de 25 ans. C'était avant les jeux électroniques et la vie numérique, au bon temps des manèges virevoltants. Mais le bonheur simple du petit train est une valeur qui dure, comme ce « jardin d'acclimatation » ouvert à tous les éclats de rire. L'affaire menaçait de tomber en ruines quand arriva Viviane Paturel-Mazot, une ancienne employée de Disneyland-Paris. La Nîmoise a réussi un fantastique travail de rénovation et de modernisation de ce parc.

AL AIN PALACE MUSEUM ★★

Hessa Bint Mohammed Street & Sultan bin Zayed I Street ✆ +971 3 751 7755

Ouvert tous les jours de 10h à 18h et le vendredi à partir de 14h. Entrée gratuite.

Voici l'ancien palace de Sheikh Zayed, le père des émirats. Construit en 1910, il y a vécu jusqu'en 1966 avec sa troisième femme, Sheikha Fatima. Le palace a été transformé en musée et a ouvert ses portes en 1998. La visite de la sublime demeure est passionnante car elle permet de découvrir le mode de vie de la famille royale et de mieux comprendre le passé ainsi que le quotidien des émiratis au pouvoir. Le palace est constitué d'une succession de cours intérieures dont chacune a sa fonction bien définie : quartier pour les invités, les VIP, la famille, qui permettent de découvrir les *majili* (salons), les cuisines, les salles de classe, les chambres à coucher et même la fameuse Land Rover de Sheikh Zayed qui l'emmenait si souvent dans le désert. Vous ne verrez cependant pas de photos de Sheikh Zayed car il souhaitait que sa résidence transformée en musée permette avant tout de mieux comprendre l'histoire des émirats. La famille royale, des ancêtres jusqu'aux descendants, est cependant bien mise en avant dans le musée à travers différents portraits et cet immense arbre généalogique. Notez que, ni sur l'arbre généalogique, ni sur les photos, ne sont mentionnées les femmes de la famille... Mères, sœurs, filles existent mais les émiratis n'en parlent pas et ne les montrent pas car ce serait aller à l'encontre des règles de bienséance. C'est d'ailleurs pour cette même raison qu'on ne demande jamais à un Emirati comment va sa femme (ce serait interprété comme un manque de respect) mais comment va sa famille...

EXCURSION AU JEBEL HAFIT ★

Au sud de la ville, à 27 km de Jahili

Route de 11,7 km sur 21 lacets ouverte 24h/24, éclairée la nuit, cul-de-sac.

Deuxième plus haut sommet des Emirats, mais premier d'Abu Dhabi à 1240 m, le Jebel Hafit, qui devient parfois Hafeet, est un sanctuaire patrimonial hors du commun. Il s'étend nord-sud sur une douzaine de kilomètres, large de quatre, coupé en deux par la frontière omanaise. Une route tracée en 1986 serpente jusqu'au sommet au seuil du sultanat. À mi-chemin, un café et là-haut, deux vilains snacks sur un parking géant. L'ascension, qui permet de s'arrêter sur des aires panoramiques, est donc beaucoup plus réussie que l'arrivée.

Vous remarquerez en route un palais présidentiel, juste après le Mercure.

Le Hafit recèle des richesses floristiques (157 variétés recensées) et fauniques (renard des sables, chauves-souris, vautours, damans), qui malheureusement ne sautent pas aux yeux.

Ici, on trouve encore une nécropole des IVe et IIIe millénaires (3200-2700 av. J.-C.). Sur le versant est, dans le secteur de Mezyad (inaccessible hors autorisation), les archéologues danois et français ont mis au jour plusieurs tombes circulaires devant, chacune, contenir une dizaine de corps. Certains de ces caveaux cachaient des objets métalliques et des perles, témoignage d'une réutilisation ultérieure à l'âge du fer. Sur le versant ouest, visible dès le début de l'ascension, la tâche verte de Mubazzarah, un parc public avec village de vacances où surgissent des eaux sulfureuses à 42 degrés. Si l'ascension à pied peut-être difficile, nous vous recommandons de rejoindre l'hôtel en voiture, ne serait-ce que pour un thé, au moment du coucher du soleil.

© LEONID ANDRONOV - SHUTTERSTOCK.COM

Sheikh Zayed Palace Museum.

FORT AL JAHILI ★★

Mohammed Bin Khalifa Street ✆ +971 3 711 8311
www.visitabudhabi.ae

Ouvert du mardi au dimanche, de 10h à 18h. Le vendredi uniquement de 14h à 18h. Entrée libre.

Le vrai fort est dans le grand fort. L'enceinte et la porte monumentale que vous apercevez depuis l'extérieur ne sont que des ajouts datant du casernement britannique des années 50. Ils encerclent littéralement le bâtiment original, beaucoup plus petit. Gagnez à droite le bureau d'accueil de l'Abu Dhabi Tourism & Culture Authority et mettez la main sur la brochure explicative contenant un plan. Jahili, surmonté de ses trois petites tours, abritant dans son quatrième coin le majlis de réception du souverain, se trouve dans l'angle opposé de la cour : édifié entre 1891 et 1898 par Sheikh Zayed Bin Khalifa, dit Zayed 1er pour défendre la ville et protéger les précieuses palmeraies, qui l'utilisera volontiers comme palais d'été jusqu'à la fin de son règne en 1909 pour échapper à l'humidité insupportable d'Abu Dhabi. Il s'agit du plus vaste fort en pisé d'Al Aïn. Les Britanniques s'y installent dans les années 1950 pour protéger les accès aux montagnes avoisinantes et maintenir la paix entre les tribus. À l'origine, l'entrée principale se trouve au sud et on peut lire en haut de cette porte l'inscription suivante : « Une porte de bonté s'ouvre lors d'un épisode de gloire où la joie et le bonheur résident dans une grande prospérité. Les formules d'hommage mentionnent : Remarquez bien cette maison, une maison de haut rang construite par Zayed Bin Khalifa. » A quelques mètres, séparée du fort, se dresse une large tour à trois niveaux concentriques intermédiaires, probablement un peu plus ancienne que celui-ci et vestige d'une ancienne tradition de fortification à Al Aïn, que l'on peut rapprocher des vestiges d'une tour située sur le site archéologique de Hili situé à quelques kilomètres de là. Reproduit sur de nombreux documents, transformé parfois même en logo par les autorités, cet édifice, très photographié, est en quelque sorte un symbole national. Un festival de musique classique se tient chaque année à ses pieds.

A gauche de l'entrée principale, l'exposition permanente « *Mubarak bin London, Wilfred Thesiger (1910-2003) and the Freedom of the Desert* » retrace les grands moments des aventures du Britannique qui, missionné pour aller herboriser dans les dunes (1946-1949), devint le chroniqueur sans égal de la vie bédouine, l'ami de Sheikh Zayed, le marcheur, l'écrivain. Son œuvre majeure, *Le Désert des Déserts*, a été publiée en France par Jean Malaurie, chez Terre Humaine-Plon. Un exercice muséographique de haute volée et pour sûr une visite incontournable. Une petite librairie vend quelques ouvrages.

© LEONID ANDRONOV - SHUTTERSTOCK.COM

MARCHÉ AUX DROMADAIRES ★

Zayed Bin Sultan Street

30 AED l'entrée au marché aux dromadaires. Ouvert de 6h à 19h.

Comme vous n'êtes pas prêt de voir un marché aux dromadaires de si tôt, nous vous conseillons de ne pas manquer celui-là... C'est une visite originale et mémorable, à faire donc même si c'est tout de même assez loin des sites culturels de la ville d'Al Aïn. Par conséquent, c'est une bonne idée de s'y rendre si vous pensez passer la frontière avec Oman. Quelques-uns des 180 000 dromadaires du pays, de type Dhabian, Shtoota ou Misk, et leurs maîtres soudanais, pakistanais et omanais. Dans les parages du mall géant Bawadi, le site n'est pas vraiment photogénique, on vous prévient ! En fait, ce sont des boxes modernes, de type « cité pavillonnaire pour camélidés ». Vous remarquerez leur muselière *letham* destinée à les empêcher de manger tout ce qui traîne. Les dromadaires que vous voyez dans ce marché sont destinés à finir en steak (oui, le dromadaire se mange aux émirats au même titre que le bœuf chez nous) pour certains tandis que d'autres sont achetés à prix d'or pour devenir des dromadaires de course. Si vous arrivez à sympathiser avec un des Bédouins, vous pourrez faire une petite photo (demandez toujours la permission) avec un de leurs dromadaires et même en caresser un ! Avec un peu de chance, vous pourrez même approcher, comme nous, un bébé dromadaire (très, très craquant !). Regardez autour de vous et écoutez, car vous serez peut-être témoins de marchandages hauts en couleur près de camionnettes remplies de moutons ou de chèvres.

- **Tenue vestimentaire :** mettez des chaussures fermées, car le sol est poussiéreux et les déjections de dromadaires courantes... Donc un accident est vite arrivé, et il vaut mieux ne pas marcher en tongs sur ces crottes de camélidés ! Pour vous rafraîchir à la fin de la visite, pensez à emporter des lingettes ou du savon antibactérien. Les dromadaires sentent fort et vous nous remercierez ! Nous recommandons aux femmes de venir habillées en pantalon long et en chemise. Evitez à tout prix les tenues sexy sous peine de vous faire tripoter par certains vendeurs de dromadaires (ces Bédouins sont peu habitués à voir des femmes non voilées) qui pourraient s'imaginer que vous êtes une fille aux mœurs très libérées... Si vous êtes accompagnée d'un homme, ils n'oseront pas vous ennuyer, mais si vous êtes seule, ou avec des amies, soyez ferme et tout ira bien.
- **On essaiera peut-être de vous vendre un tour**, mais vous pouvez vous promener seul.
- **Nous vous recommandons** d'y aller de préférence le matin en semaine et le samedi et plutôt l'après-midi le vendredi après la grande prière.

MARCHÉ POPULAIRE

Zayed Bin Sultan Street

Le matin de préférence

Et pourquoi ne pas s'immerger dans la vie locale le temps d'une virée dans un marché du coin ? Situé à quelques centaines de mètres du Musée d'Al Aïn, nous vous recommandons vraiment ce moment dans Les Halles du quartier d'Al Aïn Oasis. Indiqué sur certaines cartes comme « Vegetable & Meat Market », ce marché moderne attire la population locale des ménagères et des familles en quête de produits vivriers, d'épices et de diverses bricoles. On se félicite du pourcentage minimum d'imports chinois et on déambule entre les étals où s'exposent la production agricole locale, les sacs de graines et d'épices venues d'ici et d'ailleurs, les poissons frais et séchés, les dattes en vrac, en sirop et en pâtes parfumées. N'attendez pas un souk à la mode marrakchi, mais plutôt une halle entôlée et bien ordonnancée. Ce sera l'occasion d'acquérir quelques poignées de cardamome, du miel du Yémen, des citrons noirs d'isfahan, tout l'équipement pour les dromadaires comme des couvertures colorées, des muselières, et... entouré de vraies gens loin des hôtels aseptisés et du bling bling. En janvier-février, aux abords de la phase de pollinisation des dattiers, les commerçants vendent les spadices mâles destinés à ensemencer ces dames palmières. Ces inflorescences lignifiées renferment des fleurs unisexuées disposées par étage et entourées d'une membrane rigide appelée spathe. N'hésitez pas à demander des explications sur la pollinisation et n'oubliez pas de demander la permission si vous voulez prendre des femmes en photo.

LES SOURCES D'EAU CHAUDE GREEN MUBAZZARAH ★

Green Mubazzarah

✆ +971 3 783 9555

arc ouvert tous les jours de 17h à 19h. Entrée libre. Piscines séparées hommes/femmes au prix de 10 AED par personne.

Au pied du Jebel Hafeet qui culmine à 1 340 mètres, des sources d'eau chaude (hot springs) jaillissent au beau milieu de la caillasse et couvrent la pierre aride d'herbe verte ! Un endroit idéal pour un pique-nique tout en se délassant les pieds dans l'eau à 42 degrés des ruisseaux qui entourent le parc. Des piscines séparées hommes/femmes, offrant le strict nécessaire, vous permettent un bain dans l'eau sulfureuse. Très fréquenté par les Emiatis d'Al Aïn qui y pique-niquent souvent !

OASIS D'AL AÏN ★★★

Al Ain Oasis

Ouvert depuis 9h jusqu'au coucher du soleil. Entrée libre.

Voici la plus grande des oasis d'Al Aïn. C'est un bonheur que de déambuler dans ce poumon de 147 000 dattiers. Les 1 200 hectares de cette oasis, qui à l'instar des 5 autres de la ville, est inscrite au Patrimoine mondial de l'Humanité, comportent 550 vergers qui appartiennent à autant de propriétaires, dont le président des Emirats arabes unis, Sheikh Khalifa Bin Zayed. Les oasis ne ressemblent pas à celles de *Tintin au pays de l'or noir*. Ici pas d'étendue d'eau entourée de palmiers et des tentes bédouines autour. Les oasis d'Al Aïn, plusieurs fois centenaires, sont des parcelles parfaitement entretenues.

▶ **Un peu d'histoire.** A l'époque, chaque oasis était un village. On en comptait 9. Chacune avait une mosquée, souvent un fort et des bâtiments fortifiés avec à sa tête un cheikh. Cet ensemble défensif protégeait non seulement les habitants, mais aussi les cultures et surtout l'eau… L'été les Bédouins du désert s'y installaient, pouvant y trouver de l'eau et un peu d'ombre en échange d'un loyer. Des travailleurs qui ne faisaient pas partie des tribus appelés *bidar* s'occupaient de leur entretien. Des neuf oasis, sept subsistent : Al Jahili, la plus petite, Al Muatared, Al Jimi, Al Muaiji, Al Qattara, Al Hili et Al Aïn Oasis, la plus grande d'entre elles. Cette dernière a été nommée « système agricole traditionnel d'importance mondiale » par l'Organisation des Nations unies pour l'alimentation et l'agriculture (FAO).

▶ **Et les vrais rois de ces oasis sont les palmiers :** tout est valorisé dans le palmier, car les branches s'utilisent dans la vannerie, les troncs des plus vieux finissent comme poutres, gouttières ou piliers. Bien sûr, la priorité de la phœniciculture est le fruit. Dans la palmeraie les mâles sont en minorité : un pour cinquante à cent femelles, alors pas question de laisser à la nature seule le soin de décider le fruit de la récolte. Chaque printemps, l'homme, avec grande agilité, monte aux arbres et aide à la pollinisation. Il détache précieusement les épillets mâles pour les ligoter dans l'inflorescence femelle après éclatement des spathes. Il est roi, mais pas seul, car on cultive aussi les arbres fruitiers (mangues, citrons, oranges, bananes), des légumes, du blé et des arbres aux vertus médicinales comme le ghaf (*Prosopis cineraria*). Et rien de tout cela n'aurait été possible sans le développement unique des *falaj* qui a permis le développement des oasis depuis plus de trois mille ans.

▶ **Le *falaj*** (au pluriel *aflaj*), qui en arabe signifie « division » ou « canaux », est un ancien système d'irrigation très ingénieux qui a permis la sédentarisation de la population et son développement dans une région privée de rivières. Il est aussi devenu un élément culturel et un patrimoine qui donne lieu à une promenade dans une palmeraie un charme incomparable. Captant les reflets de la lumière, il enchante les lieux du son de l'eau qui court… et s'y rafraîchir les mains ou les pieds lorsqu'il fait très chaud est un vrai délice ! Mais d'où vient cette eau ? La chaîne de montagnes Al Hajar qui domine la ville d'Al Aïn apparaît au premier regard si aride qu'il est impossible de deviner qu'elle abrite plusieurs réservoirs souterrains naturels d'eau de pluie (aquifère) qui stockent cette dernière depuis des millions d'années. C'est de cette source que le *falaj*, tunnel souterrain qui peut être long de plusieurs kilomètres, achemine l'eau par simple gravité. Il rejoint la surface aux abords des plantations où il se divise alors en plusieurs canaux qui parcourent les cultures ou les palmeraies. Selon les besoins, les canaux sont ouverts ou fermés, ainsi vous pourrez voir certaines branches où l'eau circule, tandis que d'autres canaux dans les parcelles voisines seront à sec. L'eau ainsi acheminée est cependant d'abord utilisée pour la consommation humaine, animale puis pour les ablutions, enfin pour la toilette et les tâches ménagères et en dernier lieu seulement pour l'arrosage des plantations. Ce savoir-faire est plusieurs fois millénaire ! Les hommes qui ont creusé ces galeries ont su depuis des temps immémoriaux mettre en œuvre un certain nombre de compétences techniques pour assurer le bon fonctionnement du système. Il leur a notamment fallu calculer le degré de la pente afin de favoriser le débit optimal : si l'eau s'écoule trop doucement, elle stagne et dépose des sédiments, si elle arrive trop rapidement, la pression risque de provoquer l'écroulement des murs. Outre les dizaines d'années de labeur nécessaires pour creuser les galeries, il a aussi fallu creuser depuis la surface des puits verticaux à intervalles réguliers pour ventiler et nettoyer la galerie, mais aussi y accéder pour d'éventuelles réparations. Dans la ville d'Al Aïn, des dizaines d'*aflaj* ont été creusés. Les aquifères sont presque tous à sec et aujourd'hui si la plupart des vingt et un *aflaj* portent encore un nom connu, ils sont malheureusement asséchés. Cinq d'entre eux fonctionnent toujours et trois ont été découverts suite à des fouilles archéologiques notamment. Datant de l'âge de bronze et vieux de 3 000 ans, ils ont été classés en 2001 comme site culturel au Patrimoine mondial de l'Humanité et sont reconnus comme les plus anciens exemples de *falaj* découverts jusqu'à présent.

▶ **L'eau** a toujours été un enjeu capital ! En 1946, lorsque Sheikh Zayed bin Sultan Al Nayhan devient gouverneur d'Al Aïn à l'âge de 28 ans, il entame immédiatement une réforme de l'eau, la rendant gratuite pour tous les habitants et abolissant de ce fait tout commerce autour d'elle.

ESCAPADES

PARC ARCHÉOLOGIQUE DE HILI ★★

Mohammed Bin Khalifa

À environ 10 km d'Al Aïn. Ouvert tous les jours de 16h à 23h. Entrée libre

Le parc abrite une partie d'une nécropole de douze tombes datant de l'âge de bronze (2500-2000 av. J.-C.) à savoir les vestiges de deux tours et de deux tombes. Le reste n'est pas ouvert au public. À cette époque, les villageois construisaient des maisons en terre crue et enterraient leurs morts dans des tombes communes, circulaires, édifiées en pierre.

- **Hili 1** : ancienne tour circulaire de plusieurs mètres de haut. Les murs, de près de 3 mètres d'épaisseur et fabriqués en terre crue, abritaient plusieurs pièces et en leur centre un puits. Ils ont disparu et seules les fondations subsistent.
- **Hili 10** : ce site se trouve près de l'entrée du parc. Un puits a aussi été découvert au centre des ruines. Un troisième édifice situé au sud-ouest à l'extérieur du jardin a été découvert par une équipe française.
- **La superbe tombe de Hili** : petite nécropole circulaire qui contenait plusieurs centaines de corps dont les squelettes sont introuvables. Utilisée sur une période de deux à trois cents ans, elle comprend deux entrées. L'entrée nord est décorée de trois scènes, à peine visibles. La première juste au-dessus de l'ouverture représente un homme chevauchant un animal tandis que d'autres compagnons le suivent à pied. À droite, deux individus s'embrassent. Enfin, en bas de l'ouverture on distingue à peine deux animaux, probablement des léopards qui selon toute évidence dévorent un oryx ou une gazelle. La porte sud est ornée de deux oryx se faisant face. À l'origine les ouvertures étaient bloquées par des pierres que l'on pouvait déplacer.
- **La tombe N** : très proche de la grande tombe, voici une nouvelle tombe circulaire, qui comprend six chambres. Les archéologues ont trouvé 110 000 ossements humains appartenant à plus de sept cents corps dont des hommes, des femmes et des enfants de tous les âges décédés eux aussi sur deux siècles. Les recherches ont permis de découvrir que la plupart étaient décédés d'une mort naturelle entre leur vingtième et leur trentième année, mais que d'autres étaient bien plus âgés aussi. Les archéologues pensent que les ossements de la grande tombe auraient été déplacés ici. Un grand nombre d'objets comprenant des céramiques en provenance du Pakistan, d'Afghanistan, des poteries locales, des ornements, des récipients en pierre font de cette tombe un site remarquable.

Le jardin néolithique est classé sur la liste du patrimoine mondial de l'Unesco depuis 2011.

QASR AL MUWAIJI ★

Sheikh Khalifa Bin Zayed Street

✆ +971 3 767 4444

www.qasralmuwaiji.ae

Ouvert du samedi au jeudi de 10h à 18h et le vendredi de 14h à 18h. Entrée libre.

Construit par Sheikh Zayed le premier (grand-père de Sheikh Zayed, père de la nation) au début du XXe siècle, il fut donné à ses descendants et servait de bureau aux gouverneurs d'Al Aïn de la famille Al Nayhan. C'est donc très naturellement que Sheikh Zayed s'y installe avec sa première femme Sheikha Hassa ; de ce mariage naquit l'actuel président des Emirats arabes unis, Sheikh Khalifa Bin Zayed al Nayhan, en 1948. C'est dans ce palais qu'il vécut toute son enfance. En 1966, lorsque Sheikh Zayed devient le gouverneur de la ville d'Abu Dhabi, le fort est abandonné. Les efforts de restauration du fort tendent à nous restituer ses différentes phases de construction, les objets découverts sur place, mais aussi à nous renseigner sur les modes de vie, les matériaux utilisés et la vie, bien sûr, de Sheikh Khalifa. On se promène dans un dédale de galeries en verre des architectes Machado et Silvetti. L'ensemble est très réussi et la muséographie fait la part belle au multimédia. Les différents écrans tactiles et vitrines nous retracent la vie de Sheikh Khalifa bin Zayed, l'évolution du fort, les trouvailles archéologiques et le travail des architectes pour restaurer le fort. Nous vous recommandons de prendre un guide pour vous donner toutes les explications ou de regarder la présentation sur leur site internet qui dure une dizaine de minutes.

Tout l'environnement baigne dans la lumière, la transparence et les jeux d'eau et de reflets qui seront un terrain propice à faire de magnifiques photos.

© RALICK - SHUTTERSTOCK.COM

ESCAPADES

ROUTE DES PALMERAIES ET DES FORTS ★★

Une carte routière est essentielle, éventuellement un GPS.

Suivez-nous à la découverte des différentes palmeraies de l'agglomération d'Al Aïn et des forts et tours qui s'y cachent. Nous prenons comme **point de départ le fort Jahili**, compteur à zéro. Pour les horaires, consulter chaque établissement.

▶ À environ 1,6 km, **Sheikh Zayed Palace**, dos à la palmeraie d'Al Aïn (Al Aïn Street) dresse ses modestes façades. Sheikh Zayed y vécut dès son achèvement en 1937, et jusqu'en 1966. Splendidement restauré, ce palais du désert permet de visualiser le cadre de vie du jeune gouverneur, marqué par une grande simplicité. En commençant par la droite (prendre le plan), on circule de patio en patio, des chambres aux divers majlis. Observez les deux écoles, coranique d'un côté, et fondamentale de l'autre. Dans cette dernière, la reproduction d'une vieille carte française indiquant « Banc où l'on pêche les perles » et « Désert sans eau et sans habitations ». Intéressant arbre généalogique des Al Nahyan, avec leurs portraits, dont, immédiatement à gauche de la porte, Zayed Bin Khalifa (1855-1909), le maître du fort Jahili, qui eut le courage d'autoriser les escales de la marine française contre l'avis des Anglais. Au milieu de la cour, un pick-up Land Rover antédiluvien. Il faut réaliser que ce palais était encore occupé alors que l'on plaçait les fondations de l'historique Hilton Hotel à quelques kilomètres !

▶ Dès la sortie du musée, reprenez votre véhicule et entrez dans la palmeraie en prenant la première à droite. À quelques mètres, vous trouverez l'entrée et un parking. Vous pourrez choisir de visiter la palmeraie soit à pied, soit en louant un vélo familial à 4 places soit en prenant une des voiturettes avec un guide. Long d'un kilomètre, ce poumon de 147 000 dattiers vieux de plusieurs centaines d'années est irrigué par les *falaj*, appelées foggaras en Afrique du Nord. Il est délicieux de s'y promener, par les ruelles pavées, ou à pied, dans ce monde vert et doré, frais et reposant. En allant en direction de l'ancien musée d'Al Ain, fermé pour restauration, juste avant la barrière, vous pourrez acheter quelques dattes dans le dernier jardin sur votre droite avant la sortie.

© RALICK - SHUTTERSTOCK.COM

Sheikh Zayed Palace.

▶ Si vous sortez de l'oasis en direction du musée d'Al Aïn, vous trouverez juste adjacent à l'édifice le **fort du Sultan** (Zayed Bin Sultan Street), aussi appelé Eastern Fort bâti en 1910. Sheikh Sultan Bin Zayed, dit Zayed Le Grand, géniteur du père de la Nation, y vécut jusqu'en 1922. Trois tours dominent son enceinte à merlons triangulaires percée de mâchicoulis.

▶ Direction maintenant plein nord, pour atteindre à 5 km la **palmeraie d'Al Jimi** que l'on préférera aborder par son entrée est (Mohammed Bin Khalifa Street). Entrez vers la gauche dans la petite rue qui traverse les oasis de Jimi et de Qattara, puis prenez aussitôt à gauche pour entrer sur le territoire de Jimi, celui de la vieille famille Al Dhaheri. Le lacis des ruelles entre les dattiers étant impossible à décrire, vous tournerez quelques minutes au hasard des chemins et finirez bien par apercevoir, à l'orée des arbres, le fier profil de la maison fortifiée de Sheikh Ahmad Bin Hilal Al Dhaheri datant du milieu du XIXe siècle, non loin de la tour haute de 14 mètres que fit édifier celui qui était alors le représentant permanent du pouvoir central d'Abu Dhabi. Au centre de la palmeraie, vous découvrirez encore deux forts superbes (portes en bois sculpté) au milieu des plantations. Al Jimi, avec ses hommes au travail sous les dattiers, ses espaces aménagés et son niveau de restauration, constitue à nos yeux la destination la plus intéressante, donc celle à retenir si l'on n'en fait qu'une seule.

▶ Nous rejoignons le goudron de l'axe qui serpente entre Jimi et **Qattara** (5,6 km de Jahili) pour atteindre cette dernière où fut découverte la tombe longiligne (IIe millénaire) évoquée lors de la visite du musée. Plusieurs tours en pisé, les traces de ce qui fut un marché et le fort Al Qattara abritant depuis peu le Arts Centre de l'Autorité du Patrimoine Adach, sont visibles. Poussez sur le goudron central puis prenez à droite en direction du Heritage Village, bonne étape de déjeuner. De là, on ira à pied en 5 min jusqu'à la maison Bin Fudhaid Al Darmaki. Le plus simple est de demander la direction au garde. Par un autre chemin, on atteint, en 15 minutes, les restes de la mosquée Abdullah Bin Salem Al Darmaki ainsi que les fondations de la maison patricienne de cette grande famille.

▶ Quittant Qattara par Al Nakhal Street à l'ouest, nous remontons Al Baladiah Street vers la droite

Parc archéologique de Hili.

en direction du nord sur quelques centaines de mètres, pour apercevoir de l'autre côté de la chaussée [faire éventuellement demi-tour pour stationner] l'entrée d'un **jardin public**. Réservé aux femmes, vous pourrez demander au gardien l'autorisation de jeter un œil rapidement au précieux patrimoine qu'il contient. Se trouve en effet là au fond du parc le fort Murayjib qui abrita Sheikh Shakhbut Bin Dhiab, ses hommes et sa cour dès après sa construction en 1816. On remarque une tour de garde à l'avant de l'édifice. Nous voilà devant un des plus anciens témoignages bâtis de l'émirat, image d'un pouvoir qui s'installe dans l'espace : à cette date les Bani Yas demeurent principalement à Liwa, entretiennent un avant-poste sur la grève à Abu Dhabi et s'installent ici à dans le périmètre de Qattara.

Par Bani Yas Street vers la droite en direction de l'est, puis Al Falah Street à gauche vers le nord, on atteint au bout d'environ 4 km la **palmeraie la plus septentrionale** d'Al Aïn. Dès l'abord de Al Hili [9 km de Jahili], voici sur la droite un joli fort crénelé caressé par les palmes. On entre en voiture par le chemin le long de ses murs et s'enfonce sous le dais vert.

On débouchera là-haut sur le goudron d'Al Athar Street puis prendra à droite vers l'est pour aborder les deux tours jumelles, dites **Hili Watchtowers**, sur une butte élevée par l'homme. L'une circulaire (Seebat Khalifa), l'autre quadrangulaire selon le modèle repris en plus massif au fort Murabba, ont été édifiées durant les premières années du gouvernorat Zayed, après 1946, dans le but de voir venir les assaillants, tout spécialement les Saoudiens qui tentaient de s'imposer comme autorité régionale.

Continuons quelques instants sur Al Athar Street et traversons le prochain rond-point pour entrer [11 km de Jahili] au **parc archéologique de Hili**, un des sites de fouilles les plus renommés du Moyen-Orient. C'est ici que les équipes danoises puis irakiennes, émiriennes et françaises, ont mis au jour les restes de nombreuses constructions datant du IIIe millénaire av. J.-C. Succédant à la période hafitique (tombes du Jebel Hafeet), la culture Umm an Nar – du nom de l'île proche de Yas où furent trouvés les marqueurs de cette période –, vit naître à l'âge du bronze ces tombes circulaires en pierres ajustées. Datées 2500-2000 av. J.-C., celles-ci témoignent de pratiques cultuelles encore assez mystérieuses.

Pour vous rendre au **fort d'Al Muwaiji**, prenez la 120e appelée aussi Mohammed Bin Khalifa Street en direction du centre. Allez tout droit et comptez douze ronds-points avant de tourner au treizième à droite sur la 135e appelée aussi E22 et Sheikh Khalifa Bin Zayed Street. Au deuxième rond-point, prendre la deuxième sortie et continuez sur Sheikh Khalifa Bin Zayed Street/ E22 et au rond-point suivant continuez sur la même route. Tournez légèrement à droite pour atteindre Saeed bin Tahnoon Al Awwal Street et après 80 mètres tournez à gauche. Suivez alors les panneaux indicateurs. Construit par Sheikh Zayed le premier [grand-père de Sheikh Zayed, père de la nation] au début du XXe siècle, il fut donné à ses descendants et servait de bureau aux gouverneurs d'Al Aïn de la famille Al Nayhan. C'est donc très naturellement que Sheikh Zayed s'y installe avec sa première femme Sheikha Hassa ; de ce mariage naquit l'actuel président des Émirats arabes unis, Sheikh Khalifa Bin Zayed al Nayhan, en 1948. C'est dans ce palais qu'il vécut toute son enfance. On se promène dans un dédale de galeries en verre des architectes Machado et Silvetti. La muséographie fait la part belle au multimédia pour découvrir la vie de son ancien hôte prestigieux, mais aussi le travail des archéologues et les modes de vie de l'époque.

ESCAPADES

SOUK ET CENTRE D'ARTS AL-QATTARA ★

Al Qatttara ✆ +971 3 761 8080
www.visitabudhabi.ae

Le centre Al Qattara est ouvert du samedi au jeudi de 8h à 20h, fermé le vendredi.

L'ancien souk d'Al Aïn, qui remonte aux années 1930, a été restauré en 2012. Il accueille désormais des boutiques d'art et d'artisanat. Tout comme le fort Al-Qattara situé à proximité, et restauré récemment également, il fait également office de hall d'exposition pour des artistes locaux. Des cours de dessin, de calligraphie, de peinture et de photo sont aussi dispensés sur place.

Une salle est spécialement dédiée aux fouilles archéologiques effectuées dans cette zone. De nombreuses pièces retrouvées sur ce site indiquent en effet qu'Al Aïn était une importante ville commerçante et que de nombreuses transactions ont eu lieu avec la Mésopotamie, la Perse, l'Inde et le Pakistan.

Ce souk qui n'en est plus vraiment un est donc passionnant à visiter à plus d'un titre, mais choisissez bien l'heure plutôt en fin d'après-midi et le week-end, surtout le vendredi si vous ne voulez pas déambuler dans une galerie vide. Le vendredi accueille aussi un marché avec vente de produits locaux, habits traditionnels : en tout plus de trente magasins intérieurs et vingt magasins extérieurs. Une fois la visite terminée, nous vous recommandons de vous rendre dans l'oasis. De là, on ira à pied en 5 min jusqu'à la maison Bin Fudhaid Al Darmaki. Le plus simple est de demander la direction au garde. Par un autre chemin, on atteint, en 15 minutes, les restes de la mosquée Abdullah Bin Salem Al Darmaki ainsi que les fondations de la maison patricienne de cette grande famille.

AL AIN OASIS TOURS

AL AIN OASIS
✆ +971 50 2144088
www.lttuae.com

20 AED pour le tour d'environ 25 minutes. Ouvert de 9h30 à 17h30.

A l'entrée de l'oasis, qui se trouve être un site du Patrimoine mondial de l'humanité, vous pourrez trouver ces voiturettes électriques qui vous permettront de parcourir avec votre guide les quelque 1 200 hectares de l'oasis. Le premier stop se fera devant le plus vieux système d'irrigation du Moyen-Orient, le falaj. Ensuite, vous rejoindrez un des vergers pour voir avec quelle agilité les jardiniers montent tout en haut des palmiers en quelques secondes avant de vous proposer de faire de même. Possibilité d'acheter quelques dattes sur place aussi.

WADI ADVENTURE

Au pied du Jebel Hafit
✆ +971 3 782 8422
www.wadiadventure.ae

Ouvert tous les jours de 11h à 19h. Adultes : 65 AED, enfants de - 1,20 mètres et personnes de plus de 65 ans : 45 AED.

Au pied de l'aride montagne Jebel Hafit, à environ 30 minutes du centre-ville d'Al-Aïn (suivre les panneaux indicatifs), quand on arrive au Wadi Adventure, on ne s'attend pas du tout à trouver un parc aquatique. Il fallait oser creuser ce tumultueux bassin dans la caillasse, au pied du versant ouest du jebel ! Cet improbable tableau aquatique d'une étendue totale de 1 133 m, s'il n'est pas très écolo en soi (difficile de ne pas penser aux litres d'eau gaspillés dans le désert !) est tout de même un petit miracle de technologie avec des attractions hors norme. Une très grande rivière de rafting et de kayak a tout de même été reconstituée et ce n'est pas rien ! C'est impressionnant à voir et on a bien du mal à croire qu'elle est entièrement artificielle... Mais surtout cette rivière s'adresse aussi bien aux débutants désireux de s'initier au rafting qu'aux pros ! Figurez-vous que lors de notre visite, nous sommes tombés par hasard sur des champions français de kayak qui s'entraînaient : Pierre-Antoine Tillard, le champion de France de canoë monoplace et Etienne Daille, le n° 1 mondial de kayak de slalom ! Eh oui, rien que ça ! Ils avaient découvert Wadi Adventure par hasard sur le net et avaient décidé de venir s'entraîner là tout l'hiver plutôt que d'aller en Australie qui était beaucoup plus loin qu'Abu Dhabi... Mais la plus surprenante de toutes les attractions aquatiques du parc reste pour nous la piscine à vagues spécial surf... C'est unique au monde : cette piscine émet des vagues modulables selon votre niveau en surf. Petite vague pour débutant et vague géante pour surfeur hawaiien aguerri... Vous n'en reviendrez pas et vous pouvez même prendre des cours ! Parfait pour s'initier au surf à Al-Aïn en plein milieu du désert ? Oubliez les vagues de Waikiki ! C'est ici que ça se passe. En résumé, un parc fou, fou, pour les amateurs de sports plutôt extrêmes à faire absolument, au moins une fois dans sa vie. Ne serait-ce que pour dire à vos amis en rentrant : « J'ai surfé dans le désert ! Non, non pas sur les dunes. » Vous saurez bien sûr dégainer la photo, au bon moment, pour leur prouver que le narguilé ne vous est pas monté à la tête... Pour les petits et les très grands ! Et puis si le surf ne vous attire pas plus que cela, il y aussi la piscine pour les plus petits, les toboggans, le wake boarding, les tyroliennes, les murs d'escalades. Plusieurs points de restauration sont disponibles dans le parc pour se ravitailler et se remettre de toutes ces émotions. Très bonne organisation et beaucoup d'encadrement.

ZOO D'AL AÏN ★

Zayed The First Street
✆ +971 3 799 2000
www.alainzoo.ae
Ouvert de 9h à 20h et jusqu'à 21h les jeudis et vendredi. L'été de 16h à 22h. Spectacles animaliers : 18h30

Le sanctuaire de 900 ha abrite 4 000 animaux dont 30 % sont menacés d'extinction. Il est ouvert depuis 1968, en coopération avec le célèbre zoo de San Diego, le jardin botanique tropical Fairchild de Miami et l'Association mondiale des zoos et aquariums afin de soutenir les efforts de conservation. Ouvert comme refuge d'urgence pour les protégés de Sheikh Zayed, il offre aujourd'hui tous les services d'un zoo moderne, abritant des animaux dans des enclos dont la configuration se rapproche de leur habitat naturel. Les familles apprécient particulièrement les visites nocturnes de l'été, quand les températures sont plus fraîches. A pied, à bord d'un petit train, ou en voiturette, on observe les gazelles, oryx, vautours et autres créatures endémiques mais aussi la grande faune africaine dont font partie girafes et hippopotames. Parmi les espèces les plus étonnantes : des lions albinos venus de Sanbona dans le désertique Karoo sud-africain ; un spectacle de faucons clôture à merveille la visite. Snack de piètre qualité, aires de pique-nique à l'ombre. On trouve également le centre pédagogique Sheikh Zayed, dédié à la vie dans le désert et à l'héritage laissé par le fondateur des EAU. Les enfants découvrent grâce à des bornes interactives l'histoire du pays et ses ambitions pour le futur. C'est un bijou tant au niveau de la muséologie que pour l'intérêt des informations à destination des enfants. Vous avez également la possibilité de participer aux repas des animaux et de faire des safaris dans un espace de près de 215 hectares.

GARE ROUTIÈRE AL-AÏN

Zayed Bin Sultan Street
✆ 800 88888
25 AED le trajet. 2 heures de route. Bus entre 5h30 et minuit tous les jours.

Des deux options, nous vous recommandons de prendre le bus à Dubaï depuis la station de bus Al Ghubaiba. On ne peut pas acheter le ticket à l'avance ni dans le bus, mais à la gare routière. L'autobus est affrété par une compagnie privée : Al Ghazal. Tous les bus sont modernes, confortables et disposent de la climatisation. C'est une autre manière de découvrir le pays en se mélangeant à la communauté d'expatriés de toutes origines. Une fois arrivés à Al Aïn, vous pourrez vous déplacer en bus. A noter cependant, les transports en commun sont limités.

NATIONAL TAXIS

✆ +971 3 722 8255
www.nationaltaxi.ae

National Taxi L.L.C. a été fondé en 2000 dans l'émirat de Dubai avec au départ une flotte de 50 taxis. Ils font partie du département des transports des Emirats arabes unis. Depuis 2017, on compte près de 3 000 voitures. Actuellement les voitures hybrides représentent 50 % du parc de véhicules. Toutes les voitures sont équipées d'un compteur et on ne vous arnaquera pas. Vous pouvez payer aussi bien en espèces que par carte de crédit. En revanche, ils n'ont pas de GPS embarqué donc il faut bien connaître sa route ou pouvoir les guider.

ESCAPADES

© AL AIN ZOO

Dresseur d'oiseaux.

AIN AL FADA ONE TO ONE HOTEL & RESORT €

Al Wagan Road
✆ +971 3 753 0040
www.onetoonehotels.com
Double aux alentours de 250 AED.

A 30 minutes du centre-ville, au pied du Jebel Al Hafit. Les chambres à la déco simple est appréciable. Pour plus de calme, ou pour rester en famille, certains préfèreront sans doute l'une des 57 villas de luxe tout confort (sans cuisine cependant). De très bons restaurants sur place. A noter : des spectacles et concerts ont lieu en fin de semaine dans le restaurant de l'hôtel qui fait buffet. Bon club de fitness et possibilités de faire une balade en barque sur la rivière.

AYLA HOTEL €€

Khalifa bin Zayed Al-Awwal Street
✆ +971 3 761 0111
www.aylahotels.com
Chambre double à partir de 280 AED.

A quelques pâtés de maison du fort Al-Jahili, le Ayla hôtel est un cube de 153 chambres et suites décorées dans le style arabe traditionnel. L'accueil est sympathique, les chambres confortables et l'espace bien-être comprenant hammam, sauna, bain à remous, piscine ainsi que masseuses si besoin, est particulièrement agréable. On trouvera sur le toit le Sky 5 Café, un oasis de tranquillité avec vue sur la ville ; l'hôtel étant plutôt destiné à la clientèle locale, on n'y sert pas d'alcool mais la cuisine est soignée et savoureuse.

MERCURE GRAND JEBEL HAFEET €€

Jebel Hafeet Road
✆ +971 3 704 8888
www.accorhotels.com
Chambre double à partir de 200 AED.

Au terme de l'ascension en épingle à cheveux, on atteint donc l'entrée de l'hôtel. Choc dès le lobby vertigineux : des boiseries claires reproduisent un profil dunaire sur les côtés tandis qu'un torrent de lierre dévale des plafonds. Par les ascenseurs, modèle capsule, on gagne les étages et les chambres ouvrant, en petites fenêtres (snif !), soit sur la piscine potentiellement bruyante, soit vers notre désert préféré. On adore la vue, moins les chambres.

RADISSON BLU HOTEL & RESORT €€

Khata Al Shikle Street
✆ +971 3 768 6666
Chambre double à partir de 300 AED.

Les chambres, petites et sans poésie donnent pour le même prix sur le parking ou sur la piscine. Ce côté-là justement constitue l'attrait festif n°1 de la ville, avec un pub en terrasse, un snack oriental offrant le narguileh et des cabarets achalandés, le tout dans les parages des bassins bleus et des pelouses vertes. Atmosphère enjouée le soir en dépit du ronron distant de la circulation. Notez la présence d'une agence d'excursions dans la galerie marchande de l'établissement.

TELAL RESORT €€

Remah
✆ +971 3 702 0000
www.telalresort.ae
À partir de 950 AED la chambre double.

Le complexe propose une escapade à tous ceux qui recherchent le calme et la tranquillité en plein désert. L'hôtel est un ensemble de bâtiments dispersés entre les dunes : près du fort, des chambres entourent un souk traditionnel, Plus loin, des villas avec une petite piscine privée, et en haut de la dune, un bâtiment aux accents sud-africains qui abrite la réception, le spa, la piscine de l'hôtel et le restaurant. Pour se déplacer, des petites voitures de golf vous conduisent d'un lieu à l'autre. Pas de boisson alcoolisée dans cet établissement.

AL AÏN ROTANA €€€

Sheikh Zayed Road
✆ +971 3 754 5111
www.rotana.com
Chambre double aux alentours de 600 AED.

Voisin immédiat du fort Jahlili, tournant une de ses façades vers la palmeraie de Mutaredh, il trône au sommet de la gamme locale. L'ensemble est de belle tenue, avec ce hall creusé de l'intérieur et parcouru par deux ascenseurs vitrés, puis le jardin entouré d'une collection de duplex accessibles à la clientèle en quête d'intimitié et d'espace. Réservez à partir du troisième étage, du côté de la grande piscine et admirez la descente du soleil sur le Jebel Hafit pile dans l'axe. Chambres très spacieuses, beau buffet pour le petit déjeuner.

ARABIAN NIGHTS HERITAGE VILLAGE €€€

Razeen Area Al Khatim ✆ +971 2 207 8989
www.arabiannightsvillage.com
À partir de 1 200 AED pour 1 chambre double. Activités en supplément. À 116 km d'Al Aïn et 115 km d'Abu Dhabi City.

A seulement 1h de route, vous atteindrez le charmant village d'Arabian Nights. Vous voilà dans une vraie ambiance orientale au beau milieu du désert. C'est magique. Mais point de campement ici, de vrais bungalows traditionnels confortables avec un bon lit douillet vous attendent. Côté restaurant, vous vous régalerez de bons repas de spécialités locales. Tout au long de la journée, diverses excursions vous sont proposées : balades à dos de dromadaire, sorties en quad ou 4x4.

AL MALLAH RESTAURANT AND GRILL €

Sheikh Khalifa bin Zayed Street
✆ +971 3 766 9655
Ouvert de 8h à 1h. Environ 50 AED.

Voici une adresse incontournable d'Al Aïn. Al Mallah fut le premier restaurant à servir une cuisine levantine quand il ouvrit 1988. Dans une ambiance familiale et décontractée, vous aurez du mal à faire votre choix dans le menu qui est si long que le faire va devenir un exercice difficile. Demandez donc à votre serveur de vous faire un petit choix de mezze froids et chauds. Une chose à savoir cependant : les portions sont très copieuses et la shawarma n'est servie qu'à partir de 17h.

SHAKE SHACK €

Mazyad Road
✆ +971 3 784 0000
www.bawadimall.com
Ouvert tous les jours de midi à minuit. Aux alentours de 60 AED.

Shake Shack commença comme un stand de Hot-Dog sur Madison Square en 2001. Depuis c'est une chaîne de restauration rapide à succès présente dans le monde entier. Elle offre des burgers de bœuf naturel, sans hormones, avec un pain moelleux. Les frites en spirale sont légendaires. Les milk-shakes sont un must… et une bombe à calories aussi. Les enfants vont adorer et nous aussi. Situé dans le mall Bawadi en plein centre d'Al Aïn, alors si vous n'avez pas trop de temps et vous cherchez une petite pause entre deux musées, c'est une bonne alternative.

PACO'S BAR €

Radisson Blu Hotel and Resort
✆ +971 3 786 6666
Ouvert de 17h à 2h. Attention, après 18h, le restaurant est interdit au moins de 21 ans. 150 AED environ.

Au Paco's, vous avez le choix parmi une variété de plats Tex-Mex : fajitas, quesadillas, nachos et autres classiques de la cuisine du sud des Etats-Unis. Optez pour les spécialités, comme le Beef & mushroom Chimmichuri ou le Outlaw Bone-in Prime Rib, un vrai goût du Nouveau-Mexique ou du Texas en plein désert émirati. Dîner en terrasse possible. Le restaurant a aussi un grand écran pour regarder les événements sportifs les plus importants et propose certains jours de la musique live ou des soirées de jeux. Un bar-restaurant très fréquenté dans la ville.

AL FANAR RESTAURANT & CAFE €

Souq Al Zafarana ✆ +971 3 766 5200
www.alfanarrestaurant.com
Ouvert tous les jours, de 9h à 22h. Comptez 70 AED par personne.

Voici l'endroit où vous allez pouvoir vous mêler aux Émiriens qui s'emparent du restaurant à l'heure des repas.

Au menu : le *saloona*, genre de soupe agrémentée de viande, similaire au goulasch, ou le très copieux *machboos*, plat fait de riz et de viande cuisiné avec des épices et cuit longtemps à très basse température.

Pour les desserts et sans hésitation, prendre les petits beignets appelés *lekeimat* recouverts de sirop de datte.

Pas d'alcool servi dans cet établissement.

EDEN ROCK TERRACE €€

Route du Jebel Hafit
✆ +971 3 704 6888
www.restaurants.accorhotels.com
Ouvert tous les jours de 9h à 18h et jusqu'à 21h les jeudis, vendredis et samedis. A partir de 50 AED.

Pour profiter de la vue aérienne la plus décoiffante du pays, il vous faudra payer en conduisant une cinquantaine de km aller-retour et quarante méchants virages depuis Al Aïn ! Posés comme dans un nid d'aigle dominant la ville, vous pourrez profiter de votre thé ou votre verre de vin bien mérité, sachant qu'aux Emirats on ne peut boire et conduire. Donc, songez à la descente ou dormez ensuite sur place. Nous vous recommandons d'arriver avant le coucher du soleil de préférence, et de profiter de la vue avec narguilés, qui sont disponibles.

ESCAPADES

HERITAGE VILLAGE COFFESHOP €€

Al Baladiyah Street
✆ +971 3 763 0155
De 30 AED le sandwich à 160 AED la langouste. Ouvert 24h/24.

Des centaines de convives peuvent prendre place, confortablement installés dans des chaises inclinées, sous un haut plafond tendu de matière végétale. Quel curieux méli-mélo, avec ces portraits surdimensionnés, les salons privatifs tels des loges à l'opéra, la fumée des narguileh, les citronnades mentholées. On peut se caler d'un sandwich kebab, s'offrir la carte libanaise ou un simple poisson grillé. Ambiance animée avec l'orchestre en soirée. Extra.

MAKANI CAFE €€

Khalid Bin Sultan Street
✆ +971 3 768 6888
www3.hilton.com
Ouvert tous les jours, de 18h à 1h du matin et jusqu'à 2h du matin les mercredis et jeudis. Environ 150 AED par personne

C'est un autre des restaurants très courus de la ville. Niché dans l'hôtel Radisson Blu, ce restaurant, dont le nom en arabe signifie « mon endroit », est un des meilleurs de la ville. L'atmosphère est agréable grâce à sa terrasse entourée de palmiers. A la carte, cuisine levantine savoureuse comme de délicieux mezze, des manakish et des saj. Sinon, beaucoup de monde s'y rend pour fumer la shisha aux sons de musique orientale. Venir plutôt pour le dîner et rester pour prendre un dernier verre. Service accueillant, attentif et rapide.

HERITAGE VILLAGE CAFE

Al Baladiyah Street
✆ +971 3 763 0155
24h/24. A partir de 20 AED.

C'est tout à côté de la palmeraie de Qattara que l'on peut trouver ce café. On peut y accéder à pied soit en traversant l'oasis soit en voiture en le contournant. Une pause idéale pour profiter de la vie locale. Un orchestre anime les soirées dans la fumée sucrée des narguilés, les bruits de conversations animées et les exclamations des joueurs de poker électronique. On peut déguster thés, cafés, limonades et cocktails sans alcool avec quelques pâtisseries libanaises dans la clim ou en terrasse. Les soirs de match, on descend l'écran géant.

HILTONIA CLUB HOUSE

Khata Al Shikle Street
✆ +971 3 768 6666
www3.hilton.com
Ouvert de 7h à 23h. A partir de 40 AED.

Voici, au cœur de l'hôtel Hilton, un de nos refuges préférés en ville, dans cet immense jardin bordé d'une piscine ! Mais seulement quand on parvient à s'approprier un canapé libre pour boire un godet à l'heure du rayon vert ou plus tard sous les étoiles, gagné par la fraîcheur bienvenue du grand bassin tout proche. C'est un bar toutes options qui offre des cocktails, des snacks libanais ou des côtelettes d'agneau et la possibilité de fumer aussi le narguilé. Un vrai moment de bonheur après avoir trotté dans cette ville si étendue !

AL-AÏN MALL

✆ +971 3 766 0333
www.alainmall.net
Ouvert de 10h à 22h, jusqu'à minuit les jeudis et vendredis.

Ouvert en 2001, ce centre commercial moderne, luxueux et immense est l'un des plus agréables des Emirats, car il est à taille humaine et en grande partie éclairé par la lumière du jour grâce à de grandes verrières au plafond. Sur place, vous trouverez plus de 350 boutiques : vêtements, cosmétiques, bijoux, chocolats, souvenirs et un supermarché de marque française ! Un bowling, une patinoire, un complexe de cinémas, un lieu pour jouer au billard, une halte-garderie et un *food court* avec des fast-foods offrant toutes sortes de cuisines.

LOCATION DE BICYCLETTES DANS L'OASIS

Oasis Al Ain
✆ +971 56 220 1324
Ouvert de 9h à 18h tous les jours. 20 AED pour 1 heure en bicyclette. 50 AED pour un tour d'1 heure dans une Rosalie.

Quelle belle idée de se dégourdir les jambes en enfourchant une de ces bicyclettes pour faire le tour de l'Oasis. Dès l'entrée franchie, vous trouverez « *Oasis bicycle Rental* » sans aucun souci. Aucun papier n'est demandé. Vous allez pouvoir parcourir les 1 200 hectares accompagnés par le chant des oiseaux, tout en admirant le jeu de lumière dans les palmiers des 550 petits vergers que se partagent les heureux propriétaires. Des photos magnifiques sont à prendre !

ESCAPADES

KHASAB ★★

Avec environ 20 000 âmes, Khasab est la ville la plus importante du Musandam. Un aéroport, un petit centre-ville, deux forts rénovés, trois écoles, et, dispersées dans la palmeraie, quelques maisons basses couleur sable, ainsi se dessine cette paisible bourgade, coincée entre mer et montagnes. Comme dans d'autres sections du sultanat, le nombre d'habitants varie selon la saison : en hiver, quand les terres sont arrosées par les pluies, une partie de la population vit dans les montagnes, où, grâce à la richesse de la nappe phréatique, se déploient de vastes zones cultivées (blé notamment). En été, les gens viennent s'installer en ville, certains dans des logements mis à leur disposition par le gouvernement, afin de récolter les dattes et de s'adonner à la pêche. Ce mode de vie est à la source d'un type de construction spécifique à Musandam : le *Bait al Qufl*, sorte d'entrepôt aux murs très épais dans lequel, pendant la période de migration saisonnière, les familles stockaient jadis leurs biens les plus précieux – jarres emplies de denrées nécessaires à la survie par exemple. Autre particularité locale : le système de falaj n'est pas utilisé au Musandam où les populations utilisent l'eau de pluie (puits et citernes) ou l'eau de mer (usines de désalinisation).

Côté « animation », c'est au port qu'il faut se rendre, en particulier le matin au retour des pêcheurs, une affaire d'hommes. Pas très loin, un fort transformé en musée monte la garde sur la rade et mérite une visite.

Se loger

Comme dans le reste du pays, il est possible de camper un peu partout au Musandam, si le terrain le permet. Notez cependant que c'est théoriquement interdit, décision spécifique des autorités pour cette province-là ; en règle générale, sauf à s'installer près du poste de police, on ferme les yeux. En montagne, les plateaux sont nombreux, mais il n'est pas toujours facile d'enfoncer les piquets dans un sol dur comme du béton ! En bord de mer, les meilleurs endroits se tiennent au large de Khasab, dans quelques jolies criques uniquement accessibles en bateau, et sur l'île Telegraph plantée au centre d'un cirque de fjords. Le terrain est plat, mais attention : pas un brin d'ombre. Les agences de voyages locales proposent des nuits en bivouac, mais ceux qui souhaitent demeurer indépendants tâcheront de s'y faire déposer par l'un des nombreux pêcheurs du coin. De façon bien plus simple, il est aussi possible de planter sa tente à proximité immédiate de Khasab, sur la longue plage de Bassa Beach fermée d'un côté par une falaise et aménagée de paillotes et de sanitaires (eau et toilettes). Sinon, la ville offre quelques options d'hôtels simples, mais propres et tout confort, une option plus internationale à l'Atana Khasab (un peu excentré, mais en surplomb de la mer) et un hébergement de luxe et de très grand charme à l'adorable boutique hôtel d'Atana Musandam, notre préféré.

Tourisme

Toutes les agences de voyages de Khasab proposent plus ou moins le même programme, c'est-à-dire : des sorties en bateau au milieu des fjords de la péninsule pour découvrir cette topographie particulière et admirer le ballet des dauphins. C'est l'attrait premier de la région, ce pour quoi l'on vient.

ESCAPADES

© CATHYLINE DAIRIN

Boutres dans le port de Khasab.

Dans les fjords de Musandam.

© CATHYLINE DAIRIN

Autres excursions courantes : des visites guidées de la ville (fort, port de pêche...) et des curiosités des environs immédiats; des balades en montagne en 4x4 à l'aplomb des fjords et des roches aux formes sculpturales ; du trekking dans un environnement minéral et dépouillé ; de la plongée sous-marine pour croiser prédateurs, pélagiques, tortues, raies, barracudas, voire requins-baleines en saison ; du kayak le long d'un littoral découpé avec possibilité de nuitées en bivouac dans les criques. Les principales agences de Khasab sont *Musandam Sea Adventure Travel and Tourism* et *Khasab Travel and Tours*. Mais il y en a d'autres, établies sur place, ou basées ailleurs dans le sultanat et proposant dans leurs packages des séjours dans la péninsule.

Transports

S'y rendre: De Dubaï, via Sharjah et Ras al Kaimah, 2h45 de route environ, sans grand intérêt sur les premiers deux tiers, plus scénique quand on approche de Khassab (virages serrés entre mer et falaises rocheuses, villages, plages, fortins). Prévoir du « temps à perdre » à la frontière (parfois plus d'une heure) ou partir avec un réceptif omanais ou dubaïote pour somnoler pendant le trajet et ne pas avoir à s'occuper des paperasseries au passage des douanes. Taxes et visas (tarifs variables, se renseigner au moment de l'excursion) à acquitter pour sortir du territoire émirien et entrer sur le sol omanais.

Se déplacer. La seule grande route asphaltée du Musandam relie Khasab à la frontière orientale des Emirats arabes unis.

CROISIERE EN BOUTRE ★★

Excursions en bateau

En moyenne 15 OMR/personne/demi-journée et 20 OMR/journée et déjeuner. Réservation auprès des réceptifs locaux.

Proposée par tous les réceptifs de Khasab, c'est l'activité phare du Musandam et l'occasion déjà de monter à bord d'un dhow, ce bateau de bois traditionnel caractéristique du sultanat. Les prestations diffèrent selon les compagnies, notamment pour le nombre de plaisanciers à bord (de 20 à 40 en moyenne selon la taille du bateau), et la qualité du service et du déjeuner. Mais le parcours reste globalement le même pour tous, agrémenté des incontournables pauses baignade et plongée avec masque et tuba, et surtout de la rencontre avec les dauphins des fjords. Le top !

FORT DE KHASAB

Khasab Fort

7j/7 9h-16h du samedi au jeudi, 8h-11h le vendredi. Entrée : 500 baizas. Compter environ 1h de visite.

La forteresse fut édifiée au début du XVIIe siècle par les Portugais, qui avaient des visées très sérieuses sur le détroit d'Ormuz. Ils n'étaient pas les premiers à surveiller la baie et protéger les vallées fertiles de l'arrière-pays, puisque les ruines d'une très probable citadelle antérieure furent mises au jour sur le site. En 1624, les Portugais échouèrent dans leur tentative de domination du détroit. Un quart de siècle plus tard, ils furent expulsés du sultanat et le fort fut réaménagé par les forces omanaises pour subvenir à leurs propres besoins militaires. Restauré, ce fort fait partie de ceux qui ont été les mieux réhabilités du pays. Outre l'intérêt de la structure elle-même, le bâtiment vaut pour ses espaces culturels qui savent mettre en valeur passé et traditions. Dans la cour intérieure : trois bateaux bien retapés (Battil, Zaruqah, Mashuwah) et des habitations anciennes reconstituées à l'identique. Entre les murs : les différents pièces d'habitation publiques/privées et leur mobilier d'origine. Ne manquez pas d'observer la *Bait Al Qufl*, cette cabane en pierre sèche bâtie entièrement sans mortier, modèle exemplaire de l'architecture vernaculaire. Démontée de son site original, remontée pierre par pierre, elle témoigne de l'ingéniosité locale. A l'intérieur, se trouvent des jarres plus larges que la petite porte d'entrée, ainsi protégées des pillards. La maison était en effet construite autour des récipients. Panneaux informatifs multiples, additionnés çà et là, d'anecdotes et de légendes. Boutique.

SAFARI EN 4X4 DANS LES MONTAGNES

Réservation auprès des réceptifs locaux. En moyenne 25 OMR/personne la demi-journée et 45 OMR la journée complète.

Les escarpements de Musandam, en apparence déserts et monotones, recèlent bien des trésors : des montagnes, certes, mais aucune ne ressemblant à l'autre – sculptures de roches plus ou moins découpées, plus ou moins hautes, plus ou moins rondes ; enchevêtrement de blocs massifs comme travaillés par des colosses. L'excursion guidée en 4x4 pénètre au cœur de cet environnement minéral jusqu'aux panoramas et curiosités phares : le Khor Najd et sa vallée d'acacias, le plateau de Sayh et ses cultures, le djebel Harim qui culmine à 2 097 mètres. Ce sommet est le deuxième plus haut du sultanat après le djebel Akhdar. Malheureusement, la zone est réservée aux militaires et l'on ne peut aller jusqu'en haut, se contentant de passer le col à 1 572 mètres. Dans les environs, d'où l'importance d'être accompagné d'un guide qui saura mener aux endroits dignes d'intérêt, les fossiles abondent et certaines roches recèlent même des peintures nomades datant de quelque 4 000 années en arrière – serpent, araignée, femme. Le nom de Djebel Harim désigne d'ailleurs la « montagne des femmes » en référence à l'époque où les Portugais contrôlaient le détroit et où les locaux cachaient femmes et familles en haut des montagnes. C'est aussi l'occasion de découvrir le rude cadre de vie des derniers montagnards de Khasab : humbles abris de pierre à flanc de parois parfois vertigineuses, piscines naturelles creusées dans la roche, mais asséchées, terrasses d'herbe et de figuiers croissant à même la pierre.

KHASAB TRAVEL AND TOURS

Al Shahawya Road ✆ +968 2673 0464
www.khasabtours.com

20 OMR/personne/croisière en boutre et déjeuner, 15 OMR/demi-journée ; 27 OMR/demi-journée dans les montagnes...

Première de son Etat à avoir développé le tourisme dans le détroit en 1992, c'est l'une des grandes agences du Musandam. Sa spécialité est les croisières en boutre à la demi-journée ou la journée, avec possibilité de privatiser un bateau (différentes tailles) pour un groupe. Le réceptif organise aussi des safaris en 4x4 dans les montagnes, des visites guidées culturelles de Khasab et de ses environs, des journées de plongée sous-marine. Pour un séjour complet, réserver l'un des appartements de la compagnie (Esra Apartments). Vacances à la carte à la demande.

LA PÉNINSULE DU MUSANDAM

Pour les Émiriens, c'est un peu (beaucoup) le bout du monde : une enclave brute et traditionnelle où le temps s'égrène au rythme des filets de pêche et des récoltes, une terre sauvage où les montagnards ne se risquent à l'agitation de la ville que lorsque nécessité fait loi, une péninsule mouchoir de poche où les constructions poussent à l'horizontale... quand elles ne sont pas de simples bicoques en pierres sèches édifiées jadis par les aïeux, et dont on se contente, ma foi, puisque ça tient debout.

En vérité, passé les djebels et les wadis, à la pointe toute septentrionale, ça swingue ! Mer agitée même par temps calme... question de passage. À 60 kilomètres à peine des côtes du Musandam : l'Iran. Entre les deux : l'un des détroits les plus fréquentés de la planète, celui d'Hormuz et son incessant trafic de cargos, boutres et navires en tous genres... Un emplacement en or massif pour zone hautement stratégique, on comprend mieux l'incongruité de la « répartition géographique ». Car, bien qu'accessible via les Émirats (Sharjah et Ras al Khaymah de Dubai), Musandam crèche en Oman. Et cette région du Sultanat est bel et bien séparée du reste du pays par une centaine de kilomètres.

Pour le dépaysement, c'est recta. Foin des ostentations urbanistiques, vous êtes à la campagne... enfin à la montagne... enfin à la mer... enfin, touristiquement parlant, à des années-lumière de Dubaï ! À la frontière déjà... comment dire... ça titille les narines. Les autochtones portent toujours le costume traditionnel (dishdasha pour les hommes, comme aux Émirats), mais on ose davantage le parme et le camel, et l'on remplace volontiers le turban par la *kuma* (petite coiffe ronde et colorée ornée de motifs). Et puis, surtout, on vous parle. Rapports courtois, mais non si distanciés avec les locaux, qui, bien que d'allure posée et altière comme leurs voisins du Golfe, cultivent le goût de l'échange et le sens de l'accueil (valeurs nomades ancestrales).

Ça pèse son poids dans la balance, même si l'on vient surtout pour découvrir une curiosité géologique qui vaut le déplacement : les fjords de l'Arabie, soit des vallées étroites creusées par les eaux marines, comme sur les côtes scandinaves, en moins étendus, plus découpés, plus bruts de décoffrage, moins accueillants, sans un brin d'herbe ni même une tentative de végétation (ou si peu).

VILLAGE DE KUMZAR ★

Kumzar

Accès en bateau à moteur uniquement, compter 45 minutes à 1h de trajet.

Le village de Kumzar, accessible par voie maritime uniquement, occupe la pointe la plus septentrionale de la région. La rudesse du site fait écho à cet isolement naturel. Entre de gros blocs de pierre éboulés se terrent des maisons basses et rudimentaires. Le jeu des ruelles est tellement étroit qu'on s'y faufile à peine. Une poignée d'animaux domestiques vaquent au hasard, des femmes se dérobent dans un froissement de tissu, des hommes font la sieste sur la plage, des enfants courent dans leurs habits de poussière. Au fond du cirque, de hautes falaises barrent tout accès par les montagnes. Droit devant s'étend la haute mer et, là-bas au loin sur la ligne d'horizon, à 55 km à peine, se dressent les côtes iraniennes. 3 000 habitants, un hôpital, deux mosquées, une jetée, une école, tel est Kumzar. Pas si petit finalement, mais tellement spécial, comme baigné d'une aura un peu mystique. Serait-ce la présence de cette tombe quasi sacrée érigée au pied des montagnes tout au fond du village ? Celle, dit-on, d'un homme charismatique venu d'Irak et resté là pendant 5 ans pour y apporter la paix. Son corps ne repose pas à Kumzar, seul compte le symbole. L'autre particularité du lieu est son dialecte unique, le kumzari, composé au fil du passage incessant des hommes et des bateaux : un mélange de 24 langues, dont l'arabe, l'indien, le baloutchi, le portugais, l'anglais. Sur le plan économique, les habitants de Kumzar vivent essentiellement de la pêche et ne quittent leur village qu'en été pour aller passer leurs vacances à Khasab.

MUSANDAM SEA ADVENTURE TRAVEL & TOURISM

© +968 2673 0424

www.msaoman.com

A partir de 15 OMR/personne/demi-journée en boutre, 20 OMR/journée complète et déjeuner, 35 OMR/excursion en kayak...

Ce grand spécialiste du Musandam est mené par une équipe omanaise et francophone ultra pro, c'est son premier atout, professionnalisme, réactivité et gentillesse en plus. Au-delà des classiques (visites guidées de Khasab, safari en 4X4 dans les montagnes, croisières, trek, VTT, kayak...), il possède le seul yacht de luxe de la péninsule (Rubba) pour une immersion jusqu'au fond des fjords – une expérience unique ! Organise aussi des nuitées en bivouac ou sur des boutres plus tradi'.

DIWAN ALAMIR HOTEL €

© +968 7221 0409

30 OMR pour une chambre double avec le petit déjeuner.

Campé face au détroit à 5 minutes à pied du fort et 10 minutes du port aux boutres, c'est un hôtel comme il en existe des dizaines au sultanat : carrelé, nickel, en dominantes marron, avec des salons cossus dans le lobby, des corridors larges et des chambres spacieuses. Le confort est là sans discuter : espace, moquette, grand lit, salle de bains privée, TV, clim', fauteuils et même la vue mer pour une bonne moitié des unités. A distance pédestre des principales activités, rien à dire. Restaurant sur place et plusieurs bonnes gargotes dans les environs proches.

ESRA HOTEL APPARTMENTS €

© +968 2673 0464

www.khasabtours.com

Double avec petit déjeuner à partir de 35 OMR en basse saison (été), 45 à 50 OMR en haute saison.

Au sud de la ville, ce sont deux bâtiments à un étage noyés dans l'uniformité des constructions environnantes. Déco datée, mais confort et agencement efficaces, on y vient après tout que pour dormir. Tentative de « style » local dans le restaurant et sa terrasse, planté au bord d'une piscine toute bleue entourée d'un gazon synthétique tout vert. L'établissement compte 16 unités nickel avec cuisine, équipées pour 4 à 6 voyageurs. C'est le réceptif Khasab Travel & Tours qui tient la maison, donc programme d'excursions facilité et prestations sans fausse note.

KHASAB HOTEL €

© +968 2673 0267

www.khasabhotel.net

Simple/double à partir de 94 OMR taxes et petit déjeuner inclus. 10 OMR/personne pour la demi-pension.

Planté au milieu d'un terrain vague à proximité de l'aéroport, ce petit hôtel couleur sable ne paie pas de mine mais l'accueil y est assez chaleureux et le prix raisonnable. Une piscine sans transats trône dans le patio intérieur autour duquel sont réparties les chambres donnant sur l'extérieur. Le choix est offert entre plusieurs catégories dont des chambres Famille et appartements pour 4, tous bien équipés (TV, téléphone, clim', frigo...). Sur place : restaurant de cuisine internationale avec terrasse et BBQ, aire de jeux pour les enfants.

CROISIÈRE EN BOUTRE

LA MEILLEURE FAÇON DE DÉCOUVRIR LES FJORDS : VILLAGES, FAUNE, ÎLOTS

C'est l'activité phare du Musandam et l'occasion déjà de monter à bord d'un dhow, ce bateau de bois traditionnel caractéristique du sultanat et fabriqué selon des techniques ancestrales avec des outils parfois anciens – une vraie pièce de musée naval. Indissociables des paysages de la région, les dhows sillonnent les fjords tous les jours, accueillant en moyenne entre 20 et 40 plaisanciers (parfois plus parfois moins, dépendant de la taille du navire et de la fréquentation touristique). A la barre, un Cap'tain et, en guise d'équipage, un second et un guide qui font aussi le service et la cuisine. Ambiance orientale, façon majilis : tapis sur le ponton central, coussins en périphérie, une grande toile tendue pour l'ombre... et vogue le navire ! On peut s'asseoir, s'alanguir, s'endormir, circuler à son aise pour prendre des photos, laisser les enfants s'ébattre comme des poussins dans une basse-cour. Cooool ! Pas d'à-coups ni de record de vitesse, le bateau navigote en mode pépère le long des fjords, dévoilant de vastes paysages et de minuscules villages.

Les habitants des fjords

Car malgré leur topographie brute et déchiquetée, les estuaires du Musandam n'en sont pas moins habités. Nadifi, Qanaha, Maqlab, Seebi, Shams sont autant de villages coincés au pied des falaises, accessibles par voie maritime uniquement. Les habitants y vivent principalement de la pêche et effectuent a minima une fois par jour le trajet jusqu'à Khasab, en bateau à moteur. C'est d'ailleurs ce mode de transport qu'utilisent les enfants pour se rendre à l'école et en revenir au début et à la fin de chaque semaine, car en pension le reste du temps. Des embarcations gouvernementales font aussi la navette pour ravitailler les villageois en eau, stockée dans des réservoirs. Autrefois, les conditions de vie étaient bien plus sommaires et les pêcheurs devaient rejoindre l'Iran à la rame pour faire du négoce. Aujourd'hui, grâce aux bateaux à moteur, leur zone d'échange s'est élargie à l'Arabie Saoudite et même à l'Inde, d'où ils rapportent des matériaux (bois notamment). Les hameaux comptent une trentaine à une centaine d'habitants, densité surprenante vu la faible quantité de maisons apparentes ! C'est que certaines sont construites en pierres de pays et se fondent dans leur environnement naturel, un mode de défense utilisé par le passé pour ne pas se faire repérer des pillards potentiels croisant au large.

Telegraph Island

Au-delà des rives et des anses façonnées par la nature entre les falaises, les cirques abritent des îlots émergés comme des bouées sur les eaux immobiles cerclées de roches abruptes. Telegraph Island est le plus connu d'entre eux et un spot idéal pour pique-niquer, planter sa tente et dormir à la brune – à condition d'emporter une toile pour se protéger du soleil, car pas une branche dans le secteur ! Le toponyme est explicite, qui rappelle l'installation d'un répéteur du télégraphe de Sa Majesté d'Angleterre. Entre 1865 et 1868, une dizaine de malheureux fonctionnaires britanniques furent placés sur ce caillou avec quelques fusils et du matériel Siemens destiné à faire circuler les messages entre Londres et Karachi. Aujourd'hui ne subsistent de cette station que quelques ruines, entre lesquelles vaquent quelques chèvres. Déposées chaque matin par les bergers du village de Shams, celles-ci rentrent au bercail le soir pour recevoir leur pitance. Au cœur du jour, elles folâtrent sur l'îlot, un enclos naturel bien pratique qui les préserve de tout danger.

Rencontre avec les dauphins

Le clou de la balade est néanmoins ailleurs, au hasard des caprices de la faune sauvage. Car aucune croisière au Musandam n'est digne de ce nom sans les torsions dorsales des dauphins territoriaux. Abondants dans les eaux maritimes de l'estuaire, les cétacés suivent joyeusement les bateaux, attirés par les remous que provoque leur passage. L'arrivée « surprise » des mammifères est d'ailleurs le seul aléa temporel d'une balade au parcours réglé comme une horloge : halte à Telegraph Island pour se baigner et observer les poissons avec masque et tuba (eau tiède et limpide, mais se méfier des oursins – prévoir des chaussures en plastique) ; buffet de spécialités locales servi à bord ; re-plouf dans l'eau translucide sur un second spot, avant un retour romantique dans la lumière déclinante. Pour faire durer l'aventure, certains réceptifs proposent des nuitées à la belle étoile sur le ponton ou alors en tente dans l'une des criques creusées entre les falaises – sans doute la façon la plus intimiste de ressentir la force de cet écosystème particulier. Coupure totale.

LE JERZ

Fabriqué par l'homme depuis l'âge de bronze, le jerz demeure un symbole distinctif de la région de Musandam. C'est une sorte de hache, faite d'une lame tranchante fixée sur une longue poignée taillée dans un bois indigène et mesurant un peu moins d'un mètre de long. Souvent sculptée, cette dernière sert aussi parfois de bâton de marche. Historiquement, le jerz était la composante principale d'un arsenal personnel qui comptait aussi un sabre, un bouclier et une dague. Potentiellement meurtrier, le jerz était une arme légère et facile à manier. De nos jours, certains hommes ont encore un jerz sur eux qu'ils utilisent comme protections contre les animaux et les serpents.

BIVOUAC ORGANISE €€

✆ +968 2673 0424

www.msaoman.com

A partir de 55 OMR/personne/ croisière et nuitée. Organisé par Musandam Sea Adventure et d'autres réceptifs locaux.

Pour une immersion véritable au cœur de l'écosystème particulier du Musandam, rien de tel que d'y passer la nuit, combiné organisé par les plus grands réceptifs locaux : journée en bateau à moteur ou en boutre suivie d'une nuitée dans les fjords. Deux options sont généralement proposées : nuit à la belle étoile sur le ponton du bateau ou nuitée en tente sur la rive. Dans les deux cas, une équipe est présente pour s'occuper de tout, un confort minimal est assuré (toilette, eau, matelas et couverture) et l'on dîne sous un ciel aussi pur et étoilé qu'au désert.

ATANA KHASAB €€€

Khasab Coastal Road

✆ +968 2673 0777

Simple/double à partir de 94 OMR, taxes et petit déjeuner inclus. 10 OMR/personne pour la demi-pension.

Confort et commodités aux standards globalisés pour cet établissement de standing international. Bonus 1 : 60 balcons panoramiques vue mer (choisir les chambres à l'étage pour ne pas se retrouver nez à nez avec la pelouse synthétique). Bonus 2 : la position en surplomb des eaux du golfe, très agréable en fin de journée à partir du café ou des terrasses. Sur place : restaurant, pub avec licence d'alcool, gymnase, salle de jeux, aire et pataugeoire pour les enfants, chouette café (le Finyon) où prendre une pâtisserie ou un encas au retour d'une excursion.

ATANA MUSANDAM €€€

Khasab Coastal Road

✆ +968 2673 0888

Simple/double à partir de 105 OMR taxes et petit déjeuner inclus, 140 OMR/duplex. 10 OMR/personne pour la demi-pension.

Face au détroit, à proximité du port, c'est l'établissement le plus charmant du secteur agencé à l'horizontale comme un village omanais. Taille raisonnable pour 100 unités à la déco locale sobre et chaleureuse, chacune avec balcon ou terrasse d'où contempler les montagnes et le quotidien des pêcheurs. On aime ce parti-pris immersif dans le style, l'accueil, la fraîcheur des plats servis au restaurant. Pour le reste, c'est un bon 4* qui assure ses classiques : 2 jolies piscines, club de plongée, fitness, kids club avec pataugeoire et spa aux soins très qualitatifs.

RUBBA €€€

✆ +968 2673 0424

www.msaoman.com

A partir de 120 OMR la nuitée en cabine double avec dîner et petit déjeuner. Packages de plusieurs jours au choix.

Unique, ce sublime yacht de luxe en forme de dhow traditionnel entièrement couvert de bois est le seul à offrir une immersion totale jusqu'au fond des fjords, dans des conditions de confort absolu puisque l'espace est là (34 mètres de long, double ponton aménagé) et que les six cabines doubles sont dotées de la clim et de leur propre salle de bain. Privatisation possible ou départ à la cabine, pour une à plusieurs nuits tout compris enrichies de visites et d'activités (kayak, pêche, plongée...). Personnel de bord aussi discret qu'adorable. Inoubliable !

AL SHAMALIAH €

Près du rond-point de la mosquée

✆ +968 2673 0477

7j/7 8h30-2h du matin. A partir de 600 bz un burger, 800 bz une soupe, 2 OMR un plat local ou une pizza.

C'est l'un des tout premiers restaurants à avoir ouvert à Khasab, autant parler d'un « classique ». Longévité rimant avec régularité, la qualité des plats est assurée même pour un banal burger. En vérité, on vient surtout pour le poisson grillé, servi frais du jour selon la pêche. La langouste est donc saisonnière. Impossible de lutter contre les néons blancs à l'intérieur, alors on s'installe tranquillement à l'une des rares tables sur le trottoir, se satisfaisant d'avoir localisé une des seules terrasses dînatoires de la capitale musandamienne.

AMJAD MUSANDAM RESTAURANT €

Old Souk

✆ +968 2683 0124

7j/7. A partir de 2,50 OMR les grosses crevettes ou les calamars grillés, 3 OMR le crabe, 1 OMR un briyani.

Ce restaurant au cadre tout simple est tenu par des Indiens. Surprise : la carte est super courte ! A contre-courant des coffee shops habituels, Amjad est le spécialiste local des poissons et fruits de mer. C'est ici que l'on vient pour déguster du crabe, de grosses crevettes, divers poissons du Golfe et du jour cuits et préparés à la demande – grillés, frits, à l'indienne, etc. On peut même amener sa propre prise ! C'est aussi l'occasion du goûter du riz à la poudre de requin.

AROOS MUSANDAM €

Dans le centre-ville, pas loin de la mosquée

✆ +968 2683 1331

www.aroosmusandam.com

Ouvert 7j/7 de 11h à 2h du matin. Plat à partir de 800 bz, spécialités arabes à 2,50 OMR en moyenne.

Une adresse mail, un site web, une salle à la décoration hyper soignée, vous ne vous y trompez pas, vous êtes dans le resto le plus moderne et le plus « occidental-style » de la ville, celui à privilégier si vous en avez marre des ambiances de coffee shop. Qu'on ne s'y trompe pas néanmoins, la carte, elle, reste celle d'un bon coffee shop à tarif hyper bas, avec la palette habituelle des jus frais pressés et des plats arabes, indiens et chinois, plus des frites, du riz et des salades. A la demande : langouste et poisson frais du jour selon la pêche.

DHABI AL YEMEN €

Al Maha Filling Station Complex

✆ +968 2673 1844

Ouvert 7j/7 en continu de 7h30 à minuit, fermé de 11h30 à 13h le vendredi. A partir de 700 bz/plat local, 1,70 OMR/Mandi

Pourquoi diable venir manger sur le parking d'une station-service, même quand ladite station est située en bord de mer, sur la route côtière menant à l'Atana Khasab, à Bassa Beach et à la frontière des Emirats ? Parce que c'est le meilleur restaurant yéménite du secteur, le seul où pouvoir déguster un Mandi : ce fameux plat à base de riz et d'épices assorti de poulet ou de viande de bœuf marinée. Pour le reste, la carte est vaste comme la salle et sert un peu de tout, dont des jus et plats à emporter. Quelques boxes avec tapis et coussins où manger à l'arabe.

WADI QADA €

✆ +968 9978 5862

Ouvert en continu 7j/7 de 11h à 23h. 1,50 OMR une entrée, 3 OMR un plat, 2 OMR un dessert.

A 300 mètres du fort, tenu par un Iranien et son épouse, voici un vrai restaurant façon bistrot de quartier : pas trop grand, avec des touches personnelles dans la déco, le patron à l'accueil et les plats qui mijotent en cuisine. Dans une cage dont on ouvre volontiers les portes aux heures creuses, des perruches apprivoisées conversent, c'est le topo. A table ou assis par terre sur des tapis, on découvre ou déguste des plats de la cuisine iranienne à base de mouton ou de poulet essentiellement. Pour ceux que ça intéresse : safran d'Iran vendu sur place.

FREESTYLE DIVERS

Hôtel Atana Musandam

✆ +968 7221 0385

www.dive-khasab.com

Ouvert 7j/7 de 8h30 à 17h30.

Ce magnifique centre flambant neuf est installé dans un grand local au bord de l'eau, juste à côté du plus bel hôtel de Khasab. On apprécie l'espace, l'accueil et surtout le professionnalisme de l'équipe menée par Darren, instructeur et directeur du club. A moins de 50 minutes de bateau (souvent plutôt 30), plusieurs sites peu fréquentés s'offrent aux débutants comme aux plongeurs confirmés et photographes sous-marins. Les eaux, très riches, permettent de belles plongées d'exploration, y compris très techniques ou avec un biologiste marin à la demande.

PLONGEE AVEC KHASAB TRAVEL & TOURS

✆ +968 2673 0464

www.khasabtours.com

Environ 60 OMR pour 2 plongée, équipement, boissons et snacks compris.

Créée en 1992, cette agence est la première à avoir organisé des sorties touristiques dans la province de Musandam. Elle propose des cours de plongée mais aussi surtout des excursions à la journée de 6h incluant deux plongées sur deux sites différents. A noter aussi, pour les passionnés : des croisières-plongées privées de plusieurs jours organisées sur le boutre Sindabad. Compresseurs à bord, nuitées en cabine et possibilité d'exploration de sites plus lointains.

DIBBA

Sur la côte est, Dibba est une ville dynamique de plus de 6 000 habitants, dont la particularité est de figurer sur trois territoires à la fois : deux émirats et Oman. Si ces scissions sont invisibles, dans la réalité, seule la section la plus septentrionale appartient au sultanat. C'est la partie la plus sauvage et la moins développée des trois avec seulement 2 hôtels – contre bien plus côté émirien, et aussi des commerces et restos.... L'endroit n'est pas très représentatif des beautés du sultanat et offre bien moins d'intérêt que Khasab, sauf à séjourner dans la baie exceptionnelle de l'un des plus beaux hôtels d'Oman : le Six Senses Zighy Bay.

DIBBA BEACH RESORT €€

Mina Road

✆ +968 2683 6654

www.dibbabeachresort.com

A partir de 35 OMR la chambre double, taxes et petit déjeuner inclus en haute saison.

En bord de mer, au calme, bien à l'écart du centre de Dibba sur une longue plage fermée par les montagnes sur l'un de ses côtés, c'est un établissement convivial qui accueille aussi bien les couples que les familles. 54 chambres et suites vue mer, classiques en termes de déco et d'un confort 4 étoiles. Restaurant de cuisine internationale, un bar au bord de la piscine, un autre indoor de style africain, salle de gym, salle de jeux, beach-volley, piscine, jeux d'extérieur pour les enfants, etc. Sur réservation : combiné hôtel et séjour-plongée sur un boutre.

SIX SENSES ZIGHY BAY €€€

Zighy Bay

✆ +968 2673 5555

www.sixsenses.com

Villa avec piscine pour 2 à partir de 500 OMR, taxes et petit déjeuner inclus en haute saison.

A hôtel d'exception, site d'exception ou l'inverse : une large baie cerclée de montagnes, si exclusive qu'on ne peut l'atteindre que par la mer, par une piste, ou par les airs en parapente ! Ecolo et conçu pour se fondre dans son environnement naturel, l'hôtel se présente comme un hameau de villas sublimes en matériaux bruts avec piscine privée. A l'intérieur, mobilier, pierre et lin jouent sur un style rustique-chic d'une élégance rare. Tout est au diapason : le spa Six Senses, les expériences, la plage, les restos dont le spectaculaire Sense of the Edge, perché.

EXTRA DIVERS ZIGHY BAY

Hôtel Six Senses Zighy Bay

www.extradivers-worldwide.com

7j/7. 45 OMR la plongée de jour, 55 OMR celle de nuit, 15 OMR la sortie masque et tuba.

Forte de dizaines de centres de plongée dans le monde dont 4 à Oman, la réputation d'Extra Divers n'est plus à faire. Le club de Musandam est situé à l'hôtel Six Senses Zighy Bay, à proche distance d'une quinzaine de sites. Exclusif (peu de plongeurs) et composé de fjords, le paysage sous-marin offre de magnifiques décors, riches d'une vie marine variée dont beaucoup de pélagiques, des tortues, raies, nudibranches, dauphins... et même des requins-baleines en saison, de janvier à avril. Au club aussi : sorties avec masque et tuba et tout le cursus SSI et PADI.

© SULTANAT D'OMAN

Dibba.

TAWI

Lorsqu'on passe par Qada tôt le matin, on peut apercevoir des pêcheurs à l'ouvrage. Le bourg ne présente pas d'intérêt, mais c'est de lui que l'on gagne le site de Tawi en prenant la piste sud qui s'enfonce dans le wadi et mène à un groupe de maisons quasi toutes abandonnées. Autrefois, les habitants de Tawi se retiraient là pour l'hiver puis passaient l'été à Qada. Aujourd'hui, la majorité a déserté la région pour les Emirats. En s'arrêtant juste avant les dernières habitations, au bout d'environ 2 km, on peut observer des roches sur la gauche ornées de gravures rupestres de plus de 2 000 ans représentant des animaux, des guerriers, des bateaux.

PLATEAU DE SAYH ★

C'est ici que l'aventure montagnarde commence ! La route se fait bien plus pentue, les montagnes se resserrent et les yeux s'écarquillent. D'apparence rude, stérile et dépouillée, les paysages révèlent une architecture minérale surprenante, faite d'un chaos de blocs de pierre. Comme cisaillée à l'aplomb de la mer, la roche s'habille d'ocre-brun. Puis l'on débouche d'un coup sur un plateau verdoyant : celui de Sayh, planté à 1 100 mètres d'altitude. En saison, les moutons viennent y paître. On cultive ici principalement des céréales, notamment du blé. La couleur du gazon pourrait faire verdir d'envie plus d'un Anglais, curiosité régionale de l'hiver.

BUKHA

Construit dans une baie à l'eau très claire, Bukha est un village actif de 3 500 âmes, dont les activités majeures sont la pêche, l'agriculture et l'artisanat. Il est pourvu d'un hôpital et d'une école ce qui lui permet une certaine indépendance par rapport à Khasab. Planté en bord de mer, son fort à fière allure se distingue des autres citadelles omanaises par sa tour ronde plus large en bas qu'en haut. À l'arrière se cache une mosquée d'apparence modeste, mais ravissante à l'intérieur. Quelque cinq kilomètres avant d'atteindre le village de Bukha quand on arrive de Khasab, le bourg de Hill face à un des plus beaux rubans de sable de la région.

© ALTRENDO IMAGES - SHUTTERSTOCK.COM

PLATEAU DE SAYH

ESCAPADES

KHOR NAJD ★

Un 4x4 est nécessaire pour atteindre cette belle crique naturelle formant un spot agréable où camper. De Khasab, après avoir pris la route en direction de Dibba, tourner à gauche vers Sal A'ala. Au bout de quelques kilomètres, reprendre à gauche pour rejoindre la piste que l'on voit se faufiler le long de la falaise. Le temps de trajet prend un peu moins de 30 minutes : 10 sur bitume, puis 6 de grimpette sur piste, puis 15 pour descendre jusqu'à la crique. Khor Najd fait partie de l'estuaire de Hablin. On goûte ici aux splendeurs particulières de la région : ces falaises, aux formes parfois torturées, qui tombent dans une mer calme comme un lac.

LA FAUNE DE MUSANDAM

Sauvage et peu polluée, riche d'une topographie variée, la région la plus septentrionale du sultanat recèle une faune intéressante.
Mammifères : renards, chacals, chats sauvages, gazelles, mangoustes, lèvres, hérissons...

Reptiles : le plus commun est l'endémique gecko Ptyodactylus. Les terres rocailleuses abritent aussi plusieurs variétés de serpents inoffensifs (cat snake, wadi racer) ou venimeux (vipères assez dangereuses).

Oiseaux : la péninsule sert d'habitat à de nombreuses espèces d'oiseaux de mer.

Faune sous-marine : beaucoup de dauphins, des tortues vertes, occasionnellement des baleines.

RAWDAH

Au sud du Djebel Harim, les vallées et reliefs conservent leur intensité dramatique, mais perdent en hauteur puisqu'on reste sous les 1 000 mètres. Réputé, le Wadi Bih est l'un des plus photogéniques de la grande région. Une piste conduit en 5 km à une curiosité géologique unique : un cirque rocheux entourant une plaine de 3,5 km par 3. Vu d'avion ou sur Google Earth, c'est une tache jaune clair en plein milieu de la péninsule. En atteignant le cirque de Rawdah ou *Rawdah bowl*, les stries de couleurs différentes offrent au décor minéral un air d'abstraction ; sur la gauche, des tombes anciennes ; sur la droite, tentez de repérer les abris en pierre sèche, ces *bait al qufl* qui sont au Musandam ce que les bories sont à Gordes, des formes d'habitat de résistance. Au fond de ce site magnifique, des acacias et des sidr (jujubiers épines-du-Christ) font un tableau enchanteur, pommelé et prairial. Aux premières pluies, l'ensemble se couvre de fleurs sauvages. En soirée, quand un silence radical s'invite, que demeurent éventuellement quelques équipages 4x4 près des arbres, on débouche discrètement l'apéro au cœur de ce petit Ngorongoro omanais. Ensuite, à partir de la piste « principale », on atteint en 6,5 km plein sud la bifurcation et les contrôles de sécurité des autorités émiriennes. A droite, la piste vers Ras Al-Khaimah aux Emirats. A gauche, la petite piste qui rejoint en 1h30 Dibba, via le wadi Khabb Ash Shamsi. A priori, il ne serait toujours pas possible de passer d'un côté comme de l'autre sans autorisation spéciale émirienne.

ORGANISER SON SÉJOUR

Faut-il organiser son séjour très à l'avance pour se rendre à Dubaï ? La réponse est non s'il s'agit des mois de basse saison et un grand oui s'il s'agit de la haute saison et du Ramadan. Mais prudence, car les étés, autrefois connus pour être peu fréquentés, connaissent un succès inattendu ces dernières années. En plus de la réservation de l'hôtel et d'avion qui se fait bien en amont pour obtenir des prix intéressants, d'autres prestations mériteraient de les réserver avant afin d'éviter les déceptions et les regrets. Si vous voulez monter en haut de la Burj Khalifa, mieux vaut prendre ses tickets longtemps à l'avance sur internet tout comme les vols en hélicoptère. Même chose si vous voulez vous offrir les services d'un guide francophone même pour une demi-journée. Attention à certains safaris dans le désert qui affichent complet ! Dernier conseil, certains restaurants branchés sont pleins des jours à l'avance, surtout les week-ends.

ARGENT

La monnaie officielle est le dirham des Emirats arabes unis (abréviation AED), divisé en 100 fils. Il existe des pièces de 5, 10, 25, 50 fils et 1 AED, et des billets de 5, 10, 20, 50, 100, 200, 500 et 1 000 AED. Le dirham est indexé sur le dollar. Et le taux de change (janvier 2021). 1 AED = 0,22 € / 1 € = 4,5 AED. Il est possible d'utiliser sa carte bancaire presque partout et sans aucun montant minimum. Vous trouverez des bureaux de change dans tous les centres commerciaux et ils sont en général très corrects sur la commission qu'ils pratiquent. En revanche, ceux de l'aéroport sont moins intéressants.

BUDGET / BONS PLANS

Le coût de la vie dans les Emirats est environ de 20 % plus élevé qu'en France, à l'exception des transports. Trois catégories vont faire grimper le coût de vos vacances : l'hébergement, les restaurants et surtout les consommations d'alcool. Sachez que les prix des hôtels varient énormément entre la haute et la basse saison, mais surtout la situation de l'hôtel dans la ville. En effet, les hôtels de bord de mer sont toujours très chers. On peut donc trouver des hôtels de luxe avec un excellent rapport qualité-prix dans des quartiers plus éloignés du littoral. En ce qui concerne la restauration, on peut manger très bien et pour très peu cher dans les restaurants indiens, pakistanais et du Levant du vieux Dubaï bien sûr, mais aussi dans les quartiers au bord du littoral. Ce qui fait grimper la note de façon vertigineuse est l'alcool qui est imposé par des taxes très importantes.
Le marchandage est une tradition consacrée dans les souks du monde arabe et en particulier aux Emirats. Grâce à quelques négociations, les prix de départ peuvent parfois chuter de moitié. Il faut toutefois savoir que quand un prix a été verbalement accepté, le client est supposé acheter.

Pour anticiper un budget par jour, voici nos recommandations à titre indicatif :

- Petit budget. Compter 800 AED par jour par personne (environ 180 €) par jour, avec les hébergements dans les hôtels 3 étoiles, les repas dans les restaurants indiens ou pakistanais, les transports en commun, quelques taxis et les visites.
- Budget moyen. Compter entre 1 600 AED par jour par personne (environ 360 €), un hébergement en hôtel 4 étoiles des repas variés entre restauration rapide et restaurants, les visites, les taxis et quelques activités.
- Gros budget. Difficile à dire, car à Dubaï, pas de limites, mais disons que si l'on veut se loger dans les grands hôtels du bord de mer, il faut compter au moins 5 000 AED par jour par personne (environ 1 000 €), avec de bons restaurants, du shopping, des déplacements en taxis, des visites et des activités ludiques comme les spas, clubs privés. C'est un budget moyen dans les gros budgets.

© PAMELAJOEMCFARLANE-ISTOCKPHOTO.COM

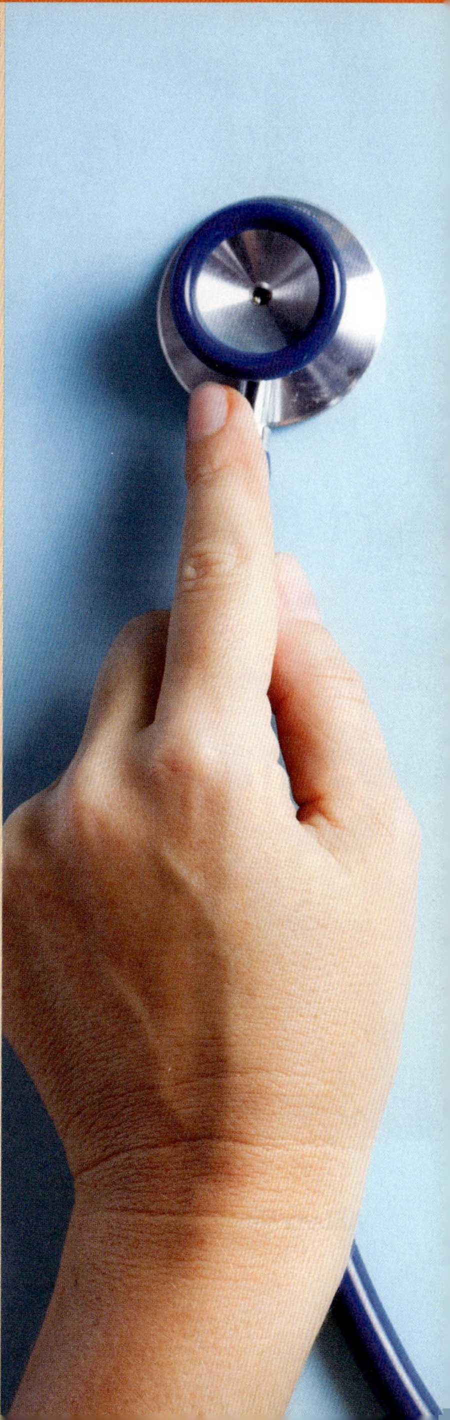

© NEIRFY

L'ASSURANCE VOYAGE, LE MEILLEUR MOYEN POUR PROTÉGER SA SANTÉ À L'ÉTRANGER

avec le DR MICHEL NAHON, directeur médical d'Allianz Travel

En cas de souci de santé sur place, que faut-il faire ?

Si l'on se trouve dans une situation urgente (accident grave, morsure d'animaux...), il est conseillé d'appeler les numéros d'urgence locaux. Une fois à l'hôpital, appeler son assisteur pour déclencher les procédures de prise en charge.

Est-il possible d'entrer en contact avec un professionnel de santé en cas de besoin ?

Allianz Travel dispose d'un service de téléconsultation médicale accessible en visio qui permet de s'entretenir avec un médecin français 24h/24, 7 jours sur 7. La consultation se fait en français et des conseils sont donnés sur les démarches à effectuer. Une ordonnance peut également être délivrée.

S'agissant des frais médicaux, est-on forcément couvert par son assurance maladie et sa mutuelle à l'étranger ?

La sécurité sociale et la mutuelle fonctionnent en France et dans les pays de la Communauté économique européenne, à condition d'avoir fait une demande d'extension de garantie avec la carte européenne d'assurance maladie (CEAM). Il est malgré tout conseillé de souscrire une assurance voyage, car la prise en charge des frais ne sera pas la même qu'en France.

Quel est le meilleur moyen de voir ses frais médicaux pris en charge ?

Dans les pays hors Europe, il est recommandé de souscrire à un contrat d'assistance avec un bon niveau de couverture des frais médicaux. Il est également important de choisir un acteur solide, qui dispose d'un important réseau international dans le domaine médical.

L'assurance voyage prévoit-elle le rapatriement ?

Le rapatriement n'est pas systématique. Il faut un réel intérêt médical. Si le patient peut être traité sur place, l'assisteur oriente vers un médecin ou une structure médicale adaptée localement. De même qu'en cas d'accident dans une zone désertique, le patient sera d'abord orienté vers l'hôpital le plus proche pour stabiliser la situation, avant d'envisager le rapatriement.

ET VOUS,
QUI ÊTES-VOUS
EN VOYAGE ?

Assurez celui ou celle
que vous serez en voyage

www.allianz-voyage.fr - 01 73 29 06 10*

Allianz
Assureur Officiel

Allianz Travel

AWP FRANCE SAS - Siège social : 7, rue Dora Maar - CS 60001 - 93488 Saint-Ouen cedex - Société par Actions Simplifiée - au capital de 7 584 076,86 € - 490 381 753 RCS Bobigny - Siret : 490 381 753 00055 - Société de courtage d'assurances - immatriculée à l'Orias (www.orias.fr) - sous le n°07 026 669
*du lundi au vendredi de 9h à 19h et le samedi de 10h à 18h, sauf jours fériés. Octobre 2019
Photographie : Eric Vernazobres / Favorite production - Conception : Insign 2019

PASSEPORT ET VISAS

Le passeport valable **au moins 6 mois au-delà de la date de retour**. Le Visa de visite est un visa touristique délivré à l'aéroport à votre arrivée et à tout citoyen européen et qui permet de passer 90 jours au maximum, en une fois ou en plusieurs séjours, sur une durée totale de 180 jours.

▶ Conseil. Avant de partir, pensez à photocopier tous les documents que vous emportez avec vous. Vous emporterez un exemplaire de chaque document et laisserez l'autre à quelqu'un en France. En cas de perte ou de vol, les démarches de renouvellement seront ainsi beaucoup plus simples auprès des autorités consulaires. Vous pouvez également conserver des copies sur le site Internet officiel (mon.service-public.fr). Il vous suffit de créer un compte et de scanner toutes vos pièces d'identité et autres documents importants dans l'espace confidentiel.

PERMIS DE CONDUIRE

Si vous ne restez que dans la ville de Dubaï, ne prenez que des taxis. Les applications Uber marchent très bien et l'application locale à télécharger s'appelle Careem. Nous vous conseillons de ne louer une voiture que si vous voulez vous déplacer dans le pays. Pour louer une voiture, votre permis européen valide suffira. En revanche, sans GPS et sans 4G pour activer votre wifi, il est facile de se perdre! Si vous préférez l'option d'une voiture avec chauffeur, toutes les réceptions d'hôtel pourront vous aider. Attention aux radars, ils sont omniprésents partout. Un système d'intelligence artificielle et de drones permet aussi de contrôler si vous parlez avec votre mobile en conduisant ou si vous dépassez les limites de vitesse en dehors des radars omniprésents.

SANTÉ

Pas de vrai problème d'hygiène aux Emirats arabes unis, où l'eau du robinet est même potable. Mais comme elle n'a pas bon goût, les gens ont pris l'habitude de boire de l'eau minérale.

▶ **Faune**. Les risques de piqûre ou morsure par animaux venimeux sont inexistants en ville. Le seul insecte venimeux dangereux dont on a constaté la présence dans les zones habitées est l'araignée rouge (*red spider*). Si, par malchance, on se trouve en présence de cette araignée noire au motif dorsal rouge, on évitera simplement de la taquiner ! Les étendues sableuses servant notamment d'habitat à plusieurs variétés de scorpions et serpents, un antivenin est en revanche utile dans les zones rurales ou désertiques. La nuit, si l'on campe dans le désert, penser à inspecter chaussures, vêtements et duvet, où peuvent venir se nicher quelques visiteurs inopportuns ! Et éviter absolument les chaussures ouvertes, quelle que soit la saison !

▶ **Soleil**. C'est le principal faux-ami des touristes séjournant aux Emirats. En dehors des mois considérés comme « cléments » (de novembre à mars), le soleil tape très fort et interdit même toute exposition en plein été. Les risques encourus de brûlure sont réels et il est plus que conseillé d'adopter toute l'année des indices de protection solaires élevés (30 minimum). Penser également à ne pas s'étendre en plein soleil pendant les heures les plus chaudes (de 11h à 16h), à se protéger des insolations en se couvrant la tête et des hydrocutions en ne pénétrant dans l'eau que de manière très progressive. En été, sols, murs, parois et objets exposés au soleil (toboggans) sont brûlants : éviter de marcher pieds nus, de s'asseoir sur un muret ou de laisser un enfant monter sur les jeux de plein air.

▶ **Coups de chaleur :** Attention aux coups de chaleur ! Entre mars et novembre, on se déshydrate vite. Il faut s'hydrater beaucoup, boire 2 litres d'eau par jour, porter une casquette ou un chapeau et ne pas marcher en plein soleil aux heures les plus chaudes si vous n'êtes pas habitués.

VACCINS OBLIGATOIRES

Aucun vaccin ni certificat de santé n'est obligatoire au moment d'imprimer ce guide. Penser cependant à se renseigner juste avant de partir, car les réglementations sanitaires peuvent changer en fonction de l'évolution de la situation locale et internationale.

SÉCURITÉ

Pas de problèmes de délinquance (ou presque) à Dubaï, et quand ils existent, les délits sont réprimés sévèrement. On peut déambuler seul en toute sécurité dans le centre-ville, y compris le soir. C'est d'ailleurs l'un des attraits majeurs de la destination, aussi bien pour les touristes que les expatriés.

Une application existe qui permet de dénoncer grâce à son smartphone tout comportement suspect en 1 click. Contrairement à ce qui se passe dans beaucoup d'autres pays, l'atmosphère générale est ici nonchalante et sereine, et s'accompagne d'une sensation de bien-être. Et, comme partout ailleurs, on pensera à conserver ses documents et biens importants (passeports, visas, bijoux...) dans les coffres des hôtels prévus à cet effet.

Seul danger véritable : la conduite routière. Au volant, rester toujours d'une vigilance extrême et savoir qu'on peut aussi bien vous doubler par la gauche que par la droite, piler devant votre nez ou se rabattre n'importe comment à l'improviste ! Conserver un sang-froid à toute épreuve et utiliser ses rétroviseurs bien plus que la moyenne. A pied, marcher le plus possible sur les trottoirs et traverser dans les clous, sauf si les voitures arrivent trop vite. En effet, avec 200 nationalités qui vivent à Dubaï ce sont 200 façons différentes d'apprécier le code de la route, différence culturelle oblige. Attention, ne vous énervez jamais au volant, n'injuriez pas, car vous pourriez être dénoncés. Du calme, de la tempérance et de la vigilance uniquement!

Pour les femmes seules, aucun soucis.

DÉCALAGE HORAIRE

3 heures de décalage avec la France pendant l'hiver : Quand il est midi à Paris, il est 15h à Dubaï, et 2 heures en été : quand il est midi à Paris, il est 14h à Dubaï, c'est-à-dire GMT+4.

LANGUES PARLÉES

La langue officielle est, bien sûr, l'arabe, concurrencée par l'anglais qui est la langue des affaires. La grande majorité des services (retrait d'argent, informations diverses) est proposée dans ces deux langues, de même que les panneaux indicatifs, mais en règle générale, tout le monde parle l'anglais dans la ville de Dubaï. L'importance des communautés indienne et pakistanaise fait que l'hindi, l'urdu et le malayalam sont également très répandus.

COMMUNIQUER

EIM (Emirates Internet and Multimedia) est le principal fournisseur des services Internet de tous les émirats, de même que le censeur des sites inconvenants (mêmes types d'interdits que pour la presse écrite). Sous sa gouverne,

© BRITUS - ISTOCKPHOTO.COM

les sujets un peu sensibles, ayant trait aux affaires culturelles, religieuses, politiques et morales, peuvent se trouver momentanément interdits d'accès (sites bloqués). Sinon, services, technologies et infrastructures sont au niveau de leurs homologues européens.

Sachez enfin que le wifi est désormais très répandu et vous pourrez vous connecter gratuitement dans les hôtels et les restaurants où vous êtes client.

ELECTRICITÉ ET MESURES

Ici, c'est du 220 volts. Pensez à vous procurer des adaptateurs pour les prises de modèle anglais (en vente dans les supermarchés) et si vous avez oublié, n'hésitez pas à demander à la réception de votre hôtel, car très souvent ils peuvent vous dépanner.

Les liquides sont calculés en litres, les distances en kilomètres. Sachez cependant que pour les excursions en dehors de Dubaï, on vous renseignera plutôt en nombre d'heures qu'en kilomètres.

BAGAGES

Prenez des affaires d'été avec quelques lainages et étoles pour les soirées fraîches en hiver et pour ne pas tomber malade avec la clim qui est à fond dans les centres commerciaux et les chambres d'hôtel. Plage certes, mais il est interdit de porter un monokini sur la plage (y compris sur les plages privées des hôtels). Le soir, les Dubaïotes s'habillent beaucoup pour sortir et les tenues sport sont souvent proscrites dans les restaurants branchés et en discothèques. Si vous comptez vous rendre dans les mosquées et les musées, si vous pensez faire une escapade en dehors de la ville, et par respect pour la population locale, il est déconseillé de porter des vêtements aguicheurs, même si c'est toléré (préférer par exemple les t-shirts à manches aux débardeurs). Bref, on tâchera d'adopter un comportement sage et logique, qui tienne compte des coutumes locales. D'autre part, les t-shirts qui affichent un slogan partisan ou des insultes sont interdits. Et surtout, surtout, on n'embarque aucun stupéfiant dans sa valise.

LES PHRASES CLÉS

Bonjour, je voudrais réserver un billet aller/retour pour…
مرحبا، اود حجز تذكرة مفردة/عودة إلى...

J'ai raté mon avion. Je voudrais échanger mon billet s'il vous plaît.
لقد فوتت موعد طائرتي،<>أريد تغيير التذكرة من فضلك.

Mon vol est très en retard. Ma correspondance sera bien assurée ?
لقد تأخرت طائرتي للغاية. هل سأتمكن من اللحاق برحلتي الترانزيت؟

Mes bagages ont été égarés, à qui dois-je m'adresser ?
لقد فقدت حقائبي، من المسؤول الذي يجب أن أتحدث إليه؟

Louez-vous des voitures avec chauffeur ?
هل لديك تأجير سيارات مع السائق؟

Je n'ai presque plus d'essence. Où se trouve la station-service la plus proche ?
لقد اوشك وقود السيارة على النفاد. أين توجد أقرب محطة وقود؟

S'Y RENDRE

Tous les jours, de nombreux vols directs existent depuis plusieurs aéroports en France, en Suisse et depuis la capitale belge. Le prix moyen d'un vol aller-retour, en haute saison, est aux alentours de 600 euros et peut baisser de façon sensible en basse saison. Il vous faudra un peu plus de 6 heures pour rejoindre l'émirat de Dubaï en vol direct. Mais attention, les prix des billets sont très volatils dernièrement. Pour trouver des tarifs intéressants, il est indispensable de vous y prendre très en avance surtout en période de vacances scolaires. Si vous utilisez la compagnie aérienne de Dubaï, « Emirates Airlines », vous atterrirez au Terminal 3 de Dubaï qui est très moderne et capable d'accueillir des milliers de voyageurs. Sinon tous les avions atterrissent au Terminal 1 qui est plus vieillot. Le service des douanes et le service de livraison des bagages à l'aéroport de Dubaï sont très efficaces et rapides.

AIR INDEMNITE

25 bis, avenue Pierre Grenier
BOULOGNE-BILLANCOURT
✆ 01 85 32 16 28
www.air-indemnite.com

Des problèmes d'avion (retard de vol, annulation ou surbooking) gâchent le séjour de millions de voyageurs chaque année. Selon la réglementation, ceux-ci ont droit jusqu'à 600 € d'indemnité par passager ! Mais devant la complexité juridique et les lourdeurs administratives, très peu parviennent en réalité à faire valoir leurs droits. Pionnier français depuis 2007, ce service en ligne simplifie les démarches en prenant en charge l'intégralité de la procédure : analyse et construction du dossier, échanges avec la compagnie, suivi jusqu'au versement des sommes dues.

AIR FRANCE

✆ 36 54

Réservations en ligne ou par téléphone, tous les jours de 6h30 à 22h.

Toute l'année, la compagnie nationale assure de nombreux vols tous les jours au départ des aéroports de Paris : plusieurs destinations en France, en Europe et à l'international dont le Moyen-Orient. Sa flotte est majoritairement constituée d'Airbus âgés d'une dizaine d'années. Le vol au départ de Paris à l'heure du déjeuner permet de ne pas arriver trop tard à Dubaï dans la soirée. Si vous venez de province, Air France propose aussi avec KLM des vols avec une correspondance à Amsterdam, avec des temps de vol aux alentours de 11h30.

EMIRATES

69, boulevard Haussmann
PARIS
✆ 01 57 32 49 99
www.emirates.com

Créée en 1985 et réputée comme l'une des meilleures compagnies aériennes du monde, la compagnie Emirates propose des vols directs et quotidiens depuis Paris, Lyon et Nice, Bruxelles, Zürich et Genève vers Dubaï. Si vous voyagez en business, c'est une voiture avec chauffeur qui vous conduira gratuitement jusqu'à votre lieu de séjour et inversement. Une pré-réservation effectuée sur Internet ou auprès de votre agence de voyages est indispensable pour ce dernier cas. Optez pour un siège côté hublot pour une vue imprenable sur l'architecture de la ville.

ETIHAD AIRWAYS

27, rue de Berri
PARIS
✆ 01 57 32 43 43
www.etihadairways.com

Avec des standards très élevés, la compagnie nationale des Émirats arabes unis a été lancée en 2003 avec un vol inaugural Al Ain-Beyrouth. À ce jour, elle dessert plus de 84 destinations dans 49 pays et possède une flotte de plus de 100 avions. Etihad Airways dont le nom signifie « union » remporte aussi chaque année de nombreux prix qui récompensent son service. Elle opère uniquement de l'aéroport d'Abu Dhabi et il faut donc prendre une navette gratuite pour se rendre à Dubaï. Les clients de la classe Affaires disposent, eux, d'un service de chauffeur gracieux.

GULF AIR

✆ 01 49 52 41 41

www.gulfair.com

Gulf Air est la compagnie aérienne nationale de Bahreïn, la plus ancienne du Golfe, créée en 1950. Elle dessert 49 villes dans plus de 27 pays, dont la France et les Emirats arabes unis. C'est actuellement la seule compagnie à offrir un service de baby-sitting avec des *sky-nanny* qui prendront en charge les enfants, accompagnés ou non. Les hôtesses sont spécialement formées en puériculture et accueillent les petits depuis l'embarquement. Elles peuvent vous aider et sont disponibles pendant toute la durée du vol, et ce jusqu'à l'arrivée.

EASY VOLS

✆ 08 99 19 98 79

www.easyvols.fr

Pour voyager malin, il faut faire ses recherches en toute efficacité, sans perdre trop de temps à jongler d'un site à un autre. Pour trouver le bon vol au bon prix, l'idéal est la plateforme comparatrice de vols. Easyvols permet de comparer en temps réel les prix des billets d'avion chez plus de 700 compagnies aériennes et pas seulement des compagnies low-cost. Vous pouvez économiser jusqu'à 70 % du prix si vous êtes prêts à saisir au vol les meilleures offres. Des avis avisés de clients sont aussi consultables sur le site Internet.

OMAN AIR

65, rue de Prony

PARIS

✆ 01 47 64 21 50

www.omanair.com

Oman Air est la compagnie nationale du Sultanat Oman et fut fondée en 1993. Elle propose des vols internationaux depuis 2007. La compagnie dessert 50 destinations dans 27 pays. La compagnie a obtenu de nombreuses distinctions depuis sa création en récompense de la qualité de ses services et de son hospitalité légendaire, dont celle de « Meilleure Compagnie du Moyen-Orient en classe économique et classe Affaires » lors de l'édition 2018 des World Travels Awards et pour la 4e année consécutive. Vol quotidien entre Paris et Mascate.

MISTERFLY

PARIS

✆ 08 92 23 24 25

www.misterfly.com

Ouvert du lundi au vendredi de 9h à 21h. Le samedi de 10h à 20h.

MisterFly.com est le nouveau-né de la toile pour la réservation de billets d'avion. Son concept innovant repose sur un credo : transparence tarifaire ! Cela se concrétise par un prix affiché dès la première page de la recherche, c'est-à-dire qu'aucun frais de dossier ou frais bancaire ne viendront alourdir la facture finale. Idem pour le prix des bagages ! L'accès à cette information se fait dès l'affichage des vols correspondant à la recherche. La possibilité d'ajouter des bagages en supplément à l'aller, au retour ou aux deux... tout est flexible !

SWISS INTERNATIONAL AIR LINES

✆ 08 92 23 25 01

www.swiss.com

La compagnie helvétique qui opère depuis 2002 dessert plus d'une centaine de destinations. Elle assure plusieurs vols hebdomadaires vers Dubaï depuis Genève via Zurich. Elle peut s'avérer une bonne option pour tous les frontaliers francophones. La durée du vol est d'environ 6h30 pour une distance d'un peu plus de 4 900 kilomètres. Swiss fait partie du groupe Lufthansa et est membre de Star Alliance. Plus de 42 chefs reconnus contribuent à établir les menus servis à bord de ses avions.

LE BUS DIRECT-PARIS AÉROPORT

Avenue Sud ✆ 01 64 02 50 14

www.lebusdirect.com

Tarif aller simple : L1 12 € ; L2 et L4 18 € ; L3 22 €.

Les cars Air France, désormais rebaptisés «Le bus direct», desservent Roissy et Orly 1, 2, 3 et 4, 7j/7. Fréquence : toutes les 25-30 min.

- **Ligne 1 :** Orly-Montparnasse-Trocadéro-Paris-Étoile de 6h30 à 23h50. Sens inverse 4h40-21h40.
- **Ligne 2 :** Roissy-CDG-Porte Maillot-Étoile/Champs-Élysées de 5h30h à 23h30. Sens inverse 5h-22h.
- **Ligne 3 :** Roissy-CDG-Orly de 6h10 à 21h50. Sens inverse 6h35-21h50.
- **Ligne 4 :** Roissy CDG-Gare de Lyon-Montparnasse de 5h45 à 22h45. Sens inverse 5h15-21h45.

SÉJOURS ET CIRCUITS

Dans cette rubrique, vous trouverez différents tour-opérateurs spécialisés sur la destination Dubaï et sur la région. Ils produisent eux-mêmes leurs voyages et sont généralement de très bon conseil, car ils connaissent la région sur le bout des doigts et s'y rendent au moins une fois par an. Vous pourrez profiter d'un séjour sans soucis surtout si vous partez au dernier moment. A noter que leurs tarifs se révèlent souvent un peu plus élevés que ceux des généralistes. Certains d'entre eux sont installés à Dubaï. Ils sont en général les mieux informés des derniers changements, des meilleurs plans et seront ouverts à vous offrir des séjours à la carte si vous voyagez seul ou en famille ou si vous combinez votre voyage avec une escapade en Oman par exemple. Nous vous recommandons de visiter leurs sites internet afin de déterminer lequel répond mieux à vos attentes selon vos priorités et vos goûts.

ALMA VOYAGES

573, route de Toulouse
VILLENAVE-D'ORNON
✆ 05 56 87 58 46
www.alma-voyages.com
Ouvert du lundi au vendredi de 9h à 18h30 et le samedi de 9h30 à 17h30.

Chez Alma Voyages, les conseillers connaissent parfaitement les destinations proposées. En effet, ils ont la chance de se rendre sur place plusieurs fois par an et donc, bien vous conseiller. En plus, chaque client est suivi par un agent attitré ! Une large offre de voyages (séjour, croisière ou circuit individuel) avec l'émission de devis pour les voyages sur mesure vous sera proposée. Si vous trouvez moins cher ailleurs, l'agence s'alignera sur ce tarif et vous bénéficierez en plus, d'un bon d'achat de 30 euros sur le prochain voyage.

AMPLITUDES

60, rue Sainte Anne - **PARIS** ✆ 01 44 50 18 58
www.amplitudes.com
Ouvert du lundi au vendredi de 10h à 19h et le samedi jusqu'à 18h. Contact clients agence de Toulouse (second numéro).

Spécialiste des voyages sur mesure, en solo, en couple ou en groupe, des voyages en famille et des circuits privatifs depuis près de 30 ans, l'agence de voyages toulousaine Amplitudes et son antenne parisienne proposent des formules adaptées avec comme ligne directrice : « hors des sentiers battus ». Le catalogue est dense : ils vous emmènent en Italie, en Colombie, aux Etats-Unis, au Cap-Vert, au Bénin et dans bien d'autres pays encore. Les propositions sont disponibles sur le site Internet. Informations pratiques et conseils d'experts avec l'équipe en agence.

ANAPIA VOYAGES

ZA, Larre Lorre
AIX-EN-PROVENCE
✆ 04 42 54 21 52
www.anapiavoyages.fr
Ouvert du lundi au vendredi de 10h à 20h.

Anapia Voyages, basée à Aix-en-Provence et à Saint-Jean-de-Luz, a été créée par Sylvia, une Péruvienne vivant depuis plus de trente ans en France. La richesse de ses programmes, à dominante culture et nature, s'appuie sur l'expérience de ses collaborateurs, notamment en Amérique latine, mais aussi en Asie et en Afrique. Le plus d'Anapia Voyages ? Panacher sur mesure des sites incontournables et des lieux inédits. Au Moyen-Orient, l'agence propose un séjour cousu main de 13 jours, à la découverte du Sultanat d'Oman, intitulé « Oman, La Perle d'Arabie ».

AYA DÉSIR DU MONDE

47-49, rue des Mathurins - **PARIS**
✆ 01 42 68 68 04
www.ktsgroup.fr
Ouvert tous les jours de 9h30 à 18h. Prendre rendez-vous par téléphone.

Aya est un tour-opérateur spécialiste du Moyen-Orient, de la péninsule Arabique et de l'océan Indien qui a été créé par le département *tour operating* de Kurban Tour, groupe présent dans cette région depuis plus de cinquante ans. De la formule « tout compris » à la création d'un voyage 100 % sur mesure, du séjour en resort au circuit culturel. A Dubaï, le tour-opérateur propose des séjours d'une semaine au sein des hôtels les plus luxueux, mais également des séjours combinés tels que « Fjords, montagnes et mer » à la découverte des Emirats et du Sultanat d'Oman.

CERCLE DES VACANCES

31, avenue de l'Opéra
PARIS
✆ 01 40 15 15 11
www.cercledesvacances.com
Ouvert du lundi au vendredi de 9h à 20h et le samedi de 10h à 18h30.

Les conseillers du Cercle des Vacances sont de véritables connaisseurs. Ils partageront avec vous leurs conseils et leurs petits secrets pour faire de votre voyage une expérience inédite. Il vous suffit pour cela de discuter avec eux de vos habitudes de voyage et des différentes régions que vous souhaitez découvrir, puis vous élaborerez ensemble un voyage sur mesure. Une « échappée à Dubaï et à Abu Dhabi » de 5 jours est proposée et d'autres escapades combinant Dubaï et Abu Dhabi (en famille...) sont organisées, avec un guide francophone.

CLIO

34, rue du Hameau
PARIS
✆ 01 53 68 82 82
www.clio.fr
Agence ouverte du lundi au vendredi de 10h à 18h, le samedi de 10h à 13h et de 14h à 16h.

En choisissant Clio, dont le nom est inspiré par la muse de l'histoire, partez à la découverte d'une conception du voyage originale et enrichissante. Les destinations et les formules, cousues main, peuvent varier à l'infini. Un conférencier passionné, qui sait transmettre son savoir et son enthousiasme, demeure, tout au long du voyage, votre interlocuteur permanent. Le tour-opérateur Clio vous emmène à la découverte de Dubaï et des Emirats arabes unis, mais aussi du Qatar, à travers un circuit de huit jours. Voyage organisé en petit groupe.

CLUB FAUNE VOYAGES

50, rue de Passy
PARIS
✆ 01 42 88 31 32
www.club-faune.com

Avec plus de seize ans d'expérience, ce voyagiste à taille humaine dédié à la conception de voyages sur mesure, 100 % personnalisés et qui possède une très belle expertise sur le Moyen-Orient. Accompagnés et conseillés par un de ses experts passionnés, vous construirez ensemble le « voyage de vos envies » et découvrirez adresses secrètes et expériences hors des sentiers battus au cours d'itinéraires à la carte. Votre conseiller vous recevra dans « l'Espace Voyage » de l'agence : Salon cosy avec projection des étapes incontournables de votre voyage.

DIRECTOURS

27, boulevard des Italiens - **PARIS**
✆ 01 45 62 62 62
www.directours.com
Du lundi au vendredi 10h-18h, samedi 10h-12h et 14h-18h. Agence aussi à Lyon. Conseillers par téléphone 7j/7 9h-20h.

Directours est un tour-opérateur qui vend en direct au public, sans passer par les agences de voyages. Sa brochure est disponible uniquement sur Internet, ce qui présente l'avantage de coller à l'actualité des promotions. Il propose séjours, week-ends, voyages individuels à la carte, offres vol + hôtel, location de voiture, conseils de vendeurs connaissant la destination. A destination de Dubaï, plusieurs offres pour séjourner en hôtel côté désert ou côté plage. Des combinés permettent de coupler la découverte d'Abu Dhabi à celle de Dubaï en voiture.

INTERMÈDES

10, rue de Mézières - **PARIS** ✆ 01 45 61 90 90
www.intermedes.com
Du lundi au jeudi 9h-19h, vendredi 18h. Samedi 9h30-16h de janvier à mars et septembre, octobre.

Intermèdes propose des voyages d'exception et des circuits culturels sur des thèmes très variés : architecture, histoire de l'art, événements musicaux, Intermèdes est à la fois tour-opérateur et agence de voyages. Les voyages proposés sont encadrés par des conférenciers, historiens ou historiens d'art. Les groupes sont volontairement restreints pour plus de convivialité. Intermèdes propose également des voyages sur mesure. Plusieurs circuits vous sont proposés à l'occasion de l'Exposition universelle 2021, avec notamment la visite du Louvre Abu Dhabi.

LES MAISONS DU VOYAGE

76, rue Bonaparte - **PARIS**
✆ 01 84 25 43 70
www.maisonsduvoyage.com
Toute l'année, du lundi au samedi, de 10 à 19 heures sans interruption.

En 2021, Les Maisons du Voyage ont célébré leur 30e anniversaire ! Ils misent sur la curiosité intellectuelle, la rencontre culturelle avec les locaux, le respect de la nature et du patrimoine. Circuits accompagnés, voyages sur mesure ou séjours, leurs propositions sont construites sur un travail collectif. La Maison des Orientalistes propose plusieurs séjours pour découvrir Dubaï : « Love Dubaï - Centre historique » en 5 jours, « Duo des Emirats : Dubaï et Abu Dhabi » en 6 jours ou encore un combiné « Oman et Emirats : entre tradition et modernité » en 11 jours.

LES MATINS DU MONDE

156, rue Cuvier
LYON
✆ 04 37 24 90 30
www.lesmatinsdumonde.com

L'agence Les Matins du Monde vous propose des voyages pas comme les autres. Une petite équipe expérimentée est à votre écoute pour vous proposer un voyage adapté à toutes vos envies. Vous trouverez dans cette agence des conseils personnalisés, des voyages originaux et hors des sentiers battus. Des vols secs, avec ou sans accompagnateur, des hébergements variés, des randonnées à pied, des voyages culturels… À Dubaï et aux Émirats arabes unis, un voyage à la carte est proposé. A vous de déterminer le type de voyage qui vous correspond le mieux.

MSC CROISIERES

✆ 01 70 74 00 55
www.msccroisieres.fr
Ouvert tous les jours de 9h à 19h et le samedi de 9h à 17h.

Entre décembre et février, le *MSC Musica* prend Dubaï comme port d'attache. Le paquebot aux 1 275 cabines (2 550 passagers) fait une quinzaine de croisières (8 jours et 7 nuits, avec 5 escales). Faire une croisière sur le golfe arabo-persique vous permettra de découvrir Dubaï juste avant ou juste après la fin de votre croisière. Une belle manière de combiner plusieurs destinations et de s'arrêter un peu plus longtemps dans le petit émirat. Une de leurs escales est Abu Dhabi, et dans notre rubrique « Escapades » vous trouverez des idées de visites.

TERRE ET NATURE VOYAGES

23, rue d'Ouessant
PARIS
✆ 01 45 67 60 60
www.terreetnature.com
Ouvert du lundi au vendredi de 9h30 à 19h.
Sur rendez-vous en dehors de ces horaires.

Terre et Nature Voyages est une agence spécialisée destinée à tous les amoureux de la mer. Animée par une équipe de passionnés, l'agence met son expertise pour proposer des séjours uniques. Que ce soit le kitesurf, le windsurf, la voile ou encore la plongée, ce tour-opérateur parcourt les océans pour débusquer les meilleurs spots. Terre et Nature Voyages propose aventure, découverte et culture. Trek, randonnée à pied, chiens de traîneaux, canoë, voile, VTT, trail, raids multisports, croisières… vous attendent ! Plusieurs séjours riches en émotion.

TSELANA TRAVEL

15, rue Monsigny - **PARIS**
✆ 01 55 35 00 30
www.tselana.com
Du lundi au jeudi de 10h à 19h, le vendredi de 10h à 18h et le week-end sur rendez-vous.

Créée en 2003 par trois passionnés des paysages désertiques de l'Afrique australe, Tselana Travel est une agence de voyages haut de gamme, qui propose un très large choix de destinations pour des voyages à l'écart des circuits touristiques habituels. Des Caraïbes au Kenya, en passant par l'Islande, la Turquie, le Sri Lanka ou la Malaisie, Tselana Travel associe vos envies (aventure, insolite, romantique, famille, désert, plongée, safari…) à sa connaissance approfondie des destinations pour vous proposer un voyage placé sous le signe du luxe et du raffinement.

VACANCES SUR-MESURE

27 Rue de Solférino
BOULOGNE-BILLANCOURT
✆ 01 88 33 52 25
www.vacancessurmesure.com
Ouvert du lundi au samedi de 9h à 19h.

Avec plus de seize ans d'expérience, ce voyagiste à taille humaine dédié à la conception de voyages sur mesure, 100 % personnalisés et qui possède une très belle expertise sur le Moyen-Orient (Egypte, Emirats arabes unis, Iran, Israël, Jordanie, Oman) et l'océan Indien (Maldives, Maurice, Seychelles, Zanzibar). En plus des séjours sur mesure, vous pouvez aussi découvrir Dubaï notamment à travers de nombreux circuits combinés (« Dubaï et le désert » en 7 jours, « Dubaï Abu Dhabi » en 7 jours, « Circuit Pétra Dubaï » en 8 jours…).

VOYAGEURS DU MONDE

55, rue Sainte-Anne - **PARIS**
✆ 01 84 17 46 76
www.voyageursdumonde.fr
Du lundi au samedi 9h30-19h. Agences dans toutes les grandes villes de France, à Bruxelles, Genève, Montréal et Québec.

Depuis plus de 30 ans, Voyageurs du Monde construit pour vous un univers totalement dédié au voyage sur mesure et en individuel, grâce aux conseils pointus transmis par des spécialistes qualifiés sur leur destination de cœur ou d'origine. Présents depuis longtemps à Dubaï et aux Emirats, vous bénéficiez de leur aide pour la préparation du voyage, mais aussi durant toute la durée du voyage sur place. Tous les circuits peuvent être effectués avec des enfants, car tout est question de rythme. A noter également, un site internet au contenu riche et inspirant.

INTERVIEW

LE VOYAGE-SUR-MESURE

AVEC STEVEN LE CHEVALIER ET MATHIEU VALLY DE QUOTATRIP

Quel est le concept de l'agence QuotaTrip ?

Quotatrip est la première plateforme de mise en relation entre voyageurs et agences locales. Grâce à elle, les voyageurs peuvent enfin échanger en direct avec des agences qui sont sur place et concevoir un voyage unique, au meilleur prix et 100% personnalisé.

Pourquoi voyager avec des agences locales ?

À l'inverse des agences traditionnelles, les agences locales sont des expertes de la destination choisie. Ce sont aussi les mieux placées pour concevoir des séjours qui sortent des sentiers battus. Elles sont ainsi en mesure de répondre à l'ensemble des envies, le voyageur rentre dans l'univers de l'equi-tourisme = le tourisme sans intermédiaire.

Quels sont les autres avantages pour les voyageurs ?

Il y a une multitude d'avantages. Cela permet notamment de ne pas voyager comme tout le monde, d'organiser de manière simple et rapide un séjour sur mesure et au meilleur prix. Fini les mauvaises surprises, les voyageurs posent toutes les questions qu'ils souhaitent et bénéficient d'un accompagnement sur mesure, de la conception du projet jusqu'à sa réalisation en toute sécurité car les agences référencées sont sélectionnées et recommandées par les journalistes des guides du Petitfute en toute impartialité.

Les démarches sont-elle simples à effectuer ?

Les sites de voyage en ligne font perdre beaucoup de temps aux internautes sans pour autant répondre entièrement à leurs désirs. QuotaTrip propose un formulaire simple et rapide qui permet de décrire les souhaits, les envies et les besoins. L'internaute reçoit aussitôt gratuitement et sans engagement les offres de trois ou quatre agences locales avec qui il peut ensuite échanger afin de personnaliser son projet grâce à la messagerie mise en place.

Quelles sont les destinations proposées ?

Notre plateforme propose plus de 21 000 projets de voyage sur plus de 100 destinations à travers le monde. De l'Amérique latine en passant par l'Asie et l'Afrique, nos mille agences partenaires sont là pour répondre à vos projets de voyage.

Décrivez votre projet de voyage. Échangez en direct avec les agences locales et partez au meilleur prix.

***Plus d'informations** : quotatrip.com*

© D.R

© D.R

© D.R

ARABIAN ADVENTURES

✆ +971 800 272 2426

www.arabian-adventures.com

C'est une compagnie comme on les aime : suffisamment importante pour proposer un vaste panel d'activités quotidiennes (très bons *City Tours* et safaris-dîners privés dans le désert notamment), mais assez spécialisée pour épauler le client individuel. Riche d'une trentaine d'années d'expérience, solidement implantée à Dubaï et dans les Emirats où elle est une référence, Arabian Adventures gère aussi bien les groupes que les couples, pour lesquels elle crée des circuits et activités sur mesure dans toutes les fourchettes de prix. Bien entendu, on parle le français.

PLATINUM HERITAGE

Control Tower ✆ +971 4 440 9827

www.platinum-heritage.com

Palette d'excursions et de tarifs dont des tours à la carte. A partir de 133 € par adulte le Safari Heritage par ex...

Soucieux de préserver la culture des Emirats et de favoriser la meilleure immersion possible, Platinum Heritage privilégie les circuits et sorties en petits groupes ou tours privés au sein des différents écosystèmes dubaïotes : montagnes, lacs et désert. Son catalogue comprend de nombreuses excursions d'une qualité unique et notamment des sorties dans la Dubai Desert Conservation Reserve en Land Rover décapotables des années 1950. Chaque escapade est toujours l'occasion de découvrir la beauté d'un biotope, mais aussi sa faune et les coutumes de ses habitants.

SPICE ME UP

✆ +971 50 800 3496

www.spiceme-up.com

Spice me Up est un réceptif et une agence événementielle créée en France il y a plus de 12 ans. Ils ont des bureaux à Paris, sur la Côte d'Azur et à Dubaï. Depuis quelques années, ils organisent des voyages au Moyen-Orient pour le compte de musées reconnus mondialement, mais aussi pour l'organisation de voyages incentives et de séminaires. Ils planifient des séjours haut de gamme pour des groupes recherchant l'exclusivité et des expériences uniques. Des visites autour de la gastronomie, de l'héritage culturel, de l'art, de la nature, mais aussi des rencontres.

EASYVOYAGE

✆ 08 99 19 98 79

www.easyvoyage.com

Le concept peut se résumer en trois mots : s'informer, comparer et réserver. Des infos pratiques sur plusieurs destinations en ligne (saisonnalité, visa, agenda...) vous permettent de penser plus efficacement votre voyage. Après avoir choisi votre destination selon votre profil (famille, budget...), le site vous offre la possibilité d'interroger plusieurs sites à la fois concernant les vols, les séjours ou les circuits. Grâce à ce moteur performant, vous pouvez réserver directement sur plusieurs bases de réservation (Lastminute, Go Voyages et bien d'autres).

ILLICOTRAVEL

www.illicotravel.com

Illicotravel permet de trouver le meilleur prix pour organiser vos voyages autour du monde. Vous y comparerez billets d'avion, hôtels, locations de voitures et séjours grâce à un métamoteur de recherche en temps réel. Ce site offre des fonctionnalités très utiles comme le baromètre des prix pour connaître les prix les plus compétitifs sur les vols à plus ou moins 8 jours. Le site propose également des filtres permettant de trouver facilement le produit qui répond à tous vos souhaits (escales, aéroport de départ, circuit, voyagiste…).

QUOTATRIP

www.quotatrip.com

QuotaTrip est une nouvelle plateforme de réservation de voyage en ligne qui met en relation des voyageurs à la recherche d'expériences authentiques et uniques et des agences de voyages locales sélectionnées pour leurs compétences et leur sérieux. Le réseau de QuotaTrip couvre près de 200 destinations du monde entier. Le but de ce rapprochement est simple : proposer un séjour entièrement personnalisé aux utilisateurs. QuotaTrip promet ainsi l'assurance d'un voyage serein, sur mesure, sans intermédiaires et sans frais supplémentaires.

PRATIQUE

SE LOGER

BUDGET / BONS PLANS

Où se loger à Dubaï pour un prix relativement compétitif ? Sans hésitation dans les quartiers de Deira et de Bur Dubaï et dans la zone Al Barsha-al Quoz. Nous vous avons d'ailleurs concocté une liste des meilleurs hôtels dans ces deux quartiers. Dans tous les hôtels, un certain nombre de taxes s'ajoutent au prix donc il est important de bien vérifier que le prix indiqué soit net. Sinon voici le détail des taxes appliquées à Dubaï : 7 % de taxe municipale à laquelle s'ajoute 10 % d'une taxe de service et 5 % de TVA soit en tout 22 % en plus du prix indiqué.

A RÉSERVER

Il faut absolument réserver au moment des vacances scolaires entre novembre et avril et en général pendant les mois d'hiver entre novembre et mars. Les taux d'occupation frisent les 90 % pendant cette période donc il faut s'y prendre très à l'avance si vous voulez vous trouver dans les hôtels bien placés.

C'EST TRÈS LOCAL

Dans cette région, on voyage beaucoup en famille et les familles peuvent être très nombreuses. Donc, la plupart des hôtels ont un certain nombre de chambres connectées à celle des parents et il y a donc beaucoup de chambres à deux lits. Au moment de la réservation, il est donc important de le préciser. Les enfants étant très bien accueillis dans le pays, il existe dans beaucoup d'hôtels des clubs qui leur sont destinés.

POUR LES GOURMANDS

Ce qui frappe en arrivant à Dubaï, c'est l'immense brassage culturel. Le petit déjeuner le reflète très bien. Vous aurez donc un choix immense pour satisfaire tous les palais et toutes les cultures. Souvent, ils s'apparentent plus à un Brunch qu'à un petit déjeuner et bon nombre de touristes préfèrent le privilégier et prendre un thé plus tard avec quelques friandises dans l'après-midi en sautant le repas de midi.

FUMEURS

Il est permis de fumer dans toutes les zones qui l'autorisent. La plupart des hôtels ont des chambres pour les fumeurs. Beaucoup de restaurants ont encore une zone fumeurs, mais pas tous. En revanche, il est interdit de fumer dans les centres commerciaux et aux abords des organismes gouvernementaux tout comme sur la plage, dans les parcs.

LES PHRASES CLÉS

Bonjour, avez-vous de la disponibilité pour une chambre double pour ce soir ou demain soir ?
مرحبا، هل توجد لديك غرفة مزدوجة متاحة الليلة أو غدا؟

Avez-vous un code wifi… les enfants ne tiendront pas sans !
هل يوجد لديك رمز شبكة واي فاي... وإلا سيشعر الاطفال بالإحباط الشديد؟

C'est bruyant, est ce que je peux changer de chambre ?
توجد ضوضاء كثيرة، هل أستطيع الانتقال إلى غرفة أخرى؟

Jusqu'à quelle heure est-ce que nous pouvons aller à la salle de sport et à la piscine ?
ما هي مواعيد إغلاق حمام السباحة وصالة الألعاب الرياضية؟

Est-ce que je peux laisser mon bagage et revenir plus tard le récupérer ?
هل أستطيع ترك حقائبي هنا والعودة لاحقا لأخذها؟

Est-ce que vous pouvez nous appeler un taxi ? Merci beaucoup.
هل يمكنك طلب سيارة أجرة لنا؟ شكرا جزيلا.

SE LOGER

L'offre est immense : Dubaï offre plus de 720 hôtels et le taux d'occupation moyen en 2019 était de 76 % soit un des plus élevés au monde. En pleine saison, en décembre et janvier, les hôtels affichent un taux enviable de 90 % d'occupation. Conclusion : Les prix de l'hôtellerie à Dubaï sont élevés. Alors, où se loger dans cette ville tentaculaire ? Au bord de la mer ou près du centre ? Quelques règles pour vous y retrouver : Plus vous êtes près du littoral, plus les prix sont chers. Les hôtels du littoral de Jumeirah, de la Marina sont les plus élevés ainsi que ceux autour de Dubaï Mall dans downtown. Plus vous vous écartez de ce périmètre, plus vous trouverez des prix intéressants dans des hôtels de grand confort, voire de luxe. Côté confort et service, les hôtels sont tous de qualité, avec des literies confortables, une grande attention aux règles d'hygiène et un service souriant, accueillant et à l'écoute des clients.

AL BANDAR ROTANA & AL BANDAR ARJAAN €€€

Baniyas Street
✆ +971 4 704 2222
www.rotana.com
Environ 730 AED pour une chambre double.

Situé au bord de la Creek côté Deira, le lobby est baigné de lumière et toute l'architecture est un rappel subtil et revisité de l'héritage culturel et naturel de la région, mais c'est en montant dans les étages que l'on est saisi par la vue époustouflante que l'on admire soit depuis la piscine extérieure, soit depuis la terrasse du restaurant italien, soit depuis les chambres côté Creek. Les chambres sont spacieuses, modernes et lumineuses si on les demande avec vue sur la Creek.

APARTHOTEL ADAGIO €€€

Sheikh Zayed Road
✆ +971 4 304 9988
www.adagio-city.com
Appartements à partir de : 250 AED/1 chambre, 420 AED/2 chambres, 725 AED/3 chambres.

Inauguré en 2014 en plein cœur d'al-Barsha, l'appart-hôtel a ouvert ses portes dans le bâtiment adjacent au Novotel faisant partie du même groupe. Les clients de l'Adagio peuvent donc utiliser les infrastructures de loisir de ce dernier : piscine, salles de réunion et centre de remise en forme avec des réductions sur les restaurants du Novotel. Décoré sobrement avec des touches de couleurs acidulées, les 198 appartements possédant 1 à 4 chambres jouissent tous de grandes baies vitrées, garantissant une luminosité maximale pendant la journée.

ARJAAN BY ROTANA - DUBAI MEDIA CITY €€

King Salman Bin Adbul Azziz Al Saud Street
✆ +971 4 4360000
Studio, et appartement de 1 chambre et 2 chambres : Entre 650 et 870 par nuit en fonction de la taille de l'hébergement.

Situé au cœur de Media city et à deux pas de la Palm, Arjaan by Rotana offre un excellent service et un personnel très attentif. Décorés dans un style mauresque, les 242 chambres et appartements ont accès à une piscine chauffée et une salle de gym. Les cuisines sont équipées, et une petite supérette se trouve à l'intérieur du complexe. Le petit déjeuner est très soigné et copieux. Arjaan Media City est situé à l'intérieur d'un complexe qui abrite aussi un food court.

GRAND HYATT RESIDENCES €€€

Sheikh Rashid Road
✆ +971 4 317 1234
T1 : 665 AED, T2 : 968 AED, T3 : 1200 AED, T4 : 1700 AED. Les prix peuvent varier en fonction de la demande.

Situé dans le quartier de Oud Metha, non loin de Wafi Mall et de l'Alliance française, Grand Hyatt Residences offre 186 appartements et villas, tous spacieux et dont la superficie oscille entre 127 et 345 m². De haut standing, tous les appartements offrent de belles vues soit sur la Creek, soit sur la Skyline ou les jardins de l'hôtel. Les cuisines sont toutes équipées et on trouve dans chaque appartement une machine à laver et un sèche-linge. Convient aussi bien aux hommes d'affaires qu'aux familles. Les enfants ont accès au kids club de l'hôtel.

MARRIOTT EXECUTIVE APARTMENTS DUBAI CREEK €€

Rigga Al Buteen Street
✆ +971 4 213 1000
www.marriott.com
Aux alentours de 300 AED par nuit.

C'est au bord de la Creek, à quelques minutes de l'aéroport de Dubaï que se trouvent ces appartements de 1, 2 ou 3 chambres. D'assez grand standing, ils se trouvent dans les deux tours jointes par une passerelle panoramique sur la Creek et la skyline de la ville. Il est possible d'ouvrir les fenêtres depuis chaque appartement. Les cuisines sont équipées d'un four à micro-ondes, d'un four, d'un réfrigérateur et d'un lave-vaisselle, d'un lave-linge et d'un sèche-linge.

NURAN MARINA SERVICED RESIDENCES €€

Street H, District 4
✆ +971 4 368 9001
www.nuran.com
Studio à partir de 400 AED, F1 à partir de 550 AED, F2 à partir de 750 AED, F3 à partir de 1 800 AED.

Nuran signifie en arabe « deux lumières », lune et soleil : le nom de cet établissement le place donc ainsi sous le signe de l'accueil et de l'hospitalité. Située au cœur de la Marina de Dubaï, cette résidence propose aux hommes d'affaires comme aux vacanciers 90 appartements, pouvant recevoir jusqu'à 6 personnes. À part les premiers studios (50 m²), ils disposent tous d'un balcon. La vue est panoramique : sur le port de plaisance de Dubaï, le complexe de Palm Jumeirah, ou la ville.

PULLMAN DUBAI CREEK CITY CENTRE RESIDENCES €€

Deira City Centre
✆ +971 4 294 1222
www.pullmanhotels.com
Studio à partir de 340 AED, Appartement 1 chambre à partir de 360 AED et appartement 2 chambres à partir de 600 AED.

Pullman, l'enseigne de chez Accor, gère ce vaisseau ancré dans le grand mall Deira City Centre. Garantie d'un confort bien réglé, de normes internationales connues, et de petites touches frenchy côté restauration. Situé à quelques minutes de l'aéroport c'est un emplacement idéal pour faire les courses dans le centre commercial adjacent et aussi explorer les quartiers anciens de la ville et les souks. Les appartements peuvent accueillir jusqu'à six personnes.

SHANGRI-LA €€

Sheikh Zayed Road
✆ +971 4 343 8888
Chambre double à partir de 900 AED.

Sur la Sheikh Zayed, à 5 minutes du World Trade Center et à proximité immédiate des quartiers d'affaires et centres commerciaux, le Shangri-La offre un ensemble de 26 appartements haut de gamme.Monumental (tour de 200 m, soit 43 étages), le complexe, à l'image de son lobby, marie design occidental et décoration asiatique. L'établissement dispose également de salles de sport et de détente, d'une piscine en plein air, hammam, sauna, gymnase, courts de tennis et de squash. Du côté de la restauration, on y trouve 9 bars et quelques restaurants de cuisines diverses.

VILLA ROTANA SUITES €€

Sheikh Zayed Road
✆ +9714321 6111
www.rotana.com
Studio simple à environ 450 AED. Les tarifs varient selon la vue.

Idéalement situé sur la Sheikh Zayed Road et à deux pas du métro Business Bay, Villa Rotana est un bâtiment de 4 étages combinant harmonieusement architecture classique et touches contemporaines. A l'intérieur, de vastes espaces aux plafonds hauts, ornés de mobilier design sur fond de murs à bas-reliefs ! 118 suites et studios luxueux pourvus de kitchenettes et de salles de bain spacieuses. 1 restaurant, gymnase équipé, saunas, hammams, bain bouillonnant et piscine à ciel ouvert sur le toit avec vue sur les impressionnants buildings alentour. Service chaleureux.

WAFI RESIDENCE €€

Wafi City
✆ +971 4324 7222
www.waficity.com
Les prix sont différents s'il s'agit d'un appartement meublé ou non. A partir de 95,000 AED à l'année.

Situés à quelques minutes de l'aéroport et dans le complexe de Wafi City, ces appartements qui ne peuvent être loués qu'à l'année sont ouverts depuis juillet 1995. Les appartements du Wafi Residence sont très renommés à Dubaï, car ils sont connectés au centre commercial tout proche qui possède un grand supermarché. Possibilité de louer des appartements meublés ou non, au choix. Le club (piscine, salle de gym, espace enfants) dont bénéficient les clients est réputé. Les locataires ont des réductions dans tous les restaurants du centre commercial.

AHMEDIA HERITAGE GUESTHOUSE €€

Al Ras Area
✆ +971 4 225 0085
www.ahmediaguesthouse.com
Chambre double à partir de 350 AED.

À deux pas des souks des épices et de l'or, cette imposante maison traditionnelle héberge une guesthouse appartenant aux mêmes propriétaires que les guesthouses Barjeel et Orient, sur l'autre rive de la Creek. Les 15 grandes chambres tout confort sont disséminées sur plusieurs étages sont joliment décorées à la manière arabe. Pour se délasser en fin de journée, un hammam est à disposition des clients. Les amateurs d'art auront l'opportunité de visiter la galerie.

AL BANDAR ROTANA & AL BANDAR ARJAAN €€€

Baniyas Street
✆ +971 4 704 2222
www.rotana.com
Environ 730 AED pour une chambre double.

Situé au bord de la Creek côté Deira, le lobby est baigné de lumière et toute l'architecture est un rappel subtil et revisité de l'héritage culturel et naturel de la région, mais c'est en montant dans les étages que l'on est saisi par la vue époustouflante que l'on admire soit depuis la piscine extérieure, soit depuis la terrasse du restaurant italien, soit depuis les chambres côté Creek. Les chambres sont spacieuses, modernes et lumineuses si on les demande avec vue sur la Creek.

ARABIAN COURTYARD €€

Al Fahidi Street
✆ +971 4 351 9111
www.arabiancourtyard.com
Chambre double à partir de 400 AED.

Difficile de faire plus proche des vieux quartiers : l'Arabian Courtyard se trouve en face du musée, à deux minutes à pied du souk, d'Al Fahidi et de la Creek. Derrière la façade qui joue la carte orientale, se cache un immeuble moderne. A l'intérieur, boiseries sombres, tapis de circonstance, parquets lustrés. Une déco que l'on retrouve dans les chambres rénovées récemment.Sinon, c'est un refuge calfeutré, sans pitié pour les rayons du soleil. Idéal pour 24h de tout-culturel à pied aux alentours. Salle de gym, sauna, jacuzzi et Pub Sherlock Holmes.

BARJEEL HERITAGE GUESTHOUSE €€

✆ +971 4 354 4424
www.barjeelguesthouse.com
Chambre double à partir de 350 AED.

Idéalement située le long de la Creek et en plein cœur du quartier historique de Shindagha, cette guesthouse se trouve à 100 m du métro dans un sens, et à quelques pas des abras qui permettent de traverser la Creek de l'autre. Dotée d'une tour à vent traditionnelle (*barjeel*), cette maison historique rénovée avec le souci du détail renferme 9 chambres spacieuses disposées autour du charmant jardin intérieur. On peut prendre son petit déjeuner sur la terrasse qui domine la Creek.

CANOPY BY HILTON DUBAI AL SEEF €€

Al Seef
✆ +971 4 707 7077
www.hilton.com
A partir de 800 AED.

L'hôtel offre 200 chambres au design épuré. Les bords du Creek avec la danse incessante des dhows, la piscine à débordement sur le toit, la taille humaine de l'hôtel, conduisent à la sérénité. Les (non) couleurs dominantes sont le blanc et noir, et les matières naturelles, telles que le bois, sont à l'honneur. Sobriété et modernité font écho à la tendance du « moins est plus ». L'hôtel se trouve à proximité de nombreux restaurants du quartier d'Al Seef et du vieux Dubaï.

COPTHORNE HOTEL €€

Port Saeed Road
✆ +971 4 295 0500
www.millenniumhotels.com
Double à partir de 400 AED.

L'hôtel se dresse en retrait des berges routières, mais sans obstacles visuels entre les balcons de ses chambres et les eaux paisibles. Donc à la nuit, by the pool et la Gazebo Terrace, joli panorama embrasé. Situé à mi-chemin entre les souks et l'aéroport et à 5 minutes du mall Deira City Centre, il offre l'hébergement avec vue le plus abordable des parages. Les chambres sont grandes et confortables. Hôtel quatre étoiles idéal pour les familles qui peuvent bénéficier de plusieurs chambres connectées. Pas d'alcool dans l'hôtel.

CORAL DEIRA HOTEL €

Al Muraqqabat Street
✆ +971 4 224 8587
www.hmhhotelgroup.com/coraldubaideira
Chambre double à partir de 350 AED.

Plutôt sobre et fonctionnel, le Coral Deira est un hôtel d'affaires à taille humaine, pourvu de 140 chambres sans style particulier (dont 14 grandes suites). Centre d'affaires ouvert 24h/24, et salles de réunion, conférences et banquets. Sur place : 3 restaurants qui ne servent pas d'alcool (dont un de cuisine indienne et un autre de spécialités orientales) et, sur le toit, une piscine avec bain à remous ainsi qu'un club de remise en forme avec sauna et salon de massages. Non loin du souk de l'or et des épices, à 5 minutes du métro et à 10 minutes de l'aéroport.

CROWNE PLAZA DUBAI FESTIVAL CITY €€

Dubai Festival City
✆ +971 4 701 2222
http://www.ihg.com
Chambre double à partir de 500 AED.

Le Crowne Plaza de Festival City est un hôtel comprenant 316 chambres et suites. Ses points forts sont la vue sur la Creek et la skyline de la ville, ainsi que sa localisation à proximité du centre commercial de Festival City, facilement accessible à pied. Plusieurs restaurants dont le Zaytoun (cuisine arabe) et le Belgian Cafe sont réputés. La piscine extérieure et son Lounge sont vraiment un plus. N'hésitez pas à demander lors de la réservation une vue sur la Burj Khalifa.

FOUR POINTS SHERATON €€

Khalid Bin Al Waleed Street
✆ +971 4 397 7444
www.fourpointsburdubai.com
Chambre double à partir de 500 AED.

A un jet de pierre du mall Burjuman, la caverne vuittonienne du secteur, le cousin business de la famille Sheraton situé au bord de la fameuse « rue des banques ». Disons que les environs ont pris un coup de grisou avec les chantiers routiers et la migration vers les beaux quartiers. Chambres pourvues du luxe d'aéroport, bien adaptées à l'envoi de courriels et à l'assoupissement devant le dernier téléfilm burkinabé sur TV5. Navette gratuite pour la plage et parking gratuit. L'établissement est surtout réputé pour son restaurant indien, Antique Bazaar.

GRAND MERCURE DUBAI AIRPORT HOTEL €€

61 B Street
✆ +971 4 525 0000
www.all.accor.com
Aux alentours de 300 AED pour une chambre double.

Situé dans le quartier historique de Deira, non loin des souks, nous aimons beaucoup cet hôtel neuf dont la décoration contemporaine s'inspire de la culture locale : Moucharabieh, sofas comme dans les majlis et même un restaurant offrant des spécialités locales dès le petit déjeuner, ce qui est suffisamment rare pour être souligné. Les chambres sont très confortables et spacieuses, et la piscine sur le toit offre une vue panoramique à 360 degrés sur la ville. Coup de cœur !

© GRAND MERCURE DUBAI AIRPORT HOTEL

© GRAND MERCURE DUBAI AIRPORT HOTEL

ORGANISER SON SÉJOUR

IBIS STYLES DUBAI AIRPORT HOTEL €€

61 B Street

✆ +971 4 523 0000

www.accor.com

Aux alentours de 180 AED la chambre double.

Ibis Styles propose un design unique le plus souvent inspiré de l'histoire du secteur qu'il occupe. Ici, à deux pas des quartiers anciens, la façade s'habille d'élégants moucharabiehs et la Skyline de Dubaï se dessine en noir et blanc derrière chaque tête de lit. Situé à moins de 1 km de l'aéroport, l'hôtel, neuf, se tient à quelques minutes des souks et d'Al Naïf. La station de métro permet de rejoindre facilement les autres quartiers et pôles de loisirs. Café ouvert 24h/24, resto.

© IBIS STYLES DUBAI AIRPORT

© IBIS STYLES DUBAI AIRPORT

HAMPTON BY HILTON €

Al Seef

✆ +971 4 707 7077

www.hilton.com

A partir de 200 AED par personne.

Les chambres de 23 m² sont décorées façon street art et les couleurs dominantes sont le rouge et le beige. Les plafonds sont ornés d'une carte de la ville et les chambres offrent de belles vues sur la Creek et le quartier d'Al Seef. Conçues comme un petit studio, elles possèdent un petit réfrigérateur, une station thé/café. Tout y est, une piscine sur le toit, deux restaurants l'un bio et l'autre asiatico-arabe proposent une restauration complétant toute la gamme offerte dans le quartier d'Al Seef. Parfait pour les jeunes et tous ceux qui ont une âme d'étudiant.

HILTON DUBAÏ CREEK €€

Baniyas Road

✆ +971 4 212 7599

www.hilton.com

Double à partir de 700 AED

Il se situe à cinq kilomètres de l'aéroport, au sein du vieux Dubaï dans le quartier de Deira, tout prêt du souk des épices et de l'or. Flèche de verre et de métal millésimée des années exécutives 2000, le Hilton tient son rang au bord de la voie rapide des berges : vastes espaces clairs, volumes design de l'école scandinave, tout l'attirail pour les affaires et même une piscine sur le toit dégageant une vue panoramique sur la Creek et sur les boutres. Lors de la réservation, n'hésitez pas à demander une chambre avec vue sur la Creek.

HYATT REGENCY DUBAÏ €€

Al-Khaleej Road

✆ +971 4 209 1234

www.hyatt.com

Chambre double à partir de 800 AED.

Sans plage, mais tourné vers le golfe Arabo-Persique, il est le seul hôtel installé sur la Corniche de Deira, à l'extrême nord de ce quartier. Massif à l'extérieur et spacieux à l'intérieur, il compte 414 chambres, certaines sont triples ce qui est suffisamment rare pour le souligner et les familles apprécieront. Une dizaine de restaurants, dont Al-Dawaar, le restaurant tournant de Dubaï ! Le Hyatt Regency se trouvant devant le couloir aérien qui mène à l'aéroport, les oreilles sensibles feront bien de penser aux boules Quiès (malgré une bonne insonorisation).

IBIS AL RIGGA €

Al Rigga Road
✆ + 971 4 206 8100
www.accorhotels.com
Double à partir de 320 AED.

Voici un hôtel parmi les moins chers de la capitale. Situé en plein centre des quartiers administratifs et commerciaux du Dubaï populaire, à quelques minutes à peine de l'aéroport voici une adresse sans surprises. Dans ce quartier, vous pourrez tout faire sans vous ruiner : vous rendre au souk Al Naif le soir, ou à celui des épices et de l'or. De retour de courses au Al Ghurair Mall, on attrape un en-cas au Cube avant 2h du mat' et hop sous les draps. Compte tenu de la quantité de bouis-bouis dans les parages, mesurez votre chance !

IBIS DEIRA CITY CENTER €

8th
✆ +971 4 292 5000
www.accorhotels.com
Chambre à partir de 250 AED.

Vous connaissez le style de la maison, simple comme un bloc de béton. On est à deux pas des quartiers anciens, d'une station de métro, du mall Deira City Centre. Au retour des courses, confort sans chichis dans des volumes gais et bien cools, très supérieurs à ceux de leurs homologues européens... Ibis version design, pourquoi payer plus cher ? Pour un modeste supplément, accès aux équipements du Novotel tout à côté (piscine, fitness, resto...), la belle aubaine ! En cas de séjour court, l'aéroport est à 3 km et en plus le parking est gratuit.

IBIS STYLES DUBAI JUMEIRAH €

Al Mina Road, 2nd December Street
✆ +9714 327 7001
www.accorhotels.com
Chambre à partir de 325 AED.

A proximité des quartiers historiques comme de ceux des affaires, pas loin de Downtown et de « *La Mer* » cet Ibis contemporain et stylé est un port d'ancrage idéal à partir duquel mettre les voiles pour découvrir les différentes facettes de la ville. On apprécie la luminosité des chambres comme des espaces communs, la déco 100 % actuelle surfant sur un look vintage. Salle de gym et piscine intérieure chauffée. Un hôtel à la frontière entre le vieux Dubaï et le nouveau : Un bon plan !

INTERCONTINENTAL FESTIVAL CITY €€€

Festival City Mall
✆ +971 4 701 1111
www.ihg.com
Double à partir de 800 AED.

Grand volume des espaces ambulatoires, chambres (demandez City View) en plan ouvert sur la salle de bains vitrée, magnifique piscine en surplomb sur la marina du mall et au cœur de laquelle un fond transparent permet une brasse lévitée. Accès direct au centre commercial. L'architecture fonctionnaliste taille des espaces de vie sans récit, donc potentiellement libérateurs. Possibilité d'aller taper des balles au golf ultra-design, Al Badia. On est à 10 minutes de l'aéroport.

JOOD PALACE HOTEL DUBAI €€

Street 36A
✆ +971 4 223 2222
www.agoda.com
Double à partir de 500 AED.

À quelques minutes de l'aéroport, cet hôtel d'affaires et de détente est une structure moderne de 159 chambres très spacieuses et de 90 appartements meublés avec équipements VIP. Curieusement, bars et restaurants ne servent ici aucun alcool, ce qui fait que la clientèle est plus orientale qu'ailleurs. Les prestations, elles, sont de niveau international, aussi bien dans le centre d'affaires que dans les espaces de détente (superbe spa proposant des soins ayurvédiques). Sur place : gymnase, galerie marchande en arcade, restaurants indien, italien, japonais et turc.

JUMEIRAH CREEKSIDE HOTEL €€€

Al Garhoud, Deira
✆ +971 4 230 8555
www.jumeirah.com
Environ 800 AED par nuit.

En plein Deira et à proximité de l'aéroport, cet hôtel à l'étonnante architecture est situé dans un décor verdoyant et avec au loin la vue sur un parcours de golf et le Skyline de Downtown. L'hôtel possède deux piscines extérieures, dont une pour les enfants et l'autre sur le toit de l'hôtel avec une vue panoramique. C'est l'hôtel idéal pour ceux qui préfèrent rentrer dans un cadre zen le soir venu et qui ont besoin de faire une pause lorsque le béton de la ville est trop imposant. Les restaurants et le service sont le reflet de la qualité de la chaîne Jumeirah.

JUMEIRAH ROTANA HOTEL €€

2nd of December Street
✆ +971 4 345 5888
www.rotana.com
hambre double aux alentours de 385 AED.

Le principal atout du Jumeirah Rotana est sa localisation dans une rue assez animée où sont concentrés de petits restaurants pas chers, à deux pas du quartier populaire de Satwa. Il n'est pas loin non plus des plages ni du World Trade Center, que l'on peut rejoindre en quelques minutes en taxi. Fonctionnel, l'établissement propose des chambres claires, colorées, spacieuses et bien équipées. Il dispose de toutes les commodités d'un 4-étoiles avec une piscine et un bain à remous extérieur. Un pub sympa, le Boston, au rez-de-chaussée est souvent plein.

MAZMI CASA €€

Textile Souq
✆ +971 4 282 7252
www.mazmi.me
Environ 750 AED la chambre double, petit déjeuner compris.

Une rencontre entre le raffinement à l'italienne et la tradition émirienne. Les trois chambres de cette maison d'hôte qui abrite le café au rez-de-chaussée sont un enchantement pour tous les visiteurs qui veulent fuir les grands hôtels. Niché au cœur du souk du textile et en bordure de la Creek, chacune des chambres propose non seulement une décoration très réussie, très cosy qui invitent tout de suite à la zénitude. Pour le dîner vous pouvez rejoindre le quartier d'Al Seef à pied. Un hôtel situé au cœur du centre historique.

MILLENIUM AIRPORT HOTEL €€

Casablanca Street
✆ +971 4 702 8888
www.milleniumhotels.com
Chambre double à partir de 500 AED.

Depuis 2008, l'hôtel est classé sans interruption comme le meilleur hôtel d'aéroport de tout le Moyen-Orient. Structure claire et moderne pour un 4-étoiles bien équipé, pourvu de 341 chambres dont la décoration est un peu vieillotte, mais elles restent très confortables et spacieuses. Agréable piscine dans des jardins. 7 Restaurants internationaux, tex-mex et italiens, pub anglais, boîte de nuit. Le pup Biggles est une institution de la vie dubaïote depuis presque 20 ans, notamment auprès des amateurs de bière et de frites !

MÖVENPICK €€

19th Street, Oud Metha
✆ +971 4 336 6000
www.all.accor.com
Chambre double à partir de 560 AED.

Le Mövenpick propose 232 chambres et suites avec tout le confort d'un 5-étoiles : des chambres pour hommes d'affaires aussi bien que des chambres familiales communicantes. L'hôtel est parfaitement tenu et le hall d'entrée, en particulier, récréant une grand-place de ville du Nord, est très agréable pour prendre un verre. Les chambres standard sont petites mais impeccables. Salle de gym et piscine à ciel ouvert, avec pataugeoire pour enfants au dernier étage, et 5 restaurants. Mais pour une chambre avec vue, on peut trouver beaucoup mieux.

NOVOTEL DEIRA CITY CENTER €€

Port Saeed
✆ +971 4 292 5200
www.novotel.com
Chambre à partir de 400 AED.

Le grand frère de l'Ibis voisin, sur le même trottoir, avec le centre commercial de Deira City Center juste en face. On monte en gamme : plus d'espace et une literie plus douillette. Déco épurée, meubles aux lignes sobres, tonalités tendance, salles de bains modernes, écran plasma... Sur place, bar-restaurant, salle de fitness et piscine sur le toit pour flatter sa mélanine entre deux rendez-vous. L'hôtel dispose d'une navette pour la plage Mamzar.

ORIENT GUEST HOUSE €€

Al Fahidi Street
✆ +971 4 353 4448
www.orientguesthouse.com
Chambre double à partir de 450 AED.

Située au cœur de l'historique quartier d'Al-Fahidi, cette maison du XIXe siècle, soigneusement restaurée, allie le charme de la tradition au confort. Les 10 chambres, toutes différentes, sont réparties au rez-de-chaussée autour de la petite cour centrale à la manière des antiques demeures du quartier, et sont décorées à la manière arabo-riyadienne. Impression de loger chez l'habitant. Pour la piscine, marchez quelques centaines de mètres jusqu'à la maison mère de l'Arabian Courtyard. Même contexte que chez les voisins XVA, donc muezzin proche et puissant.

PARK HYATT €€€

Dubai Creek Club street
✆ +971 4 602 1234
www.hyatt.com
Chambre double à partir de 1 500 AED.

Le Park Hyatt est intensément, profondément, définitivement chic, gâté par la nature, la vraie, la verte et bleue, puisque installé dans un golf, au bord de la marina observant sur la berge d'en face le poumon chlorophyllien du plus grand parc de Dubaï. Composé de petites unités blanches à dôme bleu, la plupart de plain-pied, il se distingue des innombrables buildings de la ville par son aspect de petite cité arabo-mauresque. Ponctuées de touches orientales, les chambres conservent la sobriété noble d'un agencement design qui privilégie l'ouverture.

PULLMAN DUBAI CREEK CITY CENTRE €€

Port Saeed Road
✆ +971 4 294 1222
www.pullmanhotels.com
Chambre à partir de 550 AED, petit déjeuner inclus.

A 10 minutes de l'aéroport et à peine plus des quartiers anciens, bénéficiant d'un accès direct au centre commercial de Deira City Center. Le hall d'entrée immense, élégant et lumineux, au mobilier sobre et efficace, dont les 317 chambres, à la literie exceptionnelle, honorent la mémoire de Georges Pullman, inventeur des wagons-lits suspendus. Sans doute l'un des meilleurs rapports qualité-prix de ce coin de la ville, confortable, facile à vivre, actuel. On y parle français.

QUEEN ELIZABETH 2 €€

Port Rashid
✆ +971 4 526 8888
www.qe2.com
Environ 500 AED par chambre double.

Le *Queen Elizabeth 2* transformé en hôtel flottant ! A 53 ans, le transatlantique qui a fait 710 escales à New York prend sa retraite à Dubaï et s'est transformé en hôtel flottant après un lifting nécessitant 2,7 millions d'heures de travail étalées sur 10 ans. Les 500 chambres, les 13 restaurants et la piscine ont été inaugurés en octobre 2018. Amarré à Port Rashid, port des bateaux de croisière, il est la première pierre de cette nouvelle phase qui transformera ce port en marina dans les prochaines années. Préférez les chambres avec balcon donnant sur la mer.

PALAZZO VERSACE DUBAI €€€

Culture Village ✆ +971 4 556 8888
www.palazzoversace.ae
À partir de 1 500 AED la chambre pour 1 ou 2 personnes avec vue sur le Culture Village, 2 000 AED vue sur la Creek.

© PALAZZO VERSACE DUBAI

À 15 minutes de l'aéroport et 10 minutes de Downtown, en bord de Creek, le style est néoclassique à l'image de la grande Maison. Quintessence de ce confort à l'italienne, les 215 chambres et suites sont des cocons en notes pastel et draps de soie – du beige, du rose tendre, des produits de soins Versace, du marbre, des tableaux, de la marqueterie. Ailleurs, tout est au diapason : les couloirs blancs ornés des dessins de mode du couturier, le lobby de palace et ses colonnades grecques, le spa sublimissime, les piscines en mosaïques, le design chic des restaurants.

RADISSON BLU DUBAI €€

Baniyas Road
✆ +971 4 222 7171
Chambres à partir de 600 AED.

Situé à 7 km de l'aéroport et à 650 mètres de la station de métro Union Station, voici l'un des plus anciens établissements de Dubaï, construit en 1975. Hôtel d'affaires avant tout (7 salles de conférences, 2 salles de bal, un club lounge), le Radisson offre aux touristes une situation très agréable en bord de Creek, à deux pas des souks avec une très belle vue sur Le Bras de mer. Toutes les chambres ont été récemment rénovées. Il est connu pour ses 15 restaurants et cafés, dont les très appréciés Fish Market, Minato ou Shabestan.

ORGANISER SON SÉJOUR

THE CANVAS HOTEL DUBAI M GALLERY HOTEL COLLECTION €€

23 Kuwait Street
✆ +971 4 386 8111
www.thecanvasdubaihotel.com
Aux alentours de 500 AED pour la chambre double

Situé dans le quartier historique, à quelques enjambées de Port Rashid, voici un très bel hôtel contemporain au grand confort sans vous ruiner. Vous serez non seulement à quelques minutes des quartiers de Shindagha et Al Fahidi et des souks de l'or et des épices, mais aussi tout près des accès pour rejoindre les quartiers de Downtown. L'hôtel dispose d'une navette gratuite pour rejoindre Dubai Mall et les plages de la Mer. Superbe terrasse sur le toit !

© THE CANVAS HOTEL DUBAI

© THE CANVAS HOTEL DUBAI

RAFFLES DUBAI €€€

Sheikh Rashid Road
✆ +971 4 324 8888
www.raffles.com
Double à partir de 1 000 AED.

Sir Thomas Stamford Raffles, lieutenant-gouverneur de Java puis fondateur de Singapour en 1819, doit sourire sur son nuage : lui le fier franc-maçon se retrouve avec un hôtel à Dubaï en forme de pyramide ! Cherchez le compas maintenant. Ce qu'on voit bien c'est l'emblème de cette enseigne légendaire, l'arbre du voyageur, viatique naturel des nomades. Sans s'arrêter à l'aspect folklorique de ce bâtiment, on découvre dès l'entrée un des plus beaux établissements de la ville, sobrement chic, aux airs d'élégance malaisienne mêlés de clins d'œil à l'ancienne Egypte.

ROVE CITY CENTER €€

24th/19th B Street, Deira
✆ +971 4 561 9100
www.rovehotels.com
500 AED la chambre simple ou double.

Très présents à Dubaï, les ROVE sont une nouvelle génération d'hôtels moyen de gamme faciles à vivre et à s'approprier, avec des espaces où se relaxer, d'autres où travailler (connexion wifi gratuite à haut débit), d'autres où s'amuser (baby-foot, tables de ping-pong, consoles de jeux, coins salons, thé-café-gâteaux en libre-service, etc.). Le design est top et trendy avec des touches fun, et toutes les chambres déclinent le même confort fonctionnel : lit double et fauteuil d'angle pouvant se transformer en lit, salle de bains moderne, bureau.

XVA ART HOTEL €€

Al Fahidi District
✆ +971 4 353 5383
www.xvahotel.com
Selon la saison compter 450 à 850 AED pour une chambre double.

Agencé autour d'une vaste cour ombragée, l'établissement assure ses trois métiers de bistrotier, galeriste et aubergiste, sans que l'on sache vraiment ce qui domine côté savoir-faire. L'Américaine Mona Hauser, qui lança l'affaire, eut l'audace de cette maison restaurée dans ce qui n'était alors qu'un quartier en ruines. L'hôtel propose 15 chambres – toutes charmantes et meublées à l'ancienne, dont l'une dans une tour à vent et d'autres prolongées de patios extérieurs verdoyants. À l'étage, les chambres donnent sur une terrasse solarium surplombant le vieux Dubaï.

BURJ AL ARAB €€€

Jumeirah Road
✆ +971 4 301 7777
www.jumeirah.com
Chambre aux alentours de 6500 AED

Construite selon les plans du Britannique Tom Wright et inaugurée en 1999, la « tour des Arabes » répond bien à son destin de bâtiment iconique, inséparable de Dubaï comme la tour Eiffel de Paris. Haute de 321 mètres, elle apparaît en effet, sur son île artificielle à 280 mètres de la côte, telle l'immense voile blanche d'un boutre, gonflée par les vents du golfe. Inaugurée en septembre 2016, la grande terrasse composée de deux piscines, de cabanes de plages ultra luxueuses et d'un service de majordome, ne manque pas d'époustoufler autant que le reste du bâtiment.

BVLGARI RESORT AND RESIDENCES DUBAI €€€

Jumeirah Bay Island
✆ +971 4 777 5555
www.bulgarihotels.com
Chambre à partir de 3000 AED la chambre double, 5000 la suite et 8000 AED la villa.

Cet hôtel se trouve sur une île artificielle (dont la forme imite celle d'un hippocampe) reliée au centre de Dubaï par un pont de 300 mètres. Conçu par Antonio Citterio, la décoration mêle un design traditionnel à une architecture contemporaine tout italienne, soulignée de touches moyen-orientales, comme le brise-soleil conçu sur mesure. À 2 minutes du continent, il offre une tranquillité insulaire, avec pour toile de fond le spectacle de la skyline de Dubaï. Quel raffinement !

FOUR SEASONS JUMEIRAH €€€

Jumeirah Beach Road
✆ +971 4 270 7777
www.fourseasons.com
Chambre double à partir de 2700 AED.

Naturellement construit en bord de plage, ce palais combinant style traditionnel arabe et style contemporain est un luxueux écrin pour ses 237 chambres (dont 49 suites). D'un côté, on a vue sur le golfe d'Arabie, de l'autre sur le Burj Khalifa et la skyline, et dans les deux cas, un grand balcon permet de profiter du spectacle. Côté détente, le Four Seasons possède un accès privé à une plage de 270 mètres de long où il est possible de pratiquer diverses activités nautiques, ainsi que trois piscines dont 1 réservée pour les adultes.

JUMEIRAH AL NASEEM €€€

Madinat Jumeirah
✆ +971 4 366 8888
www.jumeirah.com
A partir de 1100 AED/chambre double en basse saison et 4000 AED en haute saison.

Luxueux, contemporain, hyper trendy et néanmoins arabisant, ce resort est le plus récent chapitre de la saga Madinat Jumeirah, immense complexe de loisirs composé de 4 hôtels, un spa Talise, un kids club géant, un parc aquatique, des salles de spectacles et de conférences, une cité à l'ancienne bordés de canaux avec souks, restos, bars, boîtes de nuit, boutiques. Dans des tonalités de sable et de grège, les 387 chambres et 43 suites, fraîches sont particulièrement cocoon avec leurs salles de bains au mobilier ultra-chic et leurs alcôves de mosaïques façon hammam.

JUMEIRAH AL QASR €€€

Madinat Jumeirah, Al Sufouh Road
✆ +971 4 366 8888
www.jumeirah.com
Double à partir de 1100 AED en basse saison et 4000 AED en haute saison.

Le « palais » des *Mille et Une Nuits* est un caravansérail en robe claire sur une plage, partagée avec 3 autres resorts, le tout formant le complexe lacustre d'hébergement et de boutiques Madinat Jumeirah. Pas moins de 300 chambres au Qasr, des centaines d'autres dans les 3 hôtels attenants, déclinées à chaque fois de la standard aux suites, ce qui fait une vaste palette de types et de tarifs d'hébergement différents. C'est un bien beau Qasr, duquel on aperçoit, clou du spectacle nocturne, le Burj en habit de lumière. Magique !

JUMEIRAH BEACH HOTEL €€€

Jumeirah Road
✆ +971 4 348 0000
www.jumeirah.com
Chambre double à partir de 2500 AED en haute saison et à partir de 1100 AED en basse saison.

Première réalisation dubaïote, en 1997, de Khuan Chew, cette vague monumentale ondule sur la plage face au Burj Al Arab. Un ensemble somptueusement aérien de 600 chambres et suites sur 26 étages est édifié sur le mode pyramidal sinueux. À l'avant, des piscines et la plage ! Les restaurants Villa Beach, Beachcombers et La Veranda offrent de belles tables marines avec vue grand écran sur une des plus fascinantes créations architecturales du monde la Burj Al Arab. Par le sentier côtier, on gagne en quelques minutes le complexe lacustre néo-arabe Souk Madinat.

JUMEIRAH DAR AL MASYAF ET MALAKIYA VILLAS €€€

Madinat Jumeirah

✆ +971 4 366 8888

www.jumeirah.com

Chambre double à partir de 1000 AED en basse saison et 4300 AED en haute saison.

Au milieu des jardins paisibles, des voies navigables, des piscines exclusives et de la plage privée de Madinat Jumeirah, les jolies maisonnettes intimes et raffinées de Jumeirah Dar Al Masyaf offrent des chambres et des cours élégantes et spacieuses, façon riads. C'est une offre haut de gamme avec service de majordome personnalisé. Quant aux Malakiya villas, elles sont cachées dans les canaux de Madinat Jumeirah c'est l'hébergement le plus luxueux de l'ensemble.

JUMEIRAH MINA A'SALAM €€€

Madinat Jumeirah, Al Sufouh Road

✆ +971 4 366 8888

www.jumeirah.com

Chambre double à partir de 1000 AED en basse saison et 3900 AED en haute saison.

Cousin et voisin immédiat du Souk Madinat, le « port de la paix » (*mina a'salam* en arabe) se pare d'un ocre chaud et ne dispose « que » de 292 chambres et suites réparties dans une structure verticalisée que l'on prendrait presque pour une forteresse yéménite. Les baies et terrasses de l'hôtel ouvrent directement sur un large bassin d'eau verte, la rangée des palmiers, la plage, la mer et le Burj el Arab juste à droite. les prestations donnent accès au Wild Wadi par le chemin du littoral, et au souk Madinat à 2 minutes, et à la pléthore de bars et restaurants.

MANDARIN ORIENTAL €€€

Jumeirah Beach Road

✆ +971 4 777 2222

www.mandarinoriental.com

Chambre double à partir de 1450 AED en basse saison et aux alentours de 5000 AED en haute saison.

Situé sur la Jumeirah Road en face de Mercato, voici le Mandarin Oriental à Dubaï qui s'ajoute à la liste des hôtels de bord de mer. On rentre côté ville et le lobby vous accueille avec sa forêt d'arbres en bronze surmontés de pétales en cristal de Bohème. On ne soupçonne pas que de l'autre côté l'hôtel s'ouvre sur une immense piscine et sur la plage toute proche. Idéalement situé entre centre-ville et bord de mer, l'hôtel offre de spacieuses chambres dans un style classique aux couleurs contemporaines. Un magnifique spa vient compléter l'offre hôtelière.

NIKKI BEACH RESORT & SPA DUBAI €€€

Pearl Jumeira

✆ +971 4 376 6000

www.nikkibeachhotels.com

A partir de 1800 AED la chambre double

Lumineux, contemporain, le Nikki Beach est une harmonieuse conjugaison de branchitude et de chic, de lignes graphiques. Jouant sur des tonalités de blanc, grège et bois clair rehaussées de quelques touches de couleur, l'établissement pose ses bâtiments cubiques sur 450 mètres de plage privée face à la mer d'un côté et à la skyline de l'autre. Si le fameux Beach Club est en quasi permanente ébullition, il n'en est rien du resort, déclinant un art de vivre zen et follement glamour.

ROVE LA MER BEACH HOTEL €€

La Mer South

✆ +971 4 561 9999

www.rovehotels.com

Aux alentours de 600 AED par nuit pour deux personnes.

Voici l'hôtel que l'on attendait sur le littoral de Jumeirah, qui, jusqu'à présent n'accueillait que des hôtels 5 étoiles grand luxe aux prix stratosphériques. Voilà donc la nouvelle adresse futée de cette édition. Situé au cœur du quartier de la Mer, cet hôtel offre des chambres confortables de 26 mètres carrés avec mini balcon. Bien sûr, nous vous recommandons celles avec vue sur la mer. Rove continue avec son design contemporain et trendy, les touches en clin d'œil, et le confort fonctionnel. L'hôtel a même une piscine et la plage est pratiquement devant !

LA VILLE €€

City Walk

✆ +971 4 4033111

www.livelaville.com

Autour de 900 AED par nuit.

Dans la collection boutique-hôtel, voici un hôtel urbain et de petite dimension de la branche Autograph du groupe Marriott. Niché au cœur de City Walk, cet hôtel urbain plaira à tous ceux qui souhaitent pouvoir déambuler dans les rues sans avoir à sauter dans une voiture à chaque fois. Le quartier est très fréquenté par les Émiratis et extrêmement animé le soir venu. Très confortables, les chambres sont de bonnes dimensions avec une décoration contemporaine. L'hôtel dispose d'une très jolie piscine à débordement face à la merveilleuse skyline de Downtown.

AMWAJ ROTANA €€

Al Sayorah Street
✆ +971 4 428 2000
www.rotana.com
Autour de 600 AED pour une chambre double taxes comprises.

Amwaj signifie vague et c'est effectivement une immense vague arc-en-ciel qui vous accueille dans cet hôtel de 25 étages comprenant plus de 300 chambres dont une suite présidentielle. Toutes les chambres, simples, parquetées, ont vu sur la mer et l'Oeil de Dubaï, avec un balcon plus ou moins grand selon le standing. Imaginez le spectacle de lumière le soir ! Avec son accès direct à la plage par un pont traversant (l'hôtel vous fournit les serviettes de plage), son incroyable offre de restaurants et de bars, voici un hôtel avec un excellent rapport qualité-prix.

ANANTARA THE PALM DUBAI RESORT €€€

East Crescent ✆ +971 4 567 8888
www.anantara.com
Chambre double autour de 1500 AED.

Construit au calme sur une plage de 400 mètres de long, l'Anantara est un îlot de Thaïlande en plein Dubaï. Un tuk-tuk conduit aux chambres, réparties autour de lagons artificiels qui sont autant de milliers de m² de piscines où s'immerger, parfois même directement de sa terrasse pour les chambres dites *Lagoon Access* ou celles sur pilotis. Prestations au diapason : spa d'exception, clubs enfants et ados, quatre restos extras – dont l'asiatique Mekong et l'australien Bushman's. Top !

ATLANTIS THE PALM €€€

Crescent Road, The Palm
✆ +971 4 426 2000
www.atlantisthepalm.com/fr
Double à partir de 1800 AED, suite à partir de 4400 AED, chambre sous-marine à partir de 22 000 AED.

Majestueuse vigie archée, voici l'hôtel-citadelle des loisirs. Vous allez pouvoir profiter du séjour au palais de Neptune, vous en mettre plein les mirettes, des ascenseurs, des couloirs kilométriques, c'est par où la piscine ? Vous irez dîner autour du monde, (23 restos et bars), demain il sera temps d'aller intéragir avec les dauphins, de profiter des activités du Waterpark, de parcourir les aquariums de Lost Chambers. Avec 1 539 chambres et suites, voici un complexe gullivérien scénarisé autour de la découverte de l'Atlantide dans le Golfe. Fascinant !

CAESARS BLUEWATERS DUBAI €€€

Bluewaters
✆ +971 4 556 6666
www.caesars.com
Environ 2 000 AED la chambre double.

Niché au bout de l'île de Bluewaters, le Caesears se divise en 2 parties : Le Caesar Palace pour le fun et les adultes, et le Caesar Resort pour les familles. L'hôtel offre une vue superbe sur la mer (demander les chambres avec vue sur la mer) vous immergeant immédiatement dans une atmosphère de vacances. La plage de sable fin, qui longe le resort, est un spot couru pour assister au coucher du soleil. Cependant, c'est plutôt un lieu pour les familles jeunes, pour ceux qui aiment faire la fête, avec un léger air de Las Vegas. Pléthore de restaurants.

FIVE PALM JUMEIRAH €€€

Palm Jumeirah
✆ +971 4 455 9988
Environ 1 500 AED la chambre double.

Les adjectifs sont courts pour décrire cet hôtel qui s'est fait connaître à travers la planète des influenceurs. Si vous connaissiez déjà les restaurants festifs, voici l'HOTEL festif de la ville de Dubaï. Autant prévenir, si vous recherchez un lieu de sérénité, pour se détendre au calme et loin de la foule, c'est la mauvaise pioche. Ici, qu'on le comprenne bien, on vient pour faire la fête, que ce soit au bord de la piscine, dans les restaurants, sur la plage ou sur le toit. C'est un hymne au bling bling. Les chambres offrent une vue superbe sur la Marina.

GROSVENOR HOUSE €€€

Al Sufouh Road
✆ +971 4 399 8888
Double à partir de 900 AED.

Le Grosvenor est l'un des premiers hôtels à avoir ouvert ses portes en 2005 lors de la création de Dubaï Marina. Situé dans deux grandes tours modernes (l'une construite en 2005, l'autre en 2011), visibles de loin et au sommet desquelles culminent les lettres GH. Le Grosvenor offre à ses clients l'accès au Royal Méridien (sa plage privée, ses trois énormes piscines et son club pour les enfants), qui est situé juste de l'autre côté de la voie rapide. Le bar 44 offre une vue sur la Marina. Les Buddha et Siddharta Bars en font un lieu branché.

HABTOOR GRAND RESORT AUTOGRAPH COLLECTION €€€

Al Falea Street
✆ +971 4 399 5000
www.marriott.com
Chambre double à partir de 800 AED en basse saison et 1 500 AED en haute saison

L'ex-Metropolitan Beach Resort & Spa établi en 1989 se trouve à proximité de Dubaï Marina, sur la plage. Entièrement restauré et doté de 2 nouvelles tours, le Habtoor propose désormais 442 chambres. Moderne et luxueux, il dispose de plusieurs restaurants, bars et nightclub, ainsi que de 3 piscines dont l'une située sur la mezzanine d'une des deux tours. Egalement : spa, sauna, hammam, gymnase, tennis, squash, activités nautiques comme de la plongée, boutiques et salles de réunion.

HOLIDAY INN EXPRESS €

Al Sufouh Road
✆ +971 4 427 5555
www.igh.com
Double à partir de 215 AED.

Un peu à l'arrière du knowledge village mais tout de même animé, notamment le soir. Les 244 chambres du Holiday Inn sont tout confort, Il y a même un lounge bar et restaurant au rez-de-chaussée, épicerie ouverte jour et nuit. Si l'on survit à la traversée de la voie rapide à pied, on atteint en quelques minutes le départ du monorail de la Jumeirah Palm, ou dans l'autre direction la section publique de la plage. L'hôtel se trouve à quelques minutes du Mall of the Emirates et non loin des stations de bus. La nuit la moins chère de la côte.

JA OCEAN VIEW HOTEL €€

Jumeirah Beach Residence, The Walk
✆ +971 4 814 5500
www.jaresortshotels.com
Autour de 800 AED la chambre double taxes comprises.

Au niveau de cette fabuleuse croisette de JBR The Walk qui pulse de jour comme de nuit, le groupe Jebel Ali plante un building high-tech toute entier tourné vers la mer, avec des lignes fluides, modernes, un lobby en tonalités blanches, 342 chambres et suites pepsy en panoramique sur les flots bleus (balcon). La plage et ses restos sont juste devant, mais l'hôtel offre également de chouettes alternatives avec sa piscine à débordement face au golfe Persique, son spa, ses équipements sportifs et de détente, son club enfants et sa grande aire de jeux.

JUMEIRAH ZABEEL SARAY €€€

West Crescent
✆ +971 4 453 0000
www.jumeirah.com
Chambre double à partir de 1900 AED.

Commandé à l'architecte Kürsat Aybak d'Antalya, cet établissement prend sa pose de palais ottoman géant. Baldaquins ouvragés, plafonds sculptés, lambris de céramiques, tulipes à gogo, aplats turquoise. Par les couloirs moquettés, gagnez les chambres tendues de parquet brun, aux murs et au mobilier sombres, fantastiques salles de bains à l'orientale équipées de baignoires carrées en marbre blanc aptes à accueillir 4 personnes ! Un atout radical : le spa Talise sur 8 000 m², digne des rêves de la Sublime porte avec ses turqueries coupolées, ses bains de fleurs...

MEDIA ONE HOTEL €€

Al Falak Street
✆ +971 4 427 1000
www.mediaonehotel.com
Chambre double à partir de 400 AED.

Design et branché, le Media One jouit d'une excellente situation. Installé dans une tour à la frontière entre la Marina et Media City, il permet de profiter de vues sur la mer et Palm Jumeirah tout autant que sur la *skyline*, notamment depuis son bar sur le toit (Coco on 8), au bord de la piscine extérieure, ou depuis l'une des 260 chambres réparties sur 43 étages. Avec une discothèque, une salle de sport ultramoderne et parfaitement équipée, un sauna, quatre restaurants et deux bars, l'ambiance est animée. Mais les chambres sont insonorisées.

MERIDIEN MINA SEYAHI BEACH RESORT & MARINA €€€

King Salman Bin Abdulaziz Al Saud Street
✆ +971 4 399 3333
www.marriott.com
Chambre à partir de 800 AED, avec vue sur la mer 1200 AED.

Le Méridien Mina Seyahi offre toutes les prestations d'un hôtel 5-étoiles, mais présente en plus des atouts majeurs : l'étendue de sa plage privative, la qualité de ses équipements pour enfants. Adresse à recommander aux amateurs de sports nautiques, de balades en mer (ou de pêche) et surtout aux familles nombreuses. Bien que pas bien beau extérieurement, l'hôtel est agréable, moderne et spacieux. Seul hic : des travaux à gauche et à droite qui devraient être terminés fin 2021.

© FAIRMONT THE PALM

© FAIRMONT THE PALM

FAIRMONT THE PALM €€€

✆ + 971 4 457 3388

www.fairmont.com/palm-dubai/

Autour de 1600 AED la chambre double avec le petit déjeuner

Situé en haut du tronc de la Palm, avec sa plage privée et sa vue magique sur les gratte-ciel de la Marina, féeriques de nuit, ce resort est idéal pour se relaxer. Chambres et suites sont spacieuses, dans des tons bruns et ocre, et une déco d'inspiration arabe. La vaste palette des restaurants (brésilien, américain, asiatique, indien, fusion, etc.) offre un appréciable tour du monde des saveurs. Pour les loisirs et la détente, direction l'une des 8 piscines, le gym high-tech, l'exceptionnel Willow Stream Spa de 3 700 m² ou les attractions à un jet de monorail.

© FAIRMONT

© FAIRMONT THE PALM

ONE&ONLY ROYAL MIRAGE €€€

King Salman Bin Abdulaziz Al Saud Street
✆ +971 4 399 9999
Chambre double à partir de 2200 AED.

Reconnue pour ses qualités particulières d'attention aux détails, de finesse et d'élégance légère, la marque anime depuis plus de 10 ans ce coin de côte qui fut tranquille jusqu'à ce que les travaux sur la Palm ne commencent. Le Palace (préférence pour l'aile ouest au calme près du bassin de nage) fait du classique chic autour de l'immense piscine, l'Arabian Court file la métaphore alibabienne light avec ses couloirs zigzagants tandis que la Résidence & Spa (48 chambres seulement), discrètement enchâssée entre les deux autres fait figure de tanière pour amoureux.

ONE&ONLY THE PALM €€€

West Crescent
✆ +971 4 440 1010
www.oneandonlyresorts.com
Double à partir de 3 500 AED.

Sublime hôtel de 90 chambres ! Beiges en fondu enchaîné, blancs argentés, marbres ouvragés, éclairages en gouttes cristallines, piscine bordée de Cabana Suites climatisées (à réserver en supplément, pour ceux qui veulent leur douche, leur tv et leur canapé devant le bassin !), salles de bains ultra-design. Un mouillage au ponton du 101, le spa lumineux et sa pool de nage sportive, une salle de gym à presque vous donner un désir de fonte. Aller en ville, même pas envie ! Enfin, n'oublions pas la cuisine au top du top : Alléno signe l'affaire.

RIXOS PREMIUM DUBAÏ JBR €€€

The Walk
✆ +971 4 520 0000
www.all.accor.com
Autour de 1500 AED chambre double avec petit déjeuner, taxes incluses.

Ses superbes tours de cristal dessinées par le cabinet d'architecte turc Tabanlioglu s'illuminent la nuit façon minimalisme de Dan Flavin et Donald Judd. Les chambres sont spacieuses et colorées avec d'immenses fenêtres pour se réjouir de la vue sur la mer, sur la Palm et sur la grande roue. Une piscine donne sur la plage privée de l'hôtel, six bars et restaurants, un spa, un hammam turc. Nous sommes au cœur de ce quartier qui vit la nuit comme le jour au rythme des vacanciers, des résidents, des jeunes Émiriens, des sportifs et des fans de marques.

RIXOS THE PALM DUBAÏ HOTEL €€€

East Crescent
✆ +971 4 457 5555
http://thepalmdubai.rixos.com/
Autour de 1 700 AED chambre double avec petit déjeuner, taxes incluses.

Tout près de l'Aquaventure Waterpark sur la Palm, cet hôtel offre tout le confort d'un hôtel de luxe en front de mer : accès direct sur la plage privée, chambres et suites, dans de doux tons crème et or, avec parquet, qui offrent différents panoramas sur Dubaï, sur la mer ou les gratte-ciel de la Marina, trois grandes piscines extérieures, club pour enfants, tennis et sports nautiques, choix gastronomique parmi ses restaurants (italien et internationaux). Un hôtel tout inclusif !

ROYAL MERIDIEN €€€

Al Mamsha Street
✆ +971 4 399 5555
www.marriott.com
Chambre double à partir de 1 200 AED. Navette gratuite trois fois par jour jusqu'au Mall of the Émirates.

Alignant ses 500 chambres, dont une petite partie en « vue ville », le futuriste d'hier, Royal en robe béton et verre fumé, tient son rang grâce à son parc arboré, et à sa grande plage de sable blanc d'une profondeur à nulle autre égale à Dubaï. On profitera des services loisirs vraiment extra et d'une offre balnéaire réjouissante. Passé le choc visuel à l'approche d'un bâtiment plutôt laid, entrez et découvrez sa réception lumineuse, futuriste et design et cet atrium judicieusement plongé dans une lumière très tamisée. Une valeur sûre.

SHERATON JUMEIRAH BEACH RESORTS €€€

Al Mamsha Road
✆ +971 4 399 5533
www.sheratonjumeirahbeach.com
Chambre double à partir de 700 AED.

En bord de mer, un grand hôtel blanc en escaliers de 256 chambres, implanté dans un jardin paysager. Chambres assez classiques, mais confortables. Choisir celles donnant sur la mer (constructions en cours à l'arrière-plan). Services et prestations de bon niveau : case nautique (nombreux sports proposés), piscine extérieure, pataugeoire, courts de squash, centre de bien-être avec club de remise en forme, 4 restaurants et 4 bars, mini-club pour les enfants.

SOFITEL DUBAI JUMEIRAH BEACH €€€

The Walk
✆ +971 4 448 4848
www.all.accor.com
Chambre double à partir de 800 AED.

438 chambres et suites sur 31 étages, dans un style design esthétique et lumineux mâtiné de quelques touches orientales. Restaurants, Bar, café, centre de remise en forme avec vue sur la Marina, sauna, bain de vapeur, salon de beauté et de bien-être proposant des soins (massages, coiffure) de la marque Carita. On est au cœur du quartier branché de JBR The Walk & The Beach, ses boutiques, ses restos et bars divers, son activité incessante, sa superbe plage aménagée : *Life is magnifique*.

SOFITEL THE PALM €€€

East Crescent Road
✆ +971 4 455 6677
www.sofitel-dubai-thepalm.com
Double à partir de 800 AED avec le petit déjeuner.

Palmiers à gogo, jardins luxuriants, murs de végétation signés Patrick Blanc, omniprésence du bois, tonalités légères comme un bouquet tropical... L'ensemble respire le raffinement, pour des vacances balnéaires chic et zen, baignées de lumière et d'espace. 500 mètres de plage immaculée, six piscines dont une de taille océanique, une jetée, des activités nautiques et terrestres à foison (fitness, paddle, tennis, aquaparc flottant), un mini-club, un gymnase high tech, et un SoSPA exceptionnel, hammam, saunas, fontaine de glace, bassin hydrothérapique, piscines.

THE RETREAT PALM DUBAI MGALLERY BY SOFITEL €€€

East Crescent, The Palm Jumeirah
✆ +971 4 524 7777
www.rhotels.ae
A partir de 1500 AED la chambre double.

Du lumineux lobby aux 255 chambres et suites, en passant par la restauration, tout induit à la zénitude, à la douceur et au bien-être. Inspiré du Feng Shui, l'architecture, le mobilier, l'agencement des espaces favorisent la fluidité et la bonne circulation des énergies et de la lumière. Boissons et plats sont au diapason et apportent une attention à une nourriture saine et détox. Cœur névralgique de ce sanctuaire, le Rayya Wellness Centre est géré par des experts en bien-être.

THE RITZ CARLTON JBR €€€

Al Mamsha Street
✆ +971 4 399 4000
www.ritzcarlton.com
Double à partir de 1 000 AED l'été et 28000 AED l'hiver.

Ici, on ne s'élance pas plus haut que 4 étages et l'on sait recréer, dans les 140 chambres et suites, l'atmosphère élégante des palaces d'antan. Espaces communs et chambres y sont des modèles de raffinement, à l'image de ces extraordinaires lits de plume dont la reine Margherita de Savoie lança la mode à la fin du XIXe siècle ! Mais une fois à l'intérieur de la propriété, heureux voyageur, vous apprécierez les 35 000 m² de jardins luxuriants et odorants et, sans vous retourner, goûterez à ce tête-à-tête avec la mer par-delà les 300 mètres de plage privée.

W DUBAI THE PALM €€€

West Crescent
✆ +971 4 245 5555
www.marriott.com
Environ 1 200 AED pour la chambre double.

On retrouve dès l'arrivée le côté ultra-branché des W avec ses airs futuristes. Même s'il est un peu loin du centre, la vue qu'offrent les chambres et la plage de cet hôtel vous feront vite oublier les distances. C'est un hôtel très design aux chambres vastes, contemporaines et lumineuses. Un esprit de fête perpétuel, de très bons restaurants, une piscine sublime et un bar qui permet d'assister aux plus beaux couchers de soleil de la ville. Le week-end, les résidents s'y précipitent pour le brunch ou pour un pass à la piscine.

WESTIN MINA SEYAHI €€€

Sufouh road
✆ +971 4 399 4141
www.marriott.com
Double à partir de 1200 AED.

Majestueuse façade néo-classique en paréo beige prolongé par le porche à colonnade, jardins sous palmes et piscine stylée, la plage en live sous les tongs, joli profil en format 300 chambres, claires, spacieuses même si les espaces publics mériteraient un grand rafraîchissement. L'immense parc vous conduit vers la plage toute proche, aux piscines et aux restaurants extérieurs de très bonne qualité. Vous irez danser sous les étoiles après avoir dîné à Asia de Cuba et rentrerez dormir tranquille, par les jardins, même en caïpirinha dépassé.

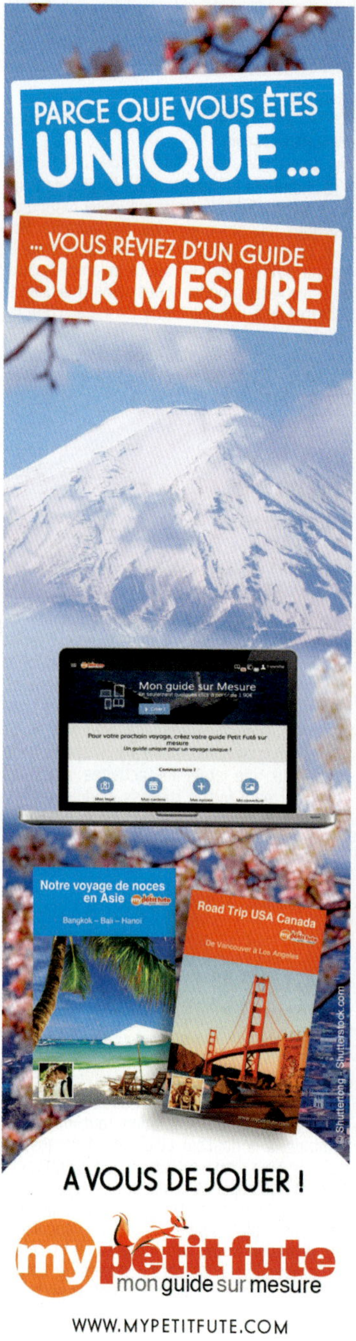

THE ADDRESS DUBAI MALL €€€

Sheikh Mohammed Bin Rashid Boulevard
✆ +971 4 438 8888
www.addresshotels.com
Aux alentours de 2000 AED la chambre double.

Petite sœur de The Address Downtown, cet hôtel est relié directement à l'immense et mythique Dubaï Mall pour la joie des amoureux du shopping. Les chambres sont spacieuses et décorées avec des tonalités pastel et claires. D'immenses baies vitrées offrent une vue époustouflante sur la ville et nous vous recommandons de demander celles qui offrent un balcon donnant sur la Burj Khalifa, mais aux tarifs plus élevés. La piscine à débordement de près de 37 mètres de long offre une des plus belles vues qui soient sur les tours de Downtown.

ARMANI HOTEL €€€

Emaar Boulevard
✆ +971 4 888 3888
www.armanihoteldubai.com
Chambre double à partir de 2500 AED.

Armani se vit attribuer les 39 premiers étages de la tour du vertige, la sublime Burj Khalifa. Chacun attendait Giorgio au tournant d'un caprice rital-oriental. Il nous prend de face avec ce manifeste définitif, un des hôtels les plus étonnants de Dubaï. Entrons. La rupture est immédiate, soudain le monde consume des couleurs de bois et de tabac, là ce gris perlé, là une ligne nacrée. Un couloir aveugle où flotte une inquiétude due à ces portes numérotées comme à la prison. La suite s'enroule dans les parois tissées, un ventre de cuivre chaud.

CROWNE PLAZA €€

Sheikh Zayed Road
✆ +971 4 331 1111
www.ihg.com
Chambres doubles à partir de 650 AED.

Un grand hôtel d'affaires, formé de trois tours blanches aux façades de verre. Situé à deux pas du World Trade Center et des halls d'exposition, il comprend 23 salles de réunion, pouvant accueillir de 5 à 1 800 personnes : le ton est donné ! Comme dans tous les autres 5-étoiles de ce genre, les espaces de détente et de restauration n'y sont pas négligés : gymnase, salle d'aérobic, squash, piscine extérieure, galerie marchande et pas moins de 11 bars et restaurants de spécialités dont un pub anglais, le Harvesters, et un bar-concept au doux nom de Wagamama.

FAIRMONT €€

Sheikh Zayed Road
✆ +971 4 332 5555
www.fairmont.com
Chambre double à partir de 1000 AED.

Son architecture de tour à vent stylisée, mêlant tradition et design, son éclairage multicolore, le soir, lui donnent un aspect à la fois futuriste et ludique. On se plaît à emprunter ses ascenseurs de verre, qui filent droit vers les étages et donnent le vertige. Le Fairmont offre d'excellents espaces de détente : gymnase, sauna, hammam, 2 piscines (l'une au nord, l'autre au sud) bordées de solariums, et plusieurs restaurants et bars réputés. Parmi eux, le célèbre bar Cin Cin et le non moins populaire Bistrot Bagatelle. Très nombreuses salles de réunion.

FOUR SEASONS DIFC €€€

DIFC
✆ +971 4 506 0000
www.fourseasons.com
A partir de 2200 AED pour une chambre double.

Un boutique-hôtel chic et intimiste au cœur du centre financier pour tous ceux qui recherchent la discrétion en plein centre-ville avec le service légendaire de la célèbre compagnie canadienne. Un hôtel urbain, à taille humaine avec une très belle piscine sur le toit et proposant des chambres dans un camaïeu de beiges et quelques notes arabisantes. C'est un lieu idéal pour le travail avec en plus la possibilité de trouver juste à côté un très grand choix de restaurants dans le centre financier sans avoir à prendre la voiture. Une très belle adresse.

HABTOOR PALACE DUBAI €€€

Al Habtoor City
✆ +971 4 435 5555
www.alhabtoorcity.com
Chambre double à partir de 1200 AED

Voici un hôtel très classique proposant 200 chambres très spacieuses et 52 suites au style indémodable : elles sont élégantes, draps blancs festonnés de fils dorés, raffinement des meubles de style, produits italiens dans les salles de bain. Côté service, on retrouve la signature de la marque avec le majordome joignable par messagerie et aux petits soins. Même si l'hôtel est situé sur la Sheikh Zayed Road, il est extrêmement bien situé dans la ville, en plein centre. Nous vous recommandons les chambres avec vue sur le canal.

IBIS ONE CENTRAL €

Trade Centre District
✆ +971 4 519 5555
www.all.accorhotels.com
Chambre à partir de 274 AED.

À deux pas du quartier des finances et des affaires et de la station de métro World Trade Centre, ce géant de 588 clés surfe sur sa taille et offre un maximum d'espace, de lumière, une vaste terrasse, des chambres faciles à vivre – literie griffée Sweet Bed by Ibis, écran plat, salle de bains moderne, Wifi partout. Un bon point pour la déco chaleureuse du restaurant Wok & Co, cette façon de cloisonner l'espace pour créer des pôles d'intimité, les notes asiatiques de la carte. Fitness, bar cubain, navettes gratuites et régulières pour les *malls* et les plages.

MANZIL DOWNTOWN €€

Mohammed bin Rashid Boulevard
✆ +971 4 428 5888
www.vida-hotels.com
Chambre double à partir de 900 AED.

Situé dans le périmètre du Dubaï Mall, petite sœur de Vida version 4-étoiles, Al Manzil est le joli bébé des Sud-Africains de Southern Sun. On apprécie d'être à 5 minutes à pied des galeries marchandes (juste la route à traverser) tout en étant au calme d'un ensemble architectural dessiné comme un village en robe ocre d'Orient. L'hôtel est doté d'à peine 200 chambres, notre préférence allant aux Pool ou Burj View à partir du deuxième étage. Au top, la suite du huitième. Agréable Boulevard Café pour une pause frenchy sur le pavé.

IBIS STYLES WORLD TRADE CENTRE €

Sheikh Zayed Road
✆ +971 4 332 4444
www.all.accor.com
Chambre à partir de 260 AED.

Le centre d'affaires, la voie rapide. Pour les vacances, c'est un peu raide, mais la situation, à 20 minutes des quartiers historiques, dix minutes du Dubaï Mall et cinq minutes des enseignes arty du DIFC pourrait en convaincre plusieurs, d'autant que la qualité est là, dans les 210 chambres ultra-confortables comme dans les espaces publics, avec restaurant de pâtes et deux bars sympa. Label Planet 21 reconnaissant ceux qui s'engagent en faveur du développement durable.

NOVOTEL WORLD TRADE CENTRE €€

Al Saa'da Street
✆ +971 4 332 0000
www.all.accor.com
Double à partir de 550 AED.

Les canons de la marque : bien situé, fonctionnel, confortable, cool-chic. Un restaurant de cuisine internationale ouvert toute la journée, un élégant café à la française avec service de restauration rapide et légère, deux bars, une piscine extérieure chauffée, une salle de sport, un institut de beauté, un spa, 412 chambres et suffisamment spacieuses pour accueillir deux adultes et deux enfants. Établissement certifié ISO 14001 et Planet 21 et engagé dans le développement durable.

JUMEIRAH EMIRATES TOWERS €€€

Sheikh Zayed Road ✆ +971 4 330 0000
www.jumeirah.com
Chambre double à partir de 1550 AED en haute saison et à partir de 850 AED en basse saison.

Dominant la Sheikh Zayed de ses 305 mètres de haut, le Jumeirah Emirates Towers est une flèche en forme de triangle équilatéral conçue par Hazel Wong pour intégrer 400 chambres sur 51 étages. Même nul en géométrie euclidiennne, vous serez bluffé par la vertigineuse légèreté du trait et la grâce même des deux soeurs de verre et d'aluminium. Point majeur : dans les chambres, les baies vitrées descendent jusqu'au ras de la moquette, et c'est très impressionnant. Ceux qui ne résident pas viendront admirer l'ensemble, face au DIFC et à deux pas du World Trade Centre.

PARAMOUNT HOTEL DUBAI €€

Business Bay
✆ +971 4 246 6666
www.paramounthotelsdubai.com
Aux alentours de 800 AED la chambre double.

Installé au cœur du quartier des affaires, l'hôtel Paramount, comme son nom le laisse présager, célèbre l'âge d'or du cinéma américain. Tout y passe, les chambres, les restaurants et même les salles de banquet. Parmi les 823 chambres, très spacieuses, du gratte-ciel de 69 étages, nous vous recommandons bien sûr celles qui offrent une vue sur la Burj Khalifa. Vous pourrez même vous payer la suite de Don Corleone (le Parrain), ou celle de Carole Lombard, plus romantique et *girly*. Une piscine est située en extérieur au 8e étage.

RAMADA DOWNTOWN €€

Emaar Boulevard
✆ +971 4 330 7330
www.wyndhamhotels.com
Double à partir de 800 AED.

Mieux situé, impossible ! Avec vue plongeante directe sur les jeux d'eau du mall, en vigie sur les berges du lac artificiel, en vis-à-vis du Burj Khalifa. Vous êtes à 10 minutes à pied de Dubai Mall et du Souk al Bahar. La tour est divisée en 6 secteurs, selon l'orientation de votre appartement, et bien sûr les fenêtres sur la flèche d'argent sont les plus coûteuses. Les chambres et suites sont très spacieuses. C'est à la fois un hôtel pour le business, mais aussi avec de nombreuses options pour les familles. Photo du siècle depuis votre balcon.

RENAISSANCE DOWNTOWN €€

Marasi Drive
✆ +971 4 512 5555
www.marriott.com
A partir de 850 AED la chambre double

L'hôtel est situé sur le canal maritime et offre ainsi de très belles vues sur Business Bay. Inauguré en 2017, l'hôtel est branché et urbain avec une touche locale dans la décoration : rappel des dunes, des chameaux, de l'héritage historique tout en modernité. Côté chambres qui ont la vue sur la canal, on apprécie les alcôves baignées de lumière et où l'on peut se lover dans une chaise longue. Jolie piscine en hauteur. Le spa Six Senses apporte une touche de raffinement à ce bel établissement. Un excellent rapport qualité-prix.

ROVE DOWNTOWN DUBAI €

312 Happiness Street, Zabeel 2
✆ +971 4 561 9000
www.rovehotels.com
Chambre double aux alentours de 600 AED.

La clientèle ciblée est jeune, c'est pourquoi l'établissement est plutôt high-tech : on fait son check-in avec son smartphone, il y a une application de e-concierge et les transports en commun sont à proximité. Les chambres, fonctionnelles et très confortables, sont spacieuses (26 m²), le wifi est gratuit et l'établissement possède une piscine, un gym ouvert 24h/24, un restaurant, un bar-lounge, un boutique-cinéma à la déco extra et des espaces de loisirs cools (consoles de jeux, ping-pong, baby-foot) ; le tout hyper facile à vivre pour un prix très compétitif.

SHANGRI-LA €€

Sheikh Zayed Road
✆ +971 4 343 8888
Chambre double à partir de 900 AED.

Sur la Sheikh Zayed, à 5 minutes du World Trade Center et à proximité immédiate des quartiers d'affaires et centres commerciaux, le Shangri-La offre un ensemble de 26 appartements haut de gamme.Monumental (tour de 200 m, soit 43 étages), le complexe, à l'image de son lobby, marie design occidental et décoration asiatique. L'établissement dispose également de salles de sport et de détente, d'une piscine en plein air, hammam, sauna, gymnase, courts de tennis et de squash. Du côté de la restauration, on y trouve 9 bars et quelques restaurants de cuisines diverses.

SOFITEL DUBAI DOWNTOWN €€€

Sheihk Zayed Road
✆ 971 4 503 6666
www.all.accor.com
À partir de 950 AED/double avec le petit déjeuner.

L'hôtel est à 50 m de la sation de métro et 15 petites minutes de marche du plus grand *mall* du monde et de la plus haute tour, visible d'une grande partie de l'hôtel. Un lobby design géométrique, qui, à l'image des chambres, ose des touches de couleur vitaminées. Coup de cœur pour les chambres d'angle dotées d'immenses baies vitrées en plongée sur la Burj Khalifa pour une sensation d'ivresse vertigineuse. Ne pas rater Inka le restaurant lounge péruvien moderne, au 31e étage, jouxté d'un bar éponyme dansant, avec vue sublime sur le quartier de Downtown et la Burj.

THE ADDRESS BOULEVARD €€€

21447 Sheikh Mohammed bin Rashid Boulevard
✆ +971 4 561 8888
www.theaddress.com
Aux alentours de 1200 AED la chambre double.

Beige et blanc du sol au plafond, illuminés de lampes sublimes, irisé de fleurs rose pastel, cet établissement distille l'élégance chic et sensuelle d'un hôtel urbain axé sur l'art de vivre. Son style épuré sans être froid, la fraîcheur de ses tonalités, le choix d'un mobilier aux formes douces créent un effet de zénitude immédiate, qui se retrouve dans les chambres et suites et leurs salles de bains de marbre blanc, ainsi qu'au spa, sanctuaire raffiné et ses dix salles de soins, hammam traditionnel, saunas, douches sensorielles, salon de beauté, piscine.

THE ADDRESS DOWNTOWN €€€

Emaar Boulevard
✆ +971 4 436 8888
www.addresshotels.com
A partir de 2000 AED par nuit.

Pour oser faire face au Burj Khalifa, ce grand nain de 63 étages, a su se parer de beaux atours. Dormir sur place ? Bonne idée, mais réservez à l'avance, car seules 32 chambres sont en catégorie Premier Fountain View. L'intérieur est lumineux, les chambres spacieuses, décorées dans des tonalités grises et blanches qui reflètent une élégance dépouillée et procure immédiatement une sensation apaisante. Depuis le balcon, vous aurez l'emplacement rêvé pour observer en ligne directe le spectacle des fontaines musicales et l'embrasement de la tour.

THE PALACE DOWNTOWN €€€

Eemar Boulevard
✆ +971 4 428 7888
www.addresshotels.com
Chambre double à partir de 1800 AED.

A côté du Souk Al Bahar reprenant le dessin parfait d'un marché oriental, voici un « palace » autoproclamé mais pas si loin du but, en tout cas pour son emplacement, car géographiquement pile dans l'axe du Burj. Il travaille la veine arabe-hollywoodienne des salons aux 240 chambres top luxe. Pas mal de séjourner dans un ensemble bas quand autour tout grimpe vers les nuages. Encadrée de palmiers droit comme la justice divine, une piscine de vizir et ses marquises entoilées pour un verre, un narguilé, un dîner face au missile de 800 mètres. Inoubliable.

THE RITZ-CARLTON DIFC €€€

DIFC
✆ +971 4 372 2222
www.ritzcarlton.com
Chambre double à partir de 1300 AED.

Premier hôtel du centre financier, toutes les chambres sont spacieuses, claires, élégantes. On préfère cependant la vue côté ville plutôt que courtyard. Le principal atout de cet hôtel est d'être à un jet des offres culinaires branchées et des galeries d'art de DIFC : un gros plus lorsqu'on connaît les encombrements légendaires de la ville. Dubaï Mall se trouve seulement à 10 minutes en taxi. L'hôtel propose divers restaurants dont le café belge, et Sunken Garde qui offre une jolie terrasse extérieure à l'étage. Un hôtel urbain, avec un service aux petits soins.

V HOTEL CURIO COLLECTION BY HILTON €€€

Al Habtoor City
✆ +971 4 436 6666
www.hilton.com
A partir de 800 AED la chambre double.

Le V Hotel Curio Collection by Hilton s'invite dans une tour de 33 étages, au cœur d'Al Habtoor City surplombant le canal. L'arrivée à la réception perchée au 30e étage donne le ton : vue magnifique sur la ville, musique de boîte, couleurs acidulées. Les chambres aux noms de Marvelous, Fantastic, Fabulous, Méga et Wow en disent long sur leur modernité et leur allure : lits en demi-lune, lignes courbes, coussins aux couleurs qui claquent, tout sauf classique !

VIDA HOTEL €€€

Mohammed Bin Rashid Boulevard
✆ +971 4 428 6888
www.vidahotels.com
Chambre double à partir de 1200 AED.

À quelques minutes à pied du Dubaï Mall et du souk al-Bahar, le Vida est idéalement placé pour découvrir le centre-ville de Dubaï. Cet hôtel raffiné mise sur des lignes épurées, des teintes claires naturelles et des matériaux nobles, pour créer un espace design de fraîcheur et de détente qui plaît aussi bien aux jeunes qu'à une clientèle aux goûts plus classiques, aux vacanciers comme aux hommes d'affaires. Les 156 chambres, lumineuses, leurs grandes baies vitrées permettent de profiter de la vue sur la Burj Khalifa, la ville, le jardin ou la piscine.

VOCO AN IHG HOTEL €€

Sheikh Zayed Road
✆ +971 4 308 0000
www.nassimaroyalhotel.com
Double à partir de 800 AED.

Le Golden Mile Sheikh Zayed, ce sillon tranchant le cœur de Dubaï, aligne les paquebots à étages et autant d'enseignes hôtelières internationales à touche-touche. Entre toutes ces grandes boutiques, parti pris puissamment subjectif, nous choisissons le Voco. On y est bien, en particulier dans les chambres en angle plongeant sur l'artère centrale. Les murs sont perlés glacés, la pierre est noble, les fleurs de couleur, les canapés knollissimes et le décorateur a eu la brillante intuition de façonner des espaces bichromiques dominés par le brun du bois mat.

ATANA HOTEL €€

Tecom
✆ +971 4 356 6666
www.atanahotel.com
Aux alentours de 300 AED la chambre double. Parfois beaucoup moins.

Cet hôtel 4 étoiles est situé dans deux tours de 22 étages chacune. Les 828 chambres pourraient faire croire à un hôtel impersonnel, mais nous aimons cet hôtel pour plusieurs raisons. La première est sa localisation, car il est situé tout à côté d'une station de métro et près de la Sheikh Zayed Road. La deuxième est son niveau de confort, avec des prestations de qualité, des chambres spacieuses, d'au moins 32 mètres carrés. Enfin, il offre de belles prestations avec une très belle piscine, de nombreux restaurants et un spa. Belles vues depuis certaines chambres.

CENTRO BARSHA €

Road 329, Al Barsha 1 Business Districts
✆ +971 4 704 0000
www.rotana.com
Chambre double à partir de 365 AED.

Le style moderne et minimaliste, l'ambiance chaleureuse du mobilier tendance gris profond et l'éclairage atténué font de cet hôtel, situé à deux pas du Mall of the Emirates, le coin parfait pour les business people de Media City ou les familles (studios et suites) qui cherchent le repos. Piscine et salle de gym au dernier étage. Le C de Centro est à votre service : C-Deli, une petite épicerie de dépannage ouvertes tous les jours au rez-de-chaussée, C-Mondo, le bar qui diffuse les évènements sportifs, et C-Taste, le restaurant de cuisine internationale.

GOLDEN TULIP AL BARSHA €

Sheikh Zayed Road, Al Barsha 1
✆ +971 4 501 6161
www.goldentulipalbarsha.com
Chambre double à partir de 215 AED taxes incluses.

Le Golden Tulip Al Barsha présente l'avantage de se situer à quelques minutes en voiture de Mall of the Emirates et de sa piste de ski. Légèrement en retrait de Sheikh Zayed Road, il offre des prestations satisfaisantes : piscine, salle de sport, roomservice, valet de parking, Internet haut débit. Deux restaurants, dont un de cuisine coréenne (The Sky korean restaurant) et un de cuisine continental (Fresh restaurant). Le Goden Tulip possède aussi un bar et une boîte de nuit, le Catwalk ainsi qu'un bar lounge pour regarder le sport 7j/7 (The Locker Room).

IBIS DUBAI AL BARSHA €

Sheikh Zayed Road
✆ +971 4 399 6699
www.all.accor.com
Autour de 280 AED/chambre double avec le petit déjeuner, taxes incluses.

Voici un paquebot de 480 clés abritant la tribu powerpointée de retour de rendez-vous et les voyageurs du commerce, mais aussi les familles puisque 48 chambres sont communicantes. La promesse d'un sommeil doux et profond grâce à la literie *Sweet Bed by Ibis*, ici au diapason d'une chambre moderne et de grand confort, avec parquet, douche ou baignoire, bureau, Wi-Fi et TV LCD. Bar, restaurant. Très pratique, car situé non loin de la station de métro Mashreq Metro Station et du Mall of The Emirates, deuxième plus grand centre commercial du pays.

IBIS MALL OF THE EMIRATES €

2 A Street
✆ +971 4 382 3000
www.all.accor.com
Double à partir de 300 AED.

Voici la bonne étape éco à 200 m du Mall. Ils n'ont pas de vin chaud à la cannelle pour ceux qui reviennent du ski, mais à part ça, tout est parfait, comme dans tous les hôtels Accor implantés dans l'émirat, qui bénéficient des équipements dernier-cri de la marque (à l'instar de la literie *Sweet Bed by Ibis*). Wi-Fi dans tout l'établissement, un restaurant (cuisine italienne), un café-restaurant ouvert 24h/24, un bar. Seulement 204 chambres dont 54 communicantes.

KEMPINSKI HOTEL €€€

Sheikh Zayed Road
✆ +971 4 341 0000
www.kempinski.com
Double à partir de 1500 AED, chalet à partir de 3300 AED.

Le seul hôtel du monde situé au milieu du désert à proposer des chambres de style alpin avec vue sur une piste de ski : murs en pierre sèche, photos en noir & blanc des glaciers, lumières cosy... Une fausse bûche flambe et, de l'autre côté de la vitre, on admire l'aquarium neigeux : des skieurs d'un jour qui tombent et se relèvent. Les plus férus réservent le Grand Chalet de 250 m² et se font servir une fondue. Autrement, on peut aussi aller faire un tennis sur la terrasse ou du shopping par l'accès direct au Mall of The Emirates, le deuxième plus grand du pays.

MEDIA ROTANA €€

Hessa Street
✆ +971 4 435 0000
www.rotana.com
Autour de 450 AED la chambre double.

Ouvert depuis 2008 cet hôtel semble être occupé majoritairement par les businessmen de Barsha Heights et Média-City mais il est aussi très agréable pour des voyageurs et des familles (chambres et suites) qui cherchent la proximités de toutes les attractions du Dubaï moderne. Les chambres sont spacieuses et lumineuses. En plus des deux restaurants et du nightclub, l'hôtel vous offre la possibilité (en le demandant à l'avance) de faire garder vos enfants au Flipper's Kids Club qui est au même étage que la piscine et la salle de fitness.

MILLENIUM PLACE BARSHA HEIGHTS €€

First Al Khail Street
✆ +971 4 875 0077
www.milleniumhotels.com
Aux alentours de 300 AED la chambre double.

Certes, les chambres de cet hôtel n'offrent pas les plus belles vues de la ville, mais il est d'un grand confort, les chambres sont spacieuses et les salles de bains sont particulièrement belles. C'est un hôtel qui peut convenir autant aux familles avec le kids club, qu'à ceux qui viennent pour le business. Vous pourrez aussi profiter de deux piscines, 1 fitness center bien équipé et un très beau spa dans cet établissement contemporain aux prix très abordables.

NOVOTEL DUBAI AL BARSHA €€

Sheikh Zayed Road
✆ +971 4 304 9000
www.all.accor.com
Autour de 350 AED/chambre double avec le petit déjeuner, taxes incluses.

Le Novotel Dubaï Al Barsha prend idéalement ses aises à quelques minutes de l'arrêt de métro Mashreq et du centre commercial Mall of the Emirates. Au-delà d'un design interieur tout en fluidité et en légèreté, c'est de l'artillerie lourde qui se pianote sur 465 touches, dont 89 suites (de 1 à 3 chambres), idéales pour les familles ; ces dernières disposent d'ailleurs d'un mini-club et d'aires de jeux adaptées aux têtes blondes de tout âge. Sinon, c'est business-attitude, avec notamment 9 salles de réunions suréquipées. Facile à vivre et polyvalent.

PULLMAN DUBAÏ JLK HOTEL RESIDENCE €€

Cluster T
✆ +971 4 567 1100
www.pullman-dubai-jumeirahlakestowers.com
Autour de 600 AED la chambre double avec le petit déjeuner, taxes incluses.

L'hôtel est situé à Jumeirah Lakes Towers (JLT), avec une superbe vue sur les gratte-ciel de Marina et sur Cheikh Zayed Road. Son grand atout est d'avoir un accès direct à pied au métro qui donne un accès aux grandes attractions de la ville mais aussi permet de traverser à pied et à couvert la Cheikh Zayed Road et de rejoindre le tramway. L'hôtel est très confortable, les chambres et appartements sont spacieux dans un design urbain, piscine sur le toit.

SUITE NOVOTEL MALL OF THE EMIRATES €

2 A Street
✆ +971 4 382 3200
www.all.accor.com
Autour de 356 AED/chambre double avec le petit déjeuner, taxes incluses.

Peuplé de mobilier peps et coloré, jouant les volumes très visuels, les éclairages et les ambiances. Une réussite esthétique à un prix très étudié dans des suites de 30 ou 45 m^2 dont le salon se transforme en coin-lit pour les occupants supplémentaires, jusqu'à pouvoir accueillir 2 adultes et 2 enfants. A quelques pas du Mall of the Emirates, et non loin du métro il offre aussi une piscine en haut, une salle de fitness et un Deli boutique où déguster des en-cas, à toute heure.

THE ADDRESS MONTGOMERIE €€€

Emirates Hills
✆ +971 4 390 5600
www.theaddress.com
Double à partir de 1 200 AED.

Un links mamelonné en pleine ville à 10 minutes de Sheikh Zayed Road, à 4 kilomètres à vol d'oiseau de Dubaï Marina, oui c'est possible. Attention, pas plus de 21 chambres au total, dont neuf avec vue sur le parcours (de préférence 111,112 et 114), autant dire presque une maison d'hôtes dans un écrin vert tendre ponctué de pièces d'eau. Vous trouverez ici l'espace, le calme et la fraîcheur visuelle d'une grande respiration zen. Piscine divine, spa, table-terrasse. Très à l'écart des sentiers touristiques. L'endroit est divin, c'est un joyau connu des VIP locaux.

SE DÉPLACER

Il est très facile de se déplacer dans la ville et aux alentours. L'ensemble du territoire possède un réseau routier d'excellente qualité, traversé par plusieurs axes en direction des émirats voisins et de l'Oman. La voiture reste le moyen de transport privilégié, mais seul vrai problème : les embouteillages aux heures de pointe, particulièrement vers Dubaï depuis Sharjah le matin et dans le sens contraire le soir. Quatre principaux moyens de transport sont à la disposition des touristes : le taxi, le métro, le bus et occasionnellement dans certains quartiers, le bateau (bateau-taxi ou abra). Les deux-roues sont pratiquement inexistants sauf pour la livraison de repas. Quant à la marche, on ne peut pas vraiment se déplacer d'un quartier à l'autre à pied et encore moins l'été. Enfin, le vélo commence à être disponible en libre-service, mais les pistes cyclables sont trop peu présentes. Un plan est à l'étude pour les développer.

AIR FRANCE-KLM

Al-Ittihad Road
✆ +971 4 602 5400
www.airfrance.ae
Réseau mondial via Paris et Amsterdam. Des vols direct quotidiens vers Dubaï

12 vols par semaine desservent Dubaï. Vols de jour et de nuit permettent de rejoindre Dubaï à moins que vous ne fassiez escale à Amsterdam. Pour ceux qui n'habitent pas Paris, c'est un avantage d'utiliser la compagnie tricolore, car le réseau Air France permet de relier les villes de Province à la capitale sans le casse-tête des connexions ratées et sans avoir à récupérer les bagages lors du transfert. Le temps de vol est d'environ 6h30. Autre avantage, le vol au départ de Paris à l'heure du déjeuner permet de ne pas arriver trop tard à Dubaï dans la soirée.

EMIRATES AIRLINES

✆ 600 555 555
www.emirates.com
Des vols quotidiens vers la France : Paris, Nice, Lyon. Vers la Suisse : Genève et Zürich. Vers Bruxelles et Toronto.

Lancée en 1985 sur la ligne de Karachi, la compagnie de l'émirat de Dubaï est aujourd'hui un transporteur d'excellence desservant plus de 157 destinations et opère plus de 270 avions. Emirates Airlines a transporté en 2019 plus de 58 millions de passagers. Elle permet aussi le check-in depuis l'hôtel ou la maison sur demande et opère un terminal dédié à la 1re classe et la classe Affaires. Emirates a gagné 14 années de suite le prix de la meilleure compagnie aérienne pour ses programmes de divertissement en vol décerné par Skytrax World Airline Awards.

ETIHAD AIRWAYS

Mazaya Shopping Centre
✆ 600 555 666
www.etihadairways.com
Vols vers Paris, Genève, Zürich, Bruxelles. Navettes gratuites depuis et pour Dubaï.

Avec des standards très élevés, la compagnie nationale des Émirats arabes unis a été lancée en 2003 avec un vol inaugural Al Ain-Beyrouth. A ce jour, elle dessert plus de 84 destinations dans 49 pays et possède une flotte de plus de 100 avions. Etihad Airways dont le nom signifie « union » remporte aussi chaque année de nombreux prix qui récompensent son service. Elle opère uniquement de l'aéroport d'Abu Dhabi et il faut donc prendre une navette gratuite pour se rendre à Dubaï. Les clients de la classe Affaires disposent, eux, d'un service de chauffeur gracieux.

FLY DUBAI

ENI Saphhire Tower, bureau n°6
✆ +971 600 544 445
Plus de 95 destinations.

Des escales inédites pour ce low cost de très bon niveau qui fonctionne en synergie avec Emirates. La compagnie appartient au gouvernement du petit émirat et opère uniquement depuis le Terminal 2 situé aux portes de Sharjah. Elle dessert 95 destinations surtout au Moyen-Orient et en Asie, mais elle commence à se développer en Afrique et en Europe même si aucune destination francophone n'est pour l'instant concernée. Fly Dubai est pour ceux qui voudraient prolonger le voyage de Dubaï vers une autre destination une option sans se ruiner.

GULF AIR

Al Qasimi Building
✆ +971 4 271 3222
www.gulfair.com
Vols Bahrain- Dubai et Abu Dhabi tous les jours.

Gulf Air est la compagnie nationale du Royaume de Bahreïn et vient de fêter ses 70 ans. Ce fut l'une des premières compagnies aériennes au Moyen-Orient. Dès les années 1950, elle reliait Bahreïn à Abu Dhabi, Sharjah et même l'oasis d'Al Aïn. En 1974, l'émirat d'Abu Dhabi était propriétaire de Gulf Air à hauteur de 25 % à égalité avec Oman, le Qatar et Bahreïn et s'est retiré en 2005. Elle dessert 49 villes dans plus de 27 pays, dont la France et les Emirats arabes unis. La compagnie est le sponsor officiel du Grand Prix de Formule 1 du Bahreïn.

WATER TAXI ET WATER BUS

✆ 800 9090
www.rta.ae
Taxi : 400 AED/heure. Ouvert de 10h à 19h.
Bus : 10 AED/personne. Deux départs par jour depuis Jadaf et Dubai Canal.

C'est la version futuriste du taxi maritime. Ultra modernes et confortables, ils peuvent accueillir jusqu'à 10 personnes et sont climatisés. Un petit pont extérieur permet tout de même d'être à l'air libre. Ils desservent plus de 44 stations entre la Creek et le Canal, puis autour de la Palm et de la Marina. Les Water bus ont une capacité de 20 personnes et permettent une visite panoramique de Business Bay, le départ est depuis la Station de Jadaf vers l'embouchure du canal ou vice-versa et s'arrête à 5 stations maritimes. Ces services sont en pleine expansion.

OMAN AIR

Al Rais Shopping Centre
✆ +971 4 351 8080
www.omanair.com
Depuis Mascate, vols quotidiens vers l'Europe et vers Dubaï.

Oman Air est la compagnie nationale du Sultanat Oman et fut fondée en 1993. Elle propose des vols internationaux depuis 2007. La compagnie dessert 50 destinations dans 27 pays. La compagnie a obtenu de nombreuses distinctions depuis sa création en récompense de la qualité de ses services et de son hospitalité légendaire, dont celle de « Meilleure Compagnie du Moyen-Orient en classe économique et classe Affaires » lors de l'édition 2018 des World Travels Awards et pour la 4e année consécutive. Vol quotidien entre Paris et Mascate.

AVIS

86 Sheikh Zayed Road
✆ 800 2847
www.avis.ae

Avec plus de 5 000 agences dans le monde entier et une vaste gamme de véhicules à louer, la réputation d'Avis n'est plus à faire. A Dubaï, la compagnie dispose de quatre comptoirs/agences : à l'aéroport, à l'hôtel Fairmont sur la Sheikh Zayed Road, sur le Walk dans le quartier de JBR et à l'hôtel Courtyard Marriott à Green Community. Possibilité de surclassement pour les clients habituels d'Avis qui bénéficient de primes de fidélité. Pour réserver et gérer la location de votre véhicule facilement, télécharger l'application Avis sur votre smartphone.

SWISS

World Trade Center
✆ +971 4 3816111
www.swiss.com
Dubaï via Zürich et Genève

La compagnie helvétique qui opère depuis 2002 dessert plus d'une centaine de destinations. Elle assure plusieurs vols hebdomadaires vers Dubaï depuis Genève via Zurich en moins de 9 heures, mais aussi depuis Milan via Zurich. Elle peut s'avérer une bonne option pour tous les frontaliers francophones. La durée du vol est d'environ 6h30 pour une distance d'un peu plus de 4 900 kilomètres. Swiss fait partie du groupe Lufthansa et est membre de Star Alliance. Plus de 42 chefs reconnus contribuent à établir les menus servis à bord de ses avions.

BUDGET

✆ +971 4 884 0022
www.budget-uae.com

Budget possède de multiples agences à travers le monde. Les réservations peuvent se faire sur leur site, qui propose également des promotions temporaires. En agence, vous trouverez le véhicule de la catégorie choisie (citadine, ludospace économique, ou monospace familial...) avec un faible kilométrage équipé des options réservées (siège bébé, porte-skis, GPS...). Budget est présent dans les émirats d'Abu Dhabi, Sharjah et Dubaï, et dans ce dernier la société est présente dans 4 lieux dont l'aéroport et Dubaï Marina au cœur de la ville.

DIAMONDLEASE CAR RENTAL

Habtoor Grand Main Hotel
✆ +971 4 399 5049
www.diamondlease.com
Ouvert tous les jours de 8h à 18h.

Diamaonlease fait partie du prestigieux groupe émirati Al Habtoor Group. Etablie en 1996, cette société émiratie loue des véhicules de petite et moyenne taille, mais aussi des 4X4. La location s'accompagne d'un service d'assistance dépannage disponible 24 heures sur 24. La société de location dispose de 13 agences réparties sur tout le pays à Dubai, Abu Dhabi, Sharjah, Fujairah et Ras al Khaimah. Leur parc de voitures leur permet de louer jusqu'à 150 véhicules par jour. Locations à la journée, à la semaine et au mois sont possibles.

EUROPCAR

Dubai International Airport T1
✆ +971 4 506 3030
www.europcar.com

Europcar est leader mondial de la location de voitures et d'utilitaires, Europcar est une société française bien implantée à Dubaï. Sur place, elle compte plusieurs antennes, réparties dans des hôtels de Dubaï, et dans chacun des terminaux de l'aéroport de la ville. Comme toujours, Europcar offre une large gamme de véhicules de qualité et garantit le meilleur prix du marché lors de la réservation, pour une voiture compacte ou un véhicule de luxe. Les différents modèles sont présentés sur le site web et la réservation en ligne est possible.

FAST RENT A CAR

Al Kuthban Building
✆ +971 4 224 5040
www.fastuae.com

Fast Rent a Car est une compagnie de location de véhicules établie en 1990 dans la capitale Abu Dhabi. Elle fait partie du groupe Emirates National Group. Présents à Al Aïn, Sharjah, Fujairah, Ras al Khaimah et bien sûr Dubaï. Depuis ils sont devenus la première entreprise de location du pays et ils disposent de plus de 5 000 véhicules dans toutes les catégories. S'ils ne sont pas encore présents à l'aéroport, ils livrent gratuitement le véhicule à votre lieu d'hébergement. Réservation possible sur leur site web ou par téléphone.

SIXT

Sheikh Zayed Road
✆ +971 4 340 5155
www.sixt.ae
Ouvert tous les jours de 9h à 19h

Sixt a des agences de location dans le monde entier en Europe, Australie, Asie, Amérique du Sud, Amérique centrale, Afrique. L'entreprise allemande a été fondée à Munich en 1912 et depuis s'est étendue à plus de 100 pays avec 2200 agences dans le monde. A Dubaï, Sixt est présent à chaque terminal de l'aéroport, mais aussi à Maktoum Airport et dans deux lieux au cœur de la ville. Si la demande est faite, on peut laisser ou récupérer le véhicule à tout moment même en dehors des heures de l'agence. Sixt offre à la location une très large gamme de véhicules.

THRIFTY

✆ +971 8004770
www.thriftyuae.com

Thrifty car rental est une entreprise internationale dotée de pas moins de 1 300 agences à travers le monde. A Dubaï, elle dispose de cinq agences : A l'aéroport et à tous les terminaux, à Deira City Center, à Golden Sands à But Dubai, à Dubai Mall, Al Quoz. Les réservations peuvent se faire en ligne et sont très flexibles – location à la journée, à la semaine, à l'heure près et au lieu de votre choix. Une large gamme de véhicules est proposée à des tarifs très compétitifs. Bon à savoir : on ne paie aucun frais en cas d'annulation.

DUBAI TAXIS

✆ +971 4 208 0000
www.dubaitaxi.ae
La course minimum : 12 AED, et de 25 AED si l'on part de l'aéroport. 1,82 AED par kilomètre. Péage : 4 AED par passage.

Crème à toit rouge pour les taxis normaux, crème à toit rose pour les Ladies Taxis, ils sont partout, à toute heure, avec un compteur. Les chauffeurs parlent tous anglais et sont généralement très aimables. Avant d'embarquer, assurez-vous que le chauffeur connaît votre destination, ou soyez prêt à donner des indications claires sinon ce n'est pas toujours gagné, car ils n'ont pas de GPS embarqué. Pour réserver, vous pouvez appeler ou télécharger l'application Shail qui permet aussi de réserver et de connaître à l'avance le prix de la course.

RESTER

C'est à la fois plus facile qu'avant et plus compliqué qu'il n'en a l'air. Le gouvernement fait tout pour attirer ceux qui ont les compétences suivantes : les scientifiques dont les médecins, les investisseurs, ceux tournés vers les nouvelles technologies, les indépendants qui peuvent travailler à distance, les retraités, et ceux qui veulent travailler dans le secteur du tourisme. C'est un peu plus compliqué si vous voulez débarquer sans avoir fait au préalable un minimum de recherche, sans avoir établi des contacts et obtenu des rendez-vous. Si s'installer à Dubaï fait rêver de plus en plus de monde notamment grâce aux influenceurs francophones installés dans la capitale, sachez que pour maintenir votre niveau de vie en France, il vous faudra gagner beaucoup plus que dans l'Hexagone, car la vie est très chère et il n'y a pas d'aide sociale. Donc un seul conseil : Renseignez-vous bien ! Nous vous proposons quelques dossiers à ce sujet.

ACTION CONTRE LA FAIM

14/16, boulevard Douaumont
PARIS
✆ 01 70 84 70 84
www.actioncontrelafaim.org
Par téléphone de 9h à 13h et de 14h à 18h.

ONG internationale spécialisée dans la lutte contre la faim dans le monde, active dans les domaines de la nutrition, santé, sécurité alimentaire, de l'eau, de l'assainissement. L'association intervient dans des situations de crise. Le but étant de rendre les populations autonomes d'un point de vue de la nutrition, en apportant une aide concrète et en formant les intervenants locaux qui prendront le relais. Ses missions de volontariat durent de trois mois à un an en Afrique, Asie, Amérique, Europe centrale, dans le Caucase, au Moyen-Orient et dans les Caraïbes.

AGENCE POUR L'ENSEIGNEMENT FRANÇAIS À L'ÉTRANGER

23, place de Catalogne
PARIS ✆ 01 53 69 30 90
www.aefe.fr

Cette agence, sous tutelle du ministère des Affaires étrangères, anime et gère un réseau de près de 500 établissements d'enseignement français à l'étranger, dans près de 140 pays. 370 000 élèves, dont 40 % de Français, fréquentent ces établissements. Offres d'emploi à l'international pour les titulaires de la fonction publique (Education nationale principalement) et informations sur la politique pédagogique, la scolarité et l'orientation émaillent le site Internet de cet organisme.

WEP FRANCE

95, avenue Ledru Rollin
PARIS
✆ 01 48 06 26 26
www.wep.fr

WEP propose plus de 50 projets éducatifs et séjours linguistiques dans une trentaine de pays pour une durée allant de une semaine à 18 mois. Quel que soit votre projet d'études aux Etats-Unis, vous trouverez sur le site de WEP une rubrique qui y sera consacrée : étudier au lycée, dans une université, partir en séjour linguistique, faire une expérience professionnelle dans le cadre d'un stage ou vivre en immersion dans une famille américaine. Possibilité également de planifier des programmes combinés (études et projet humanitaire par exemple).

BUSINESS FRANCE

77, Boulevard Saint-Jacques
PARIS
✆ 01 40 73 30 00
www.businessfrance.fr

L'Agence pour le développement international des entreprises françaises travaille en étroite collaboration avec les missions économiques. Le site Internet recense toutes les actions menées, les ouvrages publiés, les événements programmés et renvoie sur la page du Volontariat International en Entreprise (VIE). Fondée en 2015, cette structure est née de la fusion entre Ubifrance et l'Agence française pour les investissements internationaux. Elle est affiliée au Ministère de l'Europe et des Affaires étrangères et au Ministère de l'Économie et des Finances.

S'INSTALLER À DUBAÏ
AVEC OU SANS CONTRAT DE TRAVAIL

Je pars sans contrat à la recherche d'un travail

Dubaï est une ville pleine d'opportunités, mais trouver un emploi n'est pas aussi facile qu'on veut bien le croire. La première des choses consiste à bien se renseigner avant de partir. Un très grand travail peut être accompli avant le départ. Voici quelques conseils à suivre dans les mois ou les semaines qui précèdent.

- **Télécharger sur Internet** la présentation sur « UAE vision 2021 ». Elle vous permettra de bien comprendre le plan stratégique du pays, ses priorités, sa vision. Vous pouvez la télécharger grâce au lien suivant : www.vision2021.ae
- **Se brancher sur les réseaux sociaux** pour bien comprendre les tendances et déjà se faire un petit réseau tout en restant chez soi. Voici les # de twitter sur la Dubaï : #dubai et #mydubai, #Dubailife et #visitdubai. Sur Facebook, suivre le FBC Dubaï (French Business Council). Se constituer un réseau est primordial.
- **Faire traduire son CV en anglais** et le faire corriger par un professionnel et par un traducteur. Ne pas envoyer de candidatures spontanées, car ça ne marche pas aux Émirats. Tout fonctionne par relation ou presque.
- **Contacter le FBC.** C'est lui qui a mis en place un service de recrutement très efficace, mais cela peut prendre du temps : www.fbcdubai.com. Attention, ce n'est pas Pôle emploi, mais il y a un onglet dédié à la recherche d'emplois : Emploi/Candidat
- **Explorer.** Une fois cette démarche terminée, un petit voyage d'exploration de quelques semaines peut donner un coup d'accélérateur.
- **Contacter de nouveau le FBC,** car il donne des sessions de formation de 2h plusieurs fois par semestre : des explications sur le marché de l'emploi à Dubaï, un peu d'histoire du pays, des conseils sur votre CV entre autres. Le FBC, s'il vous met en relation avec une entreprise et vous obtient un entretien qui se termine par une embauche, pourra aider à la relecture du contrat.
- **Sortir et participer** à un maximum d'activités pour rencontrer du monde NYU, et même s'inscrire au groupe social Internations qui organise parmi la communauté d'expatriés des rencontres mensuelles autour d'un verre : www.internations.org
- **Si vous restez définitivement.** Attention aux diplômes à légaliser et bien suivre les directives énoncées par le site Web de l'ambassade de France en consultant la page suivante : http://www.ambafrance-eau.org/Legalisation-des-diplomes-francais-2098.

Tout commence par le visa de travail. Pas de visa, pas de carte d'identité émirienne, donc pas d'achat de véhicule, ni de compte en banque, ni de location d'appartement, ni d'école.

Penser à la couverture médicale non assurée par votre employeur, à la prévoyance et à la retraite.

Ne pas oublier que la scolarité est payante et chère. Bien se renseigner au moment de la signature du contrat.

S'inscrire au consulat de France le plus rapidement possible une fois le visa de travail obtenu.

Je pars avec un contrat de travail

Les Émirats font rêver et nombre de francophones ont décidé de partir s'installer à Dubaï. Pourtant depuis plusieurs années, il est difficile de mettre de l'argent de côté en venant aux Émirats, car le coût de la vie n'a cessé d'augmenter. Demandez bien dans quelle monnaie vous serez payés : en effet, le cours de l'euro ayant baissé, des expatriés européens ont vu leurs revenus baisser de près de 20 %.

Les étapes suivantes aideront à l'installation. Avant d'arriver :

- **Attention aux diplômes à légaliser** et bien suivre les directives énoncées par le site Web de l'ambassade de France en consultant la page suivante : http://www.ambafrance-eau.org/Legalisation-des-diplomes-francais-2098.
- **Se renseigner d'après votre couverture d'assurance médicale** auprès de la Caisse des Français de l'étranger (CFE) pour une éventuelle cotisation.
- **Demander à votre employeur** où et pendant combien de temps le logement temporaire est payé avant de trouver une maison. Si le déménagement de vos affaires est payé par la compagnie, prévoir des retards au moment de la livraison.

En arrivant : s'inscrire au consulat français une fois obtenu le visa de travail. Contacter pour les conjoints French Community Club (Accueil Abu Dhabi) pour se faire un réseau d'amis.

INDEX

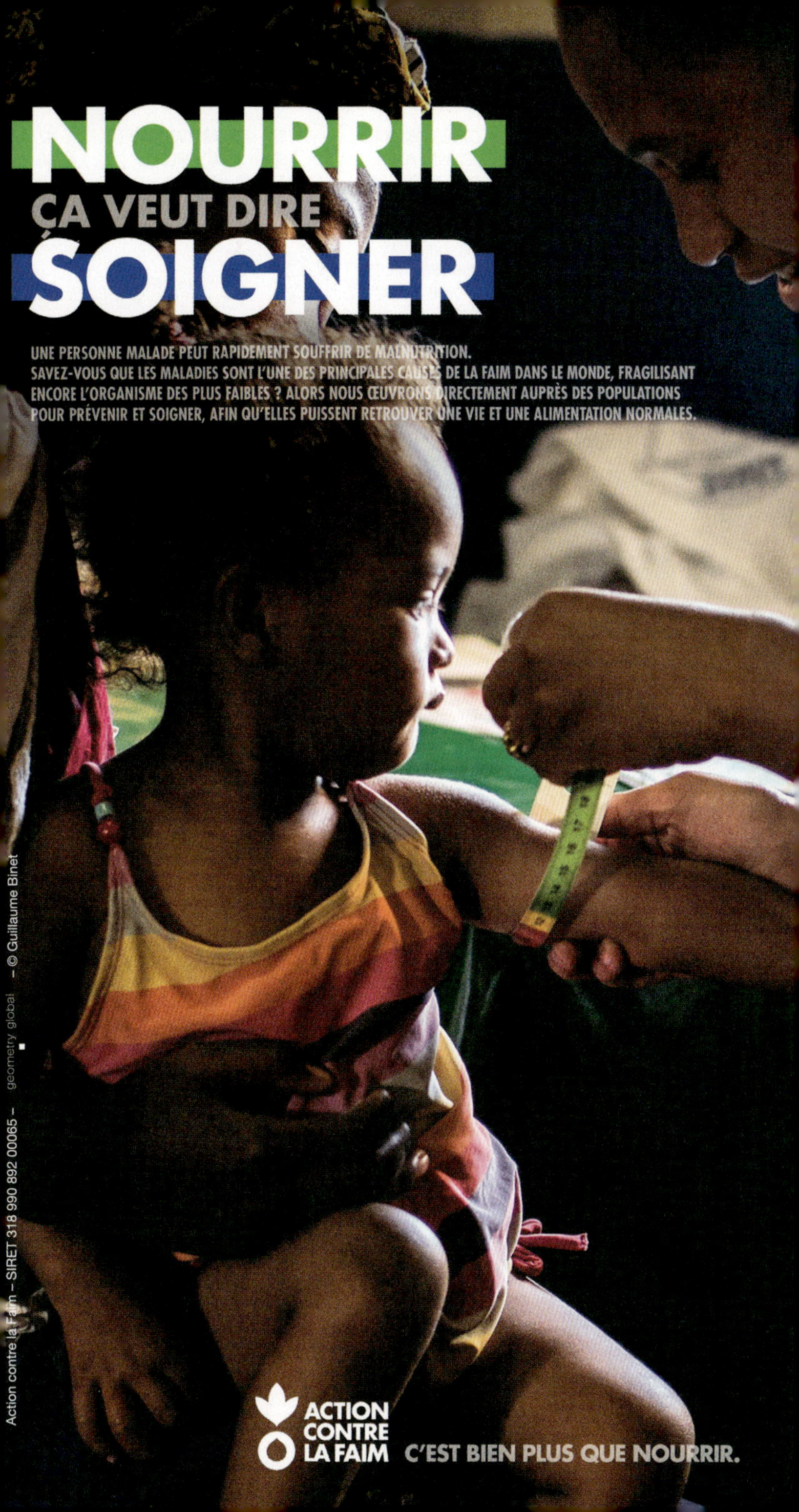
NOURRIR
ÇA VEUT DIRE
SOIGNER
UNE PERSONNE MALADE PEUT RAPIDEMENT SOUFFRIR DE MALNUTRITION.
SAVEZ-VOUS QUE LES MALADIES SONT L'UNE DES PRINCIPALES CAUSES DE LA FAIM DANS LE MONDE, FRAGILISANT ENCORE L'ORGANISME DES PLUS FAIBLES ? ALORS NOUS ŒUVRONS DIRECTEMENT AUPRÈS DES POPULATIONS POUR PRÉVENIR ET SOIGNER, AFIN QU'ELLES PUISSENT RETROUVER UNE VIE ET UNE ALIMENTATION NORMALES.
ACTION CONTRE LA FAIM
C'EST BIEN PLUS QUE NOURRIR.
Action contre la Faim – SIRET 318 990 892 00065 – geometry global – © Guillaume Binet

C

D

E

F

EDITION

Directeurs de collection et auteurs : Dominique AUZIAS et Jean-Paul LABOURDETTE

Auteurs : Mary REMARK, Cathyline DAIRIN, Tanguy REVAULT, Pricilla PARARD, Amandine GLEVAREC, Mathias DESHOURS, Sylvie DEL COTTO, Juliette COURTOIS, Romain RISSO, Charlotte FICHEUX, Saliha HADJ-DJILANI, Vincent GUARRIGUES, Sylvie SACHOT, Jean-Paul LABOURDETTE, Dominique AUZIAS et alter

Directeur Editorial : Stéphan SZEREMETA

Rédaction Monde : Caroline MICHELOT, Morgane VESLIN, Pierre-Yves SOUCHET, Natalia COLLIER, Laureen DUCHESNE,

Rédaction France : Elisabeth COL, Tony DE SOUSA, Mélanie COTTARD, Audrey VEDOVOTTO

FABRICATION

Responsable Studio : Sophie LECHERTIER assistée de Romain AUDREN

Maquette et Montage : Julie BORDES, Delphine PAGANO

Iconographie et Cartographie : Anne DIOT assistée de Julien DOUCET

WEB ET NUMERIQUE

Directeur Web : Louis GENEAU de LAMARLIERE

Chef de projet et développeurs : Nicolas de GUENIN, Adeline CAUX, Kiril PAVELEK

Intégrateur Web : Mickael LATTES

Webdesigner : Caroline LAFFAITEUR

Community Traffic Manager : Alice BARBIER, Mariana BURLAMAQUI et Vincent PHAM

DIRECTION COMMERCIALE

Directeur commercial : Guillaume VORBURGER assisté de Manon GUERIN

Responsable Régies locales : Michel GRANSEIGNE

Responsables Développement régie inter : Jean-Marc FARAGUET et Guillaume LABOUREUR

Chefs de Publicité Régie internationale : Camille ESMIEU

Chefs de Publicité Régie nationale : Caroline AUBRY, François BRIANCON-MARJOLLET, Perrine DE CARNE MARCEIN

Régie DUBAÏ : Cathyline DAIRIN

DIFFUSION ET PROMOTION

Directrice des Ventes : Bénédicte MOULET assistée d'Aissatou DIOP

Responsable des ventes : Jean-Pierre GHEZ assisté de Nelly BRION

Relations Presse-Partenariats : Jean-Mary MARCHAL

ADMINISTRATION

Président : Jean-Paul LABOURDETTE

Directrice des Ressources Humaines : Dina BOURDEAU assistée de Sandra DOS REIS et Eva BAELEN

Directrice Administrative et Financière : Valérie DECOTTIGNIES

Comptabilité : Jeannine DEMIRDJIAN et Adrien PRIGENT

Recouvrement : Fabien BONNAN assisté de Sandra BRIJLALL et Vinoth SAGUERRE

Responsable informatique : Arney BADER

PETIT FUTÉ DUBAÏ

LES NOUVELLES EDITIONS DE L'UNIVERSITE
18, rue des Volontaires - 75015 Paris.
© 01 53 69 70 00 - Fax 01 42 73 15 24
Internet : www.petitfute.com
SAS au capital de 1 000 000 € - RC PARIS B 309 769 966

Couverture : © xavierarnau - iStockPhoto.com
Fauconnier © Katiekk - Shutterstock.com

Impression : IMPRIMERIE CHIRAT - 42540 Saint-Just-la-Pendue

Achevé d'imprimer : mars 2021

Dépôt légal : 04/05/2021

ISBN : 9782305045771

Pour nous contacter par email, indiquez le nom de famille en minuscule suivi de @petitfute.com
Pour le courrier des lecteurs : info@petitfute.com

IMPRIMÉ EN FRANCE